TRAITÉ

THÉORIQUE ET PRATIQUE

DE LA RÉGULATION

ET

DE LA COMPENSATION

DES COMPAS

AVEC OU SANS RELÈVEMENTS

Compas compensé de Sir William THOMSON et Appareils auxiliaires

Compas compensé et Compas correcteur de M. J. PEICHL

PAR

A. COLLET

LIEUTENANT DE VAISSEAU

RÉPÉTITEUR A L'ÉCOLE POLYTECHNIQUE

Ouvrage publié avec l'autorisation de M. le Ministre de la Marine

PARIS

CHALLAMEL AÎNÉ, ÉDITEUR

CHARGÉ DE LA VENTE

DES CARTES, PLANS ET INSTRUCTIONS DU DÉPÔT DE LA MARINE

5, RUE JACOB, 5

1882

TRAITÉ

THÉORIQUE ET PRATIQUE

DE LA RÉGULATION

ET

DE LA COMPENSATION

DES COMPAS

PARIS

TYPOGRAPHIE GEORGES CHAMEROT

19, RUE DES SAINTS-PÈRES, 19

TRAITÉ

THÉORIQUE ET PRATIQUE

DE LA RÉGULATION

ET

DE LA COMPENSATION

DES COMPAS

AVEC OU SANS RELÈVEMENTS

Compas compensé de Sir William THOMSON et Appareils auxiliaires

Compas compensé et Compas correcteur de M. J. PEICHL

PAR

A. COLLET

LIEUTENANT DE VAISSEAU

RÉPÉTITEUR A L'ÉCOLE POLYTECHNIQUE

Ouvrage publié avec l'autorisation de M. le Ministre de la Marine

PARIS

CHALLAMEL AÎNÉ, ÉDITEUR

CHARGÉ DE LA VENTE

DES CARTES, PLANS ET INSTRUCTIONS DU DÉPOT DE LA MARINE

5, RUE JACOB, 5

1882

PRÉFACE

Il y a douze ans, sur les conseils de M. le capitaine de frégate Le Gras, avec l'appui bienveillant de MM. de La Roche Poncié et Gaussin, ingénieurs-hydrographes en chef, j'entrepris de traduire la troisième édition du *Manuel des Déviations des Compas*, l'ouvrage bien connu de MM. Archibald Smith et de M. le capitaine de vaisseau, aujourd'hui hydrographe royal, F.-J. Evans, publié par les soins de l'Amirauté anglaise.

J'adresse un respectueux hommage à la mémoire d'Archibald Smith et de La Roche Poncié, et je remercie tous ceux que je viens de nommer, étrangers ou compatriotes, pour avoir bien voulu, les uns m'indiquer, les autres me confier ou me permettre, tous enfin me rendre plus aisée la tâche que j'assumais alors.

Il sera facile à ceux des lecteurs qui en auront l'envie comme la possibilité, de s'assurer que lorsque cette traduction fut publiée en 1870, les admirables travaux de Poisson étaient tombés, en France du moins, dans l'oubli. L'étude des questions pratiques qu'ils auraient permis de résoudre était regardée comme inabordable, elle était abandonnée, et il fallut que ces travaux revinssent chez nous, avec le prestige que leur donnait l'influence qu'ils exerçaient à l'étranger et l'admirable emploi qu'avait su en faire M. Archibald Smith, pour que notre pays, trop facilement oublieux de ses gloires, se souvînt qu'un de ses savants les plus éminents avait autrefois soulevé et presque résolu du même coup les difficiles problèmes qui intéressaient si puissamment sa Marine.

C'est pour le traducteur du *Manuel anglais* le sujet d'une satisfaction bien vive, et qu'on lui pardonnera peut-être d'appeler légitime, de constater que son travail ne fut ni oublié, ni dédaigné. Depuis 1870, en effet, on compte nombre de travaux intéressants publiés dans notre langue sur la question des compas, et les auteurs qui citent aujourd'hui, avec les éloges qu'ils méritent, les noms de Poisson et d'Archibald Smith, sont si nombreux, qu'il nous est impossible, malgré notre désir, de les énumérer tous ici.

Dès que je sus, il y a deux ans environ, grâce à l'obligeance de M. Ploix, ingénieur hydrographe, que cette traduction était épuisée, je songeai à écrire l'ouvrage que je présente aujourd'hui au public, en profitant pour cela aussi bien des observations et des conseils que j'avais reçus de mes chefs et de mes camarades, que des progrès considérables faits depuis peu, grâce à l'active intervention d'un illustre savant anglais, Sir W. Thomson, bien connu pour l'alliance, vraiment rare quand elle est poussée à ce degré, d'un talent d'expérimentateur consommé, et d'une pénétration que donne seule l'étude fructueuse des plus hautes théories mathématiques.

Mes désirs seraient cependant restés à l'état de vœux stériles si M. le vice-amiral Jauréguiberry, alors ministre de la Marine, ne m'avait, avec sa bienveillance et son énergique volonté d'encourager partout le travail, désigné pour embarquer sur l'un des bâtiments de l'Escadre cuirassée, afin que je pusse étudier complètement cette difficile question. Qu'il me permette de lui adresser aujourd'hui un témoignage public de reconnaissance, en ajoutant que ce sont les encouragements donnés comme les siens, avec cette bienveillance particulière, qui seuls stimulent efficacement le travail et permettent de surmonter sans défaillance, soit les difficultés mêmes de la tâche, soit celles qu'on est presque toujours condamné à rencontrer et qui ne devraient point exister.

Voici le cadre que je me suis proposé de remplir. Avant tout, j'ai pris pour guide, pour base et pour modèle, le *Manuel de l'Amirauté anglaise* que j'avais traduit. Les services rendus par cet ouvrage capital lui assurent une place à part et vraiment unique parmi toutes les publications semblables. C'est lui qui les a suscitées, inspirées, et on peut dire que tous les auteurs qui ont voulu le dénaturer ou s'en éloigner n'ont pu réussir à prendre sa place et à être adoptés d'une façon générale.

J'ai donc conservé et emprunté à ce livre toute sa partie pratique, qui est un vrai chef-d'œuvre, véritable monument de ces puissantes qualités qu'on ne saurait trop admirer chez nos voisins d'outre-Manche, et grâce auxquelles ils n'abandonnent jamais une question, même la plus abstraite, sans lui avoir donné une simplicité, une forme lui permettant de se plier immédiatement aux nécessités de la pratique. Pas un livre, d'ailleurs, ne témoigne plus hautement des résultats féconds que peut avoir la collaboration d'un savant comme Archibald Smith et d'un homme d'une compétence professionnelle aussi vaste, aussi universellement reconnue, que celle du Capitaine de vaisseau F.-J. Evans.

Cependant, plusieurs de mes camarades m'ayant dit que durant leurs loisirs dans les stations lointaines, ils avaient été parfois arrêtés dans l'étude de ce *Manuel* par certains passages exigeant des connaissances théoriques qu'ils avaient oubliées et qu'ils ne pouvaient demander aux ouvrages d'enseignement qui leur manquaient alors, j'ai ajouté une introduction où je rappelle toutes les notions de mécanique et de physique dont on a besoin pour la parfaite intelligence de la question.

De cette façon, ce livre pourra, je pense, suffire à tout officier chargé de la responsabilité des compas et le dispenser d'avoir à recourir aux traités spéciaux de physique, de mécanique ou de mathématiques qui bien souvent d'ailleurs ne sont pas sous sa main.

J'ai remanié complètement l'exposition de la première partie, pour la rendre plus détaillée et plus claire, surtout pour pouvoir établir la formule fondamentale de la déviation et en mettre en évidence les coefficients exacts ou approchés au moyen des notions de mathématiques et de mécanique les plus élémentaires, de celles que possède, à coup sûr, ou que peut acquérir dans l'introduction même, tout marin capable de faire le point observé.

J'ai placé dans la deuxième partie toutes les méthodes et tous les types de calcul donnés dans l'ouvrage anglais, en développant certaines démonstrations, en éclaircissant et modifiant légèrement l'emploi des diagrammes, et enfin en ajoutant tout ce qui regarde la Variation, aussi bien pour rendre le livre plus complet que pour marquer d'une façon plus absolue et plus saisissante la différence qui existe entre la Déviation et la Variation, et éviter ainsi les dangers qu'entraîne toute confusion entre les deux quantités.

Dans la troisième partie, j'ai résumé et réduit, autant qu'il m'a été possible de le faire sans porter atteinte à la clarté, toute la partie théorique du *Manuel de l'Amirauté*. C'est la partie la plus délicate de l'ouvrage, mais il faut absolument se résigner au léger effort qu'elle exige, si l'on veut connaître la question à fond et être sûr de pouvoir aisément résoudre les cas multiples que peut présenter la pratique. Dans cette partie, j'ai conservé les formules et les notations d'Archibald Smith, parce qu'il y a toujours beaucoup de présomption et souvent peu d'utilité à changer ce qui a été fixé par des savants illustres. Il ne faut pas oublier, en effet, qu'il a fallu plusieurs années de travail à Poisson, pour surmonter les difficultés théoriques, et à Archibald Smith pour dégager et mettre en évidence, chacune avec le degré d'importance qui lui est propre, les véritables inconnues du problème. On peut se rendre compte de la sagacité et de la puissance de leur analyse en constatant que, trente ans après leurs travaux, ce sont encore leurs formules qui ont servi de guide pour résoudre complètement le difficile problème de la compensation du compas; et pourtant, au temps de Poisson, on ne songeait pas à cette compensation, dont on ne sentait pas le besoin, et dans les derniers temps même de la vie d'Archibald Smith, malgré les progrès réalisés par Sir G. Airy, on regardait encore comme presque impossible de la réaliser avec la perfection qu'elle a atteint de nos jours, grâce à Sir W. Thomson qui, suivant une expression aussi heureuse qu'exacte de M. Ploix, semble n'avoir voulu rien laisser à chercher à ceux qui viendraient après lui.

J'avais d'ailleurs, pour conserver ces notations, deux autres raisons qui, bien que secondaires, ont cependant leur valeur. D'abord elles ont été adoptées partout à l'étranger, et je suis de ceux qui pensent qu'il faut faciliter autant que possible la connaissance des travaux faits hors de nos frontières; ensuite, elles sont connues de tous ceux qui se sont donné la peine d'étudier le *Manuel anglais*, et j'évite, en les adoptant, de donner à cette classe de lecteurs la peine inutile de se familiariser avec de nouvelles notations.

Enfin, j'ai ajouté la quatrième et la cinquième partie, où j'ai résumé les progrès considérables faits dans ces dernières années en exposant les méthodes de compensation du compas avec ou sans relèvement visible. C'est la première fois, je pense, qu'en France, dans un livre destiné à la pratique, on affirme la nécessité de la compensation, et qu'on explique d'une façon élémentaire les raisons qui l'imposent, les avantages qui en découlent, les règles pratiques qui permettent de l'obtenir. Mon but, en ajoutant ces deux parties, a été de dissiper, s'il se peut, les préventions et les préjugés dont la compensation des compas est encore l'objet. Jusqu'à ces dernières années, on peut dire qu'elle n'a été appliquée que très rarement, toujours partiellement et à contre-cœur. Aujourd'hui, cette cause est entendue pour tous ceux qui sont au courant de la question, mais je voudrais que ce livre servît à la gagner près des marins dont beaucoup disent, quelques-uns écrivent et presque tous croient que si on peut bien, à la rigueur, sur l'affirmation des « théoriciens », l'admettre en principe, c'est tout au moins à condition de ne jamais l'appliquer.

La différence capitale qui existe entre cet ouvrage et le *Manuel de l'Amirauté* peut s'énoncer en quelques lignes. Dans le *Manuel* on a établi que la connaissance de la déviation à un endroit quelconque du globe et à un cap quelconque du compas, dépend, quand elle est inférieure à 20 degrés en valeur absolue, de la connaissance de cinq coefficients, dont trois sont constants et deux variables, de sorte qu'il suffit de *deux* observations de variation seulement pour obtenir, en un lieu donné, les valeurs multiples d'une quantité qui varie avec chaque cap du bâtiment.

Dans ce travail, les progrès récents ont permis d'aller encore plus loin : on a établi la *nécessité* de la compensation, c'est-à-dire de la réduction des cinq coefficients à des valeurs insignifiantes qu'on peut obtenir non plus simplement à l'aide des anciennes méthodes d'observation, mais même en temps de brume, quand il est impossible d'avoir aucun relèvement terrestre ou céleste ; résultat d'une importance capitale puisqu'il donne à la navigation, dans les circonstances les plus critiques qu'elle puisse rencontrer, une sécurité longtemps souhaitée, mais inconnue jusqu'ici.

Si quelques personnes pensaient qu'un livre aussi volumineux et aussi détaillé ne peut convenir qu'à une classe restreinte de lecteurs spéciaux, je répondrais qu'en somme ce traité se compose de deux parties distinctes : l'une s'adresse aux marins qui voudront connaître les principes et les lois qui font de la déviation des compas, de leur régulation et de leur compensation une véritable branche de la science ; l'autre, toute pratique, qui peut être facilement comprise par tous les marins, pour peu qu'ils possèdent les premiers éléments de la théorie de leur métier, et qu'il leur est indispensable de connaître pour résoudre les plus usuelles des questions qui se présentent. Abréger cette partie du livre eût été, à mon sens, s'exposer à la rendre moins intelligible et, par conséquent, multiplier les périls qu'elle doit fournir le moyen d'éviter ; la publier sans la partie théorique, c'était lui enlever son autorité, sa justification aux yeux des hommes compétents, ce qu'on pourrait appeler ses références scientifiques.

Avant de terminer, je tiens à remercier cordialement mes amis MM. Raymond Bacot et Joseph Guilhaumon, le premier ancien Ingénieur des Constructions navales, le second professeur d'Hydrographie de la Marine, qui ont bien voulu m'aider jusqu'au bout dans la révision et la correction des épreuves, travail toujours ingrat et aride, mais particulièrement rebutant quand il s'agit d'un livre technique. Ils m'ont donné ainsi un témoignage de sympathie dont je sens tout le prix. J'ai fait de mon mieux pour mettre à profit leurs excellentes et judicieuses observations. Grâce à leurs avis, bien des obscurités ont été dissipées, bien des lacunes comblées, et si mon livre n'est pas tel que je le désire, la faute n'en est point à eux.

Quelle que soit la fortune de ce livre, — qu'il ait, comme ma traduction, l'heureuse chance d'être immédiatement utilisé dans des travaux du même ordre, mettant cette fois en relief la nécessité et les avantages de la compensation aussi méconnus peut-être aujourd'hui que les formules de Poisson et d'Archibald Smith étaient oubliées il y a douze ans, ou qu'il reçoive un accueil moins bienveillant, — j'en ai déjà été récompensé par le travail même que j'ai dû faire, par les sympathies et les encouragements précieux que j'ai recueillis sur ma route, et que j'espère avoir mérités et justifiés par mon travail, par mon ardent désir de faire une œuvre vraiment utile.

Mais il faut bien ajouter que mes plus ambitieuses comme mes plus chères espérances ne seront vraiment réalisées que si j'ai réussi à rendre mon livre assez clair et assez simple pour faire réellement passer dans la pratique le résultat des travaux des savants que j'ai cités, et éviter ainsi des morts stériles à cette grande famille de marins à laquelle je suis fier d'appartenir.

AVERTISSEMENT AU LECTEUR

Pour un ouvrage tel que celui-ci, il ne saurait être inutile que l'auteur donne quelques indications sur la manière de lire son livre qu'il croit la meilleure si on veut en tirer tout le parti possible.

Si le lecteur n'a jamais eu encore l'occasion de s'occuper de cette question, ou qu'il se soit jusqu'ici laissé rebuter par sa complication, il ne faudra pas qu'il s'étonne de trouver sur sa route quelques difficultés qui tiendront les unes à la nouveauté qu'aura pour lui la question traitée, les autres au sujet même, les dernières enfin à l'auteur du livre.

Si donc le lecteur voulait me permettre de lui donner un conseil, je lui dirais de lire attentivement et successivement l'introduction, la première partie, en sautant d'abord ce qui regarde la déviation due à la bande de la page 83 à la page 86, la deuxième partie, enfin de passer la troisième partie pour arriver de suite à la quatrième, qui terminerait cette première lecture, suffisante pour donner un aperçu d'ensemble et laisser à l'esprit le temps de se mettre, pour ainsi dire, au point.

Dans cette première lecture, on ne devra jamais se buter sur une difficulté quelconque : si un quart d'heure de réflexion n'a pas suffi pour la résoudre, on passera outre, et, à coup sûr, fréquemment on aura à s'étonner de la sentir inopinément résolue par le seul effet de l'application assidue de l'esprit à un même sujet. Cette première lecture terminée, si on ne veut pas en perdre rapidement le résultat, il faudra en faire une seconde, mais cette fois sans rien passer. Je ne crains pas d'affirmer que ce travail suffira pour se rendre absolument maître de cette question, qui aujourd'hui effraie et rebute si fréquemment ceux qui ont intérêt à la connaître.

Je prie instamment tous ceux des lecteurs qui, à cette seconde lecture, auraient trouvé une difficulté, insoluble après un quart d'heure de travail, de m'écrire, chez l'éditeur de ce livre, un mot pour m'indiquer où se trouve cette difficulté, en me donnant les détails nécessaires pour me permettre de bien comprendre ce qui les arrête.

Enfin, il se peut très bien qu'un capitaine ou un officier inopinément chargé de la responsabilité des compas, demande à ce livre, qu'il n'aurait pas même le temps de parcourir en entier, de lui donner de suite des notions pratiques suffisantes pour lui permettre de se servir du compas de Sir W. Thomson. Dans ce cas, il faudrait lire seulement la première

partie, toujours en sautant ce que nous avons indiqué, et passer de suite
à la quatrième. Il ne faudrait recourir à l'introduction que dans les cas où
les souvenirs d'école feraient absolument défaut, et à la seconde partie
qu'au moment de faire le calcul des coefficients très faibles qui peuvent
rester après la compensation.

Nous n'ajoutons qu'un mot. Il est impossible que le travail d'un seul, si
persévérant et si consciencieux qu'il soit, puisse se rendre maître des
multiples aspects d'une question aussi vaste et aussi délicate, et nous en
donnons de suite un exemple.

Pour ne parler que d'un seul des problèmes dont la solution intéresse
la pratique des observations conseillées dans cet ouvrage, je regrette
de ne pas pouvoir publier un tableau vraiment complet des valeurs des
coefficients et paramètres de la déviation à bord des navires de différents
types. Je suis réduit à publier les seuls renseignements réunis, il y a
quinze ans environ, par MM. Archibald Smith et le captain F.-J. Evans,
et publiés par les ordres de l'Amirauté anglaise. Si on avait les valeurs de
ces coefficients pour le vingtième seulement des navires en fer de différents
types qui sillonnent aujourd'hui les mers, on pourrait en une demi-heure
et avec des observations faites à un seul cap, compenser ses compas avec
une exactitude suffisante pour permettre d'attendre, avec sécurité, la
possibilité de nouvelles observations.

En demandant de nouveau et très instamment à mes lecteurs de vouloir
bien me signaler toutes les obscurités, toutes les lacunes qu'ils trouveront
dans cet ouvrage, je ne puis que les prier de m'envoyer tous les documents
et toutes les données qu'ils jugent lui faire défaut. Je m'engage à les
coordonner, à les résumer, enfin à les publier avec le nom de celui qui
aura bien voulu se donner la peine de les rassembler et de me les communiquer. Je crois qu'en opérant ainsi, on peut en finir rapidement et complètement avec cette question; le nombre de celles que l'activité et la persévérance humaines devront encore résoudre sera toujours assez considérable.

EXPOSÉ HISTORIQUE

DES RECHERCHES THÉORIQUES ET PRATIQUES

RELATIVES

AUX DÉVIATIONS DES COMPAS[1]

On ne trouvera peut-être pas inutile, en tête de ce livre, un résumé des expériences et découvertes successives auxquelles a donné lieu le sujet dont il traite. Les lecteurs de cet ouvrage y verront, une fois de plus, au prix de quels incertains et laborieux efforts l'esprit humain parvient à découvrir les lois des phénomènes naturels, et les marins, en particulier, y apprendront les mérites de chacun de ces obscurs ou illustres chercheurs qui ont droit, de leur part, à une éternelle reconnaissance, pour avoir pris à cœur la tâche de leur éviter quelques-uns des nombreux périls auxquels les expose la pratique de leur rude métier.

Aujourd'hui encore, nul ne sait le nom de l'inventeur de la boussole, ni même celui du peuple qui fut le premier à s'en servir.

Quelques-uns attribuent à divers peuples européens la découverte de la principale propriété de l'aiguille aimantée, d'autres en prétendent trouver la trace dans des manuscrits chinois, cochinchinois ou siamois, remontant jusqu'au IVe siècle. Il paraît toutefois hors de doute que la boussole demeura un instrument extrêmement grossier, jusqu'au XIVe siècle, où elle fut notablement perfectionnée par le Napolitain Flavio Gioia.

Quoi qu'il en puisse être de l'origine de la boussole, il est certain que pendant fort longtemps les marins crurent posséder en elle un instrument dont l'aiguille leur indiquait exactement le Nord et le Sud *géographiques*. On veut que Christophe Colomb déjà ait douté de cette croyance; et pourtant, un demi-siècle après lui, la variation de l'aiguille aimantée était encore considérée comme résultant d'observations défectueuses, et ce ne fut que vers 1555 qu'un Espagnol, Martin Cortez, dans un *Traité de navigation* publié

---

1. Cet exposé historique a été publié en 1870. Il précédait alors la traduction française de la troisième édition du *Manuel de l'Amirauté anglaise* pour les déviations des compas, traduction faite par l'auteur du présent livre et publiée par les ordres de M. le Ministre de la Marine.

à Séville, en parla comme d'un fait généralement constaté par l'expérience.

Après des observations nombreuses faites de ce phénomène dans diverses contrées de l'Europe, l'on appela *Méridien magnétique* le plan vertical contenant l'aiguille aimantée, et *Déclinaison* ou *Variation* l'angle compris entre le méridien magnétique et le méridien géographique du lieu.

Le nom de variation est celui dont les marins se servent de préférence.

Vers 1576, un Anglais, Robert Norman, remarqua qu'une aiguille aimantée, librement suspendue par son centre de gravité, se plaçait, en chaque lieu, dans une direction constante faisant un certain angle avec l'horizon. On désigna cet angle sous le nom d'*Inclinaison*, et l'on en vint à reconnaître qu'en tous les points d'une moitié du globe différant peu de l'hémisphère boréal, c'était toujours la même extrémité de l'aiguille aimantée qui s'abaissait au-dessous du plan horizontal, pour se relever ensuite au-dessus de ce plan dans l'autre moitié, coïncidant presque avec l'hémisphère austral. Ces deux régions terrestres sont séparées entre elles par une ligne à double courbure, qui s'écarte notablement de l'équateur terrestre.

Quant à la déclinaison ou variation, des observations de plus en plus nombreuses et précises montrèrent que, non seulement elle varie sur chaque méridien et d'un méridien à un autre, mais encore que, dans le même lieu, elle est soumise à des oscillations séculaires, mensuelles et diurnes. Toutefois, ces oscillations n'atteignant que des valeurs assez faibles, on put sans inconvénient négliger leur influence sur les compas de bord; tandis qu'au contraire il fut reconnu indispensable, pour conduire un bâtiment, de pouvoir, un déplacement géographique étant donné, déterminer le changement correspondant de la variation. L'on y parvint au moyen du calcul d'azimut qui donne, pour un point quelconque du globe, la variation de l'aiguille aimantée.

Les propriétés de l'aiguille aimantée semblaient ainsi résumées dans un petit nombre de lois assez simples, lorsque se révélèrent de nouveaux phénomènes qui devaient, par leurs allures irrégulières, déconcerter longtemps les observateurs, et défier toute interprétation scientifique.

On en vint, en effet, à reconnaître que les déterminations de la variation faites en mer, dans le même lieu et à peu près à la même époque, par divers navigateurs, s'accordaient rarement entre elles; et ce fut là le point de départ de la science dont nous nous proposons de retracer ici, à grands traits, le développement progressif.

Dès 1666, un hydrographe français, *Guillaume Denis*, de Dieppe, remarqua que deux boussoles, placées en des points différents d'un même navire, ne donnaient jamais des indications concordantes.

Dampier, autre marin français, constata vers 1691, dans des variations relevées au Cap de Bonne-Espérance, de nombreuses anomalies qu'il déclara inexplicables.

Walles (1776-1780), astronome des expéditions de Cook, reconnut le premier l'influence de la direction du cap sur les variations de la boussole; il confirma également la remarque de Guillaume Denis, et eut l'occasion de s'assurer, par la comparaison des résultats obtenus sur l'*Adventure* et la *Résolution*, que les observations faites au même lieu, mais non sur le même navire, donnaient respectivement pour la variation des valeurs différentes.

Vancouver (1790 à 1795) signala, dans la relation de son voyage autour du monde, quelques irrégularités qui affectèrent la variation de l'aiguille aimantée à la sortie de la Manche. Le capitaine *Phipps*, depuis lord Mulgrave, observa pareille perturbation au cours de son expédition au pôle Nord.

Enfin, en 1793, *Beautemps-Beaupré* avait, à son tour, pendant le voyage de d'Entrecasteaux, remarqué les irrégularités auxquelles sont sujettes les indications de la boussole, mais sans songer à les attribuer à une cause autre que l'imperfection de cet instrument.

Comme on le voit par cet historique rapide, il était surabondamment établi, dès la fin du siècle dernier, par les expériences faites de longue date sur presque tous les bâtiments où s'était rencontré quelque observateur attentif et instruit, qu'à bord des navires le plan vertical mené par l'aiguille aimantée, au lieu de coïncider toujours avec celui du méridien magnétique, s'en écarte, en général, d'un angle essentiellement variable qui a reçu le nom de *Déviation*.

Mais il est à noter, comme un indice irrécusable de la difficulté du sujet, qu'aucun des marins qui s'occupèrent de cette question et dont quelques-uns sont aussi illustres par l'étendue de leurs connaissances que par l'importance de leurs découvertes, ne put deviner sous ses manifestations capricieuses la cause de ces curieux phénomènes.

Ce fut peut-être un master anglais, nommé Dowine, qui, le premier, eut l'idée d'attribuer aux masses de fer contenues dans les navires les déviations de leurs compas; il ne semble d'ailleurs émettre cette opinion, dans un rapport daté de 1794, que comme un vague pressentiment, et non comme le résultat d'une conviction sérieuse et raisonnée.

Recherches de Flinders. — Les premières recherches expérimentales vraiment méthodiques et précises sur ce sujet ne remontent qu'à 1801, et sont dues au capitaine anglais Flinders, remarquable surtout par ce rare mérite d'avoir su tirer de ses observations des conclusions et des règles dont la plupart sont encore exactes aujourd'hui; et c'était, certes, faire preuve d'une sagacité bien peu commune que de parvenir à découvrir, au milieu de toutes les erreurs d'observations, résultant forcément de l'imperfection seule de la boussole, la cause principale des anomalies de ses indications, l'influence du fer du navire.

Voici le résumé des observations recueillies par Flinders sur le navire qu'il commandait :

Lorsque le cap du navire est Nord ou Sud, la déviation est nulle; quand le cap est Est ou Ouest, elle est maxima; mais, dans un cas, elle se produit d'un côté du méridien magnétique, dans l'autre, du côté opposé. La valeur de la déviation est intimement liée à celle de l'inclinaison par la relation suivante. Dans les latitudes Nord magnétiques, c'est-à-dire quand c'est la pointe Nord de l'aiguille d'inclinaison qui plonge, la pointe Nord du compas est attirée vers l'avant; à mesure que la latitude] magnétique ou, ce qui revient au même, l'inclinaison diminue, l'attraction locale diminue aussi jusqu'à devenir nulle sur l'équateur magnétique (où l'inclinaison est nulle); lorsqu'on avance dans l'hémisphère Sud, où c'est la pointe Sud de l'aiguille d'inclinaison qui plonge, tandis que la pointe Nord se relève, les déviations se reproduisent, mais en sens inverse, et croissent à mesure que l'inclinaison augmente, de telle sorte que, dans le détroit de Bass, où l'inclinaison Sud est presque aussi grande que l'inclinaison Nord en Angleterre, la déviation de la boussole est presque la même qu'en Angleterre, mais de signe contraire, la pointe Sud du compas étant, en ce lieu, attirée vers l'avant.

De toutes ses observations coordonnées, Flinders tira les conclusions suivantes :

La déviation est due à l'attraction du fer du navire, magnétisé par l'influence de la terre.

La déviation à un cap quelconque est à la déviation maxima comme le sinus de l'azimut magnétique du cap du navire est au sinus de 90 degrés ou au rayon.

Il avait cru pouvoir admettre, en outre, que la déviation maxima, c'est-à-dire la déviation cap à l'Est ou à l'Ouest, est proportionnelle à l'inclinaison, et affirmer que, pour tout navire, il existe une unité de déviation, c'est-à-dire un coefficient dont le produit, par l'inclinaison magnétique, en chaque point du globe, donnerait la déviation maxima en ce lieu.

Pour déterminer ce coefficient, il observait la déviation maxima dans plusieurs lieux où l'inclinaison était différente; puis, faisant pour chaque lieu le quotient de la déviation par l'inclinaison, il prenait la moyenne de ces différents quotients pour le coefficient cherché.

En opérant ainsi, Flinders trouva deux valeurs différentes pour ce coefficient, suivant qu'il le déduisit d'observations faites dans l'hémisphère Nord ou dans l'hémisphère Sud, mais il attribua cette différence, pour partie à ce qu'il n'avait pas été relevé dans chacun des deux hémisphères un nombre égal de déviations, et, pour le reste, à ce qu'après que le navire eut passé dans l'hémisphère Sud, quatre canons des gaillards avaient été descendus dans la cale.

Ces diverses règles permettaient, étant données la variation observée suivant un cap donné et l'inclinaison de l'aiguille aimantée dans le lieu d'observation, de trouver la variation exacte.

Flinders avait énoncé à tort sa troisième loi, car dans les navires semblables à celui qu'il montait (c'est-à-dire à voiles et en bois) la force perturbatrice est plutôt proportionnelle à la tangente de l'inclinaison qu'à l'inclinaison elle-même ; d'une part, en effet, elle est proportionnelle à l'action verticale de la terre qui est sa cause, et, de l'autre, elle est inversement proportionnelle à la force horizontale qu'elle doit surmonter. Il est vrai de dire que pareille erreur s'explique facilement par cette considération que, dans les latitudes magnétiques basses ou moyennes, les valeurs de l'inclinaison et de sa tangente sont fort peu différentes.

Nous devons faire remarquer, en outre, que le capitaine Flinders négligea complètement cette partie de la déviation qu'on a appelée plus tard « Quadrantale [1] ».

Mais, si les conclusions théoriques que nous venons de faire connaître sont inexactes, et il eût fallu vraiment au premier observateur une sorte de divination pour saisir du premier coup d'œil les lois véritables, obscurcies qu'elles étaient par tant de perturbations diverses, il convient encore aujourd'hui de rappeler les règles empiriques données par Flinders pour le choix de la place du compas à bord, et la correction des erreurs ; ces règles subsistent toujours presque entières, et ce n'est pas là un exemple qu'on puisse dédaigner, de l'importance des résultats que peut donner la seule observation.

Flinders fait remarquer que la nécessité de la correction, calculée comme on l'a indiqué plus haut, disparaîtra, si l'on peut trouver près du couronnement une place où l'attraction produite par le fer de l'arrière contre-balance par sa moindre distance au compas l'action des masses de fer plus considérables de l'avant et du milieu du navire, et il conseille, pour le cas où l'attraction vers l'arrière serait trop faible, de l'augmenter en fixant verticalement une ou

---

1. Voir page XXI.

plusieurs épontilles ou barres de fer verticales dans l'arrière. Il
ajoute encore : « Lorsqu'on peut trouver une place neutre au milieu
« du navire et d'une hauteur convenable au-dessus du pont pour
« qu'on puisse prendre des azimuts et des relèvements, on doit y
« installer un support pour le compas ; s'il est nécessaire que ce
« support soit mobile, on doit lui faire des marques qui permettent
« de l'installer toujours exactement à la même place et à la même
« hauteur. Les observations prises de cette place seront indépen-
« dantes du cap du navire et de l'inclinaison de l'aiguille, mais il
« sera bon de vérifier et de comparer de temps à autre les relève-
« ments et les azimuts donnés par ce compas avec ceux que
« donnent les compas d'habitacle. La route du bâtiment sera déter-
« minée par ce compas, bien qu'on le dirige au moyen du compas
« placé devant la roue. On tolérera entre les deux compas une diffé-
« rence d'un quart ou d'un demi-quart à droite ou à gauche. »

Nous avons cité ces recommandations de Flinders dans leur
entier, parce qu'encore aujourd'hui elles s'appliquent aux navires
en bois et à voiles.

L'amirauté anglaise fit exécuter en 1812, sur cinq bâtiments, des
expériences ayant pour objet la vérification des observations
rapportées par Flinders et des règles qu'il en avait déduites. Ces
expériences, tout en confirmant la partie expérimentale des travaux de Flinders, démontrèrent que ses règles empiriques ne
donnaient pas toujours pour la déviation les valeurs expérimenta-
lement déterminées, et qu'à cet égard de nouvelles recherches
étaient nécessaires.

En 1815 et 1817, le docteur Scoresby recueillit, dans un voyage
aux pêches Nord de la baleine du Groënland et du Spitzberg, un
assez grand nombre d'observations sur les irrégularités de la variation des aiguilles aimantées à bord des navires.

Ces observations, rassemblées et publiées dans les *Transactions
philosophiques de la Société royale de Londres pour* 1819, infirmèrent
encore les règles empiriques de Flinders. Le docteur Scoresby fut
bien près de trouver la relation précise qui existe entre la déviation provenant du magnétisme induit et l'inclinaison, car il observa
que la déviation s'accroît, non seulement quand l'attraction locale
augmente, mais aussi quand l'action directrice de la terre sur l'aiguille diminue.

Le capitaine Sabine, l'un des officiers qui accompagnèrent
sir Edward Parry et sir James Ross dans leurs voyages à la découverte d'un passage N.-O. (1818-1824), soumit également les règles
de Flinders à une vérification minutieuse.

Il résume ses observations, faites à bord des deux navires de
guerre, l'*Isabella* et l'*Alexander*, dans deux rapports insérés en 1819

dans les *Transactions philosophiques*, et dont voici les principales conclusions.

Pour l'*Isabella* et surtout pour l'*Alexander*, les caps auxquels répond une déviation nulle ne sont point les caps Nord et Sud.

La déviation produite à un cap quelconque est soumise, non à la règle de Flinders, mais à cette autre : La déviation produite à un cap quelconque est à la déviation maxima, comme le sinus de l'angle compris entre ce cap et le cap de déviation nulle, est au sinus de 90 degrés.

Enfin, la règle empirique donnée par Flinders pour calculer la déviation au moyen de la valeur de l'inclinaison et du coefficient déterminé empiriquement, appliquée aux observations faites à bord de l'*Isabella* et de l'*Alexander*, n'a pas donné de bons résultats, et il y a lieu de croire qu'un accroissement de la déviation peut dépendre aussi bien d'une diminution de l'action directrice que d'une augmentation de la force qui produit la déviation.

Toutefois, cela posé, le capitaine Sabine ne donna pas l'expression mathématique de la relation qui existe entre le principal coefficient de la déviation et l'inclinaison.

Après ces navigateurs, vint le docteur Young, qui fut le premier à démontrer que la déviation produite par le magnétisme permanent du navire varie en raison inverse de la force horizontale de la terre, et que la déviation produite par la force verticale agissant sur une masse de fer doux varie comme la tangente de l'inclinaison.

Avant tout autre aussi, ce savant considéra l'effet de la force horizontale qui produit la déviation appelée quadrantale ; mais, selon M. Archibald Smith, les résultats auxquels il arriva sur cette question se trouvèrent faussés par une erreur de calcul.

Recherches de M. Barlow. — En 1820, M. Barlow publia un *Essai sur les attractions magnétiques*, où l'on trouve les résultats d'expériences très nombreuses, et faites avec soin, sur les effets produits sur l'aiguille aimantée par des sphères pleines ou creuses, aimantées par l'influence de la terre.

Le plus curieux de ces effets est celui-ci : Une même aiguille aimantée, soumise successivement à l'action de deux sphères formées de la même matière, l'une entièrement pleine et l'autre creuse, cette dernière pesant les trois quarts de la première, éprouve, si dans chaque cas elle se trouve située de la même façon par rapport à la boule agissante, des déviations identiques.

De l'ensemble de ses observations, M. Barlow conclut que l'action de tout le fer du navire sur le compas peut être représentée par celle d'une sphère ou d'un plateau de ce métal convenablement placés, lesquels, bien que plus petits l'un et l'autre que les masses

métalliques contenues dans le bâtiment, doivent, en raison de leur
proximité de la boussole, exercer sur l'aiguille aimantée une action
équivalente à celle de cette masse plus grande mais plus éloignée :
puis, se fondant là-dessus, il propose de corriger les déviations de
la boussole par le procédé suivant : Par divers essais, l'on cherche
à placer la plaque dans une position telle que, pour toutes les directions du bâtiment autour de la boussole, elle ramène l'aiguille
déviée par le fer de ce navire à sa direction naturelle. Si pareille
position existe sur le navire dont on s'occupe, qu'on la trouve au
lieu où se fait l'observation, et que la distribution des masses de
fer ne soit pas changée pendant tout le voyage qu'on entreprend, la
correction est faite, car la résultante des actions de ces pièces métalliques et l'action de la plaque se détruiront encore d'une manière
complète, en tout autre point où l'action magnétique du globe aura
changé de grandeur et de direction.

Mais il était à prévoir, et il a été prouvé par l'expérience, que si
les déviations de l'aiguille n'ont été qu'imparfaitement détruites
dans le lieu du globe où la position de la plaque a été fixée, ces
perturbations peuvent devenir plus sensibles encore en d'autres
lieux [1]. Or, M. Barlow lui-même dut bientôt reconnaître que ce cas
défavorable était le plus fréquent, autrement dit, que l'on ne parve-
nait jamais par l'application de son procédé à détruire rigoureusement les déviations de l'aiguille ; il conseilla en conséquence de
suivre une autre marche.

On transporte la boussole à terre ; puis l'on cherche, par essais
successifs, s'il existe pour la plaque considérée une série de positions telles que, de chacune, et pour chaque azimut de la plaque,
celle-ci produise une déviation de l'aiguille aimantée de même
sens et de même grandeur que celle qui résulte, à bord du vaisseau, pour le même azimut de sa section principale, de l'action
des masses métalliques. Si, revenu à bord, on place successivement le centre de la plaque dans le plan de la section principale du
navire aux distances de la boussole qui viennent d'être déterminées,
et si d'ailleurs il est vrai, comme le suppose l'auteur, que les actions
de ce morceau de fer et du système des autres masses de ce métal
s'ajoutent sans se modifier mutuellement, l'on aura, par l'addition
de la plaque, doublé dans tous les azimuts les déviations de la
boussole. Il suffira donc, en un lieu quelconque du globe, d'observer
successivement les angles que fait la section principale du navire
avec la direction apparente de la boussole soumise à l'influence de
la plaque ainsi installée, puis soustraite à cette action, grâce à un
éloignement suffisant de la plaque, pour connaître, par l'excès du

---

1. Poisson, *Mémoire sur les déviations de la boussole.*

premier angle sur le second, la déviation due aux masses de fer du vaisseau, et obtenir, en retranchant du second angle cet excès, l'angle compris entre la section principale et le méridien magnétique, et par suite la déclinaison vraie, lorsque l'azimut de cette section principale aura été déterminé par les procédés ordinaires. Toutefois, il y a des réserves à faire sur la valeur de cette méthode, car elle ne tient nul compte de ce que le fer du vaisseau, en même temps qu'il agit sur la boussole, influe aussi sur l'état magnétique de la plaque et empêche l'action de celle-ci sur la boussole d'être à bord du navire ce qu'elle était à terre. Il en résulte dans le calcul de la déviation des erreurs sensibles à de hautes latitudes.

Recherches de Poisson. — Là s'arrêteraient les notions acquises sur les déviations des compas, quand, à son tour, un des plus illustres mathématiciens français, Poisson, aborda l'étude de ces phénomènes, et, y appliquant les ressources de l'analyse, éleva du premier coup, à la hauteur d'une théorie scientifique, ce qui n'était encore qu'un ensemble de règles empiriques ; c'est donc à ce grand géomètre que revient l'honneur d'avoir fondé la véritable théorie des déviations de la boussole, si bien que, aujourd'hui encore, les équations qu'il a établies (simplement transformées par M. Archibald Smith afin de mettre en relief les données et les inconnues plus particulièrement importantes pour les marins) servent de point de départ à toutes les recherches précises.

Avant de s'occuper de la question si complexe des déviations, Poisson publia successivement trois mémoires sur la théorie du magnétisme, tous du plus haut intérêt scientifique, et qu'on peut citer comme des modèles d'exposition à la fois précise et élégante. Les deux premiers traitent du magnétisme dans les corps au repos, le dernier du magnétisme dans les corps en mouvement. Le cadre restreint de cette étude ne nous permettant pas de donner ici même une courte analyse de ces travaux si remarquables, nous y voulons au moins résumer les hypothèses qu'a admises Poisson, afin que chacun puisse ainsi connaître sur quels fondements solides repose la théorie des déviations des compas, avec quel scrupuleux respect des indications de l'expérience elle a marché, et quelle certitude l'on peut avoir que les découvertes pratiques ultérieures n'infirmeront pas les lois déjà établies.

Personne n'ignore ce qu'est un aimant, en quoi il diffère d'un morceau de fer doux, et au moyen de quelles expériences on met en évidence ses propriétés.

Nous dirons donc seulement qu'on explique depuis longtemps les phénomènes magnétiques par une hypothèse bien simple, qui n'est que la traduction fidèle des phénomènes observés et dont la possibilité a été démontrée, à posteriori, par tous les faits nouvellement introduits dans la science. Il existerait dans les aimants deux fluides particuliers, nommés fluides magnétiques, se manifestant isolément en deux points nommés les pôles et agissant par répulsion sur le fluide de même espèce et par attraction sur celui d'espèce contraire.

Jusqu'à Coulomb, on admit de plus que, dans l'acte de l'aimantation, les deux fluides, appelés positif et négatif ou boréal et austral, se portaient respectivement vers les deux extrémités des aimants et s'accumulaient aux deux pôles désignés sous le même nom.

Mais ce savant physicien, interprétant les expériences faites avant lui et celles que lui-même avait imaginées, montra qu'il y avait lieu de supposer plutôt que les fluides boréal et austral n'éprouvent dans les corps que des déplacements infiniment petits, et ne quittent pas la molécule du corps aimanté à laquelle ils appartenaient avant l'aimantation. Justifiée d'abord par des expériences sur des barreaux de fer doux, cette hypothèse s'applique également aux corps composés de cette sorte particulière de fer qu'on appelle fer dur. Ces corps, on le sait, ont la propriété de retenir le magnétisme qu'on leur a fait prendre, soit par l'influence prolongée d'un fort aimant, soit par tout autre procédé d'aimantation, et ne diffèrent du fer doux qu'en ce qu'il existe en eux une force dite coercitive, particulière à chaque substance, dont l'effet est de retenir les particules de l'un et de l'autre fluide dans la position qu'elles occupent à un instant donné et de s'opposer ainsi à la séparation des deux fluides, et ensuite à leur réunion.

Voici maintenant comment Poisson, dans son premier mémoire, expose les hypothèses sur lesquelles il a fondé la théorie du magnétisme d'abord, puis celle des déviations des boussoles.

« Considérons un corps aimanté par influence, de forme et de dimensions quelconques, dans lequel la force coercitive soit nulle et que nous appellerons A pour abréger; nous regarderons ce corps comme un assemblage d'éléments magnétiques séparés les uns des autres par des intervalles inaccessibles au magnétisme, et voici par rapport à ces éléments les diverses suppositions résultant de la discussion dans laquelle nous venons d'entrer qui serviront de base à nos calculs : 1° les dimensions des éléments magnétiques et celles des espaces qui les isolent sont insensibles et pourront être traitées comme des infiniment petits relativement aux dimensions du corps A; 2° la matière de ce corps n'oppose aucun obstacle à la séparation des deux fluides boréal et austral dans l'intérieur des éléments magnétiques; 3° les portions des deux fluides que l'aimantation sépare dans un élément quelconque, sont toujours très petites eu égard à la totalité du fluide neutre que cet élément renferme, et ce fluide neutre n'est jamais épuisé; 4° ces portions de fluide ainsi séparées se transportent à la surface de l'élément magnétique où elles forment une couche dont l'épaisseur, variable d'un point à un autre, est partout très petite et pourra aussi être considérée comme infiniment petite, même en la comparant aux dimensions de cet élément. »

Partant de là, Poisson forma des équations qui expriment pour tous les cas les lois de la distribution du magnétisme dans l'intérieur des corps aimantés par influence, et celles des attractions ou répulsions qu'ils exercent sur des points donnés de position. Restait à résoudre ces équations, pour en déduire des résultats faciles à vérifier par l'expérience, mais malheureusement cette résolution n'est possible que dans un nombre de cas très limité, eu égard aux différentes variétés de forme des aimants. Poisson parvint à simplifier ces relations et à les résoudre, d'abord dans le cas d'une sphère pleine ou creuse aimantée par l'influence de la terre, puis dans celui d'un ellipsoïde très allongé ou très aplati, aimanté également par l'influence de la terre, et il eut la satisfaction de voir les résultats qu'il en déduisit pleinement confirmés par les vérifications expérimentales qui se trouvaient tout naturellement indiquées et auxquelles ils furent soumis.

La certitude d'une théorie assez précise pour faire prévoir des phénomènes non encore observés, lui parut dès lors démontrée, et, fort de cette consécration de l'expérience, il se sentit autorisé à considérer comme absolument vrai le théorème le plus important qu'il eût établi dans ses mémoires, à savoir que les composantes, suivant trois axes coordonnés, de l'action magnétique de tout système de corps aimantés par la seule influence de la terre, sont des fonctions linéaires des composantes de la force directrice du globe, les unes et les autres étant rapportées aux mêmes axes, et répondant au même lieu et au même instant [1].

C'est avec l'appui de ces longues études préliminaires, et en se fondant notamment sur le théorème énoncé à l'instant, que Poisson aborda enfin l'étude méthodique des déviations de la boussole, lesquelles jusqu'alors n'avaient donné lieu qu'à des observations sérieuses, il est vrai, et dignes de toute attention, mais peu fécondes, en somme, qu'on nous passe l'expression, parce qu'aucune conception d'ensemble ne les reliait entre elles.

Poisson, en supposant les masses de fer du vaisseau assez éloignées de la boussole pour que leur action fût la même en grandeur et en direction sur les particules d'un même fluide magnétique dans toute la longueur de l'aiguille, ou, pour abréger le langage, en considérant la longueur de l'aiguille comme infiniment petite

---

1. Poisson, *Mémoires de l'Académie des sciences*, tome V.

par rapport à la distance de la masse de fer la plus rapprochée, rechercha et obtint l'équation d'équilibre de la boussole soumise aux forces magnétiques de la terre et du navire. « La force ma-
« gnétique du globe est facteur commun à tous les termes de cette
« équation, et disparaît conséquemment. Les inconnues qui restent
« dans cette équation sont l'inclinaison, et l'angle que fait à cha-
« que instant le méridien magnétique avec la section principale du
« navire. Elle renferme, en outre, l'angle compris entre la direc-
« tion apparente de l'aiguille et cette section principale que l'on
« observe immédiatement, quel que soit l'azimut de cette même
« section, et qui fournit les données du calcul dans chaque lieu où
« le vaisseau se trouve; elle contient, en outre, sous forme linéaire,
« cinq quantités dépendant de la totalité et de la distribution du
« fer que le vaisseau renferme, dont les valeurs pourront toujours
« se déterminer au lieu de départ du vaisseau, où l'on aura mesuré
« à terre l'inclinaison et la déclinaison vraies. A cet effet, on fera à
« bord du bâtiment et pour des azimuts différents de sa section
« principale, un grand nombre d'observations de l'angle variable
« avec ces azimuts. Il en résultera un pareil nombre d'équations de
« condition, desquelles on déduira les valeurs des cinq constantes
« par la méthode des moindres carrés. Cela étant, en un autre lieu
« quelconque où le vaisseau se sera transporté, il suffira, pour
« deux directions de la section principale comprenant un angle
« connu, d'observer les angles qu'elle fait avec la direction appa-
« rente de la boussole, et l'équation d'équilibre appliquée successi-
« vement à ces deux données fera connaître les valeurs des deux
« inconnues qu'elle contient. Toutefois, le calcul numérique de
« ces valeurs pourrait être assez compliqué pour nuire à l'emploi
« de la méthode, si l'on conservait à la question toute sa généra-
« lité. Mais, dans les vaisseaux, les masses de fer sont généralement
« distribuées d'une manière symétrique (ou à très peu près) de
« part et d'autre de la section principale; cette circonstance rend
« nulles trois des constantes et, par suite, les expressions des deux
« inconnues prennent une forme très simple. On connaîtra donc,
« en chaque point de la course du vaisseau, l'inclinaison et la
« déclinaison vraies, et par suite la déviation, après cependant
« qu'on aura déterminé, par les méthodes astronomiques, les azi-
« muts de la section principale qui répondent aux deux observa-
« tions, ou bien l'un de ces angles et la quantité angulaire dont
« le vaisseau aura tourné d'une observation à l'autre [1]. »

Dans tout ceci, on le voit, il n'est question que du magnétisme

1. Poisson, *Mémoire sur les déviations de la boussole*, tome XVI des Mémoires de l'Académie des sciences.

passager que donne aux masses métalliques du navire l'action de
la terre, et nullement du magnétisme propre qu'elles peuvent posséder. Cette omission devait rendre les équations plus simples mais
aussi moins générales, et c'était là une cause d'erreur qui pouvait
produire des effets de plus en plus sensibles, à mesure que l'usage
du fer se vulgariserait dans la construction navale. Poisson lui-
même, d'ailleurs, pressentit l'objection, et prit soin de dire quelles
modifications devaient subir ses équations pour convenir à ce cas
plus général, en ajoutant toutefois : « Heureusement il ne paraît
« pas que l'effet dont il s'agit soit fort considérable, du moins si
« j'en juge par l'accord des calculs fondés sur la supposition qu'il
« soit tout à fait nul, avec des observations faites dans plusieurs
« voyages maritimes de ces derniers temps, à bord de l'*Isabella*
« pendant le voyage du capitaine Ross en 1818, et à bord de l'*Hécla*
« pendant celui du capitaine Parry en 1819 et en 1820. Toutefois
« il serait bon que cette hypothèse fût vérifiée par des expériences
« directes [1]. »

Tel est en substance le premier essai publié sur le sujet qui nous
occupe, le premier mémoire où se soient trouvés classés, et soumis
à l'analyse, les faits précédemment déduits de l'expérience. Du jour
de l'apparition de ce travail, la science des déviations fut fondée,
et le nom de Poisson se trouva glorieusement attaché à cette créa-
tion.

Un champ bien vaste restait cependant encore ouvert aux inves-
tigations de la science. Il fallait d'abord déterminer exactement les
valeurs des composantes de la force terrestre en différents lieux,
puis calculer un grand nombre de valeurs des coefficients contenus
dans les équations, afin de pouvoir préciser la signification de
chacun d'eux, de savoir entre quelles limites ils variaient, et s'il en
était qu'on pût négliger. Il fallait encore que des observations
attentives révélassent si, comme le pensait Poisson, on pouvait
sans inconvénient ne pas tenir compte de l'influence du magnétisme permanent du navire, car l'opinion de ce savant illustre,
parfaitement plausible à l'époque où il l'avait émise, puisqu'on ne
se servait alors que de navires en bois et à voiles, pouvait sembler
de moins en moins admissible à mesure que le fer entrait en masses
plus considérables dans la construction des navires.

Recherches du captain Johnson. — Les Anglais, qui naturellement se mirent à la tête de cette transformation du matériel naval,
durent les premiers se trouver aux prises avec les nouvelles et
graves anomalies qui en résultèrent pour la déviation du compas.
Aussi ne saurait-on s'étonner de voir le conseil d'Amirauté faire

---

1. Poisson. *Mémoire sur les déviations de la boussole.*

effectuer dans le mois d'octobre 1835, par le commandant Johnson, de la marine royale, sur le bâtiment à vapeur en fer *Garry Owen*, une série d'observations ayant pour objet de déterminer l'importance de la perturbation apportée aux indications du compas par l'attraction magnétique du fer dont les flancs et les fonds de ce navire étaient formés.

Le détail de ces expériences a été publié dans les *Transactions philosophiques* en 1836. On y signale des résultats fort importants, en ce qui touche la déviation du compas dans différentes parties du navire, et plusieurs expériences remarquables semblent prouver que le bâtiment agissait sur un compas extérieur à lui comme un aimant permanent. Mentionnons en particulier une fort curieuse considération présentée par le capitaine Johnson. « Comme dans « la construction de navires en fer, et en martelant leurs nom- « breux rivets, on doit provoquer des influences magnétiques, il « serait bon de noter au compas la direction de leur avant et de « leur arrière, en vue de rechercher (en combinant ceci avec d'au- « tres circonstances), s'il ne résulterait pas quelques propriétés « magnétiques déterminées dues à la direction du navire par rap- « port au méridien magnétique. Le cap du *Garry Owen* pendant sa « construction était à l'O.-N.-O. »

« Il semble singulier », dit à ce propos M. Archibald Smith, dans un rapport à l'Association Britannique pour l'avancement de la science, « que le capitaine Johnson n'ait pas remarqué combien « pour le *Garry Owen* cette direction du cap se rapprochait de celle « de nulle déviation qui était à peu près O.-N.-O$\frac{1}{2}$O., et que, dans « ses travaux ultérieurs il ne soit pas revenu sur ce sujet. Il est « plus étonnant encore que cette idée n'ait pas été reprise par les « observateurs qui suivirent. »

Lors des expériences du *Garry Owen*, aucune tentative n'avait été faite pour découvrir les lois de l'action du navire comme aimant permanent sur un compas extérieur à lui, ni, en consé- quence, pour y introduire de nouvelles forces perturbatrices capa- bles de neutraliser cette action. Aussi, reportant son attention sur ce point, l'Amirauté anglaise chargea-t-elle en 1839 un des plus illustres savants de l'Angleterre d'entreprendre de nouvelles expé- riences dont les résultats furent consignés et discutés dans un remarquable mémoire présenté dès le mois d'avril de la même année à la Société royale de Londres [1].

Recherches de Sir G. Airy. — Ce fut sur le *Rainbow*, bâtiment à vapeur en fer, mis à la disposition de l'Amirauté par la Compagnie générale de navigation à vapeur, que Sir G. Airy fit ses expériences,

---

1. *Transactions philosophiques de la Société royale de Londres*, 1839.

au cours desquelles il fut assisté par huit observateurs, dont l'habileté consommée garantissait la précision avec laquelle seraient conduites des opérations dont les résultats devaient tenir, du nom seul sous lequel ils seraient produits, une si grande autorité.

Le premier point qu'eut à examiner Sir G. Airy fut le choix, sur le navire, des stations d'observation : il s'arrêta aux quatre suivantes :

La première, près de l'habitacle du *Rainbow*, à quatre mètres de l'arrière ; la seconde à dix mètres environ de l'arrière, à la position qu'on donne ordinairement aux habitacles des navires de guerre ; la troisième à seize mètres de l'arrière, près du mât d'artimon, à un endroit très favorable aux observations de toutes sortes et où se trouve habituellement le compas étalon ; la quatrième, enfin, très près du mât de misaine, à quinze mètres de l'étrave.

On voit qu'on pouvait espérer obtenir ainsi des indications précises sur les influences diverses que le fer exerce sur la boussole, suivant les positions qu'elle occupe dans le navire. Sir G. Airy expose ensuite les règles qui présidèrent aux observations, et qui furent telles qu'on pouvait les attendre d'un savant aussi éminent : puis il donne une théorie du magnétisme induit dans le navire, sous l'influence de la terre ; théorie fondée sur cette supposition que *par l'influence du magnétisme terrestre, chaque molécule de fer est convertie en un aimant dont la direction est parallèle à celle de l'aiguille d'inclinaison, et la puissance, proportionnelle à l'intensité du magnétisme terrestre, l'extrémité supérieure ayant la propriété d'attirer la pointe Nord de l'aiguille, et l'extrémité inférieure, celle de repousser cette même pointe.*

Cette hypothèse, beaucoup moins générale que celle de Poisson, néglige absolument l'influence réciproque des différentes masses de fer doux du navire ; on devait donc s'attendre à ce qu'elle ne s'accordât qu'avec un moins grand nombre de faits et d'expériences exécutées dans des cas particuliers. Sir G. Airy avoue du reste lui-même « qu'il lui eût semblé désirable de fonder ses calculs sur la théorie de Poisson qui, *mieux qu'aucune autre*, rend compte de ce qui se passe dans quelques cas tout particuliers, » mais il ajoute que les difficultés qu'on rencontre, quand on cherche à appliquer cette théorie aux cas un peu compliqués, sont si grandes qu'elles paraissent insurmontables.

L'infériorité qui résulte pour la nouvelle théorie de l'orientation attribuée arbitrairement à l'aimant en lequel se transforme chaque molécule de fer doux, se traduit immédiatement dans les équations. Nous avons déjà dit que, si on décompose, suivant trois axes rectangulaires, la force terrestre et la force magnétique émanée du fer doux du navire, les composantes de cette dernière force suivant les trois axes sont des fonctions linéaires de trois composantes terrestres.

Les formules de Sir G. Airy mettent seulement en évidence les composantes de la force terrestre suivant la verticale et suivant la ligne N.-S. magnétique, et la particularité de l'hypothèse rend égaux deux des coefficients de ces composantes, différents dans les formules de Poisson. De plus, Sir G. Airy, en supposant le fer doux du navire symétrique par rapport au plan longitudinal, admet, par cela seul, que les quatre paramètres que nous avons appelés dans ce livre b, d, f et h, sont, égaux non seulement entre eux, mais à zéro.

Jusqu'à ce point de ce mémoire, Sir G. Airy n'avait fait, comme on le voit, que suivre les traces de Poisson, à cela près que, pour simplifier les calculs, il part d'une hypothèse moins générale que celle du géomètre français; mais, à partir de là, il donne à son travail un caractère tout à fait original, en ce que, indépendamment des forces magnétiques dues à l'aimantation du fer doux par l'influence de la terre, il y fait intervenir la force magnétique provenant du magnétisme, qui appartient en propre au bâtiment. Au sujet de ce magnétisme, dit sous-permanent [1], le physicien anglais fait d'ailleurs cette nouvelle supposition, qu'il ne modifie en aucune façon le magnétisme induit et qu'ainsi les effets de ces deux espèces de forces ne font que s'ajouter algébriquement les uns aux autres. Une fois en possession des formules établies en ayant égard à cette nouvelle force, Sir G. Airy les applique à l'analyse du premier procédé de correction de M. Barlow, et montre très nettement que cette correction, en annulant un des termes de la force perturbatrice, double l'autre. Puis, suivant les indications de ses calculs, Sir G. Airy propose, à son tour, de corriger les déviations au moyen d'un ou de plusieurs aimants et d'une masse de fer doux dont il détermine la puissance et la position par l'expérience.

Mais, avant d'aller plus loin et pour plus de clarté dans la suite de notre exposition, nous allons définir deux expressions, celles de déviation « semi-circulaire » et déviation « quadrantale », qui n'ont été introduites que plus tard, lorsqu'en 1856, Sir G. Airy y fut conduit en examinant successivement les effets de l'aiguille aimantée d'un aimant et d'une masse de fer doux qu'il faisait mouvoir circulairement autour de cette aiguille.

---

1. Ce magnétisme propre du navire avait d'abord reçu le nom de magnétisme permanent; puis, comme on s'aperçut que, loin de conserver son intensité constante, il commençait à décroître, une fois le navire lancé, et allait s'affaiblissant jusqu'à une certaine limite qu'il n'atteignait parfois qu'au bout de plusieurs mois et ne dépassait point, il fut appelé subpermanent ou sous-permanent.

Il trouva que, dans cette expérience, l'aimant cause une déviation qui est maxima sur la ligne Est et Ouest, devient nulle sur la ligne Nord et Sud et se produit dans des sens différents des deux côtés de cette dernière ligne. Il appelle cette sorte de déviation qui garde le même signe pendant un demi-cercle et prend les mêmes valeurs, mais de signe contraire, dans l'autre moitié du cercle, déviation « polaire magnétique ». M. Archibald Smith préféra l'appeler déviation semi-circulaire. C'est ce dernier mot qui a prévalu. Il a l'avantage de ne pas éveiller l'idée d'aimant et est ainsi plus exact, attendu qu'il est fort aisé de voir qu'une barre *verticale* de fer doux, aimantée par l'influence terrestre et agissant sur un compas, produit une déviation semi-circulaire. Quant à la masse de fer doux dans le méridien magnétique, elle produit une déviation nulle; dans les rumbs quadrantaux N.-E., S.-E., S.-O. et N.-O., une déviation maxima, et cette déviation change de signe quand la masse passe d'un quadrant dans le suivant. Sir G. Airy a désigné cette déviation par le mot « quadrantale » qui a été unanimement adopté. C'est de la superposition de ces deux déviations que résulte la déviation totale, c'est-à-dire celle qu'on observe.

Cela dit dans le mémoire dont nous nous occupons, Sir G. Airy employa le mot « magnétisme permanent » pour désigner celui que cause la déviation semi-circulaire. Il comprend ainsi dans une même dénomination le magnétisme véritablement permanent du navire et le magnétisme passager induit sous l'action de la force verticale terrestre. Confusion regrettable assurément, mais confusion de mots seulement : car les formules mêmes de Sir G. Airy montrent nettement que la déviation semi-circulaire provient des deux espèces de magnétisme dont nous venons de parler et dont le second varie avec la force terrestre, c'est-à-dire avec la position du navire sur le globe. Quoi qu'il en soit, Sir G. Airy proposait de corriger cette déviation éminemment variable par un aimant, c'est-à-dire par une force constante, et il justifiait cette erreur volontaire en soutenant qu'à bord des navires en fer, on pouvait toujours négliger la partie variable de la force perturbatrice vis-à-vis de la partie constante provenant du magnétisme permanent. C'est cette expression inexacte et cette hypothèse (que l'on pouvait toujours négliger à bord d'un navire en fer le magnétisme induit dans le fer doux par la composante verticale terrestre, vis-à-vis du magnétisme véritablement permanent), que l'expérience ne devait pas ratifier, qui donnèrent lieu à toutes les polémiques ultérieures et à la principale d'entre elles, celle que Sir G. Airy soutint contre le docteur Scoresby.

Des doutes s'étaient d'ailleurs élevés dans l'esprit de Sir G. Airy sur la légitimité de cette hypothèse, car, un peu plus loin dans le même mémoire, il donna, en tenant compte de la partie variable de la force perturbatrice, des règles plus précises qui, suivant lui, devaient rendre la correction irréprochable à toutes les latitudes. Dans cette nouvelle méthode, il proposait de corriger la partie variable de la déviation semi-circulaire par une masse de fer doux, dont il déterminait la position relativement aux compas par des expériences faites à terre et qu'il portait à bord ensuite. Il supposait ainsi que l'état magnétique de cette masse de fer n'était pas modifié par l'influence du fer du navire.

Tel fut dans son ensemble le mémoire de Sir G. Airy, le premier où l'on ait tenté de donner des règles pour neutraliser les forces perturbatrices dues au fer du navire, par l'introduction d'aimants et de masses de fer doux donnant naissance à des forces égales et contraires.

La partie de ce travail dans laquelle Sir G. Airy montre quelles sont les forces perturbatrices, quelles expériences il faut faire, subsiste tout entière aujourd'hui, et s'il n'en est pas de même de celle où il donne les détails mêmes de la correction, il convient de remarquer, qu'en passant de l'une à l'autre, il fut absolument forcé d'avoir recours à des hypothèses pour suppléer au nombre trop restreint des observations.

Quelques-unes de ces hypothèses ont été infirmées depuis, mais on ne peut mieux montrer la prudence avec laquelle Sir G. Airy avait eu recours à ce dangereux moyen de recherche qu'en ajoutant que pendant de longues années la marine marchande anglaise employa la correction indiquée, sans qu'on s'aperçût des différences notables que devaient accuser des observations attentives faites à bord de navires très différents de ceux étudiés par le physicien anglais.

Recherches du Docteur Scoresby. — Quinze années après la publication de ce travail s'élevait à son sujet une polémique qui eut une grande importance sur la marche de la question et dans laquelle Sir G. Airy, d'une part, et son adversaire le docteur Scoresby, de l'autre, déployèrent à l'envi, l'un toutes les ressources de la théorie unies à une expérience consommée, l'autre toute la sagacité d'un observateur aussi persévérant qu'habile. M. Scoresby est un des hommes dont les travaux contribuèrent le plus à la solution du problème délicat qui nous occupe. C'est à ses expériences réitérées, à sa persévérance, à son insistance obstinée dans sa discussion avec Sir G. Airy, qu'est due la découverte capitale de la relation intime qui existe entre le cap d'un navire pendant sa construction et la déviation semi-circulaire du compas.

Le *Manuel de l'Amirauté* tout entier témoigne de la haute importance de cette découverte, mais ce qu'il nous reste à dire suffira à faire ressortir tout le mérite de son auteur. Les travaux de M. Scoresby remontent à 1821. Il procéda d'une tout autre façon que Poisson et Sir G. Airy; l'expérience seule fut son guide, et par cela seul il ne fut jamais tenté d'admettre des hypothèses pour leur seule facilité à se traduire analytiquement.

Il entreprit de nombreux voyages scientifiques, et c'est à la suite du dernier, effectué en 1856, à la requête du comité des compas de Liverpool, qu'il termina sa carrière. Sa vie entière fut consacrée à l'étude du magnétisme et des modifications que lui font éprouver toutes les opérations mécaniques auxquelles on peut soumettre les corps de diverses natures. En 1852, fort de toutes ses observations, il n'hésita pas à déclarer, dans la quatrième partie de ses *Recherches magnétiques*, que le fer des navires ne se compose pas seulement, comme l'avaient cru les mathématiciens, de fer doux et de fer dur, que cette séparation si nette, si favorable à l'introduction de l'analyse mathématique, n'existe pas dans la réalité, et qu'il convient d'admettre l'existence d'une troisième qualité de fer, intermédiaire, ne pouvant recevoir ou perdre le magnétisme qu'avec le temps et par une action mécanique quelconque.

Il désigna le magnétisme de cette espèce particulière de fer sous le nom de magnétisme *rétentif*, et soutint que, jouant un rôle important dans la déviation des compas, ce magnétisme empêchait la correction alors adoptée pour les compas d'être exacte. M. Scoresby justifia cette opinion en citant une expérience décisive.

Si on place une des plaques de fer laminé servant à la construction des navires dans une position verticale, le rapport du magnétisme induit au magnétisme permanent est celui de 9 à 1; si on martelle la plaque dans cette position, ce rapport devient égal à $\frac{2}{7}$, et on peut facilement atteindre le rapport réciproque en renversant la plaque et en lui appliquant quelques coups de marteau dans cette nouvelle position.

M. Scoresby conclut de là qu'une grande partie de la déviation est causée par le magnétisme rétentif qui, très considérable à l'origine à cause du martelage subi par les plaques pendant la construction, diminue rapidement quand le navire est soumis à des chocs ou à des efforts violents. Personne avant M. Scoresby n'avait soupçonné l'existence de cette sorte de magnétisme qu'on désigne plus généralement aujourd'hui sous le nom de « sous-permanent », qui indique assez nettement son indépendance de l'action terrestre et ses changements après le lancement du navire. Pourtant, dans les *Contributions to terrestrial Magnetism* du lieutenant-colonel, maintenant général, Sir E. Sabine, insérées dans les *Transactions philosophiques* de 1843, se trouvent relatées des observations qui eussent dû en donner le pressentiment. Dans ce mémoire, l'auteur résume et discute les observations faites dans l'intérieur du cercle antarctique à bord des navires de guerre anglais *Erebus* et *Terror*, dans les étés de 1840 et 1841, pendant l'expédition commandée par le capitaine Ross. Il conclut de ces observations que, quand un navire change de latitude magnétique, le changement correspondant dans le magnétisme du navire, ou, pour parler plus exactement, dans la portion de ce magnétisme qui provient de l'induction, ne se fait pas instantanément, mais suit de près le changement de position. Il émet également l'opinion qu'il peut y avoir quelque portion de fer d'une qualité intermédiaire entre le fer doux et le fer dur et que de semblables portions doivent être dans un état magnétique plus ou moins en retard sur la position magnétique du navire.

Recherches du général Sir E. Sabine. — On doit également au général Sir E. Sabine, de nombreux travaux sur le magnétisme terrestre. Ils ont été insérés dans les *Transactions philosophiques* de 1840 à 1868. Le grand nombre des observations, le soin avec lequel elles ont été faites, la discussion approfondie à laquelle elles sont soumises, donnent à ces travaux une grande importance. Les formules qui ont servi au général Sir E. Sabine lui ont été fournies par M. Archibald Smith, l'un des savants anglais qui se sont le plus occupés de la déviation des compas et qui ont fait faire à cette question les plus grands progrès. La suite de cet exposé, où le nom de M. Archibald Smith revient presque à chaque ligne, montrera la reconnaissance que tous les marins doivent à ce savant. Pour le moment, nous nous contenterons de dire que, dès 1843, il transforma les formules de Poisson pour y mettre en évidence les données et les inconnues qui se présentent le plus ordinairement dans la navigation, et qu'il donna ainsi à toutes les recherches ultérieures une précision et une unité qui en doublèrent le prix.

Polémique entre Sir G. Airy et le D' Scoresby. — C'est un sinistre maritime, attribué par M. Scoresby à l'action du magnétisme « rétentif » sur les compas, qui provoqua de nouvelles études sur le sujet et amena une polémique d'où devait sortir la solution véritable.

En 1854, un navire à vapeur en fer de 2,000 tonnes, le *Taylor*, se perdit à son premier voyage, peu de temps après son lancement; son compas de route était primitivement affecté d'une déviation de 60 degrés, qu'on avait corrigée au moyen d'un aimant.

Ce naufrage souleva en Angleterre une grande émotion, et fut l'objet, dans la presse anglaise, de mille commentaires; mais celui qui produisit la plus vive sensation fut l'explication donnée de l'accident par le D' Scoresby, dans un mémoire lu à l'association de Liverpool.

M. Scoresby n'hésitait pas à attribuer ce naufrage, moins au mauvais temps lui-même que le navire avait rencontré dans la Manche, qu'aux chocs répétés de la mer sur la carène. Ces chocs auraient, selon lui, *chassé* le magnétisme primitif dû à la construction, pour en introduire un nouveau, dont les effets désastreux se seraient trouvés encore exagérés par les aimants destinés à neutraliser les effets du premier.

Cette opinion émise, M. Scoresby insistait avec force sur la qualité *rétentive* du fer, qui donne naissance à une puissance magnétique considérable, et éminemment *variable* avec les forces inductrices et les actions mécaniques qui s'exercent sur le bâtiment.

Comme la méthode de correction employée dans la marine marchande était celle de Sir G. Airy, celui-ci vint discuter à son tour les expériences et les conclusions de M. Scoresby.

La polémique continua pendant plus d'une année dans la *Revue de la Marine marchande*.

Les conclusions définitives de Sir G. Airy se trouvent dans un mémoire inséré dans les *Transactions philosophiques* de 1856.

Ce mémoire s'appuie, non sur des observations faites par Sir G. Airy lui-même, mais sur des expériences exécutées sur divers bâtiments, qui lui ont été transmises et qu'il résume.

Sir G. Airy commençait par définir ces termes de déviation « semi-circulaire » et déviation « quadrantale » que nous avons expliqués plus haut. Il établissait ensuite que la déviation des compas dans les navires en fer se composait de deux parties, dont l'une, la partie quadrantale, pouvait être corrigée, une fois pour toutes, par une masse de fer doux, tandis que la correction de la déviation semi-circulaire, obtenue par des aimants, ne restait exacte, dans toute position géographique, que si on faisait *varier les distances des aimants au compas* suivant des lois qu'il indiquait. On voit, sans qu'il soit besoin d'insister, quel serait le danger de ce mode de correction, appliqué par des observateurs inhabiles et inexpérimentés. Enfin Sir G. Airy émettait encore une hypothèse que l'expérience ne devait pas ratifier, à savoir, que les variations de la déviation semi-circulaire ne dépassaient pas 5 à 6 degrés. Il combattait, de plus, absolument l'usage exclusif des tables de déviations sans compensateur d'aucune sorte, en montrant, ce qui est vrai, que ces tables n'indiquent que le résultat d'observations bonnes pour un lieu déterminé, et ne signifient plus rien dès qu'on change de lieu, surtout à bord d'un navire en fer, de construction récente.

Cette polémique influa de deux manières sur la marche de la question. D'abord, elle la fit profiter de toutes les ressources, de tous les faits nouveaux que les deux adversaires, mus par un égal amour de la vérité et servis tous deux par une expérience consommée, introduisirent dans la discussion ; puis elle excita dans le public une émotion profonde, et bien légitime, assurément, en présence des divergences d'opinions (plus apparentes, d'ailleurs, que réelles et profondes) de deux hommes aussi universellement renommés pour leur compétence en la matière.

Comité des compas de Liverpool. — Ce fut sous l'empire de ce sentiment que se constitua le Comité des compas de Liverpool, composé d'armateurs, de constructeurs, de capitaines de navire et d'hommes de science, qui se chargea d'étudier toutes les questions relatives à la déviation des compas, et de centraliser, pour les coordonner, toutes les observations faites sur ce sujet.

Il prit pour secrétaire M. Rundell, l'un des hommes les plus versés dans ce genre d'études, lequel sut donner aux recherches et à la discussion des observations une impulsion personnelle qui eut les plus heureux résultats.

Aidé par des libéralités particulières, soutenu surtout par cette sorte de ténacité passionnée, toute particulière à la nation anglaise, qui, en inspirant les longues et patientes recherches, conduit sûrement au succès, et sans laquelle tous les moyens d'action sont impuissants à surmonter les obstacles, ce comité fit paraître successivement trois rapports qui fixèrent d'une manière définitive la plupart des questions controversées, et qui indiquèrent nettement, pour celles qui restaient à résoudre, la marche qu'il fallait suivre et les véritables inconnues du problème.

Afin d'avoir des observations comparables, le comité fit imprimer et distribuer gratuitement à tous les capitaines de navires un questionnaire uniforme, indiquant les observations qu'ils devaient faire et les questions qu'ils devaient résoudre durant leurs voyages. Puis, il se mit en rapport avec toutes les personnes compétentes ou intéressées dans la question. Enfin, il invita chaleureusement les armateurs à assurer le succès de cette enquête en ordonnant à leurs capitaines de rassembler des faits, de recueillir des observations, d'établir les tables de déviation demandées, et de communiquer le tout au comité.

Le premier rapport du comité des compas au conseil du commerce date de 1855.

Le trop court intervalle de temps écoulé entre les travaux préparatoires du comité et la publication de ce rapport, empêcha la plupart des documents distribués aux capitaines de revenir avec leurs réponses, et du nombre restreint d'observations qu'il eut à sa disposition, le comité ne put tirer que fort peu de conclusions. Une des plus importantes fut celle qui résumait les observations

sur l'état magnétique de la coque des navires, qui avaient pu être
faites pendant leur passage au bassin, pour le grattage et la pein-
ture de leurs carènes après un long voyage. Tous les navires examinés avaient le cap dans la même direction, et pourtant les
courbes magnétiques de leur carène n'étaient pas les mêmes ; le
comité en conclut que l'opinion du docteur Scoresby touchant la
connexité qui existe entre les courbes et le cap du navire pendant
sa construction était probablement fondée.

Les premiers documents fournis sur les changements de la
déviation dans l'hémisphère Sud donnèrent des détails assez intéressants pour que le Comité invitât le docteur Scoresby à entreprendre un voyage de circumnavigation, pendant lequel il éclairci-
rait certains points encore douteux.

M. Scoresby accepta cette mission pénible sans considérer son
grand âge, et partit en janvier 1856 pour l'Australie, sur le *Royal
Charter*. Mais il épuisa dans ce long voyage et dans ses laborieuses
recherches ce qui lui restait de forces, et mourut peu de temps
après son retour en Angleterre, victime de son dévouement à la
science et de son amour pour l'humanité.

Ses observations furent publiées par M. Archibald Smith et ser-
virent beaucoup à la rédaction du second rapport du comité des
compas, publié vers la fin de 1856. Il est à regretter que l'on ait
choisi un aussi grand navire que le *Royal Charter* pour faire ces
observations, car les capitaux énormes qu'il représentait ne per-
mirent pas de prolonger les recherches autant qu'il l'aurrait fallu,
et la grandeur du navire rendait très délicates les observations dans
les ports. En outre, sur un aussi grand navire, il y avait plus de
chances pour voir s'établir entre les forces magnétiques un certain
équilibre, qui devait rendre plus difficile la séparation de leurs
effets particuliers. Enfin, lorsqu'on eut surmonté, du mieux possible, ces conditions défavorables, et étudié minutieusement l'état
magnétique de ce navire, le naufrage du *Royal Charter*, à son
second voyage, fit perdre le fruit de toutes ces recherches.

Le second rapport contient les résultats de nombreuses observations, sous l'autorité desquelles le Comité ne craint pas d'affirmer
que la connexité qui existe entre la direction d'un navire pendant
sa construction et son magnétisme primitif, est évidente et dès à
présent hors de doute. Dans tous les navires examinés, l'extrémité
Nord de l'aiguille avait toujours invariablement été attirée vers la
partie du navire la plus éloignée du Nord pendant la construction,
quand le compas était placé au milieu du navire et libre de toute
influence particulière de masses de fer trop voisines.

Le Comité constate aussi les rapides changements du magnétisme
d'un navire, et par suite des déviations de ses compas, peu de temps

après le lancement ; mais il montre qu'après une très rapide diminution, ce magnétisme atteint une limite qu'il ne dépasse plus, et qu'on peut, après un ou deux voyages, le considérer comme invariable.

Passant à la déviation quadrantale, le Comité établit ce résultat important que, dans presque tous les navires, et sauf de très rares exceptions, cette déviation est positive, c'est-à-dire que l'extrémité Nord de l'aiguille dévie vers l'extrémité Nord du navire et s'éloigne du flanc Nord de ce même navire. Une semblable déviation peut s'expliquer, soit par une attraction de l'extrémité Nord du bâtiment, soit par une répulsion du côté Nord. Or, la première cause augmenterait la force directrice moyenne qui agit sur l'aiguille, tandis que la seconde la diminuerait ; des observations sur la force directrice feront donc connaître quelle est celle de ces deux causes qui prédomine. On trouve que c'est, en général, la répulsion du côté Nord.

Le Comité s'occupe également des changements que la bande apporte à la déviation, et leur donne pour causes :

1° L'élévation et l'abaissement alternatifs de la masse attractive, qui fait que le magnétisme agit avec plus ou moins de puissance suivant qu'elle s'approche ou s'éloigne du plan de la rose ;

2° Le fer doux vertical ou les aimants placés au-dessous du compas ;

3° La polarité verticale induite dans les flancs des navires en fer et qui augmente quand ils s'inclinent ;

4° La proximité des correcteurs de la déviation quadrantale, dont le fer est quelquefois imparfaitement doux ;

5° L'action des aimants compensateurs horizontaux, quand ils sont placés trop près.

Cette analyse des causes de la déviation est exacte, mais incomplète, comme on le verra un peu plus loin.

Quant aux résultats des observations, nous ne les citerons pas, parce que des expériences ultérieures ont infirmé quelques-uns d'entre eux.

Hâtons-nous d'ajouter, du reste, que le Comité ne les donnait que sous toutes réserves et en appelant instamment de nouvelles informations sur cette inextricable et importante partie de la théorie.

Le troisième et le plus important des rapports du Comité parut en 1861. Le Comité commence par y résumer les points qui, suivant lui, sont complètement établis, à savoir :

1° Le magnétisme des navires en fer est distribué suivant des lois précises et bien déterminées ;

2° Un caractère magnétique particulier, et qui ne se perd jamais

complètement par la suite, est imprimé à chaque navire en fer
pendant sa construction ;

3° Le magnétisme d'un navire en fer diminue rapidement après
son lancement, mais ensuite tout changement durable dans la valeur et la direction de ce magnétisme est le résultat d'une modifi-
cation graduelle et presque insensible ;

4° Le magnétisme primitif d'un navire en fer est constamment
sujet à de légères fluctuations, provenant de nouvelles inductions
magnétiques introduites par un changement de position ;

5° Les erreurs des compas, causées par la partie plus particulièrement permanente du magnétisme des navires en fer, peuvent être
compensées avec succès, et cette compensation égalise la puissance
directrice de l'aiguille du compas aux différentes routes que peut
suivre le navire.

MM. Archibald Smith et Evans, dans un rapport lu en 1862 à
l'Association Britannique pour le progrès des sciences, admettent
sans réserve les trois premières conclusions et la cinquième, mais
pour la quatrième ils font des réserves, et n'admettent pas que ces
fluctuations puissent se manifester dans le court espace de temps
pendant lequel s'effectue la rotation d'un navire dont on règle les
compas.

Des observations dont on trouvera le détail dans ce livre et qui
sont dues à M. Gaussin, ingénieur hydrographe en chef, donnent
raison à l'opinion du Comité des compas ; elles permettent d'éva-
luer, et même de prévoir, l'influence du sens de la rotation sur les
déviations observées.

Les erreurs dues à la bande, qui avaient été l'objet d'observations
très attentives, donnèrent lieu aussi dans le rapport à quelques
conclusions.

On sait que les premières observations communiquées au Comité
de Liverpool étaient en contradiction avec celles que l'Amirauté
avait fait faire sur le *Bloodhound* et le *Recruit* et avec celles exécutées en France sur l'*Australie* et le *Chaptal*.

Un examen minutieux des observations plus nombreuses du Comité, jointes à celles du Captain F.-J. Evans, dont le détail se trouve
dans les *Transactions philosophiques* de 1860, permit de faire disparaître les anomalies, et d'établir les conclusions suivantes qui
sont exactes en général.

1° Les déviations maxima dues à la bande s'observent quand le
navire suit des routes Nord ou Sud ; elles diminuent quand il court
sur des routes Est ou Ouest ; on n'observe, dans la pratique, aucune
erreur appréciable quand le navire court exactement Est ou Ouest ;

2° Dans les navires construits en Angleterre entre les caps O.-S.-
O. et E.-S.-E. (en passant par le Nord), et, pour les compas placés,

comme d'ordinaire près de l'arrière, le Nord de l'aiguille dévie au vent, et, toutes choses égales d'ailleurs, cette déviation est maxima dans les navires construits le cap au Nord ou tout près de cette direction. Dans ces navires, la déviation due à la bande augmente quand ils vont vers des latitudes magnétiques plus hautes et décroît quand ils se dirigent vers les latitudes magnétiques Sud. Dans quelques cas, la déviation disparaît ou même change de signe dans les hautes latitudes magnétiques Sud ;

3° Dans les navires construits avec leurs caps entre l'Ouest et l'Est (en passant par le Sud), la déviation due à la bande est habituellement petite dans les latitudes Nord magnétiques, et l'extrémité Nord de l'aiguille est généralement attirée vers le côté sous le vent du navire : cette déviation augmente quand on approche des latitudes magnétiques Sud ;

4° Dans les navires construits à des caps intermédiaires de ceux indiqués dans les paragraphes 2° et 3°, les déviations sont généralement petites dans les latitudes moyennes Nord magnétiques et assez faibles aussi dans les latitudes magnétiques Sud moyennes.

5° Pour reconnaître si les compas sont affectés ou non par la bande, on met le navire à la bande sur les directions Nord et Sud et successivement sur bâbord et sur tribord (parce que, dans certains cas, l'erreur est masquée sur un bord et ne se manifeste que sur l'autre). On doit mettre à la bande le cap au Nord ou le cap au Sud, suivant que le cap du navire pendant sa construction a été dirigé vers l'un ou l'autre de ces points cardinaux. Cette précaution devient plus nécessaire quand le compas est près de l'arrière ;

6° Enfin, on peut se donner une idée approximative de la grandeur de cette erreur, en faisant osciller une aiguille d'inclinaison ; mais, jusqu'à plus ample connaissance du sujet, on doit, en réglant les compas de tout navire neuf en fer, le faire tourner aussi bien incliné que droit.

Ce furent les expériences nécessaires à la connaissance de la déviation due à la bande, et la légitime répugnance du comité à affirmer quoi que ce soit qui ne résultât pas d'observations consciencieuses, qui retardèrent si longtemps la publication de ce dernier et important rapport.

L'analyse succincte que nous avons donnée de l'œuvre du Comité de Liverpool montre, mieux que tous les éloges, de quelle importance fut la tâche qu'il accomplit et quelle reconnaissance méritent ses efforts si persévérants pour sauvegarder la vie humaine.

Travaux d'Archibald Smith et du Captain F. J. Evans. — Le gouvernement anglais avait d'ailleurs secondé énergiquement les efforts privés. Par ses ordres, le Captain F. J. Evans, de la marine royale, avait étudié attentivement, au point de vue de leur magné-

tisme, tous les navires en fer de la marine anglaise, quelques-uns
de ses navires à vapeur en bois, et le plus grand des navires exis-
tants, le *Great Eastern*. Les observations du Captain F. J. Evans
furent publiées dans les *Transactions philosophiques* de 1860 ; elles
portèrent sur tous les détails de cette question si complexe. Les
formules dont M. Evans se servit pour les résumer sont celles de
M. Archibald Smith qu'on trouvera dans ce volume.

M. Evans explique l'influence de la bande de la façon suivante :
quand le navire court Nord ou Sud et ne donne pas de bande,
l'aiguille est parallèle aux flancs du bâtiment, dont les influences
sur elle se neutralisent réciproquement. Quand le navire s'incline,
le côté du navire le plus voisin de l'aiguille exerce sur elle sa polarité prédominante dans la direction perpendiculaire à l'aiguille,
d'où une déviation maxima. Quand le cap du navire est Est ou Ouest,
que celui-ci soit droit ou non, les pôles de l'aiguille pointent directement vers les côtés, et, par suite, les actions sur l'aiguille s'exer-
çant dans un plan vertical. la déviation produite est nulle.

Remarquons ici que les compas observés par M. Evans étaient
des compas de l'Amirauté, à deux ou quatre aiguilles parallèles
entre elles et placées symétriquement par rapport à un diamètre.
Dans les compas à deux aiguilles, les extrémités de celles-ci étaient
distantes de 60 degrés ; dans les compas à quatre aiguilles, les
extrémités de chacune d'elles sont à 30 degrés des extrémités
des deux aiguilles voisines. L'arc total compris entre les deux
aiguilles extérieures est toujours de 60 degrés. Cette disposition,
donnée par M. Archibald Smith, avait pour but de rendre les
moments d'inertie de la rose, par rapport à différents diamètres,
égaux entre eux, et d'éviter par suite les mouvements de balance-
ment de la rose. On verra bientôt d'autres avantages de cette disposition.

Une des observations les plus importantes de M. Evans, dans le
mémoire dont nous nous occupons, fut celle qui concerne l'inconvénient des longues aiguilles. Il remarqua que, pour celles-ci, les
déviations donnent, non plus seulement une courbe semi-circulaire,
comme pour les petites aiguilles, mais en outre une courbe sextantale [1] dont les diverses ordonnées maxima croissent comme le
carré de la longueur de l'aiguille.

Si les zéros des deux courbes correspondent au Nord et au Sud
magnétiques, les ordonnées maxima de la déviation sextantale sont
respectivement N. 30° E., S. 30° O., N. 30° O.

Les courbes sextantales et semi-circulaires se coupent au N., N.
60° E., S., S. 60° O., N. 60° O.

---

1. Voir page 72.

L'influence de la longueur d'une aiguille aimantée sur les déviations de celle-ci fut étudiée d'une manière toute spéciale par MM. Archibald Smith et Evans, dans un mémoire publié dans les *Transactions philosophiques* de 1861. Les recherches théoriques et expérimentales exposées dans ce travail montrent que, par une heureuse coïncidence, la disposition des aiguilles qui rendait les moments d'inertie de la rose égaux, était aussi celle qui détruisait les erreurs sextantales, et que, de plus, elle ne laissait subsister que des erreurs octantales [1] presque insignifiantes.

L'emploi, de plus en plus général, du fer avait amené à des valeurs de 7 et 8 degrés la déviation quadrantale, des valeurs de 1 et 2 degrés qu'elle avait autrefois sur des navires tels que le *Rainbow* et l'*Ironside*. Il n'était plus possible de songer à la compenser par des correcteurs de fer doux, car les dimensions qu'il eût fallu leur donner, et la proximité à laquelle on eût dû les placer du compas, eussent occasionné des erreurs octantales très fortes dans les compas à une aiguille et qu'on ne pouvait négliger même dans les compas de l'Amirauté. On ne pouvait pas non plus demander, à un aimant fixe, le supplément de force magnétique nécessaire, car un tel compensateur ne corrige que des erreurs dépendant des sinus et cosinus des multiples *impairs* de l'azimut. M. Evans eut l'idée de corriger la déviation quadrantale, presque toujours positive, qu'on observe à bord des bâtiments, en employant deux compas placés l'un près de l'autre et dont l'influence réciproque produit sur chacun d'eux une déviation quadrantale négative.

Les conclusions du rapport qui nous occupe ont pour la marine française une importance toute particulière, parce que beaucoup de nos compas n'ont qu'une seule aiguille, assez courte cependant pour éviter les erreurs sextantales, sous certaines réserves.

Tout compas destiné à être corrigé mécaniquement doit avoir des aiguilles disposées comme celles des compas de l'Amirauté.

Pour corriger un compas à une seule aiguille :

1° L'aiguille ne doit pas avoir plus de 15 centimètres ;

2° Si on place un aimant au même niveau que l'aiguille, il doit être à une distance au moins égale à six longueurs d'aiguille ;

3° Si l'aimant est au-dessous de l'aiguille, il peut être placé un peu plus près de l'aiguille, mais il ne faut pas qu'en joignant le centre de l'aiguille au centre du barreau et en élevant de ce dernier point une perpendiculaire à cette droite, cette perpendiculaire vienne percer le plan de la rose à une distance du centre de cette dernière moindre de six fois la longueur de l'aiguille ;

4° Autant que possible, on doit s'abstenir de mettre aucun correcteur en fer doux à l'intérieur d'un cercle d'un rayon égal à deux longueurs d'aiguille et jamais l'on n'en doit placer à moins d'une longueur et demie.

En 1865, M. Archibald Smith publia dans les *Transactions philosophiques* le dernier des mémoires qui précédèrent en date la troisième édition de l'*Admiralty Manual*.

L'on y trouve, outre de nouvelles observations qui confirment et complètent les précédentes, l'examen théorique et pratique des effets de quelques arrangements particuliers du fer, sur le compas. M. Archibald Smith y constate aussi, avec une satisfaction bien légitime, puisqu'il y avait contribué plus que personne, que la théorie mathématique est arrivée aujourd'hui à une perfection telle, que les résultats déduits des formules s'accordent exactement avec les faits observés, et s'applaudit de ce que la seconde édition du *Manuel de l'Amirauté* ait commencé à faire passer, dans la pratique de la marine de guerre anglaise, les observations de force horizontale et de force verticale, et l'usage des formules qui permettent de calculer au moyen de ces forces les coefficients et par suite les déviations, quand ces dernières ne peuvent être déterminées directement en faisant tourner le navire.

En 1869, enfin, parut l'ouvrage que nous avons traduit, et, depuis lors, la correction des compas se trouve simplifiée à ce point, qu'*une* observation de déviation et *une* de force horizontale, faites suivant *un seul cap*, suffisent, dans la plupart des cas, à déterminer les coefficients au moyen desquels se calculent les déviations. Il est aisé, d'ailleurs, de s'en rendre compte.

Lorsque le compas est bien placé, c'est-à-dire installé au milieu du navire dans une position libre de fer, il se trouve que des six coefficients à connaître, deux sont nuls, deux peuvent être estimés *à priori*, étant *très sensiblement* les mêmes dans les navires de même type, et deux seulement restent à déterminer, ce que permettent de faire les deux observations indiquées ci-dessus. Quant à apprécier l'influence de la bande du navire sur la déviation, et cela sans faire incliner le navire ni même changer son cap, l'on y parvient au moyen d'une seule observation de force verticale, car cette observation permet de déterminer un des trois coefficients de cette erreur particulière, et, des deux autres, le premier est nul et le second peut être estimé.

Le seul contraste entre la simplicité de ces procédés pratiques et la complication extrême des erreurs qu'ils permettent de compenser, fait ressortir la puissance des méthodes scientifiques qui y ont conduit. Nous n'insisterons donc pas sur cette remarque, pas plus que nous ne ferons valoir les mérites de ceux qui ont su créer et développer à ce point cette nouvelle branche des connaissances humaines.

Que l'on nous permette seulement une dernière considération :
grâce à la dépendance étroite qui rattache les lois de la déviation
des compas à celles du magnétisme terrestre, l'étude de celles-ci a
reçu de la recherche des premières une impulsion féconde, et ainsi
toutes les sciences profitant du progrès de chacune d'elles, les marins modernes peuvent à bon droit revendiquer leur part de mérite
dans ce magnifique travail scientifique qui sera l'honneur de notre
siècle.

TRAITÉ

DÉVIATIONS DU COMPAS

INTRODUCTION PRÉLIMINAIRE

PREMIÈRE SECTION

RAPPEL DES NOTIONS ÉLÉMENTAIRES DE MÉCANIQUE

Nous croyons utile, avant d'exposer la théorie de la déviation des compas, de résumer et de grouper les notions élémentaires fort simples soit de Mécanique, soit de Physique, auxquelles nous aurons à faire appel dans le courant de l'ouvrage.

Nous commencerons par ce qui concerne la Mécanique, en renvoyant les lecteurs qui désireraient des explications plus détaillées aux cours de Mécanique professés à l'École Polytechnique soit par le regretté Edmond Bour, soit par M. Résal, Membre de l'Institut, ou encore à celui que vient de publier M. Collignon, Ingénieur en Chef des Ponts et Chaussées.

CHAPITRE PREMIER

MOUVEMENT D'UN POINT MATÉRIEL

Force. — Toute cause de mouvement, quelle qu'elle soit, reçoit en Mécanique le nom générique de force. Pour définir complètement une force, il faut donner son point d'application, la direction dans laquelle elle agit, enfin sa grandeur. On représente une force par une ligne droite. A étant le point d'application, on prend sur la ligne qui représente la direction de la force une longueur AF proportionnelle au nombre qui en mesure l'intensité, et l'on obtient une ligne AF qui est dite représenter la force en grandeur et en direction.

Accélération. — Une force constante agissant sur un point matériel primitivement en repos lui communique, suivant sa direction, un mouvement rectiligne uniformément varié. On appelle ainsi tout mouvement dans lequel la vitesse varie proportionnellement au temps. Le rapport constant qui existe ainsi entre la vitesse acquise par le point dans un temps donné et ce même temps, s'appelle l'accélération du mobile.

Si l'on considère plusieurs forces F, F', F'', et qu'on désigne par j, j', j'', l'accélération de mouvement que chacune d'elles imprime à un même point matériel, on démontre que l'on a :

$$\frac{F}{j} = \frac{F'}{j'} = \frac{F''}{j''} = \ldots \ldots = m.$$

L'accélération nous donne donc un moyen de comparer les forces entre elles.

Masse. — Ce rapport constant m est dit la masse du point matériel considéré ; constant pour un même point, il varie d'un point à un autre. Sa valeur numérique dépend à la fois de l'unité de force et de l'unité de longueur, mais ces unités une fois choisies, F et j sont représentés par des nombres, et alors, la valeur numérique de m est déterminée.

L'expérience prouve que le mouvement d'un corps qui tombe librement dans le vide sous l'influence de la pesanteur est uniformément accéléré. L'accélération de ce mouvement est la même pour tous les corps, elle varie avec la position géographique du lieu et aussi avec son altitude.

A la latitude de Paris et au niveau de la mer, cette accélération qu'on désigne toujours par la lettre g, est représentée par le nombre 9,8088 quand on prend pour unité de longueur le mètre et pour unité de temps la seconde. Ce nombre signifie que, quand un corps partant du repos tombe librement dans le vide, la vitesse qu'il a acquise à la fin de la première seconde de chute est 9 mètres 8088. En appliquant la proposition précédente à la pesanteur et en appelant P le poids du corps, exprimé en kilogrammes, on aura :

$$\frac{P}{g} = m.$$

Équilibre. — D'après le principe de l'inertie de la matière, en vertu duquel un point matériel en repos ne peut jamais prendre de mouvement ni le modifier sans l'action d'une cause externe, toutes les fois que nous voyons un point matériel en repos ou en mouvement rectiligne uniforme, nous devons affirmer qu'il n'est soumis à aucune force ou que, si une certaine force agit sur lui, il y a d'autres forces qui font équilibre à celle-là. On voit donc que, si l'accélération qu'un point matériel prend sous l'action d'une force nous a fourni un premier moyen de comparaison entre les forces, l'équilibre d'un point va nous en fournir un autre.

Nous dirons que deux forces quelconques, quels que soient leur nature physique et le nom sous lequel on les désigne, sont égales quand elles font équilibre à une même force.

Composition des Forces. — Quand un point matériel est soumis à l'action simultanée de plusieurs forces qui ne se font pas équilibre, il se meut suivant une direction déterminée, et l'on conçoit nettement qu'on puisse produire le même mouvement à l'aide d'une force unique agissant suivant cette direction. Cette force unique est ce qu'on appelle la Résultante des forces qui ont mis le mobile en mouvement et celles-ci sont nommées les composantes de la première.

La Mécanique considère d'abord le cas le plus simple, celui de deux forces seulement agissant sur le point matériel, et elle nous apprend que la Résultante de deux forces peut être représentée en grandeur et en direction par la diagonale du parallélogramme construit sur les deux droites qui représentent les forces considérées.

Ainsi AR représente la résultante des deux forces AF et AG appliquées en A, *fig*. 1.

Pour composer un nombre quelconque de forces, on cherchera d'abord la résultante partielle de deux d'entre elles, puis la résultante de cette résultante partielle et de la troisième force, et ainsi de suite jusqu'à ce qu'on arrive à composer la dernière de ces résultantes partielles avec la dernière force considérée. Il est aisé de voir que cette construction peut se ramener à une autre plus simple, qui consiste à mener par le point F, extrémité de la première force, une droite égale et parallèle à la deuxième force et de même sens qu'elle; par l'extrémité de cette dernière une droite égale parallèle et de même sens, etc.... et ainsi de suite jusqu'à ce qu'on arrive à porter la dernière force à l'extrémité de la précédente.

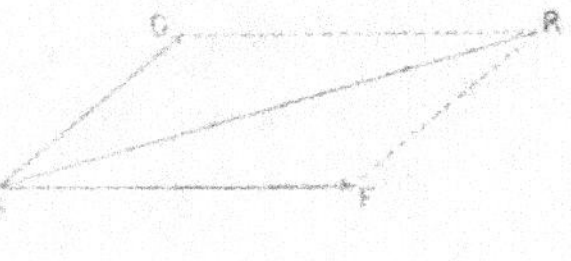

Fig. 1.

En joignant le point A au dernier sommet du polygone ainsi obtenu, on aura la résultante demandée. On a appliqué cette construction dans les *fig.* 2 et 3 au cas de quatre forces.

Quand il s'agit de composer trois forces, il est aisé de voir que

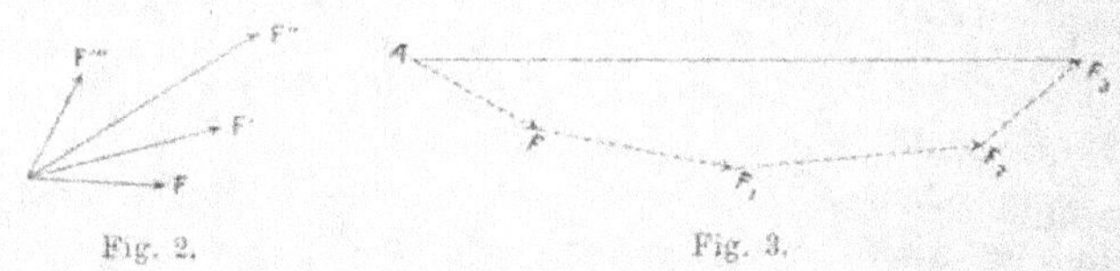

Fig. 2.   Fig. 3.

leur résultante est représentée, en grandeur et en direction, par la diagonale du parallélipipède construit en prenant les trois forces pour arêtes.

Décomposition des forces. — Réciproquement, une force étant donnée, on pourra, pour la commodité du raisonnement, la décomposer en deux ou trois composantes suivant des directions déterminées. Les relations analytiques qui existent entre une force et ses composantes par rapport à deux ou trois directions sont très simples quand ces directions sont rectangulaires entre elles.

Prenons d'abord une force et décomposons-la suivant deux directions ox, oy perpendiculaires entre elles et situées dans un même plan avec OF.

On a, *fig.* 4, en appelant α l'angle FOA,

$$OA \text{ ou } F_x = F \cos \alpha; \qquad OB \text{ ou } F_y = F \sin \alpha;$$

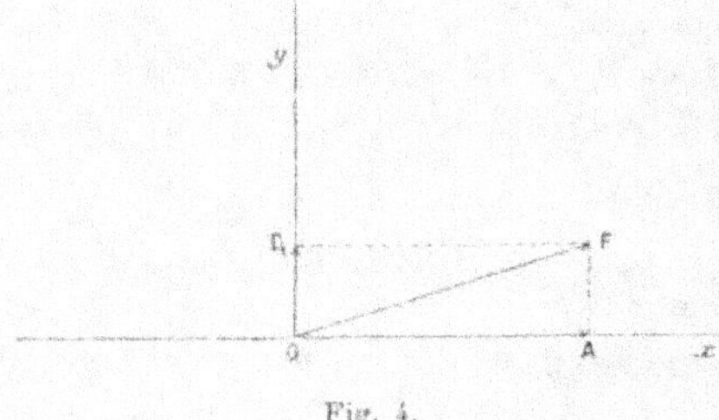

Fig. 4.

enfin :

$$F^2 = F_x{}^2 + F_y{}^2.$$

Passons maintenant au cas le plus général dans la pratique, celui où l'on décompose une force suivant trois directions perpendiculaires entre elles, *fig.* 5. O*y* est perpendiculaire sur O*x*, et O*z* est perpendiculaire au plan qui contient O*x* et O*y*.

Abaissons de F une perpendiculaire FP au plan *x*O*y*.

On aura dans le plan *z* OP, en appelant θ l'angle *z*OF :

$$\text{FP ou } F_z = F \cos \theta,$$
$$OP = F \sin \theta.$$

Si nous décomposons maintenant OP suivant les deux directions o*z* et o*y*, on aura :

$$F_x = F \sin \theta \cos \alpha,$$
$$F_y = F \sin \theta \sin \alpha,$$

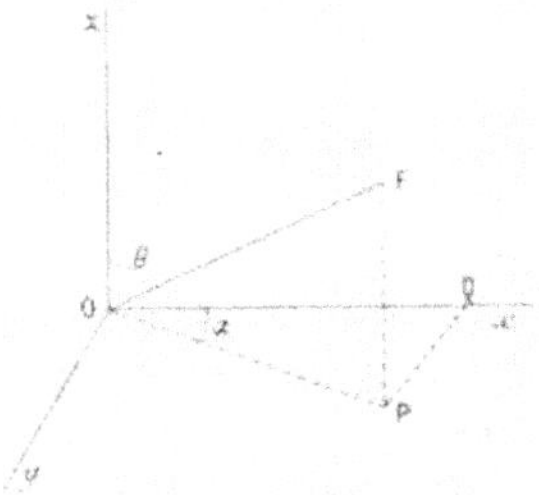

et enfin :

$$F^2 = F_x^2 + F_y^2 + F_z^2.$$

Fig. 5.

Tout ce que nous venons de rappeler et tout ce qui se rapporte au mouvement d'un point matériel se déduit des deux premiers principes de la Mécanique rationnelle : le premier, qu'on appelle *loi de l'inertie*, se formule ainsi :

Un point matériel en repos ne peut jamais prendre de mouvement sans la présence d'une cause externe.

Le second, qu'on appelle *loi de l'indépendance des effets des forces simultanées*, s'énonce ainsi :

Une force agit sur un point matériel en mouvement et sollicité par des forces quelconques, absolument comme si elle était seule et comme si le point était en repos, c'est-à-dire indépendamment des autres forces qui agissent simultanément sur le corps ou du mouvement précédemment acquis.

CHAPITRE II

MOUVEMENT D'UN SYSTÈME MATÉRIEL

Quand on veut passer de l'étude du mouvement d'un point matériel à celle du mouvement d'un corps, considéré comme un assemblage de points matériels, on est obligé de faire intervenir un troisième principe, celui de *l'égalité de l'action et de la réaction*, que l'on peut énoncer ainsi :

Si un point matériel M reçoit d'un autre point matériel M' une certaine action f, réciproquement le point M' reçoit de M une action égale et contraire f' qu'on appelle la réaction du point M.

La Mécanique tout entière est fondée sur ces trois principes, qu'on peut considérer comme de véritables postulats, analogues à la proposition célèbre qui sert de base à la théorie des parallèles. Leur exactitude est rendue à posteriori incontestable par la vérification expérimentale des résultats que la Mécanique rationnelle en déduit par des raisonnements rigoureux. La plus grande preuve de ce genre se trouve dans la concordance remarquable des mouvements des corps célestes avec les lois théoriques de ces mouvements.

On peut, sans altérer en rien l'état d'un corps en équilibre, remplacer par leur résultante des forces appliquées en un même point de ce corps.

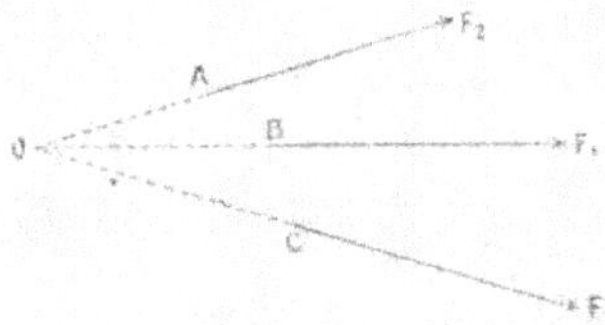

Si nous considérons, *fig.* 6, des forces dont les directions concourent en un point O, mais dont les points d'application sont en A, B, C, nous pouvons, en raisonnant comme plus haut, trouver leur résultante géométrique, et cependant, si le point de concours de ces forces est en dehors du corps solide, il y a évidemment absurdité à demander à substituer la résultante à ses composantes. Il suffit pourtant qu'il y ait un point du solide sur la direction de cette force pour qu'on puisse le faire sans altérer l'équilibre. En général, une force appliquée à un point d'un solide invariable en équilibre peut être supposée appliquée en un point quelconque pris sur sa direction, pourvu que ce point soit invariablement lié au solide.

Fig. 6.

Quand on cherche à composer deux forces parallèles, on arrive à un cas particulier remarquable, qui conduit à une idée nouvelle jouant un grand rôle en Mécanique.

En appliquant les principes de la Composition des forces, on voit que deux forces parallèles et de même sens ont une résultante qui leur est parallèle, dirigée dans le même sens, égale à leur somme, et qui partage la ligne joignant les points d'application des forces composantes en parties inversement proportionnelles à leurs grandeurs.

Si nous prenons maintenant deux forces parallèles mais de sens contraires, nous verrons qu'elles ont une résultante parallèle aux deux composantes, égale à leur différence, agissant dans le sens de la plus grande et telle que ses distances aux deux composantes sont dans le rapport inverse de ces forces.

Ainsi, *fig.* 7, la résultante R des deux forces P et Q est telle, que $R = P - Q$, et que $\dfrac{CA}{CB} = \dfrac{Q}{P}$, d'où nous tirons :

$$\frac{CA}{AB} = \frac{Q}{P - Q}$$

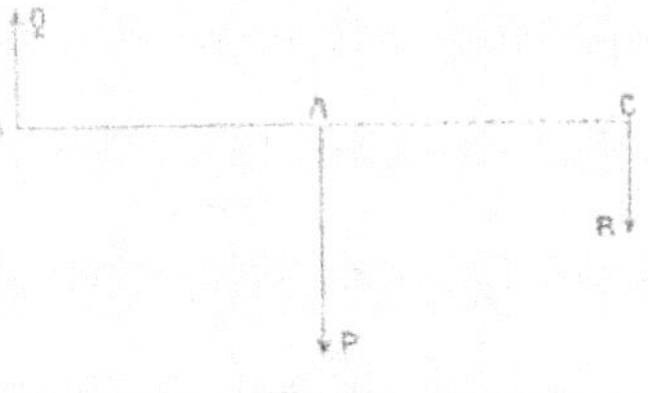

Fig. 7.

Notion du couple. — Si la différence $P - Q$ est fort petite, il en sera de même de la grandeur de la résultante, et de plus sa distance à l'une ou l'autre de ses composantes augmente à mesure que cette différence diminue. A la limite, si on fait $P = Q$, on trouve pour cette résultante une force nulle appliquée à l'infini, ce qui n'a plus de sens : ainsi, deux forces égales parallèles et de sens contraires, mais non directement opposées, constituent un système particulier, qui n'est pas susceptible d'être tenu en équilibre par une simple force. C'est évidemment le plus simple des systèmes non réductibles à une force unique : un pareil système porte le nom de couple.

Notion du centre de gravité. — Quand plusieurs forces parallèles sont appliquées en différents points d'un corps solide, on peut les composer en une seule, en prenant d'abord deux d'entre elles, puis cette première résultante partielle avec la troisième force, etc. Le théorème que nous avons donné plus haut nous montre que le point d'application des résultantes successives ne dépend ni de la direction des forces, pourvu qu'elles restent parallèles, ni de leurs grandeurs absolues, pourvu qu'elles conservent toujours entre elles le même rapport. Par suite, la direction de la résultante totale passe toujours par un même point de quelque façon qu'on incline les forces par rapport à leur direction primitive et de quelque manière qu'on altère les grandeurs absolues de ces forces, pourvu qu'elles conservent entre elles les mêmes rapports. Ce point invariable s'appelle le centre du système des forces parallèles.

Dans le cas où les forces parallèles appliquées au solide sont les actions de la pesanteur sur les différents points matériels qui le composent, le centre des forces parallèles prend le nom de Centre de gravité.

Moment d'une force. — On appelle moment d'une force F, par rapport à un point O situé dans son plan, le produit $AF \times OP$, ou $F \times p$, de la longueur qui représente la force en grandeur et en direction par la longueur de la droite OF, perpendiculaire abaissée du point O sur la force.

Si l'on imagine que la droite OP soit rigide et puisse tourner autour du point O, la force F aura pour effet de l'entraîner autour de ce point dans un sens ou dans l'autre. On affecte du signe + une de ces rotations choisie arbitrairement, et on donne le signe — à la rotation en sens contraire.

On appelle moment d'une force par rapport à un axe, le produit de la projection de la force sur un plan perpendiculaire à l'axe par la plus courte distance de la force à l'axe. On affecte ce moment du signe + ou du signe —, d'après une convention semblable à celle faite précédemment.

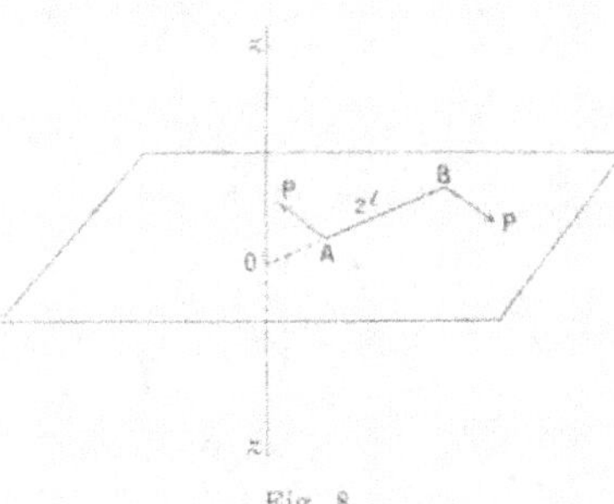

Fig. 8.

Moment d'un couple (*fig.* 8). — Si on applique ces définitions à un couple et qu'on prenne le moment des deux forces de ce couple par rapport à un axe perpendiculaire au plan du couple, il est évident que le moment de ce couple sera constant, quelle que soit la position de l'axe, et égal à $P \times 2l$; si P désigne la grandeur de l'une des forces et $2l$ la distance qui les sépare.

On affecte ce moment du signe + ou du signe —, suivant le sens de la rotation que le couple imprimerait à la droite OA, si elle pouvait tourner autour de O. Cette constance du moment d'un couple par rapport à une droite perpendiculaire à son plan a conduit à représenter les couples très simplement.

On porte sur une droite perpendiculaire à leur plan une longueur proportionnelle à ce moment constant, dans un sens ou dans l'autre, suivant le sens de la rotation que le couple ferait naître. Cette droite s'appelle l'axe du couple. On voit que, seule, la direction de cette droite est complètement déterminée, mais qu'on reste maître de la faire passer par un point quelconque de l'espace. Cette représentation d'un couple par une droite conduit immédiatement à la composition de deux couples, puis d'un nombre quelconque de couples.

Les forces et les couples n'entrent jamais dans les problèmes de Mécanique, que par leurs projections sur trois axes et par leurs moments, par rapport à ces trois axes; on dit alors que deux couples sont équivalents quand ils peuvent se remplacer dans les équations, et pour cela il faut et il suffit : 1° que les plans des deux couples soient parallèles ; 2° que leurs moments soient égaux ; 3° que les deux couples tendent à faire tourner leurs bras de levier respectifs dans le même sens.

CHAPITRE III

ÉQUATIONS GÉNÉRALES DE L'ÉQUILIBRE

En s'appuyant sur ce qu'une force F (*fig*. 9), appliquée en un point A d'un solide invariable, peut être transportée parallèlement à elle-même en un autre point O du même solide, pourvu qu'on adjoigne à cette force ainsi transportée un couple situé dans un plan parallèle au plan FOA et ayant pour moment le produit de la force F par la dis-

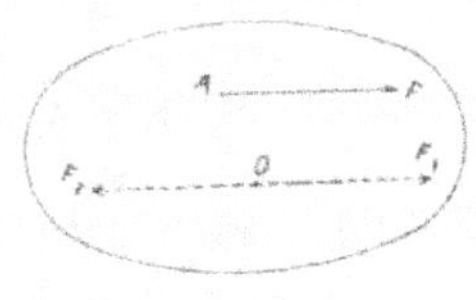

Fig. 9.

tance du point O à la direction de cette force ; on arrive à ce théorème important, qu'un système de forces quelconques, appliqué à un solide invariable, peut toujours être remplacé et d'une infinité de manières par une force unique et un couple unique. La force unique s'appelle la résultante de translation. Sa grandeur, sa direction, son sens restent les mêmes, quel que soit le point pris pour origine. On choisit ordinairement le centre de gravité du corps.

Cela posé, comme une force ne saurait dans aucun cas faire équilibre à un couple, il est nécessaire et aussi suffisant pour l'équilibre que la résultante de translation soit nulle et que le couple résultant du transport de toutes les forces en un même point soit aussi nul. Sachant par l'analyse que la longueur d'une droite est nulle, quand ses projections sur trois axes sont nulles, et nous rappelant qu'un couple est représenté par son moment ou, ce qui revient au même, par son axe, on voit qu'on sera conduit à six équations qui seront les équations générales de l'équilibre des solides.

On arrive d'ailleurs à ces équations fondamentales, par une autre voie que nous allons indiquer.

Travail d'une force. — Considérons une force appliquée à un point matériel A, et supposons que sous l'action de cette force le point A ait parcouru dans un temps dt un arc infiniment petit AA′ que nous représenterons par ds. On appelle travail élémentaire de la force F, correspondant au déplacement A A′ de son point d'application, le produit de la force par le chemin parcouru projeté sur la direction de cette force. Cette définition se traduit par l'équation :

$$d\,\mathrm{T\,F} = \mathrm{F} \times ds \cos \overline{\mathrm{F}\,ds}.$$

En faisant la somme des travaux élémentaires correspondant à chacun des éléments d'un intervalle de temps fini, on obtient la valeur du travail de la force F pendant ce temps fini.

De la définition du travail, de celle de la résultante d'un nombre quelconque de forces, résulte immédiatement que :

Le travail de la résultante d'un nombre quelconque de forces, agissant sur un point matériel en mouvement, est égal à la somme des travaux des composantes.

Déplacement virtuel. — **Travail virtuel.** — Quand un point matériel sort de l'état de repos ou de mouvement uniforme, par l'action d'une force donnée, le déplacement qu'il va prendre, son déplacement réel en un mot, est parfaitement déterminé, il n'y en a qu'un. Au contraire, on appelle déplacement virtuel de ce point, tout déplacement infiniment petit qu'on peut attribuer par la pensée à ce même point primitivement en équilibre.

Le travail d'une force qui correspond à un déplacement virtuel, s'appelle travail virtuel.

Équilibre d'un point matériel. — Quand un point matériel est soumis à un nombre quelconque de forces, on peut les remplacer par leur résultante, c'est-à-dire par la ligne qui ferme le polygone des forces données : la condition nécessaire et suffisante pour l'équilibre de ces forces, et par suite pour l'équilibre du point, c'est évidemment que le polygone soit fermé, c'est-à-dire que la résultante soit nulle. En introduisant la notion de travail et nous rappelant qu'une force nulle a toujours un travail nul, nous dirons :

Pour qu'un point matériel soit en équilibre, le travail de la résultante des forces appliquées à ce point doit être nul pour tout déplacement virtuel attribué au point matériel ; et, comme nous savons que le travail de la résultante des forces appliquées à un point est égal à la somme des travaux de toutes les composantes, nous pouvons dire encore :

Pour qu'un point matériel soit en équilibre, il faut et il suffit que la somme des travaux de toutes les forces appliquées à ce point soit nulle pour tous les déplacements virtuels imaginables.

Équilibre d'un système matériel. — Concevons maintenant plusieurs points matériels joints ou liés ensemble de telle sorte que le mouvement de l'un d'entre eux influe sur celui de tous les autres ; un pareil ensemble de points s'appelle un système matériel. Il est clair que les points matériels qui le constituent exercent les uns sur les autres des efforts inconnus, tensions ou pressions, que l'on confond sous le nom de forces intérieures et dont il est nécessaire de tenir compte. Nous dirons donc :

Pour tout point faisant partie d'un système matériel et en équilibre, la somme des travaux des forces appliquées à ce point, tant intérieures qu'extérieures, est nulle pour un déplacement virtuel quelconque.

En appliquant le même raisonnement à tous les points qui constituent un système en équilibre, et faisant la somme de toutes les équations se rapportant aux divers points, on voit que dans un système matériel en équilibre la somme des travaux de toutes les forces, tant intérieures qu'extérieures, est égale à zéro, quels que soient les déplacements virtuels infiniment petits et indépendants les uns des autres, que l'on imagine être pris en même temps par les différents points du système.

On verrait aisément que, réciproquement, si la somme des travaux virtuels de toutes les forces appliquées au système, tant extérieures qu'intérieures, est nulle pour tous les déplacements imaginables des divers points qui le composent, le système, supposé primitivement en repos, ne sortira pas de cet état de repos.

Il est évident qu'on ne peut songer à faire une pareille vérification pour s'assurer si un système auquel on appliquera ces différentes forces sera en équilibre ; cette réciproque serait donc inutile, si on n'avait des moyens de discerner, dans chaque cas particulier, parmi ces conditions en nombre infini, celles qui sont suffisantes pour l'équilibre du système.

Le seul cas qui présente de l'intérêt est celui d'un système à liaisons, et on démontre en mécanique que, dans ce cas, il faut et il suffit, pour l'équilibre du système, que la somme des travaux virtuels des forces directement appliquées ou extérieures à ces différents points, soit nulle pour tout déplacement infiniment petit, compatible avec les liaisons, parce que les travaux des forces intérieures sont nuls séparément pour de tels déplacements.

Équations générales de l'équilibre d'un système quelconque. — Quelle que soit la constitution d'un système matériel dont on recherche les conditions d'équilibre, il est clair qu'on n'altère pas cet équilibre supposé établi en supposant le système invariable de forme. Donc les équations qui répondent aux déplacements virtuels compatibles avec la rigidité du système, s'appliquent à tous les systèmes matériels imaginables.

Nous allons voir que ces équations sont au nombre de six; on leur donne le nom d'équations générales de l'équilibre, parce qu'elles s'appliquent à un système quelconque. Elles sont les seules qui soient générales, car elles sont suffisantes dans le cas d'un solide invariable. Dans les autres cas, elles sont nécessaires, mais elles ne sont pas suffisantes, et, après s'être assuré qu'elles sont vérifiées, il faudra rechercher quelles sont les nouvelles conditions introduites par la nature spéciale du système dont on s'occupe.

Les équations générales d'équilibre sont, avons-nous dit, au nombre de six :

En effet, les mouvements compatibles avec la solidité d'un système sont de trois sortes :

1° Un mouvement de translation rectiligne dans une direction quelconque;

2° Un mouvement de rotation autour d'un axe passant par un point quelconque.

3° Un mouvement composé des deux précédents, qui se ramène par conséquent au mouvement d'une vis dans son écrou.

L'application du théorème du travail virtuel à ce dernier cas ne nous donnera rien de nouveau, car le travail de chaque force dans un travail de ce genre est la somme des travaux qui correspondent aux mouvements composants.

Le théorème du travail virtuel appliqué à un déplacement virtuel δs dans une direction quelconque nous donne :

$$\Sigma \, \mathrm{F} . \, \delta s . \cos \overline{\mathrm{F} . \, \delta s} = 0,$$

ou, puisque δs est facteur commun :

$$\Sigma \, \mathrm{F} . \cos \overline{\mathrm{F} . \, \delta s} = 0,$$

c'est-à-dire que la somme des projections des forces extérieures sur une direction quelconque doit être nulle. L'analyse nous apprend qu'il suffit, pour que cette condition soit satisfaite, que cette somme soit nulle simultanément sur trois axes rectangulaires : donc trois équations.

Donnons maintenant au corps un déplacement angulaire $\delta\alpha$ autour d'un axe quelconque. Le travail d'une force dans ce mouvement est égal au produit $\delta\alpha$ par le moment de la force pris par rapport à l'axe considéré. Si nous désignons par MF ce moment, on aura :

$$\Sigma\,\delta\alpha.\,MF = 0.$$

ou puisque $\delta\alpha$ est le même pour toutes les forces

$$\Sigma\,MF = 0,$$

c'est-à-dire que la somme des moments des forces extérieures autour d'un axe quelconque est nulle. Et l'analyse nous apprend qu'il suffit, pour que cette condition soit remplie, que cette somme soit nulle pour trois axes rectangulaires se coupant en un point donné. Donc trois nouvelles équations, qui, jointes aux trois précédentes, donnent les six équations générales de l'équilibre.

On arrive encore à ces équations de la manière suivante.

Mouvement d'un solide libre. — Pour déterminer le mouvement d'un solide libre soumis à des forces données, la méthode ordinaire consiste à décomposer ce mouvement en deux et à rechercher séparément :

1° Le mouvement du centre de gravité du corps ;

2° Le mouvement du corps par rapport à trois axes attachés à son centre de gravité et animés d'un mouvement de translation dont la vitesse est à chaque instant celle du point.

Le mouvement du centre de gravité est produit par la résultante de translation de toutes les forces données, qu'on suppose appliquée en ce point. Ce mouvement est donc connu. Quant au mouvement du corps autour de ce point ou par rapport aux trois axes passant par ce point et animés d'un *mouvement de translation*, on peut l'étudier, grâce à ce que le mouvement des axes est de translation, comme si l'origine était fixe, ce qu'on exprime en disant :

« Un corps solide tourne autour de son centre de gravité comme si celui-ci était fixe. »

Avant d'aborder le problème de la rotation d'un corps autour d'un point, il faut d'abord résoudre celui plus simple de la rotation d'un corps autour d'un axe fixe, autour duquel le corps peut seulement tourner.

Force d'Inertie. — Concevons un point matériel soumis à plusieurs forces; ces forces peuvent se composer en une seule qui est leur résultante; si nous concevons qu'on applique au point une force égale et contraire à la résultante de toutes les forces qui agissent sur lui, le point se trouverait en équilibre. Cette force fictive, égale et contraire à la résultante des forces réelles qui agissent sur ce point, s'appelle la force d'inertie du point.

Si donc nous considérons en chaque point matériel l'ensemble des forces extérieures, des forces intérieures et de la force d'inertie du point, nous pourrons énoncer ce qu'on appelle le principe de d'Alembert :

« Il y a équilibre à chaque instant entre les forces extérieures directement appliquées aux divers points d'un système quelconque en mouvement, les forces d'inertie de ces points et les forces intérieures résultant des liaisons du système matériel. »

Il ne faut pas oublier là qu'il ne s'agit que d'un équilibre fictif entre des forces, car nous avons eu besoin pour énoncer le théorème d'adjoindre aux forces extérieures et aux forces intérieures (les seules qui agissent réellement sur chaque point), les forces d'inertie que nous avons définies plus haut et qui sont des forces fictives, de pures conceptions de l'esprit.

Le corps *se meut*, mais durant ce mouvement et à chaque instant il y a équilibre entre les forces que nous venons d'énumérer, et cet équilibre permet dans certains cas de trouver les lois du mouvement du corps. Puisqu'à un instant donné, nous avons à considérer en chaque point du système des forces parfaitement définies qui se font équilibre, nous pouvons appliquer le théorème du travail virtuel, en ayant bien soin de joindre aux forces extérieures et intérieures les forces d'inertie de chaque point. Nous serions ainsi conduits à poser les équations du mouvement de chaque point considéré seul, et il n'y aurait là aucun progrès sur la dynamique du point. Mais si, au lieu de considérer un déplacement virtuel quelconque, on s'astreint à ne considérer que les déplacements virtuels compatibles avec les liaisons du système, on sait que, pour ces déplacements virtuels particuliers, les travaux des forces intérieures sont nuls; et il suffit dès lors, pour appliquer le théorème

du travail virtuel au mouvement, à la dynamique d'un système
matériel à liaisons, de considérer les forces extérieures directement
appliquées aux différents points et les forces d'inertie de ces mêmes
points.

CHAPITRE IV

MOUVEMENT AUTOUR D'UN AXE

**Mouvement d'un solide autour d'un axe fixe. — Vitesse angulaire.
— Accélération angulaire.** — On a étendu facilement le sens des
mots vitesse et accélération, définis pour un mouvement rectiligne, au cas où le point matériel se meut suivant un cercle, décrivant ainsi autour du centre de ce cercle un angle α variable avec
le temps. Si, dans un certain temps très court dt, un angle variable
reçoit un accroissement $d\alpha$, on appelle vitesse de l'angle ou vitesse
angulaire du point considéré le rapport $\dfrac{d\alpha}{dt}$.

Il est clair que cette vitesse angulaire est la même à un même
instant pour tous les points qui sont sur le rayon allant du centre
au point considéré. Désignons cette vitesse angulaire $\dfrac{d\alpha}{dt}$ par ω. La
dérivée de cette quantité $\dfrac{d^2\alpha}{dt^2}$ ou $\dfrac{d\omega}{dt}$ s'appellera l'accélération angulaire. Il est clair que la vitesse linéaire d'un point situé à une
distance r du centre de rotation sera $r\dfrac{d\alpha}{dt}$ ou $r\omega$.

Cette définition rappelée, étudions le mouvement d'un solide
autour d'un axe fixe. Le seul mouvement compatible avec les liaisons du système est ici une rotation autour de cet axe ; nous n'aurons donc qu'une seule équation d'équilibre à écrire, celle qui
exprime que la somme des moments des forces extérieures et des
forces d'inertie pris par rapport à cet axe est nulle.

Désignons par N, d'une manière générale, la somme des moments
des forces extérieures par rapport à l'axe, et cherchons l'expression
des moments des forces d'inertie. Nous avons défini la force d'inertie dans le cas le plus général, mais il est bien clair qu'au lieu de
considérer le mouvement unique d'un point matériel et la force
d'inertie unique et déterminée qui correspond à ce mouvement, on
peut décomposer le mouvement du point en plusieurs autres mou-

vements composants (exactement comme nous avons décomposé une force en plusieurs autres), et alors, au lieu de considérer la force unique d'inertie dont nous venons de parler, nous aurons à

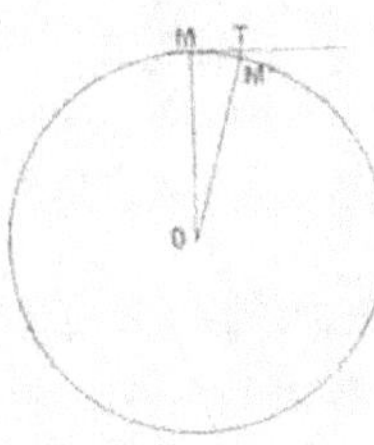

Fig. 10.

considérer l'ensemble de ses composantes, c'est-à-dire les forces d'inertie relatives à chacun des mouvements composants dans lesquels il nous aura plu de décomposer le mouvement du point. Quand un point décrit l'arc MM' sur un cercle, *fig.* 10, on peut remplacer cet arc par le chemin MT parcouru sur la tangente et le chemin T M' parcouru sur la normale. Le premier s'effectue sous l'action de la force $m\dfrac{dv}{dt}$, si v est la vitesse suivant la tangente ; le second, sous l'action de la force $m\dfrac{v^2}{r}$, si r désigne le rayon du cercle.

Par conséquent, nous avons à considérer les deux forces d'inertie, $-m\dfrac{dv}{dt}$, dirigée suivant la tangente en sens inverse du mouvement du point, et $-m\dfrac{v^2}{r}$, dirigée suivant la normale et vers l'extérieur du cercle.

Le moment de cette dernière par rapport à l'axe de rotation qui passe par O est évidemment nul, puisqu'elle rencontre cet axe ; et il nous reste simplement le moment de la première, qui est évidemment :

$$-m\frac{dv}{dt}\times r\,;\ \text{or}\ v = r\,\omega\,;\ \text{donc}\ \frac{dv}{dt} = r\frac{d\omega}{dt},$$

et on a pour le moment considéré :

$$-m\,r^2\frac{d\omega}{dt}.$$

En faisant la somme des moments de toutes ces forces pour tous les points matériels, on aura pour l'équation du mouvement :

$$N - \Sigma\,m\,r^2\times\frac{d\omega}{dt} = 0,$$

et puisque $\dfrac{d\omega}{dt}$ est le même pour tous les points

$$N - \frac{d\omega}{dt}\Sigma\,m\,r^2 = 0,\ \text{c'est-à-dire :}\ \frac{d\omega}{dt} = \frac{d^2\alpha}{dt^2} = \frac{N}{\Sigma\,m\,r^2}.$$

En comparant cette équation à celle du mouvement d'un point
matériel qui se déplace sous l'action d'une force F et dans la direc-
tion de cette force et qui est : $\dfrac{dv}{dt} = \dfrac{F}{m}$, on voit que l'accélération

dans le mouvement de translation $\dfrac{dv}{dt}$ et l'accélération dans le mou-

vement de rotation $\dfrac{d\omega}{dt}$ s'expriment en fonction d'éléments diffé-

rents. Les seconds membres des équations qui donnent ces deux
quantités diffèrent notablement, car pour passer du mouvement
de translation au mouvement de rotation :

1° la force a dû être remplacée par son moment;

2° la masse du point a été remplacée par le produit $m\,r^2$ de cette
masse par le carré de la distance à l'axe.

Définition du Moment d'inertie. — Cette quantité complexe,
$\Sigma\,m\,r^2$, qui joue dans le mouvement de rotation d'un corps autour
d'un axe un rôle analogue à celui de la masse du même corps dans
le mouvement rectiligne, a une importance capitale en Mécanique. On l'appelle le moment d'inertie du corps par rapport à l'axe
considéré. On emploie quelquefois en Mécanique, au lieu du moment d'inertie $\Sigma\,m\,r^2$, une quantité égale $M\,k^2$, où M est la masse
totale du corps considéré et k une longueur définie par l'égalité :

$$\Sigma\,m\,r^2 = M\,k^2.$$

Cette longueur k s'appelle le rayon de gyration du solide. Considérons un solide quelconque, prenons un point quelconque dans ce
solide et par ce point faisons passer une infinité de droites. Le
solide donné a un moment d'inertie par rapport à chacune de ces
droites ; si nous imaginons qu'on porte sur chaque droite à partir
du point considéré une longueur inversement proportionnelle à la
racine carrée du moment d'inertie correspondant, c'est-à-dire égal

à $\dfrac{1}{\sqrt{\Sigma\,m\,r^2}}$, le lieu de tous les points ainsi déterminés sur les dif-

férentes droites sera un ellipsoïde qu'on désigne ordinairement
sous le nom d'ellipsoïde d'inertie ou d'ellipsoïde central.

Les axes principaux de l'ellipsoïde central s'appellent les axes
principaux d'inertie du solide pour le point considéré.

Si nous choisissons en particulier le centre de gravité, les axes
principaux de l'ellipsoïde d'inertie correspondant jouissent de propriétés remarquables que nous n'avons pas besoin d'énumérer ici.

DEUXIÈME SECTION

RAPPEL DES NOTIONS DE PHYSIQUE

Nous allons maintenant résumer les différentes notions de physique qui nous seront nécessaires. Nous renverrons tous les lecteurs qui trouveraient cet exposé trop succinct aux divers traités de physique publiés dans ces dernières années et, en particulier, à celui de M. Jamin, membre de l'Institut.

CHAPITRE PREMIER

DÉFINITIONS. — NOTATIONS. — CONVENTIONS

Aimants naturels et artificiels. — Les anciens connaissaient la propriété qu'avaient certains minerais de fer d'attirer le fer et quelques autres substances. On appela ces minerais *pierres d'aimant*, on les appelle aujourd'hui aimants *naturels* pour les distinguer de ceux que l'on obtient en soumettant des barreaux d'acier soit à l'action d'autres aimants, soit à celle de courants électriques puissants.

Fluide magnétique. — Comme on ne peut trouver dans un barreau d'acier qu'on a aimanté aucune différence de composition chimique ou de poids avant et après l'aimantation, on a attribué la propriété qu'il possède alors d'attirer le fer à un fluide impondérable qu'on appelle fluide magnétique.

Pôles. — Ligne neutre. — Si on roule un barreau aimanté dans de la limaille de fer, on constate que la limaille s'attache principalement aux deux extrémités, tandis qu'il n'y en a presque pas au milieu du barreau. On appelle *pôles* les centres particuliers d'action constatés aux deux extrémités, et *ligne neutre* la ligne médiane où l'attraction ne s'est pas manifestée.

Supposons un barreau aimanté suspendu de façon qu'il puisse se mouvoir librement, et présentons-lui successivement les deux pôles d'un autre barreau, nous constaterons qu'il y a attraction dans un cas, répulsion dans l'autre. Il y a donc une différence entre les deux extrémités d'un aimant.

Dans des aimants différents on appelle pôles de même nom ceux qui agissent de la même manière sur le même pôle d'un aimant mobile, pôles de nom contraire ceux qui exercent des actions opposées, et les faits précédents s'exposent alors ainsi :

Dans les aimants, nous avions imaginé un fluide pour expliquer les actions magnétiques ; puisque les deux pôles ont des propriétés opposées, nous admettrons qu'elles sont dues à deux fluides différents, et en disant que chacun de ces fluides agit par répulsion sur le fluide de même espèce et par attraction sur le fluide de nom contraire, nous n'aurons fait qu'exprimer autrement la loi des pôles trouvée par l'expérience ; seulement, cette conception hypothétique nous permettra de donner tout à l'heure aux pôles une définition précise.

Quel nom donnerons-nous à ces pôles ou fluides différents ?

Nous nous adresserons pour cela à l'action que la terre exerce sur les aimants. Si, en effet, nous suspendons un barreau aimanté de manière qu'il puisse se mouvoir librement, et que nous l'abandonnions ensuite à lui-même, nous verrons qu'il prendra une direction déterminée à laquelle il reviendra si on l'en écarte.

Si on change, par exemple, les pôles bout pour bout, après un instant ils auront repris leur première position. La direction fixe de l'aiguille aimantée, connue depuis longtemps, fut attribuée par Gilbert à l'action de la terre, et, depuis lors, tous les faits connus ayant confirmé cette hypothèse, on a admis que la terre se comportait comme le ferait un aimant. On a, dès lors, donné l'épithète de boréal au fluide et au pôle de l'aimant terrestre contenus dans l'hémisphère nord, tandis que l'on donnait celle d'austral au fluide et au pôle contenus dans l'hémisphère sud.

D'après la loi de répulsion et d'attraction des fluides et pôles de même nom ou de nom contraire, il est clair que, dans un aimant suspendu et s'orientant librement à la surface du globe, il existe du fluide et un pôle austral dans l'extrémité qui se dirige vers le nord ; du fluide et un pôle boréal dans l'extrémité qui se dirige vers le sud.

Dénomination des pôles. — Conventions faites dans cet ouvrage. — Il y a donc ainsi, pour tous les aimants situés à la surface du globe et s'orientant par l'action de ce dernier, contradiction entre le nom des fluides ou pôles contenus dans chaque extrémité et celui du point cardinal vers lequel cette extrémité se dirige. Dans beaucoup d'auteurs français, on a voulu faire disparaître cette contradiction en donnant aux pôles des aimants le nom du point cardinal vers lequel ce pôle se dirige, mais il faut alors se rappeler que le pôle nord d'un aimant contient du fluide austral, et il y a ainsi contradiction entre les noms des pôles et des fluides qui se trouvent dans la même extrémité du barreau.

D'ailleurs, si bien prévenu que l'on soit de ce que représente au juste cette dernière convention, elle finit presque toujours par conduire à une équivoque ou à une erreur, parce qu'elle n'est pas conforme à la réalité des faits et ne s'accorde pas avec les conventions précédemment faites.

Pour éviter toute ambiguïté, nous adopterons dans cet ouvrage la convention faite par sir Airy et qui tend à se généraliser. Nous supposerons que les deux fluides contenus dans les hémisphères magnétiques, qui coïncident à peu de chose près avec les hémisphères terrestres, soient affectés de deux couleurs distinctes : bleu pour le fluide boréal ou contenu dans l'hémisphère nord ; rouge pour le fluide austral ou contenu dans l'hémisphère sud. Cela posé, nous supposerons chacune des deux moitiés d'un aimant peinte avec la couleur indiquant la nature du fluide qu'elle contient ; ainsi l'extrémité peinte en rouge contiendra du fluide austral, un pôle austral, et se dirigera vers le nord quand l'aimant sera librement suspendu, tandis que l'extrémité peinte en bleu contiendra du fluide boréal, un pôle boréal, et se dirigera vers le sud.

Conventions pour les lettres employées dans les figures. — Dorénavant dans nos figures nous désignerons les extrémités des aimants ou des tiges de fer doux aimantées, soit par la première lettre du nom du fluide que contient cette extrémité, soit par la première lettre du point cardinal vers lequel cette extrémité se dirige, soit encore par la première lettre de la couleur adoptée plus haut pour le fluide contenu dans cette partie du barreau ; ainsi, nous réserverons les lettres A, n ou r pour l'extrémité nord d'une aiguille aimantée suspendue librement ; tandis que les lettres B, s ou b désigneront l'extrémité sud de la même aiguille.

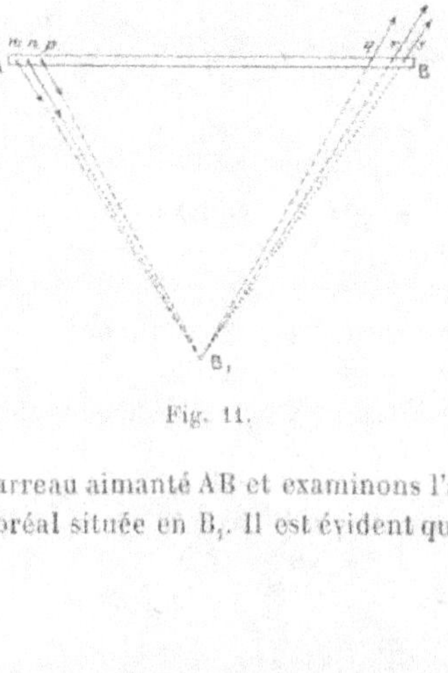

Fig. 11.

Définition précise des pôles (*fig.* 11). — Prenons donc un barreau aimanté AB et examinons l'action d'une molécule de fluide boréal située en B_1. Il est évident que cette molécule attirera toutes les molécules m, n, p, etc.... de fluide austral situées dans l'extrémité A, qu'elle repoussera au contraire toutes les molécules q, r, s, etc., du fluide boréal situées en B.

On pourra représenter l'attraction ou la répulsion qu'éprouve une des molécules du barreau en portant sur la ligne qui la joint au point B_1, vers B_1 ou en sens contraire suivant qu'il y a attraction ou répulsion, une ligne proportionnelle à la grandeur de la force attractive ou répulsive. Supposons maintenant que la molécule B_1 soit suffisamment éloignée du barreau AB pour qu'on puisse négliger la longueur de celui-ci vis-à-vis des distances B_1A et B_1B : alors toutes ces forces attractives ou répulsives deviendront parallèles entre elles, et la mécanique nous apprend que toutes les forces de même nom peuvent dès lors se composer en une seule appliquée en un point dont la position ne changera pas si B_1 se déplace de façon que la condition précédente soit toujours remplie. C'est ce point d'application de la résultante commune qu'on appelle *pôle*.

CHAPITRE II

LOIS DES ACTIONS MAGNÉTIQUES. — MAGNÉTISME INDUIT

Coulomb a démontré par l'expérience et de deux façons différentes que la force magnétique attractive ou répulsive qui s'exerce entre le pôle d'une aiguille aimantée aussi courte que possible (de façon qu'on puisse négliger sa longueur par rapport à sa distance à l'aimant qui l'influence), et le pôle de même nom ou de nom contraire d'un barreau aimanté, est inversement proportionnelle au carré de la distance qui sépare les deux pôles. L'identité de cette loi des distances avec celle que Newton a obtenue pour la gravitation et celle qui règle les actions électriques, a conduit à la compléter pour la rendre semblable à ces deux dernières lois.

Nous dirons donc que deux masses magnétiques m et m' s'attirent ou se repoussent en raison inverse du carré de leurs distances et proportionnellement aux masses, c'est-à-dire au produit mm'. Si donc on appelle F la force qui s'exerce entre ces masses, nous aurons : $F = f\dfrac{mm'}{d^2}$, f étant un coefficient constant qu'on déterminera une fois pour toutes par l'expérience.

L'exactitude de cette loi, obtenue par les hypothèses et la généralisation que nous venons d'indiquer, se démontre à posteriori par l'accord des conséquences que la théorie en déduit avec les expériences que l'on réalise pour les contrôler.

Mais il est bien clair que nous ne pourrons appliquer cette loi que dans des circonstances identiques à celles qui nous ont permis de la formuler, à savoir, quand la longueur de l'aimant que nous considérons peut être négligée relativement à la distance qui le sépare de l'aimant qui l'influence.

Quand il en est ainsi, en vertu de la loi des distances, il est bien évident que les deux résultantes fictives, parallèles et de sens contraire, que nous supposons respectivement appliquées aux deux pôles de l'aimant influencé, sont égales entre elles, et que par suite leur ensemble forme ce que nous avons appelé *un couple*.

L'expérience a montré que pour les aiguilles aimantées d'une longueur de quelques centimètres qu'on emploie d'ordinaire, on peut sans erreur sensible considérer leurs pôles comme distants respectivement de l'extrémité voisine de $\frac{1}{12}$ de la longueur de l'aiguille.

Action directrice de la terre sur les aimants. — Prenons un aimant AB et examinons l'action que la terre exercera sur cet aimant.

L'expérience a prouvé que l'on pouvait sans erreur sensible pour la pratique assimiler la terre à un aimant très énergique, dont le centre serait situé au centre de la terre, dont les pôles seraient très près de ce centre et dont la direction coïnciderait avec celle d'un diamètre terrestre très voisin de l'axe de la rotation terrestre.

S'il en est ainsi, il est évident que nous sommes dans un cas où nous pouvons appliquer la loi précédente, puisque la longueur de notre aimant, 20 à 30 centimètres au maximum, est tout à fait négligeable par rapport au rayon terrestre, qui a 6 millions de mètres de longueur environ.

Désignons par A_1 et B_1 les pôles de cet aimant terrestre. Le pôle A et le pôle B de notre aimant éprouveront du pôle B_1 de l'aimant terrestre, deux actions, l'une attractive Ab, l'autre répulsive Bb, qui seront parallèles, égales et de sens contraire, puisqu'on peut considérer B_1 comme étant à une distance infinie de AB; il en sera de même pour les deux forces émanées de A_1, c'est-à-dire pour Aa et Ba.

Enfin, en composant en une seule les deux forces qui s'exercent en A, et de même celles qui s'exercent en B, on obtiendra évidemment deux résultantes qui, comme leurs composantes respectives, seront parallèles, égales et de sens contraire. — Ainsi la terre, en agissant sur un aimant placé à sa surface, donne naissance à un couple, et un pareil système aura pour seul effet d'orienter le barreau aimanté, de le faire tourner sur lui-même et nullement de le déplacer à la surface du globe.

L'expérience vérifie cette conclusion, car, si on met dans une auge remplie d'une eau tranquille un flotteur de liège supportant un aimant, on constate que le flotteur pivote sur lui-même jusqu'à ce que l'aimant se soit dirigé conformément à la loi des pôles, mais qu'il ne se déplace pas à la surface de l'eau.

Action des aimants sur le fer doux. — Force inductrice. — Magnétisme induit. — Les phénomènes sont différents, quand, au lieu d'examiner l'action de la terre ou des aimants sur d'autres aimants, on cherche l'influence qu'ils exercent sur des morceaux de fer qu'on n'a pas préalablement aimantés et de l'espèce désignée habituellement sous le nom de fer doux. On appelle ainsi, soit le fer malléable bien pur et bien recuit qui n'a été soumis à aucune action mécanique après son refroidissement, soit le fer fondu.

Quand on approche un morceau de fer de cette espèce, d'un aimant, on constate qu'il donne des traces d'aimantation par cette seule approche et sans avoir même touché ce dernier. On dit alors qu'il a été aimanté par induction; et on appelle magnétisme induit, le magnétisme qu'il a ainsi contracté. L'aimant qui a exercé cette influence s'appelle aimant inducteur, et on donne le nom de force inductrice à l'action qu'il exerce.

Ainsi, soit AB un aimant, A'B' une tige de fer doux qu'on approche très près de l'aimant ou qu'on met en contact avec lui, on constate que cette tige devient elle-même un aimant avec une ligne neutre et deux pôles déterminés conformément à la loi des pôles. Ainsi le pôle B de l'aimant inducteur donne au morceau de fer doux un pôle induit A', de nom contraire à B, à son extrémité la plus voisine de B; et un pôle induit B' à l'autre extrémité.

A son tour, A'B' agira suivant la même loi sur un deuxième morceau de fer doux qu'on soumettra à son influence, et lui donnera des pôles A″ et B″, et ainsi de suite. Si on enlève brusquement l'aimant AB, tous les morceaux de fer doux se séparent les uns des autres, ce qui prouve que leur aimantation a disparu.

Action des aimants sur l'acier. — Force coercitive. — Si, au contraire, A'B' est un barreau d'acier, on constate qu'il ne devient un aimant qu'au bout d'un certain temps, mais dès qu'il l'est devenu il reste aimanté, quand on éloigne l'aimant inducteur AB. Pour exprimer la difficulté que semblent éprouver les fluides, soit pour se séparer, soit pour se réunir dans l'acier, on dit que ce dernier possède une force coercitive, et il faut entendre simplement par ce mot la résistance toute spécifique opposée par l'acier au mouvement des fluides. Cette force est d'autant plus intense que la trempe de l'acier est plus dure. Le fer doux, le fer fortement recuit, n'ont pas de force coercitive ; cependant on peut leur en communiquer par l'oxydation ou par une action mécanique quelconque, martelage, torsion, etc.

Action de la chaleur sur les aimants. — En chauffant un aimant, son magnétisme diminue à mesure que sa température augmente, et disparaît presque complètement à une température plus ou moins élevée. Le refroidissement ne fait pas reparaître ce magnétisme.

Aimantation par l'action de la terre. — Puisque la terre se comporte comme un aimant, elle aimantera l'acier ou le fer doux qui se trouvent à sa surface, et le sens de cette aimantation sera toujours déterminé par la loi des pôles. Pour que l'aimantation de l'acier soit sensible, il faudra, d'après ce que nous venons de voir, qu'il soit resté un certain temps dans la même position : au contraire, le fer doux s'aimantera très rapidement, mais son aimantation variera comme sa position, à moins qu'on n'ait réussi à lui donner de la force coercitive par une action mécanique quelconque, tandis qu'il occupait une position déterminée ; mais nous reviendrons avec détail sur cette action dont l'étude est l'objet même de ce livre, quand nous aurons résumé ce que l'on sait actuellement sur le magnétisme terrestre.

CHAPITRE III

DU MAGNÉTISME TERRESTRE

Couple terrestre. — Nous avons vu précédemment que la terre agissant sur un aimant donnait naissance à un couple. Toute une branche de la physique est consacrée à l'étude du Magnétisme terrestre, c'est-à-dire à la recherche de la direction et de la grandeur des forces qui composent ce couple.

Si on pouvait réaliser un système de suspension tel, qu'une aiguille aimantée fût absolument libre de pivoter dans tous es sens autour de son centre de gravité maintenu fixe, la direction de cette aiguille arrivée à sa position d'équilibre nous donnerait évidemment la direction des forces du couple, et nous aurions ainsi résolu la première partie du problème.

Malheureusement un pareil système de suspension est trop difficile à réaliser, et, pour trouver seulement la direction des forces du couple, on est obligé de décomposer ce problème en deux autres.

Imaginons que nous prenions une aiguille aimantée, soutenue par un pivot vertical de telle façon qu'elle ne puisse se mouvoir que dans un plan horizontal. Décomposons maintenant chacune des forces du couple qui agit sur cette aiguille en deux composantes, l'une verticale, l'autre horizontale, nous aurons ainsi remplacé le couple unique par deux couples composants, situés l'un dans le plan horizontal, l'autre dans un plan vertical. Neutralisons l'action des composantes verticales sur l'aiguille par un contre-poids, alors les forces horizontales agiront seules pour la déplacer et l'orienter suivant leur propre direction. Quand l'aiguille sera en équilibre, nous serons assurés que le plan vertical qui contient son axe de figure est celui dans lequel s'exerce le couple terrestre.

Méridien magnétique. — Déclinaison. — L'observation montre que ce plan qu'on appelle méridien magnétique ne coïncide pas avec le méridien géographique du lieu. L'angle de ces deux plans verticaux est mesuré par l'angle que fait la ligne Nord-Sud vraie avec l'axe de l'aiguille aimantée, et s'appelle la *Déclinaison* de celle-ci ; on donne quelquefois à cet angle le nom de *Variation*, mais nous ne nous servirons pas de cette expression, que nous réservons pour un autre usage.

On dit que la déclinaison est occidentale ou orientale, Ouest ou Est, et on lui donne le signe — ou le signe + suivant que la pointe Nord de l'aiguille aimantée tombe à l'Ouest ou à l'Est du Nord géographique ou vrai.

Inclinaison. — Le plan vertical dans lequel se trouve le couple terrestre étant ainsi déterminé, prenons une aiguille aimantée munie d'un axe passant par son centre de gravité et perpendiculaire à ses faces. Si nous soutenons cet axe horizontalement et que nous le placions perpendiculairement au plan du méridien magnétique, on voit que l'aiguille qui peut décrire un plan perpendiculaire à l'axe, se montra justement dans ce méridien. Tout se passe donc comme si, le couple horizontal ayant d'abord placé l'aiguille dans le méridien magnétique, elle était soumise dans ce plan à l'action du couple vertical, c'est-à-dire qu'en somme elle se meut sous l'influence du couple terrestre et que sa position d'équilibre donne la direction des forces de ce couple.

L'angle que l'axe de figure de l'aiguille aimantée dans cette position d'équilibre fait avec l'horizontale s'appelle *l'Inclinaison* ; on la compte dans le plan vertical 0 à 90° à partir de l'horizontale. D'après la loi des pôles dans notre hémisphère nord, l'extrémité de l'aiguille d'inclinaison la plus rapprochée de la terre doit être un pôle austral et par suite pointer vers le Nord. L'expérience justifie cette conclusion.

Si la conception d'un aimant terrestre constant en grandeur et en intensité était une réalité, la déclinaison et l'inclinaison seraient des quantités constantes dans un même lieu et subissant seulement les variations accidentelles et passagères, que leur imprimeraient des phénomènes météorologiques, tels que tonnerre, aurore boréale, etc... Mais les observations plusieurs fois séculaires qu'on a de ces deux quantités montrent, au contraire, qu'elles sont éminemment variables, c'est-à-dire que le magnétisme terrestre est dans un état de fluctuation continuelle. Si donc nous nous servons encore de notre hypothèse d'aimant terrestre, il ne faudra pas oublier que c'est pour la commodité du raisonnement et du calcul, mais que cet aimant doit être considéré comme variant de position et d'intensité avec le temps.

Variations de la déclinaison et de l'inclinaison. — Elles sont dites séculaires, annuelles ou diurnes, suivant le laps de temps pendant lequel on les considère.

La déclinaison à Paris, au xvi° siècle, était orientale ; en 1663, elle était nulle, elle devint ensuite occidentale et y atteignit un maximum de 22° 22′ en 1825. Depuis cette époque elle diminue graduellement et l'aiguille aimantée retourne vers l'Orient.

Dans la région du globe occupée par la France, cette diminution de la déclinaison est de 6′ à 8′ par an. Il est donc essentiel, quand on fait usage d'une déclinaison donnée par un livre ou par une carte, de bien savoir l'année à laquelle se rapporte cette valeur, afin de tenir compte de la correction correspondante au laps de temps écoulé.

L'inclinaison, beaucoup plus délicate à observer, a été moins bien étudiée. On sait qu'elle a constamment diminué à Paris, depuis qu'on l'observe : de 75° sa valeur en 1661, elle est passée à 65° 32′ en 1878.

En réunissant toutes les observations de déclinaison et d'inclinaison faites en différents points de la terre, en les discutant avec soin et en essayant d'obtenir le plus exactement possible les corrections nécessaires pour les ramener à une même époque, on a pu, en réunissant les points du globe où ces quantités avaient une même valeur, tracer sur la surface du globe un double réseau de lignes.

Les unes sont appelées lignes d'égale déclinaison ou lignes isogoniques.

Les autres lignes d'égale inclinaison ou lignes isocliniques ou encore isoclines.

Lignes d'égale déclinaison. — Cartes. — On trouvera à la fin de ce volume une carte donnant les valeurs de la déclinaison dans les différents points du globe pour l'année (1880). Elle vient d'être publiée par l'*Amirauté anglaise*, et nous la devons à l'obligeance de M. le Staff-Commander E. W. Creak par qui elle a été dressée. Les courbes pleines se rapportent aux déclinaisons Ouest. — Les courbes en trait interrompu aux déviations Est.

On a choisi comme système de projection celui de Mercator, parce qu'il est employé universellement par les marins, mais on se rend mieux compte de leur disposition dans le système des projections stéréographiques faites sur l'équateur, employées par le navigateur français Duperrey. (V. Planche V.)

Pôles magnétiques terrestres. — Sur ce dernier système, on voit les courbes converger assez nettement, dans l'hémisphère Nord vers un point situé par 100° de longitude Ouest et 70° de latitude Nord, et dans l'hémisphère Sud vers un point situé par 14° de longitude Est et 73° de latitude Sud. Mais il ne faut pas oublier que les observations manquent dans les environs des deux pôles terrestres, et qu'on a dû tracer les lignes hypothétiquement dans ces régions. En examinant attentivement ces cartes stéréographiques, on voit encore une sorte de tendance des courbes à converger vers un point situé par 145 ou 150° de longitude Est et 80° de latitude Nord ; il ne serait donc pas impossible qu'il y eût un pôle magnétique Nord dans cette région, mais on peut dire que les deux seuls pôles magnétiques bien constatés actuellement sont ceux que nous avons cités les premiers. Y a-t-il cependant plusieurs pôles magnétiques par hémisphère ?

Telle est la question que se sont posée fréquemment les physiciens. Halley puis Hansteen affirmaient, mais sans preuves bien convaincantes, qu'il y en a quatre, deux par hémisphère. — Gauss, par la théorie, arriva à cette conclusion que, s'il y a dans l'hémisphère *Nord* deux pôles magnétiques, il y en a nécessairement un troisième où l'aiguille du compas n'aurait aucune tendance à s'orienter et où l'aiguille d'inclinaison se tiendrait verticale avec son pôle austral en bas.

Il n'y aurait aucune convergence des lignes de déclinaison vers ce troisième pôle; ce serait plutôt, à proprement parler, un pôle de divergence.

Mais lors bien même qu'il serait complètement établi qu'il n'y a actuellement que deux pôles magnétiques, un dans chaque hémisphère, on n'aurait nullement le droit d'en conclure qu'antérieurement il n'en existait pas davantage. Halley avait quelque raison de croire à un second pôle magnétique Nord; car les observations des navigateurs entre 1616 et 1680 montrent une déclinaison Ouest considérable dans la baie d'Hudson et le détroit de Smith, alors qu'en Angleterre la déclinaison était nulle. Il se pourrait donc que la tendance des lignes de déclinaison à converger vers un point de la mer inexplorée qui se trouve au nord de la Sibérie, fût due à l'influence sans cesse décroissante d'un pôle magnétique Nord ayant existé antérieurement.

Recommandation pratique. — La carte d'égale déclinaison est nécessaire pour permettre au marin de passer rapidement de la variation observée à la déviation du compas.

Elle a encore une autre utilité, en lui indiquant, par le plus ou moins grand nombre de courbes qui se pressent dans un étroit espace, les régions du globe où il faut suivre son compas avec le plus grand soin, par exemple, la Manche et ses approches, les côtes de l'Amérique du Nord, Terre-Neuve, le golfe et le fleuve du Saint-Laurent. Cette dernière région est peut-être la plus dangereuse de toutes, car une faible intensité des composantes horizontales du globe, s'y trouvant combinée avec des valeurs considérables de l'inclinaison, met les compas des navires venant des latitudes inférieures dans des conditions qui produisent de forts changements dans la déviation du compas (voyez p. 63).

Courbes d'égale inclinaison. — On trouvera également à la fin du volume une carte donnant les courbes d'égale inclinaison que nous empruntons à l'édition de 1874 du *Manuel de l'Amirauté an-*

glaise pour les déviations des compas. On a joint, par un trait plein, les points du globe où l'extrémité inférieure de l'aiguille d'inclinaison est celle qui pointe vers le nord, et par un trait ponctué les points où, au contraire, l'extrémité inférieure est celle qui se dirige vers le sud.

Les chiffres placés en marge de cette carte indiquent les valeurs des tangentes naturelles de l'inclinaison qui correspondent respectivement à chacune des courbes, valeurs dont nous aurons besoin plus tard. (V. planche IV.)

Équateur magnétique. — En examinant ces courbes, on trouvera qu'elles offrent avec les parallèles terrestres une certaine analogie ; c'est pour cela qu'on les appelle parfois lignes de latitude magnétique. La ligne où l'inclinaison est nulle, c'est-à-dire celle où l'aiguille d'inclinaison abandonnée à elle-même reste horizontale, coïncide à peu près avec l'équateur terrestre, et on l'a appelée par analogie *équateur magnétique*. Au nord de cet équateur magnétique, c'est la pointe nord de l'aiguille d'inclinaison qui est attirée vers le bas, c'est-à-dire qui est inférieure ; au contraire, au sud de ce même équateur, c'est l'extrémité qui pointe vers le sud, ou le pôle boréal qui est le plus rapproché de la Terre.

L'inclinaison, qui est nulle à l'équateur, augmente quand on se dirige vers les pôles, où elle atteint 90 degrés. Mais la loi de son accroissement n'est pas aussi simple que celle de l'accroissement des latitudes terrestres.

Près de l'équateur magnétique, quand on s'avance vers les pôles magnétiques de 1 degré de latitude terrestre, l'inclinaison croit de 2 degrés environ. C'est le contraire dans les latitudes élevées, où l'inclinaison croit de 30 minutes seulement quand on parcourt 2 degrés environ de latitude terrestre.

CHAPITRE IV

INTENSITÉS DES FORCES MAGNÉTIQUES

Mesure des forces constantes. — 1ᵉ Méthode, dite des oscillations. — Nous venons de voir comment on détermine la direction des forces qui constituent le couple terrestre. Pour définir complètement ce dernier, il nous reste à obtenir la grandeur de l'une de ses forces, puisqu'elles sont égales entre elles. Or, l'aimant terrestre qui donne naissance au couple en question pouvant être considéré comme infiniment éloigné, il en résulte que si on écarte l'aiguille d'inclinaison de sa position d'équilibre, les forces magnétiques qui agissent pour ramener l'aiguille à cette position ne changent, ni en grandeur, ni en direction, en un mot, restent constantes; nous pourrons donc déterminer leur grandeur au moyen de la méthode générale dite des oscillations, qui sert en physique à la mesure des forces constantes, et dont l'application la plus usuelle et la plus connue est celle qui se rapporte à l'évaluation de l'intensité de la pesanteur.

Application à la pesanteur. — Cette dernière se détermine, on le sait, au moyen de l'accélération qu'elle produit dans un lieu donné; accélération qu'on mesure en observant la durée de l'oscillation d'un pendule de longueur donnée.

On appelle oscillation d'un pendule le mouvement qu'il effectue pour aller de sa position d'écart maxima OA, à la position symétrique OA' par rapport à la verticale.

Cela étant, on a, entre la durée de cette oscillation, la longueur l du pendule et l'accélération g de la pesanteur, la formule :

$$t = \pi \sqrt{\frac{l}{g}}.$$

qui donne la valeur de g en mètres si t est exprimé en secondes et l en mètres. La formule précédente ne doit s'appliquer qu'à des oscillations infiniment petites. Quand l'amplitude de ces oscillations est égale à 2α, la théorie donne pour le temps t_1 de leur durée, la formule :

$$t_1 = t \left[1 + \left(\frac{1}{2}\right)^2 \sin\frac{2\alpha}{2} + \left(\frac{1}{2.4}\right)^2 \sin\frac{4\alpha}{2} \ldots + \frac{1.3\ldots(2n-1)^2}{2.4\ldots 2n} \sin\frac{2n\alpha}{2} + \ldots \right]^{1}$$

$$\text{Pour } \alpha = 30° \text{ on a } t_1 = 1,02\, t.$$
$$\text{Pour } \alpha = 90° \text{ on a } t_1 = 1,2\ t.$$

On voit donc que, pour toutes les valeurs de α inférieures à 30 degrés, la série entre parenthèses est extrêmement convergente, et qu'on peut, sans inconvénient, prendre dans la pratique t pour t_1 ce qui est plus commode pour le calcul.

Portons un même pendule dans deux points différents du globe et appelons g et g' les accélérations de la pesanteur en ces deux points.

1. Poisson, *Cours de mécanique.*

Comptons les nombres n et n' d'oscillations que le pendule fait dans ces deux lieux en un même temps T, nous aurons, dans le premier lieu :

$$T = n\pi \sqrt{\frac{l}{g}}; \quad \text{et dans le second} : \quad T = n'\pi \sqrt{\frac{l}{g'}};$$

d'où :

$$\frac{g}{g'} = \frac{n^2}{n'^2};$$

et comme les forces sont proportionnelles aux accélérations qu'elles produisent, nous dirons que les intensités de la pesanteur en deux lieux différents sont proportionnelles aux carrés des nombres d'oscillations faites par un même pendule dans un même temps.

Si, au lieu d'observer dans les deux lieux les nombres d'oscillations faites dans le même temps, nous avions observé les temps différents T et T' mis par le pendule pour faire un même nombre n d'oscillations; nous aurions eu :

$$T = n\pi \sqrt{\frac{l}{g}}; \quad T' = n\pi \sqrt{\frac{l}{g'}}; \quad \text{d'où} : \quad \frac{g}{g'} = \frac{T'^2}{T^2},$$

c'est-à-dire que les intensités de la pesanteur en deux lieux différents sont inversement proportionnelles aux carrés des temps pendant lesquels le pendule fait, en ces deux lieux, un même nombre d'oscillations.

Application aux forces magnétiques. — Prenons une aiguille d'inclinaison bien équilibrée, c'est-à-dire telle que son axe de suspension qui est horizontal passe exactement par son centre de gravité, de façon que la pesanteur n'intervienne pas dans la position qu'elle prendra autour de son axe.

Plaçons cet axe de suspension dans le plan est-ouest magnétique; il en résultera que l'aiguille pourra se mouvoir librement dans le méridien magnétique sous l'influence des deux forces du couple terrestre et s'orienter suivant la direction commune de ces deux forces. Écartons l'aiguille de cette position d'équilibre, puis laissons-la libre de nouveau; elle exécutera, pour revenir à sa position initiale, une série d'oscillations sous l'influence des deux forces du couple terrestre qui restent toujours constantes en grandeur et en direction.

Puisque les deux extrémités se meuvent sous l'action de forces identiques, considérons seulement le mouvement de la pointe inférieure de l'aiguille, celle qui est dirigée vers le nord. Au pôle

magnétique de cette extrémité se trouve appliquée une force
magnétique I, de grandeur et de direction constantes, nous pourrons donc appliquer au mouvement de ce point les formules précédentes données pour le pendule en y remplaçant g et g' par les
valeurs des accélérations dues respectivement aux forces I et I'; et,
puisque les forces sont proportionnelles aux accélérations qu'elles
produisent, nous aurons finalement :

$$\frac{I}{I'} = \frac{T'^2}{T^2} = \frac{n^2}{n'^2}.$$

en conservant les notations précédentes.

Tel est le principe de la méthode ; mais ce n'est pas ainsi qu'il
est appliqué d'ordinaire, le maniement de l'aiguille d'inclinaison
présentant des difficultés d'observation considérables. On comprend, en effet, qu'il soit très difficile de se procurer une aiguille
exactement centrée, c'est-à-dire telle, que le centre de gravité soit
exactement sur l'axe idéal de rotation et que la pesanteur n'intervienne pas dans la durée des oscillations. Cette difficulté vaincue,
il resterait encore celle d'orienter exactement l'axe suivant la
ligne EO magnétique.

Aussi préfère-t-on, en général, déterminer l'intensité du magnétisme terrestre en cherchant la valeur de l'une de ses composantes
soit horizontale, soit verticale. En appelant H et Z ces deux composantes et θ l'angle d'inclinaison, on a évidemment :

$$H = I \cos \theta ;$$
$$Z = I \sin \theta ,$$

et l'on voit que la connaissance de l'angle θ et de l'une quelconque
des composantes H ou Z suffit pour déterminer I.

Propriétés importantes de l'aiguille d'inclinaison. — Si on divise
l'une par l'autre les deux équations précédentes, on obtient :

$$\tan g\, \theta = \frac{Z}{H}.$$

Supposons maintenant que l'axe de rotation soit écarté de la
direction E-O magnétique d'un angle α. Alors l'aiguille ne pourra
se mouvoir que dans un plan vertical faisant l'angle α avec le
méridien magnétique. Voyons quel sera l'angle qu'elle fera dans
ce plan avec l'horizontale, lorsqu'elle sera en repos.

Considérons le pôle de l'extrémité inférieure de l'aiguille, il est
toujours soumis à la force I, ou, ce qui revient au même, aux deux
composantes de cette force Z et H.

Mais cette dernière force qui est, ne l'oublions pas, parallèle au méridien magnétique, peut elle-même se décomposer en deux autres, l'une $H\cos\alpha$ dirigée dans le plan d'oscillation de l'aiguille, l'autre $H\sin\alpha$ dirigée perpendiculairement à ce plan, qui n'intervient dans le mouvement qui s'effectue dans ce plan que pour modifier les actions qui s'exercent entre l'axe de l'aiguille et ses supports. Par conséquent, les seules forces qui orientent l'aiguille dans le plan vertical où elle se meut sont $H\cos\alpha$ et Z, et, si nous appelons i' l'angle que fait l'aiguille avec l'horizon dans sa position d'équilibre, nous aurons évidemment, puisque l'aiguille indique la direction de la résultante des deux forces précédentes :

$$tg\,i' = \frac{Z}{H\cos\alpha}.$$

Cette formule nous donne trois conséquences importantes :
1° Quand $\alpha = 0$, c'est-à-dire quand l'axe de rotation se trouve dans le plan est-ouest magnétique, $\cos\alpha$ est maximum, et par suite la valeur correspondante de i est un minimum. Ainsi, ce que nous avons appelé « inclinaison » d'une aiguille aimantée mobile autour d'un axe horizontal est l'angle minimum que cette aiguille fait avec l'horizon quand l'axe se déplace dans le plan horizontal pour occuper toutes les directions possibles ;
2° Quand $\alpha = 90$, c'est-à-dire quand l'axe se trouve dans le méridien magnétique et que l'aiguille se meut, par conséquent, dans le plan est-ouest magnétique, $\cos\alpha$ est minimum, par suite i maximum et égal à 90 degrés.

Ceci donne un moyen de trouver la direction du méridien magnétique sans le secours de l'aiguille de déclinaison ;
3° Si on fait tourner l'axe de suspension de 90 degrés de façon qu'il fasse avec le méridien magnétique un angle de $90 + \alpha$, on aura pour l'angle i'' que fait alors l'aiguille avec l'horizontale :

$$tg^2\,i'' = \frac{Z}{H\cos(90 + \alpha)};$$

d'où :
$$\frac{1}{tg^2\,i'} + \frac{1}{tg^2\,i''} = \frac{1}{tg^2\,i}$$

Par conséquent, pour avoir la valeur *de l'inclinaison*, il n'y a pas besoin de chercher la direction du méridien magnétique ; il suffit d'observer l'angle que l'aiguille aimantée fait avec l'horizon dans deux plans rectangulaires entre eux.

M. le lieutenant de vaisseau Joseph Peichl, de la Marine Impériale et Royale autrichienne, a fondé, sur les propriétés de l'aiguille d'inclinaison, un ingénieux appareil qu'il a appelé « Control-Compass » et qui sert à rectifier à la fois les routes et la compensation du compas étalon.

Détermination du rapport des composantes horizontales magnétiques dans deux lieux différents. — Les détails que nous venons de donner nous permettent de traiter ce point très brièvement. Il suffira évidemment pour cela de prendre une aiguille aimantée maintenue horizontale au moyen d'un faible contre-poids s'opposant à l'action des composantes verticales du couple terrestre et rendue mobile dans un plan horizontal au moyen d'une chape reposant sur un pivot vertical.

Il est clair que cette aiguille s'oriente dans le plan horizontal sous l'action des seules composantes horizontales ; on aura donc, en la portant dans deux lieux différents et en l'écartant de sa position d'équilibre :

$$\frac{H}{H'} = \frac{I\cos\theta}{I\cos\theta'} = \frac{T'^2}{T^2} = \frac{n^2}{n'^2},$$

T et T', n et n' ayant la même signification que dans les paragraphes précédents.

Instrument et méthode d'observation. — L'instrument le plus convenable pour ces observations est une petite aiguille de 7 centimètres de longueur environ, renflée à son centre, pointue à ses deux extrémités, et dont le contour extérieur est semblable à celui de deux pyramides minces et allongées ayant une base commune. Cette aiguille doit être aussi mince que le comportent la solidité et la rigidité qui lui sont nécessaires ; elle est munie d'un pivot particulier qu'on peut adapter dans la douille cylindrique qui reçoit en temps ordinaire celui du compas-étalon. Ce pivot ne doit servir qu'à elle, et, dès que les observations de force horizontale sont terminées, on doit le retirer pour mettre en place celui de la rose.

Pour faire une observation, on écarte, au moyen d'un barreau aimanté, l'aiguille de sa position d'équilibre, et, quand elle fait un angle d'environ 40 à 45 degrés, on la laisse libre et on compte le nombre des oscillations qu'elle effectue avant de revenir à sa position initiale.

On note également le temps qui s'est écoulé pendant la durée des oscillations.

On ramène, en général, les observations au temps nécessaire

à dix oscillations par une simple proportion; si n est le nombre des oscillations et T leur durée, le temps d'une oscillation sera $\dfrac{T}{n}$ et celui de dix oscillations $\dfrac{10\,T}{n}$.

2ᵉ Méthode, dite des écarts ou des déflexions. — C'est l'application à la mesure des forces magnétiques du principe sur lequel le savant physicien français Pouillet avait construit, dès le commencement de ce siècle, l'instrument appelé boussole des sinus, au moyen duquel il mesurait l'intensité des courants électriques.

Voici le principe de cette nouvelle méthode d'observation.

Imaginons que la partie supérieure de la cuve du compas soit entourée, à la hauteur de l'aiguille environ, d'un anneau de cuivre mobile qui tourne autour du pivot de cette aiguille comme axe et porte à 180 degrés l'un de l'autre deux bras également en cuivre sur lesquels on peut mettre, soit un, soit plusieurs aimants, mais en même nombre et de même force, placés, d'ailleurs, symétriquement par rapport au centre de l'aiguille et se regardant par leurs pôles de noms opposés.

Supposons que cet anneau parte de la position indiquée dans la *fig.* 12 et qu'on le

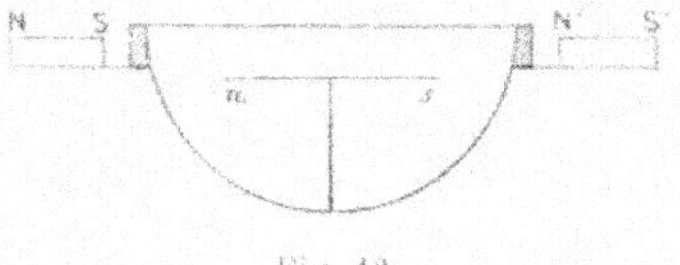

Fig. 12.

fasse tourner, l'aiguille de compas sera évidemment entraînée par les aimants perturbateurs et, par suite, sera déviée de sa position d'équilibre.

Arrêtons le mouvement de l'anneau au moment où les bras en cuivre sont sur la direction perpendiculaire à la position de l'aiguille déviée, et supposons que la force des aimants perturbateurs soit telle, que cette aiguille reste alors en équilibre dans une position faisant un angle α avec sa position primitive.

D'après ce que nous avons dit sur le mouvement d'un solide autour d'un axe vertical, nous savons que, puisqu'il y a équilibre, la somme des moments, par rapport à cet axe, des forces qui tendent à faire tourner l'aiguille, est nulle.

Puisque les forces qui agissent sur les deux pôles de l'aiguille sont égales et de sens contraire, il nous suffit de considérer l'un d'eux, le pôle rouge de l'aiguille, et nous aurons l'équation d'équilibre en écrivant que dans la seconde position d'équilibre de l'aiguille les moments des deux forces magnétiques qui s'exercent sur ce pôle sont égaux par rapport à l'axe de rotation de l'aiguille.

Or, si nous appelons H la composante horizontale terrestre au lieu où se trouve l'aiguille, m la masse magnétique idéale qui représente le magnétisme du pôle considéré de l'aiguille, l la demi-longueur de cette dernière, α l'angle qui existe entre ses deux positions d'équilibre, il est évident que le moment de la force qui tend à ramener l'aiguille dans sa première position d'équilibre est $m . \text{H} . l \sin \alpha$.

D'autre part, en appelant F l'une des composantes du couple perturbateur exercé par les aimants, et en remarquant que, dans la seconde position d'équilibre, l'alidade est perpendiculaire à l'aiguille déviée, nous aurons pour l'expression du moment de cette force perturbatrice $m \, \text{F} \, l$.

On a donc :

$$m . \text{H} . l \sin \alpha = m . \text{F} . l .$$

Transportons l'aiguille à bord, sans toucher à la position des aimants, et imaginons que le cap reste constant pendant que nous exécuterons une observation semblable; nous aurons alors, en appelant H′ la force directrice horizontale qui oriente l'aiguille à bord, α' l'angle qui existe alors entre les deux positions d'équilibre :

$$m . \text{H}' . l \sin \alpha' = m . \text{F} . l .$$

D'où :

$$\frac{\text{H}}{\text{H}'} = \frac{\sin \alpha'}{\sin \alpha} .$$

D'où ce théorème :

Le rapport des forces horizontales qui orientent l'aiguille d'un compas est égal au rapport inverse des déviations ou mieux des écarts imprimés à cette même aiguille par une force perturbatrice constante.

Nous garderons exclusivement le mot déviation pour l'angle que l'aiguille fait à bord avec le méridien magnétique dans sa position d'équilibre, et nous emploierons l'expression d'écart pour désigner la déviation particulière produite par des aimants perturbateurs placés à dessein auprès du compas.

Appareil de Sir E. Sabine. — Un instrument semblable, fondé sur ce principe, a été construit en 1849 par le lieutenant-général, alors lieutenant-colonel, Sir Edward Sabine. Dans une brochure fort intéressante imprimée à Londres dans la même année (brochure que je ne connaissais pas en 1870, lorsque j'écrivis l'introduction placée en tête de ma traduction de la troisième édition du *Manuel* *de l'Amirauté anglaise*), Sir Sabine expliqua comment on pouvait se servir de cet instrument pour trouver l'ensemble des deux termes qui représentent la partie semi-circulaire de la déviation.

Appareil du commandant Fournier. — Depuis, en 1871, M. le capitaine de frégate Fournier, alors lieutenant de vaisseau, fit construire un appareil analogue auquel il donna le nom d'*Alidade déviatrice*. Il expliqua la construction et le but de son appareil, d'abord dans des brochures publiées dans la même année, puis dans un traité publié en 1873, et montra, par une analyse beaucoup plus développée que celle de Sir E. Sabine et toute différente, comment on pouvait, avec son aide, obtenir séparément les deux coefficients de la déviation semi-circulaire et aussi un troisième coefficient, en général constant, qui forme la partie de beaucoup la plus importante de la déviation quadrantale. Nous reviendrons plus loin sur ce sujet.

L'importance de la méthode que nous venons d'exposer est considérable, car nous montrerons plus loin qu'elle permet de régler ou de compenser le compas en temps de brume quand on ne peut prendre aucun relèvement terrestre ou céleste.

Sir William Thomson a repris ce principe, en 1878, mais il l'a appliqué d'une façon un peu différente dans un appareil qu'il a nommé *Déflecteur*.

Déflecteur de Sir W. Thomson (*fig.* 12 *bis*). — Cet instrument consiste essentiellement en une alidade horizontale, mobile, au-dessus de la glace du compas, autour d'un axe vertical passant par le centre de celui-ci. Les aimants, au lieu d'être situés horizontalement sur cette alidade, sont placés dans deux plans verticaux juxta-

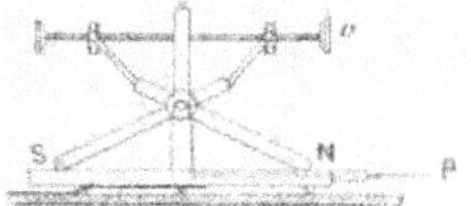

Fig. 12 *bis*.

posés et peuvent tourner autour d'un axe horizontal passant en leur milieu et soutenu par deux montants verticaux. Ces aimants sont reliés à leur partie supérieure par une vis *v* qui rapproche ou éloigne les aimants suivant qu'on la fait tourner dans un sens ou dans l'autre. Il en résulte que les pôles inférieurs des aimants produisent sur l'aiguille de la rose une force perturbatrice moins ou plus considérable, qui varie de zéro à un maximum qu'elle atteint lorsque les aimants sont à leur maximum d'écartement.

On use de cette force perturbatrice variable pour produire à des caps différents du bâtiment, c'est-à-dire avec des forces directrices de l'aiguille différentes, une déviation de l'aiguille du compas constante et égale à 90 degrés.

Voici comment on opère :

Un long index de cuivre, que nous appellerons dorénavant pointeur, pour le distinguer de l'index marquant l'écartement des aimants, indique le plan vertical qui contient les aimants perturbateurs et la direction vers laquelle la pointe Nord de l'aiguille est attirée. Au moyen de ce pointeur, on fait tourner l'instrument, comme nous faisions tourner l'alidade tout à l'heure; mais, au moment où il se trouve à 90 degrés de l'aiguille déviée et en équilibre, on manœuvre la vis qui règle l'écartement des aimants, de façon que le pointeur, restant toujours sur la division Est de la rose déviée, la déviation de cette dernière atteigne 90 degrés.

Quand la rose est en équilibre dans cette position, l'équation des moments écrite dans ces nouvelles conditions nous donne évidemment, à terre : $H = F$; et à bord : $H' = F'$.

Par suite :

$$\frac{H}{H'} = \frac{F}{F'}$$

d'où ce théorème : Les forces directrices qui orientent l'aiguille sont entre elles comme les forces perturbatrices qui produisent sur cette aiguille une déviation constante.

Mais la force perturbatrice des aimants, constante pour un même écartement des aimants, peut être déterminée aisément à terre; une échelle graduée adaptée à l'instrument permet de lire cet écartement, et une table donne la force perturbatrice qui correspond à chacune des graduations de l'échelle.

On verra plus loin que, quand on se sert du déflecteur pour égaliser à tous les caps les forces directrices qui orientent l'aiguille, c'est-à-dire pour compenser les compas, il est inutile de se donner la peine de graduer le déflecteur.

Quoi qu'il en soit, on possède, on le voit, un second procédé pour avoir les rapports des forces directrices qui orientent une aiguille aimantée horizontale.

Détermination du rapport des forces magnétiques verticales. — 1ʳᵉ Méthode, dite des oscillations. — Instrument nécessaire pour l'appliquer. — Nous n'avons qu'à répéter ici ce que nous avons dit pour les composantes horizontales. Seulement, dans le cas qui nous occupe, l'aiguille aimantée ne doit être soumise qu'à l'action des composantes verticales et doit pouvoir lui obéir. Par suite, nous aurons besoin d'une aiguille mobile autour d'un axe horizontal, c'est-à-dire d'une aiguille d'inclinaison. Et, pour qu'elle soit mobile sous l'action de la seule force verticale terrestre, il faudra orienter l'axe horizontal suivant le méridien magnétique, de façon que l'aiguille oscille dans le plan Est-Ouest magnétique.

En observant dans deux lieux différents et en prenant les mêmes notations que précédemment, nous aurons :

$$\frac{Z}{Z'} = \frac{I \sin \theta}{I \sin \theta'} = \frac{T'^2}{T^2} = \frac{n^2}{n'^2}$$

Quand on voudra se servir de l'aiguille à bord d'un navire, de façon à avoir les rapports des composantes verticales magnétiques à différents caps, il faudra avoir soin d'orienter d'abord l'appareil de façon que l'aiguille soit verticale; on est sûr alors que la force horizontale n'a aucune influence sur les oscillations faites par l'aiguille quand on l'écarte de sa position d'équilibre.

2° Méthode, dite de la balance d'inclinaison. — Sir W. Thomson a eu l'idée ingénieuse d'employer l'aiguille d'inclinaison d'une autre façon qui simplifie et abrège notablement les observations : de plus, il a su faire, avec cette aiguille, un instrument vraiment portatif et pratique; en un mot, très propre au service du bord.

Description de la balance d'inclinaison de Sir W. Thomson (*fig.* 12 *ter*). — Dans un cylindre de 8 centimètres environ de longueur sur 4 de diamètre, se trouve renfermée une aiguille aimantée *d*, mobile autour d'un axe *aa* qui lui est perpendiculaire et qui doit être horizontal pendant les observations. On constate que cette horizontalité est atteinte au moyen d'un petit niveau à bulle d'air *n* placé sur le cylindre. On arrive aisément, avec quelques minutes d'essai, à s'habituer à obtenir rapidement cette position, en tenant simplement l'instrument à la main.

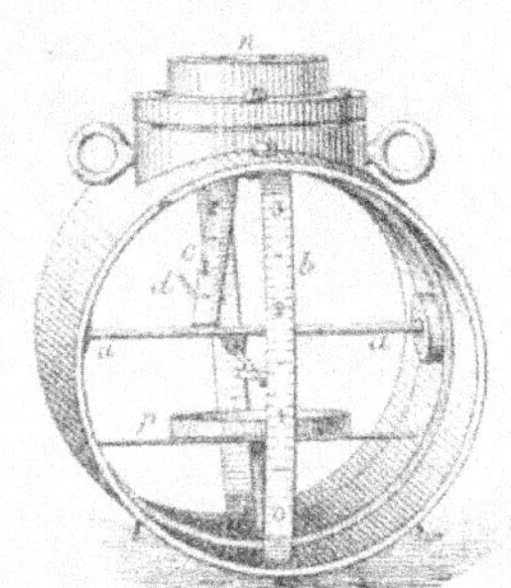

Fig. 12 *ter*.

Les extrémités de l'aiguille d'inclinaison se meuvent sur deux cercles gradués *b* placés dans le plan vertical passant par l'aiguille et qui est perpendiculaire à l'axe quand ce dernier est horizontal. Les divisions de ces cercles se lisent à travers des glaces mobiles qui ferment le cylindre pour empêcher les agitations de l'air de se transmettre à l'aiguille, mais qui peuvent se retirer pour permettre la mise en place et le déplacement d'un petit poids additionnel sur cette aiguille.

Une autre échelle c, inclinée pour qu'on puisse la lire facilement, est placée dans le sens de la longueur du cylindre. C'est elle qui donne la distance, à l'axe de suspension, du poids dont on charge l'aiguille afin qu'elle reste horizontale malgré l'action des composantes magnétiques verticales.

Le poids additionnel employé ordinairement est un simple morceau de papier percé par l'aiguille en deux endroits, et qu'on peut faire courir sur elle de façon que son milieu soit à différentes distances de l'axe; on le voit sur la figure près de l'échelle b.

Quand on ne sert pas de l'aiguille d'inclinaison, on fait monter le plateau indiqué en p de façon que l'aiguille au repos soit supportée et fixée par ce plateau.

On porte l'instrument à terre, dans une position libre de fer, et on place le poids additionnel de papier de manière que l'aiguille aimantée reste horizontale malgré l'action magnétique de la terre.

Soit p le poids additionnel, a sa distance à l'axe, r la distance des pôles de l'aiguille à l'axe de suspension, m la masse magnétique idéale qui représente le magnétisme du pôle de l'aiguille, Z la composante verticale terrestre.

Quand l'aiguille est horizontale et en équilibre, on sait que les moments par rapport à l'axe de rotation du couple terrestre et du poids p sont égaux; on a donc :

$$2\,m.Z.r = p.a.$$

Dans un autre lieu terrestre, il faudra déplacer le poids p et le mettre à une distance b de l'axe, pour que l'aiguille conserve son horizontalité; on aura donc, en admettant que le magnétisme de l'aiguille n'ait pas changé,

$$2\,m.Z'.r = p.b.$$

D'où :
$$\frac{Z}{Z'} = \frac{a}{b}.$$

Nous verrons dans la quatrième partie comment ce petit appareil permet, sans faire incliner le navire, de compenser rapidement la déviation anormale de l'aiguille aimantée, qui est causée par la bande du navire.

Forces magnétiques absolues. — Les observations et les formules précédentes donnent le moyen d'obtenir le rapport de deux forces magnétiques, quelles que soient d'ailleurs les unités adoptées pour obtenir la valeur absolue de ces forces. Pour rendre toutes les observations comparables entre elles, on a choisi un système particulier d'unités de temps, de longueur et de masse, et on a appelé les valeurs numériques des forces obtenues avec ces unités, forces absolues. Pour passer de ces valeurs absolues aux valeurs des mêmes forces, mesurées avec un système quelconque d'autres unités, il suffit de connaître les rapports qu'ont entre elles les unités de même espèce.

Ainsi, dans la carte d'égales forces horizontales du Manuel de l'amirauté anglaise, on a pris pour unité arbitraire la valeur de la force horizontale à Greenwich; si on veut obtenir les valeurs absolues de ces forces quand on prend pour unité de temps la seconde, pour unité de longueur le pied anglais, pour unité de masse le grain anglais qui pèse 0 gr. 064, système d'unité qui est jusqu'à présent adopté par le gouvernement anglais, on trouve qu'il faut multiplier tous les nombres de la carte par 3,86, qui représente la force horizontale à Greenwich dans ce système.

Si, en gardant pour unité de temps la seconde, on prenait le millimètre et le milligramme pour les unités de longueur et de masse, il faudrait multiplier tous les nombres de la carte par :

$$3,86 \times \sqrt{\frac{0,00328}{0,01543}} = 3,86 \times 0,461 = 1,77,$$

car 1 millimètre $= 0^{\text{pied}}, 00328$, et 1 millig. $= 0^{\text{grain}}, 01543$.

Si, en conservant toujours la même unité de temps, on prenait pour les deux autres unités le centimètre et le gramme, il faudrait multiplier tous les nombres de la carte par :

$$3,86 \sqrt{\frac{0,0328}{15,43}} = 0,17.$$

Ce dernier système d'unités, qu'on appelle système centimètre-gramme-seconde, ou système centimétrique, et qu'on désigne fréquemment dans les ouvrages par l'abréviation, système c. g. s., est celui que les savants adoptent le plus généralement.

Cartes d'égales forces horizontales. — On trouvera à la fin de ce volume une carte donnant les courbes d'égale force horizontale, et en marge, à côté de chaque courbe, la valeur du rapport $\frac{1}{H}$ qui correspond à cette courbe et dont nous aurons besoin plus tard. On peut constater sur cette carte que la force horizontale, maxima près de l'équateur, diminue à mesure que l'on approche des pôles magnétiques : mais il ne faut pas oublier que cela ne provient nullement d'une diminution de la force magnétique totale, mais seulement de ce que la direction de cette force totale se rapprochant de plus en plus de la verticale à mesure que l'observateur se rapproche des pôles, sa composante horizontale diminue de plus en plus tandis que sa composante verticale augmente. (V. planche III).

Ce qui est hors de doute, c'est la fluctuation continuelle du magnétisme terrestre, qui, en dehors des lents et graduels changements qu'il éprouve de siècle en siècle, éprouve encore des variations annuelles et diurnes. On soupçonne aussi des fluctuations plus petites dues à l'influence de la lune.

Mais, outre toutes ces petites variations périodiques qui changent la direction des aiguilles d'inclinaison et de déclinaison d'une fraction de degré seulement, ce qui correspond à une variation de $\frac{1}{100}$ environ de la force directrice, le magnétisme terrestre subit encore parfois des perturbations irrégulières assez considérables pour changer la direction des aiguilles aimantées de 1 et 2 degrés et la force magnétique de 2 ou 3 pour 100 de sa valeur. Ces perturbations sont causées par des sortes de tempêtes magnétiques qui semblent liées avec l'apparition des aurores boréales. Les télégraphes aériens et sous-marins révèlent aussi des perturbations dues à l'électricité atmosphérique et à l'électricité souterraine, et on sait les relations étroites de l'électricité et du magnétisme. Enfin on soupçonne une relation entre l'abondance des taches solaires et les tempêtes magnétiques.

Ces dernières ont été très nombreuses lors du dernier maximum des taches en 1870. Il sera intéressant de voir si, au prochain maximum en 1881, le même résultat aura été constaté.

Ce que nous venons de dire suffit pour faire connaître, au moins dans ses traits principaux, ce que nous savons actuellement du magnétisme terrestre et pour indiquer toutes les obscurités qu'il reste encore à dissiper.

PREMIÈRE PARTIE

DÉVIATION DES COMPAS

CHAPITRE PREMIER

ACTION DES AIMANTS SUR L'AIGUILLE DU COMPAS
DÉVIATION SEMI-CIRCULAIRE

Un navire contient de nombreuses pièces de fer; les unes arrivent à bord déjà aimantées; les autres s'aimantent d'une manière permanente, sous l'action de la terre, tandis qu'elles sont soumises à toutes les opérations mécaniques de la construction; d'autres enfin restent à l'état de fer doux, c'est-à-dire qu'à un moment donné elles prennent un état magnétique déterminé par le lieu du globe où se trouve le bâtiment et par la position que ce dernier occupe par rapport au méridien magnétique, position indiquée par le cap.

Couple déviateur. — Si on suppose toutes ces pièces de fer situées à des distances du compas telles qu'on puisse négliger la longueur de l'aiguille vis-à-vis de ces distances, il est clair que les actions magnétiques partielles exercées par chacune d'elles sur les deux pôles de l'aiguille, seront égales, parallèles et de sens opposé, formeront des couples par conséquent, et se composeront pour donner un couple résultant que nous pourrons décomposer comme le couple terrestre, pour la commodité du raisonnement, en un couple vertical et un couple horizontal. Nous ne nous occuperons pas du premier, qui n'intervient en aucune façon sur la position du plan vertical passant par l'axe de l'aiguille, et nous appellerons le second couple déviateur pour bien indiquer que c'est lui qui écarte l'aiguille aimantée de la position qu'elle occuperait si elle était soumise à l'action du seul couple terrestre horizontal, que l'on appelle couple directeur terrestre.

Force directrice de l'aiguille aimantée. — **Déviation.** — Puisque les deux pôles de l'aiguille aimantée sont soumis à des forces dont le sens seul diffère, ne considérons, pour fixer les idées et simplifier l'exposition, que l'un d'eux, celui qui se dirige vers le Nord, le pôle rouge d'après nos conventions, et examinons les forces horizontales auxquelles il est soumis.

A terre, ce pôle est soumis à la seule influence de la composante horizontale magnétique, et, comme l'aiguille est mobile dans le plan horizontal, elle tournera jusqu'à ce qu'elle coïncide avec la direction de la force, c'est-à-dire avec le méridien magnétique, ou la ligne Nord-Sud magnétique.

A bord, ce même pôle est soumis non seulement à la force précédente, mais encore à l'une des forces du couple déviateur; l'aiguille prendra donc la direction de la résultante de ces deux forces, qu'on appelle la force directrice de l'aiguille.

L'angle que l'aiguille dans cette nouvelle position fait avec la direction du méridien magnétique s'appelle la *déviation* de l'aiguille correspondant au cap actuel du bâtiment; nous la désignerons désormais par la lettre grecque δ. Or la direction et la grandeur de la force directrice de l'aiguille (voir la *Comp. des forces*, page 3) dépendent de celles des deux composantes, et il est évident qu'une même force déviatrice aura sur la direction de l'aiguille, sur la déviation, une influence d'autant plus considérable que la force terrestre aura une intensité moindre. Il y a donc, on le voit, comme une sorte d'antagonisme entre ces deux forces, et la déviation sera d'autant plus faible que la force déviatrice sera d'intensité plus faible, de direction plus voisine de celle de la force terrestre, et que la force terrestre sera elle-même plus considérable.

Mais il nous faut analyser de plus près les influences magnétiques qui produisent cette déviation, car ce qu'on appelle l'état magnétique d'un bâtiment est un état fort complexe dont il est nécessaire de se rendre parfaitement compte avant d'aller plus loin.

Nous avons divisé plus haut les pièces de fer que contient le navire en deux espèces parfaitement distinctes : les unes, composées de fer dur, possédant ce que nous avons appelé la force coercitive et agissant sur l'aiguille à la manière d'aimants permanents ; les autres, composées de fer doux, subissant instantanément l'action magnétique de la terre qui correspond à la position qu'elles occupent.

Malheureusement la netteté même de cette division montre que les choses ne doivent pas se passer ainsi dans la réalité, et que les deux états du fer que nous venons d'indiquer ne sont pour ainsi dire que des états limites, autrement dit, des conceptions de l'esprit utiles pour simplifier et permettre l'étude des phénomènes. En réalité, les pièces de fer de bâtiment se composent de fer imparfaitement dur et de fer imparfaitement doux. L'état magnétique des premières, au lieu d'être constant, variera plus ou moins après le lancement du navire, d'après les conditions particulières dans lesquelles le navire s'est trouvé pendant sa construction et son armement. Quant au fer imparfaitement doux, les actions mécaniques subies pendant la construction développent en lui un certain état magnétique, plus stable que celui qu'il prendrait sous la seule action terrestre, et dont il ne perdra la trace qu'au bout d'un certain temps plus ou moins long, après lequel il subira, non pas instantanément, mais très rapidement, l'influence magnétique de la terre correspondant à la position qu'il occupe.

Magnétisme sous-permanent. — Il n'y a donc pas, à proprement parler, de magnétisme *permanent* à bord d'un navire, du moins dans le sens rigoureux de ce mot.

Aussi est-il préférable de suivre l'exemple de Sir Airy, et de désigner sous le nom de *sous-permanent*, tout le magnétisme des pièces de fer imparfaitement dur et celui contracté sous l'influence des actions mécaniques par le fer imparfaitement doux.

A ce magnétisme sous-permanent, vient s'ajouter à chaque instant le magnétisme essentiellement passager, contracté par le fer doux sous l'influence de l'action magnétique terrestre ; et ce magnétisme dépend essentiellement du point du globe où se trouve le navire, et aussi du cap du bâtiment à ce moment et en ce point.

Magnétisme induit. — On donne le nom de magnétisme induit à ce magnétisme contracté par le fer doux sous l'influence terrestre.

Examinons maintenant l'action des diverses influences magnétiques qui produisent la déviation.

Action sur l'aiguille aimantée d'un aimant placé au-dessus ou au-dessous de la rose. — *Exemple I* (*fig.* 13) : Soit ns une aiguille aimantée, suspendue en son milieu et maintenue horizontale, c'est-à-dire soustraite, au moyen d'un contre-poids, à l'influence de l'inclinaison.

Plaçons un barreau aimanté N S dans un plan horizontal voisin du sien et de telle manière que, les centres du barreau et de l'aiguille étant sur la même verticale, les pôles les plus voisins de ces deux aimants soient de même nom. A cause de leur proximité, l'action du barreau sur l'aiguille l'emportera sur l'action de la terre, et l'aiguille va se renverser cap pour cap, pour obéir à la loi des pôles.

D'un autre côté, si nous éloignons le barreau successivement en le maintenant parallèle à lui-même, nous verrons l'aiguille revenir successivement aussi à sa première position, et, à partir d'une certaine position du barreau, elle reprendra sa direction initiale. Il est évident qu'à ce moment et dans cette position le barreau n'a plus aucune influence sur l'aiguille.

De cette seconde position limite où le barreau a une influence nulle, amenons-le à une autre un peu plus rapprochée de l'aiguille, et voyons ce qui se passe quand on le fait tourner dans un plan horizontal, de 360 degrés autour de son centre, dans le sens de la flèche, et en le supposant placé d'abord dans le *même plan vertical* que l'aiguille.

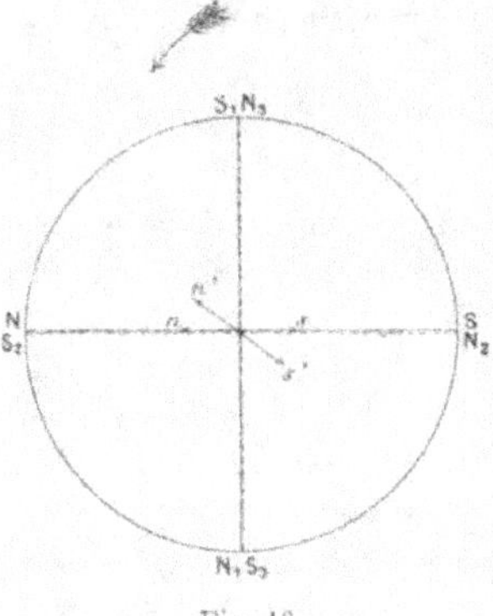

Fig. 13.

Le barreau occupera successivement ainsi les positions marquées par les lignes pleines NS, $N_1 S_1$, puis les positions marquées par les lignes ponctuées $N_2 S_2$ et $N_3 S_3$.

Soit ns (*fig.* 13) la position d'équilibre de l'aiguille aimantée sous l'influence terrestre; NS la première position du barreau; dans cette position, ce dernier a une influence nulle sur la position de l'aiguille dans le plan horizontal, car toutes les attractions et répulsions électriques s'exercent dans le plan vertical qui contient l'aiguille, autrement dit le méridien magnétique.

L'aiguille est d'ailleurs dans une position d'équilibre instable, car, si on vient alors à écarter très légèrement l'aiguille du méridien, alors la répulsion de N sur le pôle de même nom de l'aiguille, celle de S sur s et de même les attractions respectives de N et S pour s et n, donneront lieu à un couple déviateur horizontal; à cause des distances respectives des pôles de l'aiguille aux pôles de l'aimant, les répulsions seront plus fortes que les attractions, et l'aiguille prendra la position $n's'$.

L'angle non' est la déviation produite par le barreau NS; on voit qu'elle est Est ou positive, puisque le pôle n' de l'aiguille se trouve à droite du Nord magnétique, c'est-à-dire entre le Nord et l'Est magnétiques.

Comme l'action des pôles de l'aimant sur ceux de l'aiguille est contraire à celle que les pôles terrestres exercent, il en résulte que la force directrice de l'aiguille, celle qui doit la ramener à sa position d'équilibre quand elle en est écartée, est diminuée. Il est aisé de voir toujours, au moyen de la loi des pôles et de celle de la composition des forces, de celle enfin des actions magnétiques, que, quand l'aimant va de la position NS à la position $N_2 S_2$, en passant par la position $N_1 S_1$, il produit dans toutes les positions intermédiaires une déviation Est ou positive, qui varie de 0 à 0 et par suite passe par un maximum entre ces deux valeurs nulles.

De même, si nous examinons ce qui se passe quand l'aimant va de la position $N_2 S_2$ à la position NS, en passant par la position $N_3 S_3$, nous verrons, au moyen des trois lois déjà citées, que l'aimant produit toujours sur l'aiguille une déviation Ouest ou négative, qui varie de 0 à 0, en passant encore par un maximum.

Déviation semi-circulaire. — En somme, dans sa rotation complète, le barreau aimanté a produit sur l'aiguille des déviations qui conservent le même signe dans tout un demi-cercle de la rose, changent de signe quand l'aimant passe d'un demi-cercle dans l'autre, et varient de 0 à 0 en passant par un maximum en valeur absolue dans chaque demi-cercle. On donne à toute déviation qui suit cette loi, le nom de déviation semi-circulaire.

On trouve d'ailleurs facilement la direction de l'aiguille aimantée, c'est-à-dire la déviation qui correspond à une position déterminée quelconque de l'aimant perturbateur, quand on suppose que la longueur de l'aiguille aimantée est négligeable et que la distance de l'aimant à l'aiguille varie assez peu pour qu'on puisse considérer son action sur celle-ci comme constante en grandeur.

En effet, soit $OP = P$ la grandeur constante de la force (variable seulement en direction), que cet aimant exerce sur le pôle n de l'aiguille. Si l'on imagine que cet aimant ait tourné d'un angle ζ, la force OP fera le même angle avec le méridien magnétique, et l'aiguille, soumise, en n, aux deux forces $OT = H$, composante horizontale de la force

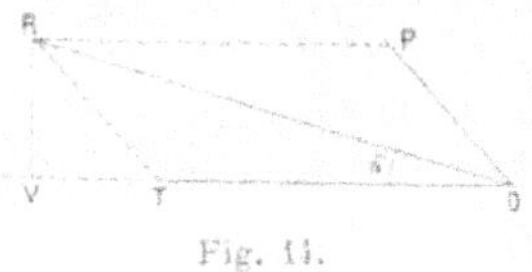

Fig. 14.

magnétique terrestre, et $OP = P$, prendra, d'après la loi de la composition des forces, la direction OR. La déviation δ sera donnée dans le triangle rectangle ORV (*fig.* 14) par la formule :

$$(1) \qquad \operatorname{tg} \delta = \frac{RV}{OV} = \frac{RV}{OT + TV} = \frac{P \sin \zeta}{H + P \cos \zeta}.$$

Cette formule nous donne aisément un résultat dont nous nous servirons par la suite. Cherchons la condition pour que $\operatorname{tg} \delta$ ou δ

elle-même soit maxima. La valeur de ζ qui correspondra à ce maximum doit annuler la dérivée de tg δ par rapport à ζ.

Si on pose $\dfrac{P}{H} = a$, cette condition donne cos $\zeta = -a$.

D'où :
$$\mathrm{tg}\,\zeta = -\frac{\sqrt{1-a^2}}{a}.$$

D'ailleurs pour cette valeur particulière de ζ, on a,

$$\mathrm{tg}\,\delta = \frac{a}{\sqrt{1-a^2}};$$

par conséquent tg ζ tg $\delta = -1$, ce qui veut dire que les angles δ et ζ sont complémentaires, c'est-à-dire que la droite O P est perpendiculaire sur la droite O R. D'où cette conséquence qu'un aimant perturbateur produit sur l'aiguille aimantée une déviation maxima quand sa direction est perpendiculaire à celle de l'aiguille déviée.

Si nous supposions que la position initiale de l'aimant perturbateur fût perpendiculaire au méridien magnétique, et que nous appelions Q la grandeur O Q de la force qu'il exerce sur le pôle n, nous verrions, en faisant une figure analogue à la figure précédente, que, si l'aimant a tourné d'un angle ζ, l'aiguille soumise aux deux forces O T et O Q prend la direction O R, et que la déviation δ est donnée dans le triangle rectangle O R$_1$ V$_1$ par la formule :

$$(2) \qquad \mathrm{tg}\,\delta = \frac{R_1\,V_1}{O\,V_1} = \frac{Q\cos\zeta}{H + Q\sin(\zeta+90)} = \frac{Q\cos\zeta}{H - Q\sin\zeta}.$$

Examinons enfin le cas général, celui où le barreau, toujours horizontal et dans le plan de la rose, part d'une position initiale dans laquelle il fait un angle quelconque avec le méridien. Soit O F la grandeur et la direction de la force qu'il exerce dans cette position sur le pôle n de l'aiguille.

Décomposons cette force O F en deux autres, l'une O P = P dirigée dans le sens du méridien, l'autre O Q = Q dirigée dans le sens perpendiculaire. On peut toujours imaginer que ces deux forces P et Q émanent de deux barreaux aimantés, placés, le premier dans le méridien, le second perpendiculairement à lui.

Si l'aimant donné tourne d'un angle ζ, les deux aimants composants tournent également d'un angle ζ, de même que les forces O P et O Q. D'après la loi de la composition des forces, on aura la direction de l'aiguille aimantée, en menant : 1° O T égale et parallèle à la force terrestre; 2° T P$_1$ parallèle à la nouvelle position

de O P, c'est-à-dire faisant un angle ζ avec le méridien, et égale à
cette ligne ; 3° et enfin $P_1 Q_1$,
égale à O Q et parallèle à la
nouvelle position de cette
ligne, c'est-à-dire faisant un
angle ζ avec la perpendiculaire au méridien.

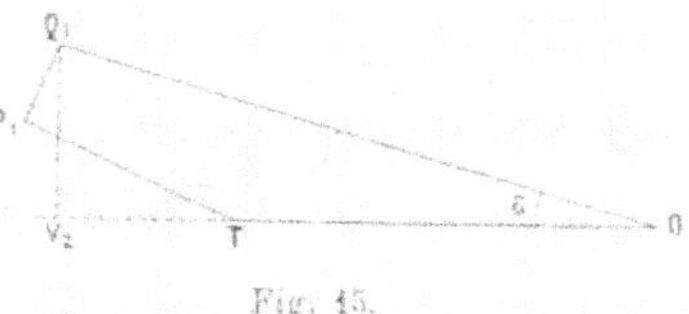

Fig. 15.

La déviation ζ est donnée
en considérant le triangle rectangle $O Q_1 V_2$ (*fig.* 15), par la formule :

$$\mathrm{tg}\,\delta = \frac{P \sin \zeta + Q \cos \zeta}{H + P \cos \zeta - Q \sin \zeta} \tag{3}$$

**Force directrice moyenne vers le Nord. — Influence des aimants
sur cette force.** — En somme, dans les deux cas précédents, nous
sommes parvenus à l'expression de la tangente de la déviation, par
une méthode aussi élémentaire que générale et que nous suivrons
toujours par la suite. Elle consiste à décomposer toutes les forces
qui agissent sur le pôle rouge de l'aiguille en deux composantes,
l'une dirigée vers l'Est magnétique, l'autre dirigée vers le Nord
magnétique, et à diviser la somme des premières par la somme des
secondes.

La composante la plus importante, celle dont nous devons nous
occuper particulièrement, puisque c'est elle qui tend à ramener
l'aiguille du compas à bord dans le méridien magnétique, c'est-à-
dire dans la position d'équilibre normal qu'elle aurait à terre, c'est
évidemment la composante vers le Nord, que nous appellerons dorénavant d'un nom particulier, *Force directrice vers le Nord*, et
nous sous-entendrons toujours, pour le cap correspondant du navire.

Concevons que l'on additionne les valeurs de cette force directrice qui correspondent à des caps de la rose équidistants et en
nombre quelconque, et divisons cette somme par le nombre même
des caps ; on forme ainsi la *Force directrice moyenne vers le Nord*,
que nous appellerons, d'une manière abrégée, *Force moyenne vers le
Nord*, et qui joue un rôle important dans les mouvements du
compas.

Si nous examinons l'influence d'un aimant perturbateur sur cette
force moyenne, quand le cap du navire décrit la rose entière, nous
verrons qu'elle est nulle, puisque le terme qui la représente dans
la composante vers le Nord change de signe quand on passe du
cap considéré au cap diamétralement opposé.

Action sur l'aiguille aimantée d'un aimant placé sur le même plan horizontal que la rose. — *Exemple II (fig. 16)* : Soit encore *ns* l'aiguille aimantée dans sa position d'équilibre naturel, c'est-à-dire dans le méridien magnétique ; voyons ce qui se passe quand un barreau aimanté tourne de 360 degrés autour du centre O dans le sens de la flèche, en partant de la position NS, pour occuper successivement les positions NS, $N_1 S_1$, $N_2 S_2$, $N_3 S_3$, enfin NS.

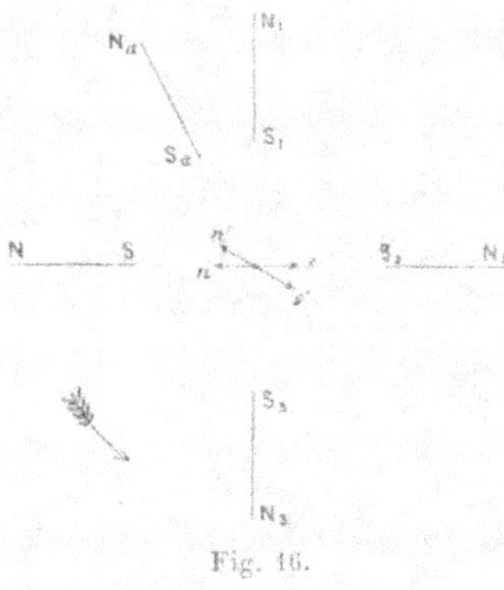

Fig. 16.

Pour nous rendre compte des phénomènes, il suffit encore de faire appel aux trois lois fondamentales de la composition des forces, des pôles et des actions magnétiques. Cette dernière, en particulier, nous montre que nous pourrons, sans erreur sensible, négliger de considérer l'action du pôle N sur l'aiguille, car, puisque les actions magnétiques varient en raison inverse du carré des distances, l'action du pôle S sera de beaucoup prépondérante.

De même que tout à l'heure, nous verrons que, quand le barreau va de la position NS à la position $N_2 S_2$, il produit sur l'aiguille une déviation toujours Est ou positive, qui varie de 0 à 0, en passant par un maximum qui correspond à la position du barreau perpendiculaire à celle de l'aiguille déviée.

Prenons, en effet, le barreau dans la position intermédiaire $N_1 S_1$. Le pôle S_1, le seul dont nous considérions l'action, attire le pôle *n*, repousse le pôle *s*, et (si nous supposons que le barreau soit suffisamment éloigné de l'aiguille pour qu'on puisse négliger la longueur de celle-ci vis-à-vis de cette distance) produit par conséquent un couple déviateur horizontal, qui fait prendre à l'aiguille la position *n' s'*. L'angle *n o n'* représente une déviation orientale ou positive, puisque le Nord de l'aiguille a été rejeté à droite du Nord magnétique, c'est-à-dire entre le Nord et l'Est magnétiques.

Nous ne répéterons plus désormais ce raisonnement, qui est identiquement le même dans tous les cas que nous allons successivement examiner, et nous n'énoncerons plus que les résultats.

De même, quand le barreau de la *fig.* 16 va de la position $N_2 S_2$

à la position N S en passant par la position $N_3 S_3$, il est aisé de voir qu'il produit sur l'aiguille aimantée une déviation toujours occidentale ou négative, qui varie de 0 à 0 en passant par un maximum, qui a lieu quand le barreau perturbateur et l'aiguille déviée sont perpendiculaires l'un à l'autre.

Quant à la formule qui donne la déviation, elle dépend, comme dans l'exemple précédent, de la position initiale du barreau aimanté, et est identique, dans chaque cas, à la formule du cas correspondant traité plus haut.

Action d'un aimant placé perpendiculairement au plan de la rose. — *Exemple III :* Les mêmes raisonnements montrent qu'un aimant vertical produit sur le compas une déviation semi-circulaire dont la tangente est donnée, suivant la position initiale de l'aimant, par l'une des trois formules données dans l'exemple I.

Le cas général est évidemment celui d'un aimant perturbateur incliné sur l'horizon d'un angle quelconque. Si les hypothèses fondamentales sont remplies, cet aimant produit sur l'aiguille aimantée un couple déviateur.

Considérons seulement celle des forces de ce couple qui est appliquée au pôle n de l'aiguille. Nous pouvons décomposer cette force en trois composantes dirigées, l'une P suivant la méridienne magnétique, l'autre Q suivant une horizontale perpendiculaire à cette direction, la dernière R, enfin, suivant la verticale, et imaginer que chacune de ces forces provient d'un barreau aimanté placé suivant la direction correspondante.

Sur une rose de compas horizontale, les deux premiers aimants P et Q causeront seuls la déviation. Le troisième R, étant perpendiculaire au plan de la rose et passant par le centre du pivot, n'interviendra dans la déviation que si le bâtiment s'incline, ce qui fera prendre à cet aimant une position oblique par rapport à la rose, position dans laquelle il donnera, sur le pôle rouge, une composante horizontale.

Applications au navire. — Appliquons maintenant au navire et à la rose du compas à bord tout ce que nous venons de dire. Supposons que le cap initial du navire soit le Nord magnétique, et négligeons pour un instant tout ce qui provient du fer doux. Quelque variée que soit la forme des aimants qui existent à bord, quel que soit leur nombre, si les hypothèses fondamentales sont remplies, toutes les actions qu'ils exercent sur l'aiguille se composent en un couple unique. Ne considérons que celle des composantes du couple qui agit sur le pôle *n* de l'aiguille. On peut, comme dans le paragraphe précédent, décomposer cette force unique en trois autres, dirigées l'une P vers l'avant du navire, l'autre Q vers tribord ou bâbord suivant les cas, la dernière enfin R, dirigée suivant la verticale vers le haut ou vers le bas, suivant les cas, et supposer que ces forces émanent d'aimants, placés dans les mêmes directions.

Quand le bâtiment est droit sur sa quille, les deux premiers aimants P et Q agissent seuls sur la déviation; mais, quand le navire s'incline d'un angle *i*, les trois aimants agissent simultanément.

Nous reviendrons tout à l'heure sur ce cas plus compliqué.

CHAPITRE II

ACTION DES PIÈCES DE FER DOUX SUR LE COMPAS

Déviation quadrantale. — Déviation semi-circulaire.

Action de la terre sur le fer doux. — L'action, sur le compas, du fer doux du navire magnétisé par l'influence terrestre, est un peu plus compliquée que la précédente. En effet, dans le cas d'aimants permanents nous avions affaire à des forces constantes en grandeur et dont la direction seule changeait pendant la rotation du bâtiment, tandis qu'avec le fer doux et pendant cette rotation, les forces magnétiques mises en jeu changent à la fois en direction et en intensité, puisque cette dernière dépend de la position du fer doux à la surface du globe, et que cette position varie avec le cap du bâtiment. Avant d'entrer dans plus de détails, rappelons ce que l'expérience nous apprend au sujet de l'action magnétique exercée par la terre sur le fer doux. Afin qu'il ne puisse pas s'établir de confusion avec ce que nous avons dit des aimants, nous emploierons toujours, quand il s'agira de fer doux, le mot tige pour désigner une pièce allongée de fer doux que nous supposerons infiniment mince, réservant le mot de barreau pour désigner un aimant permanent.

Si on place une tige de fer doux dans la direction de l'aiguille d'inclinaison, qui est celle des forces du couple magnétique terrestre, on constate qu'elle devient magnétique, et, comme on pouvait

s'y attendre d'après la loi des pôles, l'aimantation est distribuée de
telle sorte que, dans l'hémisphère Nord de la Terre, la partie inférieure de la tige, qui est dirigée vers le Nord, est un pôle austral ou
rouge, tandis que la partie supérieure, qui est dirigée vers le Sud,
est, par contre, un pôle boréal ou bleu.

Dans l'hémisphère Sud de la terre, les pôles de la tige changeraient bout pour bout.

Si, partant de cette position C D, on fait tourner la tige de façon
qu'elle occupe successivement les positions
$C_1 D_1 C_2 D_2 \ldots$ (fig. 16 bis), on trouve que l'intensité
de magnétisme développé dans la tige diminue,
et que cette intensité est proportionnelle $F \times \cos \alpha$,
en appelant F l'intensité magnétique terrestre
et α l'angle de la tige avec l'aiguille d'inclinaison.

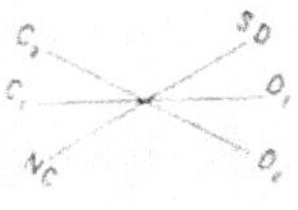

Fig. 16 bis.

Quand α est égal à 90 degrés, c'est-à-dire quand la tige se trouve
dans le plan perpendiculaire à la direction de l'inclinaison, et suivant
une droite quelconque de ce plan, elle ne donne plus aucune trace
d'aimantation. Ce plan est parallèle à celui que nous avons appelé
plus haut équateur magnétique.

Si, la tige occupant une des positions CD, on vient à la retourner
bout pour bout, on constate que les pôles changent également bout
pour bout, de façon que le pôle rouge soit toujours à sa partie inférieure.

Pour étudier plus facilement les phénomènes magnétiques à
bord d'un navire, nous ne considérerons que celle des composantes F
du couple magnétique terrestre qui agit sur le pôle rouge de l'aiguille, et nous la décomposerons en deux autres forces, l'une H
située dans le plan horizontal et que nous appellerons dorénavant
composante horizontale terrestre, l'autre Z dirigée suivant la verticale, et vers le nadir, puisque c'est l'extrémité inférieure de l'aiguille d'inclinaison qui pointe vers le Nord.

Axes choisis pour la décomposition des forces magnétiques à bord.
— La direction des forces exercées par les aimants permanents qui
appartiennent au navire, la direction et l'intensité des forces exercées par les pièces de fer doux contenues dans ce même bâtiment,
dépendent du cap du bâtiment. On comprend donc qu'il soit utile
de rapporter la direction des barreaux et celle des tiges à des directions fixes dans le navire, de façon qu'il suffise de connaître le cap
pour savoir, par cela même, la direction et la grandeur des diverses
forces perturbatrices.

Trois directions fixes dans le navire suffisent pour déterminer la position de tout point ou droite lié invariablement avec lui. Les trois directions que nous choisirons auront pour origine commune le centre de la rose et seront dirigées :

La première, O X, parallèlement à la quille et vers l'avant du bâtiment ;

La seconde, OY, dans le plan horizontal de la rose, et vers tribord ;

La troisième, OZ, suivant la verticale et vers le nadir.

Nous décomposerons toutes les forces magnétiques suivant ces trois directions, et nous affecterons chacune des composantes du signe + ou du signe — suivant qu'elle sera dirigée dans le sens même de l'un des axes ou en sens opposé.

Convention pour le cap. — Quant au cap du bâtiment, nous le compterons dans cet ouvrage de 0 à 360 degrés en partant du Nord pour y revenir en passant successivement par l'Est, le Sud, et l'Ouest, c'est-à-dire dans le sens du mouvement des aiguilles d'une montre.

M. Faye, dans son *Cours d'astronomie nautique*, a montré tous les avantages qu'il y aurait à compter le cap de cette façon. On supprimerait ainsi toutes les discussions de signes fort délicates qui compliquent la plupart des solutions pratiques des problèmes d'astronomie. Il suffirait, pour faire passer cette utile réforme dans la pratique, d'un simple changement dans la graduation des divisions de la rose, qu'il faudrait numéroter de 0 à 360 degrés, au lieu de les marquer de 0 à 90 degrés dans chaque quadrant en partant du Nord ou du Sud comme origine.

Représentation du fer doux du navire au moyen de neuf tiges idéales de fer doux (*fig.* 17)[1]. — Soit une pièce de fer doux située dans une position quelconque, M son pôle le plus voisin de la

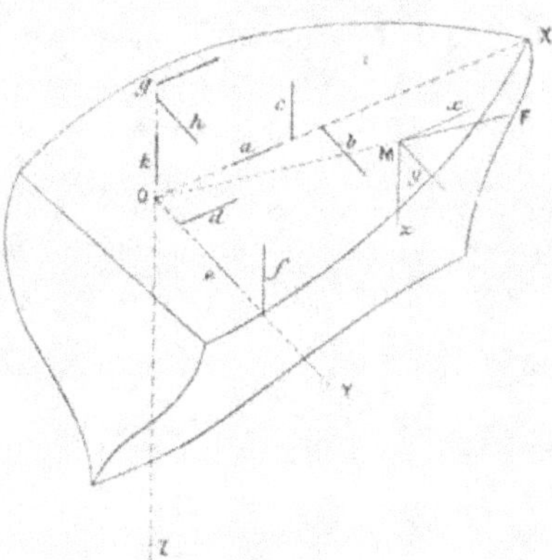

Fig. 17.

tuée dans une position quelconque, M son pôle le plus voisin de la

----

1. La tige *g*, tout en restant sur la même horizontale, doit être située sur l'arrière et non sur l'avant de la verticale OZ.

rose, OM la direction de la force qu'elle exerce sur le pôle n de l'aiguille. Soit MF la grandeur de cette force, on peut supposer que cette force est la résultante de trois forces exercées sur la rose par trois tiges de fer doux Mx, My, Mz, dirigées chacune suivant un de nos axes et dont les trois pôles seront confondus au point M.

Nous ne considérerons que l'action sur le pôle de l'aiguille, du pôle des tiges de fer doux qui est le plus voisin : et nous supposerons l'autre infiniment éloigné, de façon à pouvoir négliger son influence. Il en sera ainsi toutes les fois que nous nous occuperons de l'action des tiges de fer doux sur le compas, et cette hypothèse est légitime, parce que le magnétisme induit a en général une intensité très faible, et, comme son influence est inversement proportionnelle au carré de la distance, elle décroît très rapidement quand cette dernière augmente.

On peut négliger à plus forte raison l'action du second pôle quand il s'agit de l'influence réciproque d'un aimant et d'une tige de fer doux aimantée par lui, puisque l'intensité magnétique du fer doux est déjà inversement proportionnelle au carré de la distance qui le sépare de l'aimant. En effet, dans ce cas, l'attraction ou la répulsion qui varie, d'après la loi des actions magnétiques, proportionnellement au produit des intensités magnétiques, divisé par le carré de la distance, varie en somme en raison inverse de la quatrième puissance de la distance. Les forces magnétiques, dans ce cas, décroissent donc très rapidement avec la distance.

Considérons la tige de fer doux Mx, la force qu'elle exerce sur la rose est dirigée suivant OM ; on peut décomposer cette force en trois autres dirigées, l'une suivant ox, l'autre suivant oy, l'autre suivant oz, et supposer que ces trois forces émanent de trois tiges de fer doux a, d, g, parallèles à la quille et placées, la première a, sur ox ; la seconde d dans le plan horizontal de la rose, et de telle façon que son pôle le plus voisin soit sur oy ; la troisième enfin g, au-dessus du plan de la rose et telle que son pôle le plus voisin soit sur la même verticale que le centre de la rose.

Il est d'ailleurs évident que, suivant la position de Mx par rap-

La tige h, en restant sur la même horizontale, doit être située à bâbord et non à tribord de la verticale OZ.

Enfin les tiges e et f, tout en restant respectivement sur les mêmes verticales, doivent être situées la première au-dessous de OX, la seconde au-dessous de OY.

C'est en effet, seulement dans ces positions qu'il y a accord entre les signes des actions exercées sur le pôle O de l'aiguille par ces diverses tiges et les tiges Mx, My, Mz, Mz, dont elles sont les composantes.

port à la rose, les trois barreaux a, d, g pourront avoir l'une quelconque des places indiquées dans les figures doubles (1), (2), (3) de la planche I. Mais en somme, pour représenter l'effet de la tige de fer doux Mx, il n'y aura jamais que trois tiges en tout, une tige a, une tige d, une tige g.

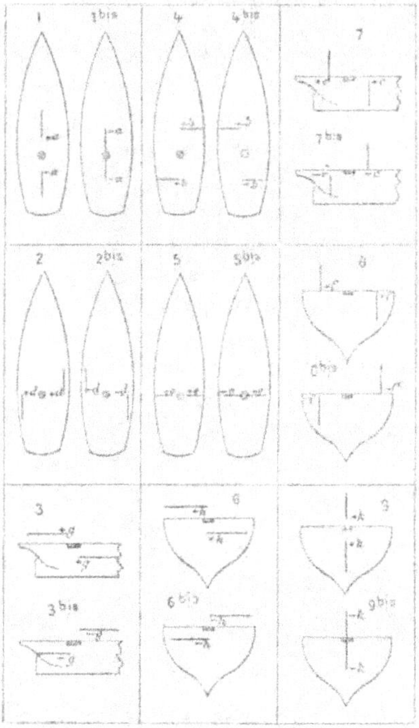

Si nous considérons maintenant la tige My, le même raisonnement montre qu'elle peut être remplacée par trois autres, toutes parallèles à oy, la première e sur oy, la seconde b dans le plan horizontal de la rose et telle que son pôle le plus voisin soit sur ox; la troisième enfin h telle que son pôle le plus voisin se trouve sur la verticale du centre de la rose.

Comme tout à l'heure suivant la position de My, ces trois barreaux pourront avoir l'une quelconque des places indiquées dans les figures doubles (4), (5), (6) de la planche I.

Planche I.

Mais en somme il n'y en aura que trois, une de chaque espèce.

Les mêmes raisonnements répétés pour la tige Mz montreront qu'elle peut être remplacée, quant à son effet sur le compas, par les trois tiges verticales, e, f, k; c ayant un de ses pôles sur ox, f ayant un de ses pôles sur oy, k enfin située sur la même verticale que le centre de la rose.

Les positions diverses que peuvent occuper chacune de ces trois tiges sont indiquées sur les figures doubles (7), (8), (9) de la planche I.

Sur cette même planche on verra que chaque tige est affectée d'un signe qu'on détermine de la manière suivante : On met le signe + toutes les fois que la tige produit sur le pôle rouge une force dirigée suivant ox, oy ou oz; et le signe — toutes les fois qu'elle produit une force dirigée suivant l'une des trois directions contraires.

Les signes de la planche se rapportent à l'action que ces tiges exercent sur la pointe Nord de l'aiguille aimantée.

Chacune de ces tiges ne sera d'ailleurs soumise qu'à une des deux composantes de la force terrestre: ainsi toutes les tiges horizontales ne seront aimantées que par l'influence de la composante horizontale terrestre, les tiges verticales seront soumises à la seule influence de la composante verticale.

Insistons enfin sur notre hypothèse fondamentale, que la longueur de l'aiguille du compas peut être négligée, c'est-à-dire que dans nos raisonnements et dans nos figures il faudra considérer les deux pôles de l'aiguille comme confondus au centre o de celle-ci.

Déviation quadrantale. — Examinons maintenant l'action que chacune de ces neuf tiges exerce sur l'aiguille de la rose, et remarquons d'abord que, quand le navire est droit sur sa quille, les déviations sont indépendantes des actions exercées par les trois tiges g,h,k, car ces trois tiges n'exercent sur le compas que des forces verticales, et ce sont les forces horizontales qui, seules, puisque le navire est droit, agissent pour dévier le compas.

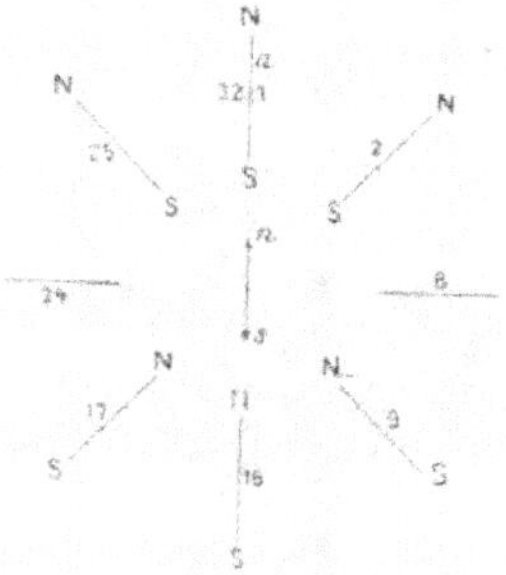

Prenons par exemple la tige a (*fig*.18), et voyons ce qui arrive quand, par suite de la rotation du navire,

Fig.18.

elle occupe successivement autour de la rose les positions marquées 1, 8, 16, 32. Ne nous occupons que de l'action du pôle du fer doux le plus voisin de l'aiguille aimantée, admettons que ce fer doux ne soit aimanté que par l'influence terrestre et supposons que le cap initial du bâtiment soit le Nord magnétique.

Dans la position initiale du bâtiment, la tige a occupe la position 1, elle est aimantée par l'influence terrestre, et la loi des pôles montre qu'elle a son pôle rouge en N et son pôle bleu en S.

Dans cette position, elle ne cause aucune déviation, et, si on écarte l'aiguille du compas de sa position d'équilibre, elle tend à y revenir, non pas en vertu de l'action exercée par la seule composante horizontale terrestre, mais bien en vertu de cette force augmentée de celle de même sens que produit le pôle S du fer doux.

La force directrice de l'aiguille est donc augmentée par la tige n, et il est facile de voir que cela a lieu pour toutes les positions que prend successivement cette tige; car dans chacune de ces positions l'action de son pôle le plus voisin sur l'extrémité n de l'aiguille donne toujours une composante dirigée vers le Nord. Nous ne nous occuperons désormais que de la déviation produite par cette tige.

Supposons que le bâtiment tourne autour de la verticale du pivot de la rose, de façon que la tige de fer doux vienne occuper la position 2 dans laquelle ses pôles occupent respectivement les positions N et S. — Le pôle S attire le pôle n de l'aiguille et cause ainsi une déviation Est ou positive, puisque le nord de l'aiguille tombe entre le Nord et l'Est magnétique.

La tige aimantée produit une déviation de même signe pour toutes les positions comprises entre les positions 1 et 8.

Dans la position 8, elle ne cause aucune déviation, car elle n'est plus aimantée par l'action terrestre puisqu'elle est alors perpendiculaire au plan vertical qui contient l'aiguille d'inclinaison et par suite perpendiculaire à cette aiguille.

Dans toutes les positions comprises dans le demi-cercle inférieur, entre 8 et 24 en passant par 16, les pôles de cette tige sont placés de manière que le pôle N soit le plus voisin de la rose, tandis que dans le demi-cercle supérieur c'était le pôle S.

Dans toute position analogue à 9, c'est-à-dire comprise entre la position 8 et la position 16, le pôle N du fer doux attire vers lui et vers la droite du pôle s de l'aiguille, et rejette par conséquent le pôle n de cette aiguille entre le Nord et l'Ouest magnétiques (puisque l'aiguille tourne autour du centre O), causant ainsi une déviation qui reste occidentale ou négative dans tout ce quadrant.

Dans la position (16) la tige ne produit aucune déviation.

De la position (16) à la position (24), c'est-à-dire dans toute position analogue à la position (17), le pôle N de la tige attire encore le pôle s de l'aiguille, mais cette fois vers la gauche; le pôle n est donc rejeté entre le Nord et l'Est magnétiques, c'est-à-dire que, pour toutes les positions du barreau comprises dans ce quadrant, la déviation est orientale ou positive.

Dans la position (24) la tige ne cause aucune déviation, pour la même raison expliquée plus haut à propos de la position 8.

Enfin, il est évident, d'après ce que nous venons de dire, que, pour toutes les positions comprises entre 24 et 32, c'est-à-dire dans tout le quadrant de gauche du demi-cercle supérieur, la déviation produite par la tige est toujours occidentale ou négative.

Ainsi, en tournant autour du compas, la tige *a* produit sur le compas une déviation qui reste de même signe quand le cap du bâtiment reste vers le même quadrant et change de signe quand ce cap passe d'un quadrant dans un autre.

On donne le nom de « Quadrantale » à toute déviation qui suit cette loi.

En examinant l'action de toutes les autres tiges situées dans le plan horizontal, *b*, *d*, *e*, on verra par les mêmes raisonnements :

1° Qu'elles produisent toutes sur le compas une déviation quadrantale ;

2° Que les barreaux *a* et *e* augmentent la force directrice moyenne de l'aiguille quand ils sont situés tout entiers d'un même côté du compas, tandis qu'ils la diminuent quand ils s'étendent de part et d'autre du centre de la rose.

Effet du fer doux sur la force directrice moyenne. — En somme, le fer doux horizontal influe de deux façons sur la déviation, d'abord d'une façon directe en produisant une déviation quadrantale, ensuite d'une façon indirecte en augmentant ou diminuant la force directrice de l'aiguille ; ce qui a pour effet, en vertu de la composition des forces, de diminuer ou d'augmenter la déviation produite par une force perturbatrice donnée.

Les aimants permanents, nous l'avons vu, n'ont pas cette action indirecte, puisqu'ils n'ont pas d'influence sur la grandeur de la force directrice *moyenne*. Le fer doux vertical, comme nous le verrons plus loin, n'a pas non plus d'influence sur cette force *moyenne*.

La différence des lois que suivent les déviations causées, l'une par les aimants permanents, l'autre par le fer doux situé dans le plan horizontal de la rose, ainsi que la différence de leurs actions sur la force directrice moyenne, proviennent de ce que, quand le cap du bâtiment décrit la rose entière, un aimant permanent présente toujours le même pôle à l'aiguille aimantée, tandis qu'une tige de fer doux dont l'aimantation change, bout pour bout, pendant cette rotation, présente alternativement ses deux pôles.

Et ceci nous montre qu'un aimant permanent pourra lui-même produire sur une aiguille aimantée une déviation quadrantale, pourvu qu'on lui imprime un déplacement convenable, c'est-à-dire un déplacement tel qu'il présente alternativement ses deux pôles à l'aiguille. Ce qui arrive, par exemple, quand le centre de l'aimant décrit un cercle autour de la rose, tandis que l'aimant lui-même reste toujours parallèle à sa direction initiale.

Mais ce n'est pas ce qui se passe quand le bâtiment tourne autour de la verticale.

Déviation semi-circulaire produite par le fer doux vertical — Ce qui précède montre pourquoi les tiges de fer doux vertical c et f qui, elles aussi, agissent sur la déviation (puisqu'à cause de la position des pôles c et f, elles exercent sur l'aiguille des forces horizontales), produisent une déviation semi-circulaire.

Ces tiges, en effet, ne sont aimantées que par la composante verticale terrestre, et cette dernière conservant la même direction dans tout un hémisphère terrestre, il en résulte que les deux pôles de la tige considérée restent toujours placés de la même façon tant que cette condition géographique est remplie.

Par suite, pendant la rotation du navire, cette tige présentera toujours à l'aiguille un même pôle, et nous avons vu que c'est la condition nécessaire et suffisante pour obtenir une déviation semi-circulaire.

Influence du cap et de la position géographique du navire. — Dans un même lieu, la composante verticale terrestre a une valeur déterminée qu'on peut considérer comme constante pour un laps de temps assez considérable ; par suite la déviation semi-circulaire qu'une tige de fer doux vertical imprimera à l'aiguille dépendra seulement du cap de bâtiment et de la valeur à ce cap de la composante horizontale magnétique à bord qui, elle, s'oppose à la déviation.

Quand le navire change de place en restant dans un même hémisphère, cette déviation conserve le même signe, mais change de grandeur, puisque la composante horizontale et la composante verticale terrestres changent toutes deux de valeur.

Enfin, quand le bâtiment passe d'un hémisphère dans l'autre, cette déviation change de signe, puisque la composante verticale terrestre change de sens. Et cette déviation ainsi changée de signe (c'est-à-dire positive dans le demi-cercle de l'horizon où elle était négative dans l'autre hémisphère et *vice versa*) change de grandeur quand le bâtiment se déplace pour les raisons que nous avons dites plus haut.

Le fer doux vertical n'a d'ailleurs, comme les aimants permanents et pour les mêmes raisons, aucune influence sur la valeur de la force directrice moyenne.

Changement de la déviation semi-circulaire totale. — Nous pouvons déjà pressentir combien les changements de la déviation semi-circulaire seront compliqués, puisqu'elle provient de deux forces perturbatrices qui suivent des lois différentes. La première, celle qui émane du magnétisme sous-permanent, peut être considérée comme constante, tandis que la seconde varie avec la position du navire à la surface du globe. Enfin, il ne faut pas oublier que la force directrice normale de l'aiguille, celle qui provient du couple terrestre et s'oppose à la déviation, dépend elle-même de l'endroit où se trouve le bâtiment, et que c'est de la composition de ces trois genres de forces que dépend en somme la déviation.

Appareil de M. Neumayer. — Le directeur de l'observatoire de Hambourg, M. Neumayer, a imaginé un appareil très simple et relativement peu coûteux destiné à montrer, par l'expérience, l'action des trois barreaux aimantés et des tiges de fer doux a, b, c, etc., sur une aiguille aimantée. Il serait bien à désirer que cet appareil fût adopté dans l'enseignement de l'École Navale et des Écoles d'hydrographie, car il simplifierait notablement l'exposition de la théorie des déviations et la rendrait beaucoup plus aisée à bien comprendre.

CHAPITRE III

FORMULES DE LA DÉVIATION
COEFFICIENTS EXACTS ET APPROCHÉS
MÉTHODE POUR CALCULER CES COEFFICIENTS

Relation entre le cap du bâtiment et la déviation produite par le fer doux. — Nous n'avons jusqu'à présent trouvé que le sens et la loi générale de la déviation produite par le fer doux; pour en obtenir la grandeur, nous aurons recours à une nouvelle hypothèse dont l'exactitude a d'ailleurs été démontrée par l'accord avec l'expérience, des conséquences que Poisson et sir Airy en ont tirées par le calcul. Nous supposerons désormais que, quand une tige de fer doux est soumise à l'action d'une force magnétique, le magnétisme induit qu'elle contracte est proportionnel d'abord à l'intensité de la force inductrice, ensuite à un certain coefficient ou paramètre constant, qui dépend de la nature même du fer dont la tige est faite; nous adopterons l'expression de paramètre, réservant celle de coefficient pour d'autres quantités que nous introduirons dans la suite.

Notre nouvelle hypothèse étant admise, il est clair que, quand la tige a fait avec le méridien magnétique un angle ζ, l'intensité du magnétisme induit qu'elle contracte alors sous l'influence de la terre sera représentée par $a\,H\cos\zeta$: a étant le paramètre constant qui convient à la tige a. En effet, dans cette position la force inductrice de la terre n'agit sur la tige que par celle de ses composantes qui est dirigée suivant la tige même soit $H\cos\zeta$, la composante perpendiculaire n'ayant aucune action.

Cette force $a\,H\cos\zeta$ ou $o\,q$ (*fig.* 19) agit dans la direction $o\,a$, et, pour avoir la déviation qu'elle produit, il faut, comme nous avons fait précédemment pour les aimants, la décomposer en deux autres, l'une dirigée vers le Nord magnétique, l'autre vers l'Est magnétique.

Fig. 19.

La première $o\,p$ sera égale à $a\,H\cos^{2}\zeta$ ou $\frac{1}{2}a\,H\,(1+\cos 2\zeta)$;

la seconde $p\,q$ sera égale à $a\,H\cos\zeta\times\sin\zeta$ ou $\frac{1}{2}a\,H\sin 2\zeta$.

Et par suite, d'après le raisonnement fait à propos de la figure 14, nous aurons pour la déviation produite par la tige a :

$$(4)\qquad \tan g\,\delta=\dfrac{\dfrac{1}{2}a\,H\sin 2\zeta}{H+\dfrac{1}{2}a\,H\,(1+\cos 2\zeta)}.$$

Si donc nous supposons que l'action de la tige a s'ajoute à celle des aimants permanents P et Q page (49), nous voyons que cette action aura pour effet d'ajouter une force égale et parallèle à $o\,q$, aux trois forces que nous devrions déjà composer pour avoir la direction finale de l'aiguille et par suite la déviation.

Cette force $o\,q$ ajoute au numérateur de $\tan g\,\delta$ le terme

$$\frac{1}{2}a\,H\sin 2\zeta$$

et au dénominateur le terme $\frac{1}{2}a\,H\,(1+\cos 2\zeta)$.

En supposant qu'on introduise successivement chacune des autres tiges horizontales, on verra de la même manière que chacune d'elles introduit un nouveau terme au numérateur et au dénominateur de $\tan g\,\delta$, termes qu'il est aisé de calculer.

Ainsi en appliquant le même raisonnement aux tiges de fer doux représentées Pl. I, on voit que la tige c, de la *fig.* 5, ajoute au numérateur de tang δ le terme: . . . $-\frac{1}{2}eH\sin 2\zeta$

et au dénominateur: . . . $\left[+\frac{1}{2}eH(1-\cos 2\zeta)\right]$.

Nous entourerons d'une parenthèse tous les termes du dénominateur afin de les distinguer et rassembler plus facilement.

La tige b (*fig.* 4) ajoute au numérateur le terme: $-\frac{1}{2}bH(1-\cos 2\zeta)$

et au dénominateur: . . . $\left[-\frac{1}{2}bH\sin 2\zeta\right]$.

La tige d (*fig.* 2) ajoute au numérateur le terme: $+\frac{1}{2}dH(1+\cos 2\zeta)$

et au dénominateur: . . . $\left[-\frac{1}{2}d\sin 2\zeta\right]$

La tige c, de la *fig.* 7, ajoute au numérateur le terme: $+cZ\sin\zeta$,
et au dénominateur: . . . $[+cZ\cos\zeta]$.
Et la tige f, de la *fig.* 8, ajoute au numérateur: $+fZ\cos\zeta$,
et au dénominateur: . . . $[-fZ\sin\zeta]$,
puisque c'est la force Z qui aimante les tiges c et f.

En réunissant tous ces termes à ceux qui sont dus à l'action des aimants permanents, et en rassemblant les termes qui contiennent les mêmes lignes trigonométriques de ζ, nous aurons :

$$(5)\quad \tan\delta = \frac{\frac{1}{2}(d-b)H + \sin\zeta(cZ+P) + \cos\zeta(fZ+Q) + \sin 2\zeta\,\frac{1}{2}(a-e)H + \cos 2\zeta\cdot\frac{1}{2}(d+b)H}{H + \frac{1}{2}(a+e)H - \sin\zeta(fZ+Q) + \cos\zeta(cZ+P) - \sin 2\zeta\,\frac{1}{2}(d+b)H + \cos 2\zeta\,\frac{1}{2}(a-e)H}$$

Si nous divisons tous les termes de cette fraction, d'abord par H puis par $1 + \frac{a+e}{2}$, nous aurons, en nous rappelant que

$$Z = H\tan\theta$$

et en posant :

$$(6)\quad \begin{cases} \lambda = 1 + \dfrac{a+e}{2} & \mathfrak{A} = \dfrac{1}{\lambda}\dfrac{d-b}{2} & \mathfrak{B} = \dfrac{1}{\lambda}\left(c\tan\theta + \dfrac{P}{H}\right) \\[2ex] \mathfrak{D} = \dfrac{1}{\lambda}\dfrac{a-e}{2} & \mathfrak{C} = \dfrac{1}{\lambda}\dfrac{d+b}{2} & \mathfrak{E} = \dfrac{1}{\lambda}\left(f\tan\theta + \dfrac{Q}{H}\right) \end{cases}$$

$$(7)\quad \tan\delta = \frac{\mathfrak{A} + \mathfrak{B}\sin\zeta + \mathfrak{C}\cos\zeta + \mathfrak{D}\sin 2\zeta + \mathfrak{E}\cos 2\zeta}{1 + \mathfrak{B}\cos\zeta - \mathfrak{C}\sin\zeta + \mathfrak{D}\cos 2\zeta - \mathfrak{E}\sin 2\zeta}.$$

Les six coefficients λ, $\mathfrak{A}$, $\mathfrak{B}$, $\mathfrak{C}$, $\mathfrak{D}$, $\mathfrak{E}$, s'appellent les **coefficients exacts de la déviation.**

La manière même dont nous avons obtenu l'expression de tang δ (formule 5) nous montre que, si nous appelons H' la résultante de toutes les forces magnétiques qui à bord agissent sur l'aiguille, le numérateur de cette fraction nous donne la composante de cette force totale vers l'Est, ou H' sin δ, tandis que le dénominateur est l'expression de la composante de cette même force dirigée vers le Nord magnétique ou H' cos δ.

Nous aurons donc pour les expressions de ces deux composantes correspondant au cap magnétique ζ du bâtiment (en les divisant toutes deux par λ H pour bien mettre les coefficients en évidence dans le second membre) les deux formules suivantes :

composante de la force directrice à bord vers le Nord magnétique,

$$(8) \quad \frac{H'}{\lambda H} \cos \delta = 1 + \mathfrak{B} \cos \zeta - \mathfrak{C} \sin \zeta + \mathfrak{D} \cos 2\zeta - \mathfrak{E} \sin 2\zeta;$$

composante de la force directrice à bord vers l'Est magnétique,

$$(9) \quad \frac{H'}{\lambda H} \sin \delta = \mathfrak{A} + \mathfrak{B} \sin \zeta + \mathfrak{C} \cos \zeta + \mathfrak{D} \sin 2\zeta + \mathfrak{E} \cos 2\zeta.$$

Reprenons maintenant l'équation (7), remplaçons tang δ par $\dfrac{\sin \delta}{\cos \delta}$ et effectuons les calculs en remarquant que $\delta = \zeta - \zeta'$, si nous désignons par ζ' le cap au compas, on aura :

$$(9\,bis) \quad \begin{cases} \sin \delta = \mathfrak{A} \cos \delta + \mathfrak{B} \sin \zeta' + \mathfrak{C} \cos \zeta' + \mathfrak{D} \sin(\zeta + \zeta') + \mathfrak{E} \cos(\zeta + \zeta') \\ \qquad = \mathfrak{A} \cos \delta + \mathfrak{B} \sin \zeta' + \mathfrak{C} \cos \zeta' + \mathfrak{D} \sin(2\zeta' + \delta) + \mathfrak{E} \cos(2\zeta' + \delta); \end{cases}$$

ou :

$$(10) \quad \begin{cases} \sin \delta (1 - \mathfrak{D} \cos 2\zeta' + \mathfrak{E} \sin 2\zeta') = \cos \delta (\mathfrak{A} + \mathfrak{D} \sin 2\zeta' + \mathfrak{E} \cos 2\zeta') \\ \qquad\qquad\qquad\qquad\qquad + \mathfrak{B} \sin \zeta' + \mathfrak{C} \cos \zeta', \end{cases}$$

ou, en supposant δ assez petit pour qu'on puisse remplacer le sinus par l'arc, cos δ par 1. et négliger le produit $\delta \times \mathfrak{E} \sin 2\zeta'$:

$$(10\,bis) \quad \delta = \frac{\mathfrak{A} + \mathfrak{B} \sin \zeta' + \mathfrak{C} \cos \zeta' + \mathfrak{D} \sin 2\zeta' + \mathfrak{E} \cos 2\zeta'}{1 - \mathfrak{D} \cos 2\zeta'}.$$

Au moyen de substitutions et de développements successifs trop longs pour trouver place ici, la formule 10 donne :

$$(11) \quad \begin{aligned} \delta = {} & A + B \sin \zeta' + C \cos \zeta' + D \sin 2\zeta' + E \cos 2\zeta' + F \sin 3\zeta' \\ & + G \cos 3\zeta' + H \sin 4\zeta' + K \cos 4\zeta' + \ldots\ldots \text{ etc.,} \end{aligned}$$

qui ne contient plus que le cap au compas et où δ et les différents coefficients, A, B, C, etc., sont exprimés en degrés.

Remarquons en passant que si nous n'avions pas voulu indiquer les relations étroites et indispensables à connaître des coefficients exacts avec les forces magnétiques émanées tant des aimants que du fer doux du navire, nous aurions pu écrire de suite l'équation (11) sans passer par l'intermédiaire de la formule (10). En effet, puisque la déviation du compas dépend des forces magnétiques provenant du navire, et que la grandeur et la direction de ces forces dépendait de la position des pièces de fer dont elles émanent, par rapport au globe terrestre et à la rose, il est clair que, quand les positions relatives de ces différents corps seront les mêmes, la déviation sera la même. Autrement dit, quand le navire, sans changer sensiblement de place, reprend le même cap, la déviation reprend la même valeur.

La déviation est donc un phénomène périodique, et, par suite, elle peut se représenter par la série qui constitue le second membre de l'équation (11), et n'est qu'une forme particulière de la série bien connue sous le nom de série de Fourier, du nom du mathématicien français qui le premier en montra toutes les ressources et toute l'importance dans l'étude des phénomènes naturels.

Quand les déviations sont inférieures à 20°, on peut, sans erreur appréciable dans la pratique, limiter cette formule aux cinq premiers termes et écrire :

$$(12) \qquad \delta = A + B \sin \zeta + C \cos \zeta + D \sin 2\zeta + E \cos 2\zeta.$$

Les cinq coefficients A, B, C, D, E sont appelés les coefficients approchés de la déviation, pour bien indiquer qu'ils n'ont été obtenus qu'en faisant sur les valeurs absolues des déviations une hypothèse nouvelle.

Entre les coefficients exacts et les coefficients approchés existent des relations simples que nous donnons plus loin. Pour l'intelligence de ce qui va suivre, il nous suffira d'admettre que, quand les déviations ont des valeurs peu considérables, les coefficients exacts sont à peu de chose près les sinus naturels des arcs correspondants, c'est-à-dire que $\mathfrak{A}$ est le sinus de l'arc de A°, $\mathfrak{D}$ le sinus de l'arc de D°, etc.

On s'en rend compte d'ailleurs d'une manière grossière en supposant que dans la formule (10) on remplace cos δ par 1, sin δ par δ, tandis qu'on néglige dans le premier terme le produit :

$\delta(-\mathfrak{D} \cos 2\zeta + \mathfrak{E} \sin 2\zeta)$, substitutions et approximations permises, quand les hypothèses précédentes sont réalisées.

Cela posé, l'équation (12) nous donne de suite des conséquences importantes.

5

Déviation constante. — Coefficient constant A. — Le premier terme A est indépendant du cap, il y a donc une partie de la déviation qui est invariable quel que soit le cap. On lui a donné le nom de *Déviation constante*. Or A provient de $\mathfrak{A}$, dont le numérateur est $d - b$. D'ailleurs ces deux quantités d et b, qui représentent le fer doux horizontal du bâtiment, qui n'est pas symétrique par rapport au plan longitudinal, entrent aussi dans le coefficient de déviation quadrantale $\mathfrak{E}$ ou E. Il en résulte que tout fer doux situé dans une position semblable donne lieu non seulement à une déviation constante, mais aussi à une déviation quadrantale.

En général le fer doux est symétrique par rapport au plan longitudinal, dans ce cas d et b sont nuls ainsi que A et E.

Quand il n'en est pas ainsi, d et b ont de très petites valeurs, et on peut presque toujours négliger E et le supposer nul. Il semblerait à première vue qu'on puisse de même négliger A, mais il n'en est rien, car A représente, avons-nous dit, la partie constante de la déviation et, par suite, non pas seulement celle qui provient d'un manque de symétrie de fer doux, mais celle qui provient de toutes les erreurs systématiques d'observation, qu'elles soient instrumentales ou personnelles à l'observateur.

Telles sont, par exemple : l'erreur commise quand on prend pour la déclinaison du lieu une valeur erronée ; les erreurs produites par l'irrégularité des divisions de la rose, par l'excentricité du pivot de la rose par rapport à la circonférence de celle-ci, enfin toutes les erreurs systématiques de lecture et de pointé faites par l'observateur.

Toutes ces erreurs réunies donneront donc souvent à A une valeur dont on devra tenir compte, alors que théoriquement il devrait être comme E ou rigoureusement nul ou au moins assez petit pour pouvoir être négligé. Cette valeur de A qui tient aux erreurs d'observation de toute nature, et non au fer doux, atteint souvent 1° et s'appelle la Déviation constante « apparente ».

Déviation quadrantale, — Sa constance pour un cap donné. — Coefficients constants D et E. — Les deux termes $D \sin 2\zeta' + E \cos 2\zeta'$ représentent la partie quadrantale de la déviation.

En nous reportant aux équations (5), à ce que nous avons dit de la constance des paramètres qui entrent dans la valeur des coefficients $\mathfrak{D}$ et $\mathfrak{E}$, comme aussi à l'équation (4) où H disparaît, comme facteur commun au dénominateur et au numérateur, nous voyons que cette partie de la déviation ne dépend que de a, e, d, b et λ, coefficients constants, et que par suite la déviation quadrantale, pour un cap donné, est constante, quelle que soit la position géographique du navire.

Ce qu'on exprime parfois d'une manière abrégée et inexacte en disant : La déviation quadrantale est constante. Il faut, en parlant ainsi, sous-entendre qu'on ne s'occupe que des coefficients D et E qui sont réellement constants.

Maximum de la déviation quadrantale. — L'expression de la déviation quadrantale peut se mettre sous la forme :

$$(13) \quad D\left(\sin 2\zeta + \frac{E}{D}\cos 2\zeta\right); \quad \text{ou, en posant :} \quad \frac{E}{D} = \tan g\, 2\beta.$$

$\dfrac{D}{\cos 2\beta} \sin 2(\zeta + \beta)$, et sous cette forme on voit qu'elle est maxima en valeur absolue, quand $2\zeta + \beta$ égale 90 ou 270 degrés, et que ce maximum n'est autre chose que : $\sqrt{D^2 + E^2}$ affecté du signe $+$ ou du signe $-$, suivant la valeur de $2\zeta + \beta$, puisque pour ces valeurs particulières de ζ : $\cos 2\beta = \pm \dfrac{D}{\sqrt{D^2 + E^2}}$.

Déviation quadrantale positive. — **Coefficient D.** — En général, le coefficient E est négligeable ou tellement petit, que son influence disparaît devant celle du coefficient D ; en considérant ce dernier seulement, à l'exclusion de E, et en remarquant qu'il est toujours positif, on dit parfois que « la déviation quadrantale est positive » ; expression tout à fait impropre, puisqu'elle veut dire seulement : le coefficient principal de la déviation quadrantale est positif. Il est bien évident que cette déviation, par cela même qu'elle est quadrantale, est alternativement positive et négative dans les quatre quadrants.

Quand on examine de plus près son signe, on voit que, dans le cas qui nous occupe, celui où D est positif, elle est positive dans les quadrants N E et S O, où le cap lui-même, d'après les conventions ordinaires en marine (celle de compter les caps de 0 à 90 degrés, en partant du Nord ou du Sud) est lui-même positif. Cette déviation est au contraire négative, dans les quadrants N O et S E, qui sont ceux où l'on compte négativement l'angle qui représente le cap du bâtiment, compté d'après les conventions précédentes. C'est, en somme, l'identité de ces deux signes du cap et de la déviation quadrantale à ce cap, qu'on exprime par la locution impropre citée plus haut, et qui ne peut donner lieu à aucune erreur, dès que l'on est parfaitement fixé sur son sens exact.

Sur les navires en bois, la déviation quadrantale, ou mieux D, dépasse rarement 2 degrés; dans des bâtiments en fer, elle a atteint 6 à 7 degrés; enfin, dans des navires de guerre cuirassés, elle est arrivée quelquefois jusqu'à 10 degrés et même, pour des compas mal placés, 14 ou 15 degrés. Mais ces deux dernières valeurs sont rares, et en général D est compris entre 5 et 10 degrés pour les navires à vapeur construits en fer, et à bord desquels on a pris les précautions nécessaires pour l'installation du compas.

Déviation semi-circulaire. — Coefficients variables B et C. — L'ensemble des deux termes $B \sin \zeta' + C \cos \zeta'$ représente la partie de la déviation qui est semi-circulaire.

En la mettant sous la forme

$$(14) \qquad B\left(\sin \zeta' + \frac{C}{B} \cos \zeta'\right),$$

et en posant : $\dfrac{C}{B} = \operatorname{tang} \alpha$; elle s'écrit : $\dfrac{B}{\cos \alpha} \sin (\zeta' + \alpha)$,

ou :

$$\sqrt{B^2 + C^2} \sin (\zeta' + \alpha),$$

puisque :

$$\cos \alpha = \frac{B}{\sqrt{B^2 + C^2}};$$

et, sous cette forme, on voit qu'elle est maxima en valeur absolue quand $\zeta' + \alpha$ est égal à 90 ou à 270 degrés. Ce maximum est égal à $\sqrt{B^2 + C^2}$ affecté du signe + ou du signe —, suivant la valeur de $\zeta' + \alpha$. C'est en réunissant ainsi en un seul les deux termes de la déviation semi-circulaire que sir Sabine arrivait à trouver la valeur de ce coefficient unique par deux observations d'écart de la boussole faites au cap $180° + \alpha$ et α.

Dans les navires en bois, ce maximum dépasse rarement 10 degrés; dans les navires en fer il a atteint souvent 20 degrés : quelquefois même, dans les navires cuirassés, il a dépassé cette valeur pour atteindre 30 et 40 degrés et rendre l'usage du compas fort délicat et parfois même impossible, à moins d'appliquer les méthodes de compensation.

En se reportant aux équations (5) qui donnent les valeurs de $\mathfrak{B}$ et $\mathfrak{C}$, on voit que ce sont des quantités fort complexes. Elles dépendent, en effet, des éléments du magnétisme terrestre correspondant au lieu où se trouve le bâtiment, par les quantités H et ϑ; du magnétisme sous-permanent du navire, par les quantités P et Q, enfin du magnétisme induit dans le fer doux vertical du bâtiment par les paramètres e et f qui représentent ce fer doux.

En supposant d'abord pour plus de simplicité que l'état magnétique du bâtiment est très voisin de son état d'équilibre définitif, on peut admettre que les quantités e et f d'une part, et d'autre part P et Q surtout, sont des quantités constantes. Et dès lors les coefficients $\mathfrak{B}$ et $\mathfrak{C}$ ne varieront plus qu'avec la position géographique du bâtiment qui fait varier H et ϑ.

Différence entre $\mathfrak{B}$ et $\mathfrak{C}$. — Remarquons d'abord que les variations de $\mathfrak{C}$ seront, en général, moins considérables que celles de $\mathfrak{B}$; car ce coefficient dépend de f qui représente du fer doux vertical dissymétrique par rapport au plan longitudinal du navire. Or, en général, il y a symétrie parfaite ou très approchée du fer doux par rapport à ce plan, f est donc nul ou fort petit. Il n'en est pas de même de e.

Séparation des deux parties de ces deux coefficients. — Quoi qu'il en soit, une fois que le bâtiment aura atteint un état magnétique stable, on obtiendra facilement les valeurs des deux parties différentes des coefficients $\mathfrak{B}$ et $\mathfrak{C}$; pour cela, il suffira de les calculer dans deux endroits différents.

Soit, par exemple, $\mathfrak{B}$ la valeur qui convient à un lieu défini par les quantités H et ϑ, $\mathfrak{B}_1$ la valeur qui correspond à un autre lieu terrestre défini par H_1 et ϑ_1, on aura évidemment :

$$(15) \quad \begin{cases} \dfrac{P}{\lambda} + \dfrac{e}{\lambda} H \, \text{tang} \, \vartheta = \mathfrak{B}. \\[2ex] \dfrac{P}{\lambda} + \dfrac{e}{\lambda} H_1 \, \text{tang} \, \vartheta_1 = \mathfrak{B}_1. \end{cases}$$

d'où on tire :

$$\frac{e}{\lambda} = \frac{\mathfrak{B} - \mathfrak{B}_1}{H \, \text{tang} \, \vartheta - H_1 \, \text{tang} \, \vartheta_1} \, ;$$

et :

$$\frac{P}{\lambda} = \frac{\mathfrak{B} \times H_1 \, \text{tang} \, \vartheta_1 - \mathfrak{B}_1 \times H \, \text{tang} \, \vartheta}{H_1 \, \text{tang} \, \vartheta_1 - H \, \text{tang} \, \vartheta}.$$

Des équations analogues pour $\mathfrak{C}$ donneraient $\dfrac{Q}{\lambda}$ et $\dfrac{f}{\lambda}$.

Quand on aura pu obtenir les deux parties de chacun de ces coefficients, on pourra ensuite, lorsqu'on n'aura pas le temps ou la possibilité de faire des observations directes, trouver la valeur des coefficients qui conviennent à une position nouvelle du navire.

Il suffira pour cela de multiplier les quantités $\dfrac{P}{\lambda}$ et $\dfrac{Q}{\lambda}$ par $\dfrac{1}{H}$ et les quantités $\dfrac{c}{\lambda}$ et $\dfrac{l}{\lambda}$ par tang θ; H et θ étant les éléments du magnétisme terrestre qui correspondent au lieu considéré et dont les valeurs seront données par les cartes magnétiques placées à la fin du volume. Ce qui précède montre qu'il faudra suivre avec grand soin les variations de ces deux coefficients, puisque leur valeur dépend d'éléments si divers.

Du coefficient λ. — Afin de pouvoir passer directement de la première partie de cet ouvrage à la quatrième, où nous avons donné les règles de compensation des compas, nous dirons ici quelques mots du coefficient λ que représente d'après nos notations la quantité constante :

$$1 + \frac{a + e}{2}.$$

La formule simplifiée de la déviation n'exige pour calculer λ à un cap quelconque que les cinq coefficients A, B, C, D, E, mais, dans certains cas particuliers, on arrive plus rapidement au résultat quand on connaît par surcroît le coefficient λ, et, comme il joue, d'ailleurs, un rôle important dans la théorie des compas, il est bon de savoir au juste ce qu'il représente.

Si nous nous reportons à l'équation (8), nous verrons aisément que λ n'est autre chose que la moyenne des valeurs que prend la quantité $\dfrac{H'}{H}\cos\delta$ quand le cap du navire décrit la rose entière. Il suffit pour cela de faire passer λ dans le second membre de l'équation, de donner successivement à ζ un nombre quelconque de valeurs équidistantes comprises entre 0 et 360 degrés, et de former les équations en nombre égal qui correspondent à ces valeurs particulières de ζ. En additionnant ces équations que nous supposerons au nombre de n et en se rappelant que les sommes de sinus et cosinus d'arcs en progressions arithmétiques sont nulles, de même que les sommes des sinus et cosinus du double de ces arcs quand ces derniers sont compris entre 0 et 360 degrés, on obtient ainsi :

$$(16) \qquad \lambda = \frac{\dfrac{H'_0}{H}\cos\delta_0 + \dfrac{H'_1}{H}\cos\delta_1 + \text{etc.}}{n},$$

or $\dfrac{H'\cos\delta}{H}$ représente la composante vers le nord de la force directrice de l'aiguille du compas à bord, exprimée en parties de la force horizontale terrestre H ; par conséquent, l'équation précédente nous montre que λ représente ce que nous avons appelé la force directrice moyenne vers le nord de l'aiguille aimantée à bord.

Calcul des coefficients. — Il faut remarquer que nous ne saurions obtenir les valeurs des coefficients exacts (et par suite celle des coefficients approchés dont ils sont à peu près les sinus naturels) au moyen des équations (6). Les seconds membres de ces équations contiennent, en effet, les paramètres constants a, b, c, etc., qui représentent l'influence du fer doux. Or, dans l'état actuel et fort imparfait de nos connaissances sur le magnétisme, nous ne pouvons pas calculer *à priori* la valeur de ces paramètres. Nous savons seulement que la théorie vérifiée par l'expérience permet de les considérer comme des constantes.

Nous devons donc suivre, dans la pratique, une marche inverse de celle qui aurait semblé la plus logique à première vue. Au lieu de déterminer les coefficients au moyen des paramètres calculés *à priori* par des équations données par la théorie et de déduire de ces coefficients la déviation à un cap quelconque en donnant la valeur correspondante à ζ ou ζ', dans les équations (7) ou (12) ; nous observerons, au contraire, la déviation δ de l'aiguille aimantée à un nombre de caps suffisant pour nous permettre de calculer ensuite les coefficients. Nous verrons plus tard combien la connaissance de ces derniers, même obtenue de cette façon indirecte, simplifie encore le problème des déviations du compas.

CHAPITRE IV

CAUSE DES DIVERGENCES OBSERVÉES ENTRE
LA THÉORIE ET LA PRATIQUE

Il convient de rassembler les diverses hypothèses faites successivement afin de montrer sous quelles conditions les formules précédentes peuvent être employées et comment, en examinant le degré d'exactitude de chaque hypothèse, on peut aisément rendre compte de certaines irrégularités observées qu'on attribue encore parfois, et bien à tort, à l'imperfection de la théorie.

Nous avons supposé :

1° Que la longueur de l'aiguille est infiniment petite ou au moins négligeable relativement à la distance qui la sépare du fer le plus voisin ;

2° Que le magnétisme du navire est composé en partie de magnétisme permanent dû au fer dur et en partie de magnétisme induit et passager dû au fer doux ;

3° Que le magnétisme induit est proportionnel à l'intensité de la force inductrice ;

4° Que le magnétisme de l'aiguille aimantée de la rose était constant. Cette dernière hypothèse est, en général, remplie et nous ne nous en occuperons plus. Nous l'avons indiquée ici pour rappeler aux marins, qui l'oublient parfois, combien il est essentiel qu'elle soit satisfaite et les engager à ne s'adresser pour leurs compas qu'à des constructeurs éprouvés.

Nous allons examiner successivement ce que produit dans la pratique le manque d'exactitude de chacune des trois autres hypothèses fondamentales.

Influence de la longueur de l'aiguille aimantée. — Déviations sextantale et octantale. — Quand la longueur de l'aiguille aimantée n'est pas assez petite pour qu'on puisse la négliger vis-à-vis des distances qui les séparent des pièces de fer les plus voisines, la formule simplifiée des déviations n'est plus applicable, et il faut la compléter par quatre termes :

$$F \sin 3\zeta' + G \cos 3\zeta' + H \sin 4\zeta' + K \cos 4\zeta'.$$

Les deux premiers proviennent du voisinage trop rapproché des aimants permanents et représentent une déviation *sextantale*, c'est-à-dire une déviation qui, conservant le même signe dans un secteur égal au sixième de la rose, change de signe en passant par zéro quand le cap passe d'un secteur dans un autre et a un maximum dans chacun des secteurs.

Les deux derniers termes proviennent du voisinage trop rapproché des pièces de fer doux et représentent une déviation *octantale*, c'est-à-dire une déviation conservant le même signe dans un secteur égal au huitième de la circonférence, changeant de signe en passant par zéro quand on passe d'un secteur dans l'autre et ayant un maximum dans chacun d'eux.

Dans un mémoire inséré en 1864 dans les *Transactions philosophiques de la Société Royale de Londres*, Sir Archibald Smith et le capitaine Evans ont étudié, à la fois par l'expérience et la théorie, l'influence de la distance des aimants et du fer doux, placés de diverses manières, sur des roses de compas construites de différentes façons et ayant une ou plusieurs aiguilles de diverses longueurs.

Ils ont employé dans leurs expériences trois roses à aiguille unique, dont la longueur était respectivement, en prenant le mètre pour unité de longueur, 0,076 ; 0,152 et 0,304 ; et une rose à quatre aiguilles parallèles, égales deux à deux. Les plus longues avaient 0,178 et étaient placées chacune à 15 degrés du diamètre de la rose ; les deux autres avaient 0,095, elles étaient placées extérieurement aux deux autres et à 30 degrés de chacune d'elle, soit à 45 degrés du diamètre.

Ces roses ont été soumises à l'action de barreaux aimantés placés à diverses distances de la rose, d'abord dans son plan même, puis en dehors de ce plan.

Dans le plan même de la rose, ils occupaient deux positions différentes suivant qu'on les mettait dans le sens de la longueur de l'aiguille ou par son travers.

Enfin, les deux savants étudièrent l'influence de la distance de cylindres de fer doux suivant qu'ils agissaient sur une rose à aiguilles multiples semblable à la précédente, ou sur une rose à aiguille unique de 0,20.

Voici les résultats qu'ils obtinrent :

1° Action des barreaux aimantés placés dans le même plan que la rose et à des distances respectives de celle-ci égales à 0,45 et de 0,48.

Dans ce cas, avec l'aiguille unique de 0,076, la déviation est presque rigoureusement semi-circulaire, avec les aiguilles de 0,152 et 0,304, la déviation semi-circulaire augmente et on a de plus une erreur sextantale considérable. L'accroissement de la déviation semi-circulaire est proportionnelle au carré de la longueur de l'aiguille.

Fait remarquable, la déviation sextantale est nulle pour la rose à aiguilles multiples.

2° Déviations produites par des barreaux placés hors du plan de la rose.

Lorsque la différence de niveau est plus petite que la moitié de la distance horizontale entre la rose et le barreau, la déviation semi-circulaire augmente avec la longueur de l'aiguille. Elle diminue, au contraire, quand la différence de niveau est plus grande que cette dernière distance horizontale.

Avec l'aiguille unique de $0^m.076$, la déviation dans chaque cas a été presque semi-circulaire. Avec l'aiguille unique de $0^m,304$, mise à 50 centimètres du barreau dans le sens vertical et à 16 centimètres dans le sens horizontal, la déviation était presque semi-circulaire avec une légère tendance à admettre une partie sextantale.

Dans les mêmes conditions, l'erreur sextantale était nulle pour la rose à quatre aiguilles.

3° Action du fer doux au même niveau que l'aiguille.

Avec une seule aiguille, pas de déviation sextantale, mais une déviation octantale considérable qui disparaît avec la rose à quatre aiguilles.

La théorie rend compte de tous ces phénomènes ; de plus, elle a montré la première, et l'expérience a confirmé, que la déviation sextantale causée sur une aiguille unique par un aimant placé au même niveau qu'elle peut être annulée, si on emploie deux barreaux égaux, semblablement placés quant à ce qui regarde l'aiguille et formant chacun un triangle équilatéral avec le centre du compas. Une pareille disposition de barreaux donne seulement une déviation semi-circulaire.

Ainsi, au même niveau que la rose, un aimant donne lieu à une déviation sextantale sensible dès que la distance du centre de l'aiguille au centre du barreau est égale à six fois la longueur de l'aiguille.

Quand le barreau n'est pas au même niveau que la rose, on peut le rapprocher notablement, mais il ne faut pas qu'en joignant le centre de l'aiguille au centre du barreau et en élevant de ce dernier point une perpendiculaire à cette droite, cette perpendiculaire vienne percer le plan de la rose à une distance du centre de la rose moindre de six fois la longueur de l'aiguille.

En résumé, une trop grande longueur de l'aiguille aimantée peut donner lieu à des erreurs sextantales et octantales qui, à égalité de diamètre de la rose, disparaissent quand, au lieu de la munir d'une aiguille unique, on y adapte, soit deux aiguilles parallèles, placées symétriquement par rapport au centre et à 15 degrés du diamètre qui leur est parallèle, soit encore quatre aiguilles parallèles disposées comme nous l'avons dit plus haut. On verra plus loin que, par une heureuse coïncidence, cette même disposition d'aiguille est celle qui assure à la rose les conditions de stabilité les plus favorables.

Examinons maintenant les conséquences de l'imparfaite exactitude de notre deuxième et de notre troisième hypothèse, qui sont, en quelque sorte, corrélatives.

Imparfaite douceur du fer. — 1° Influence du cap de construction. — Pendant la construction d'un bâtiment, les pièces de fer qui le composent restent longtemps dans la même position et, de plus, y sont soumises à diverses actions mécaniques, martelage, rivetage, ajustage, qui favorisent le développement de ce que nous avons appelé le magnétisme sous-permanent.

L'intensité et la polarité magnétiques prises par le fer imparfaitement dur sous l'action terrestre dépendant de l'orientation qu'il a par rapport à la terre, on conçoit que la direction du cap du bâtiment, pendant la construction, exerce une influence considérable sur le magnétisme sous-permanent du navire.

Pour se faire une idée de la distribution de ce magnétisme, considérons dans le navire le point qui, par rapport aux pièces de fer de toutes sortes, occupe une position à peu près centrale; en général, il est situé dans les environs du maître couple, à mi-hauteur environ du navire.

Menons par ce point un plan perpendiculaire à l'aiguille d'inclinaison; d'après ce que nous avons dit précédemment, on doit s'attendre à voir la polarité boréale ou bleue prédominer dans la partie du bâtiment qui est au-dessus de ce plan, tandis que la polarité australe ou rouge dominera dans la partie qui est au-dessous. Si on imagine que le navire tourne autour de la verticale passant par ce point de manière que son cap parcourt successivement l'horizon, dans chacune des positions qu'il occupera, le plan parallèle à l'équateur magnétique que nous avons considéré séparera le bâtiment en deux parties, qui dépendront du cap, et dont les polarités seront distribuées comme nous l'avons indiqué plus haut.

Le compas subissant d'une façon prédominante l'action de la polarité la plus voisine, on conçoit que la connaissance du cap, pendant la construction, permette de pressentir quelle sera la nature des déviations d'un compas placé dans une situation déterminée.

D'une façon générale, on peut dire que la pointe Nord de l'aiguille aimantée est attirée par la partie du bâtiment qui était Sud pendant la construction.

Quelle qu'ait été la direction du cap de construction, comme il faut avant tout, pendant les premières traversées du navire, chercher à éviter des fluctuations trop considérables dans l'état du magnétisme sous-permanent, on devra avoir soin que le cap du navire, pendant son armement, soit diamétralement opposé au cap de construction.

Nous reviendrons plus tard sur ce sujet, à propos de la place qu'il convient de choisir à bord pour le compas.

2° **Influence de la route.** — Nous avons déjà dit que seul le fer parfaitement doux subit instantanément l'influence terrestre, c'est-à-dire prend immédiatement l'intensité et la polarité magnétiques correspondant à la position qu'il occupe à la surface du globe, au moment considéré. Pour toute autre espèce de fer, il faut pour cela un temps plus ou moins long, durant lequel l'état magnétique du fer est intermédiaire entre celui qui convient à la position qu'il occupe actuellement et celui qu'il avait dans la position antérieure; on désigne ce phénomène sous le nom de retard dans l'induction.

Quand le bâtiment est resté longtemps sur une même route, on peut s'attendre à voir les phénomènes magnétiques dus, comme tout à l'heure, à la permanence du cap pendant la construction, se reproduire avec une intensité moindre il est vrai, mais suffisante cependant, dans le cas de certaines routes particulières, pour avoir sur les déviations du compas, quand le navire changera de cap, une influence marquée. Il est bon d'être prévenu de ce fait, afin de ne pas être porté à attribuer à des causes inconnues et capricieuses des effets qui peuvent s'expliquer naturellement par les lois ordinaires du magnétisme.

C'est ce qui arrive, par exemple, quand le navire conserve long-temps une longue route Ouest ou Est magnétiques. — Prenons le cas d'une route Ouest. Dans ce cas, l'influence de la terre développe une polarité rouge ou australe dans le côté tribord, et une polarité bleue boréale dans le côté bâbord.

Par suite, si le bâtiment met ensuite le cap au Nord, le côté tribord va repousser l'extrémité Nord de l'aiguille aimantée vers l'Ouest, tandis que le côté bâbord l'attirera du même côté, double raison pour qu'il se produise pendant quelque temps une déviation accidentelle et passagère, occidentale ou négative, qui disparaîtra au bout de plus ou moins de temps, quand le magnétisme sous-permanent aura repris l'état d'équilibre qui avait été troublé par la permanence de la route Ouest.

Quand le même navire, partant de la même route Ouest, mettra le cap au Sud, on doit s'attendre à trouver une déviation Est ou positive.

Ces déviations changeraient de signes, aux caps correspondants, si la route primitivement faite par le navire était l'Est.

De semblables effets se produiront évidemment toutes les fois que le bâtiment, ayant conservé durant longtemps un même cap cardinal magnétique, passera immédiatement ensuite à un cap perpendiculaire au premier. Il est clair qu'à cause de la grandeur relative de la longueur et de la largeur du bâtiment, cet effet n'est en général sensible que quand le cap initial du bâtiment est l'Ouest ou l'Est magnétiques.

On ne peut pas dire à l'avance quel est le nombre de degrés atteint par cette erreur. Sa valeur dépend des cas particuliers. — Elle est le plus ordinairement comprise entre 1 et 3 degrés.

On observe, dans la pratique de la navigation, une erreur de ce genre, quand, après avoir fait route dans la Méditerranée à l'Ouest ou à l'Est, on remonte ensuite vers le Nord en doublant le cap Saint-Vincent, ou on descend vers le Sud dans le canal de Suez.

On observe encore cette erreur à bord des navires qui, ayant fait route à l'Est pour venir d'Amérique, mettent ensuite le cap au Nord ou au Sud pour s'engager dans le détroit de Saint-Georges.

On prétend également, sans avoir encore à ce sujet des preuves vraiment précises et probantes, qu'on doit craindre une erreur semblable à bord des navires de guerre qui ont tiré le canon en faisant route à l'Est ou à l'Ouest. Il est clair que l'erreur provenant du tir sera surtout à craindre, quand il aura été effectué sous voiles sans que les trépidations de la machine ou de l'hélice se soient opposées au développement du magnétisme que favorise la force coercitive donnée au fer doux par les chocs des pièces.

3° **Erreur dite de Gaussin**. — Cette imparfaite douceur du fer donne encore lieu à une autre erreur que M. Gaussin, ingénieur hydrographe en chef, a signalée le premier, en indiquant en même temps un moyen de la corriger.

Quand le cap du navire varie rapidement, en particulier quand on lui fait décrire le cercle entier de la rose pour procéder à la régulation des compas, les tiges de fer doux horizontales font avec le méridien des angles qui varient de 0 à 360 degrés, et, pour peu que le changement de cap du navire se fasse avec rapidité, l'imparfaite douceur du fer aura cet effet, qu'à un instant et pour un cap donnés, l'état magnétique de ces tiges sera non pas celui qu'elles devraient avoir dans leur situation actuelle, mais celui qui correspond à leur position antérieure.

En un mot, leur état magnétique ne peut varier aussi vite que le cap, et se trouve pour ainsi dire légèrement en retard sur celui-ci.

Quand le bâtiment part du cap Nord et tourne sur tribord, au moment où il a le cap magnétique ζ, l'état magnétique du fer doux correspond au cap antérieur $\zeta - s$, s étant un angle positif dont la valeur dépend de la rapidité de la rotation du navire.

Au contraire, si le navire tournait sur bâbord, et pour la même raison, l'état magnétique correspondrait au cap $\zeta + s$.

Il y a donc lieu de remplacer ζ par l'une ou l'autre de ces valeurs dans les formules précédentes. Il n'y a évidemment pas lieu de faire ces substitutions dans les facteurs trigonométriques qui multiplient c, f, k, puisque ces paramètres représentent des tiges de fer verticales, toujours soumises dans un même lieu à la même force verticale inductrice Z, durant toute une rotation du navire. — Il n'y a pas lieu également de tenir compte de la correction provenant de ce petit angle dans les facteurs qui multiplient d, b et h, puisque, ces facteurs étant toujours fort petits, leurs variations provenant de ce fait seront négligeables.

Mais il n'en est pas de même pour les tiges a, e, g. Si le navire tourne sur bâbord, c'est-à-dire de la droite vers la gauche, au moment où le cap du navire est ζ, l'état magnétique de la tige a est dû, d'après ce que nous venons de dire, non pas à la force magnétique terrestre $H \cos \zeta$, mais bien à la force $H \cos (\zeta + s)$. Il en est de même pour la tige g.

Enfin, la tige e est soumise à la composante $H \sin (\zeta + s)$. Par suite, le facteur $a \cos \zeta$ deviendra : $a \cos (\zeta + s) = a \cos \zeta - s a \sin \zeta$, puisque s est toujours assez petit pour qu'on puisse remplacer $\cos s$ par 1 et $\sin s$ par s.

Le facteur $-e \sin \zeta$ deviendra $-e \sin (\zeta + s)$ ou $-s e \cos \zeta - e \sin \zeta$.

Le facteur $g \cos (\zeta + s)$ donnera $+ g \cos \zeta - s g \sin \zeta$.

Il nous faudra donc introduire dans nos formules les trois termes correctifs $-s a \sin \zeta$, $-s e \cos \zeta$, $-s g \sin \zeta$. Or, si nous nous reportons au chapitre III, nous verrons que le premier terme $-s a \sin \zeta$, peut être regardé comme provenant d'une tige b' placée dans la position de b et telle que $b' = + s a$.

De même, le terme $-s e \cos \zeta$ peut être regardé comme provenant d'une tige d', placée dans la position de d et telle $d' = -s e$.

Enfin, le terme $-s g \sin \zeta$ peut être regardé comme provenant d'une tige h', placée dans la position de h et telle que $h' = -s g$.

C'est-à-dire qu'il faudra ajouter aux termes en b, d et h des équations, trois termes correctifs :

$$\text{l'un,} \quad b' = + sa\,;$$
$$\text{l'autre,} \quad d' = - se\,;$$
$$\text{l'autre,} \quad h' = + sg\,;$$

Négligeons le dernier, qui n'intervient que dans la déviation due à la bande et avec une faible influence, à cause des valeurs ordinaires de g et de la petitesse de s. Les deux premiers introduisent dans les termes $\mathfrak{A}$ et $\mathfrak{E}$ les changements respectifs suivants :

$$d\mathfrak{A} = - s\,\frac{a+e}{2\lambda} = + s\left(\frac{1}{\lambda} - 1\right);$$

$$d\mathfrak{E} = + s\,\frac{a-e}{2\lambda} = s\,\mathfrak{D}.$$

Par conséquent, une rotation du navire de la droite vers la gauche introduit dans la déviation un changement .

$$(17) \quad - s\,\frac{a+e}{2\lambda} + s\,\frac{a-e}{2\lambda}\cos 2\zeta'' = - \frac{sa}{\lambda}\sin^2\zeta'' - \frac{se}{\lambda}\cos^2\zeta''.$$

Au cap Nord magnétique, cette erreur est $- \dfrac{se}{\lambda}$, et comme e est généralement négatif, ce terme correctif est positif, ce dont on se rend compte en remarquant que le barreau $- e$ de la *fig.* 5 *bis*, Pl. II, en arrivant à cette position, conserve encore quelque temps son état magnétique antérieur; or, à son extrémité bâbord, elle avait un pôle rouge qui va repousser l'extrémité Nord de l'aiguille; à son extrémité de tribord, elle avait un pôle bleu qui va attirer l'extrémité n de l'aiguille, qui est un pôle rouge. Les actions de ces deux extrémités s'ajouteront donc pour donner une déviation dirigée vers l'Est, c'est-à-dire positive.

On se rendrait compte de la même façon de l'erreur $- \dfrac{sa}{\lambda}$ qui correspond aux caps Est ou Ouest. Mais, comme $- \dfrac{e}{\lambda}$ est fréquemment compris entre 0,300 et 0,500, tandis que $\dfrac{a}{\lambda}$ dépasse rarement 0,100, la première erreur est plus considérable que la seconde.

Comme $\dfrac{1}{\lambda} - 1$ et $\mathfrak{D}$ sont, en général, positifs, nous arrivons à ce résultat remarquable, que, lorsqu'un navire en fer a réglé ses compas en tournant de la droite vers la gauche, la rotation seule du navire, indépendamment de toute autre cause, a introduit un coefficient $+\mathfrak{A}$ et un coefficient $+\mathfrak{E}$. Au contraire, si le navire a tourné de la gauche vers la droite, nous avons introduit un $-\mathfrak{A}$ et un $-\mathfrak{E}$.

C'est pour cela que M. Gaussin conseille, quand on compense les compas, de laisser environ 1° 30 minutes de déviation au cap Nord et Sud du compas, et environ 30 minutes de déviation au cap Est et Ouest. Cette déviation, volontairement laissée au compas, devra être positive ou Est si le navire a tourné de la droite vers la gauche, c'est-à-dire sur bâbord, et négative ou Ouest si le navire a tourné de la gauche vers la droite, c'est-à-dire sur tribord.

Remarques générales sur les variations des paramètres et des coefficients. — Tout ce que nous venons de dire sur les conséquences de l'imparfaite douceur ou dureté du fer, nous montre que les paramètres P, Q, R, qui représentent l'influence du magnétisme sous-permanent, ne pourront être regardés comme réellement constants qu'après un certain temps de service du bâtiment.

Il en sera de même pour tous les paramètres provenant du fer doux, avec cette différence capitale, toutefois, que leurs variations, même dans les premiers mois qui suivent le lancement, sont beaucoup plus petites que celles des trois paramètres précédents.

En général, on pourra, sans risquer de commettre des erreurs dangereuses, considérer λ, $\mathfrak{A}$, $\mathfrak{E}$ et $\mathfrak{D}$ comme constants même de suite après le lancement. Mais ce ne sera qu'après quelques mois qu'il en sera rigoureusement ainsi, et qu'on ne trouvera dans deux déterminations successives de ces coefficients que des différences absolument insignifiantes, compatibles avec les erreurs d'observation, 20 à 30 minutes environ.

En somme, ce sont surtout les coefficients $\mathfrak{B}$ et $\mathfrak{C}$ qu'il faudra suivre avec soin, puisqu'ils dépendent non seulement de la position géographique du navire, mais des coefficients P, Q, R, dont les variations sont parfois considérables dans les premiers mois qui suivent le lancement du navire.

Quant à $\mathfrak{D}$, qui est après eux le coefficient le plus important, il pourra avoir de faibles variations au début du service du bâtiment, mais il atteindra très rapidement la valeur constante que la théorie lui assigne.

Afin de donner une idée des variations des coefficients de la déviation, nous empruntons aux *Philosophical transactions* de la Société Royale de Londres (année 1865) le tableau suivant des valeurs de ces coefficients déterminés à bord du navire de guerre le *Warrior* à deux époques différentes, à Greenwich en septembre 1861, peu de temps après le lancement, puis à Portland en octobre 1864.

	A	B	C	D	E	$\mathfrak{A}$	$\mathfrak{B}$	$\mathfrak{C}$	$\mathfrak{D}$	$\mathfrak{E}$	λ
1861	+ 1°7'	— 2°15'	— 7°42'	+ 9°23'	0°39'	+ 0,019	— 0,119	— 0,121	+ 0,164	+ 0,010	0,873
1864	— 0°17'	— 16°35'	— 1°33'	+ 8°47'	— 0°11'	— 0,005	— 0,207	— 0,072	— 0,132	— 0,012	0,860

CHAPITRE V

INFLUENCE DE LA BANDE SUR LA DÉVIATION

Considérations générales. — Tout ce que nous avons dit jusqu'à présent s'applique au cas où le bâtiment est droit sur sa quille; s'il vient à s'incliner, les aimants qui représentent le magnétisme sous-permanent du navire, et les tiges de fer doux qui représentent le magnétisme induit, vont changer de position à la fois par rapport à la terre et par rapport à la rose, qui, grâce à sa suspension à la Cardan, reste dans un plan horizontal. La déviation du compas va donc changer.

Si on veut simplement se rendre compte d'une façon générale de ce qui se passe alors, on peut y arriver aisément sans aucune formule.

Prenons le cas d'un bâtiment construit cap au Nord dans l'hémisphère Nord, et supposons le compas étalon placé comme d'ordinaire sur le pont supérieur, plus près de l'arrière que de l'avant.

Dans ce cas, le magnétisme sous-permanent du navire est tel que les hauts du navire qui avoisinent le compas ont en général une polarité boréale ou bleue.

Si le navire s'incline, la symétrie du fer doux du navire par rapport au plan vertical qui passe par le centre de la rose est détruite; les hauts du bâtiment qui se trouvent du côté du vent prennent une importance prépondérante et attirent l'extrémité Nord de l'aiguille, qui est un pôle austral ou rouge.

De plus, le fer doux transversal, primitivement horizontal, prend, en subissant l'action inductrice de la terre, un pôle boréal ou bleu à sa partie supérieure. Enfin, le fer doux vertical, dont le pôle bleu est à la partie supérieure, va agir à son tour sur le compas, mais d'une façon différente, suivant qu'il sera placé dans une des positions indiquées par les *fig.* 9 et 9 *bis*, pl. 1.

En général, pour un navire construit en France ou en Angleterre, avec les conditions de cap et d'emplacement de compas que nous avons indiquées, l'extrémité Nord de l'aiguille du compas est attirée du côté du vent quand le bâtiment s'incline.

Si toutes nos hypothèses restent les mêmes, sauf celle relative au cap de construction, et que nous supposions que ce dernier soit le Sud, les hauts du bâtiment avoisinant le compas auraient, au contraire, une polarité australe ou rouge, et par suite le sens de la déviation perturbatrice due à la bande pourra changer.

Pour un navire construit dans l'hémisphère Sud, toutes les polarités que nous avons indiquées plus haut changent de nom, et par suite l'erreur sur le compas change de signe.

A chacun des cas particuliers relatifs à l'hémisphère et au cap de construction, à la place du compas étalon, à l'endroit occupé par le navire à la surface du globe, correspondent des recommandations pratiques destinées à assurer la route, quand les observations ne peuvent se faire pendant longtemps.

Nous allons formuler celle de ces règles qui s'applique au premier des cas examinés plus haut, celui où nous avons affaire à un navire construit cap au Nord dans l'hémisphère Nord, sur lequel on a été obligé, par temps brumeux, de garder longtemps les mêmes amures avec la route au Nord.

L'extrémité Nord de l'aiguille étant attirée vers le côté du vent, la première détermination astronomique du point montrera qu'on est au vent de la position que donne l'estime.

Si on avait, sur le même navire, gardé dans les mêmes circonstances la route au Sud, on se trouverait au contraire sous le vent de la position donnée par l'estime.

Par conséquent, si le temps est brumeux et qu'on veuille, malgré la bande, garder le cap qu'on aurait avec le navire droit, il faudra laisser porter de quelques degrés quand on court sur une route Nord, et au contraire lofer un peu quand on fait une route Sud.

Mais on ne peut déterminer le sens et la grandeur de la correction que l'on doit faire, qu'après avoir bien étudié son compas pour savoir dans quel cas particulier on se trouve. Le marin devra donc saisir la première occasion de faire les observations qui lui permettront de s'éclairer sur ce point.

Valeur que prennent les différents paramètres ou coefficients quand le navire donne de la bande. — Ce qui précède suffit à l'intelligence générale du phénomène ; mais, si nous voulons l'analyser en toute rigueur, il faut suivre la méthode qui, tout à l'heure, nous a donné l'expression de la tangente de la déviation au moyen des composantes vers le Nord et l'Est magnétiques, de la force magnétique qui, à bord, agit dans le plan horizontal de la rose.

Mais, avant tout, il faut bien fixer ce que nous entendons par erreur due à la bande. Il semblerait naturel d'appeler ainsi la différence entre les déviations observées à un même cap vrai du bâtiment, suivant que ce dernier est droit ou incliné sur un bord ou sur l'autre.

Ce n'est cependant pas ainsi que ce terme est généralement usité. Dans ce qui suit, nous désignerons par cette expression la différence qui existe entre les déviations observées à un même cap au compas, suivant que le navire est droit ou incliné.

Supposons donc que le navire s'incline d'un angle i sur tribord, et, pour plus de simplicité, admettons que le mouvement du navire soit une simple rotation autour d'une droite horizontale, parallèle à la quille et passant par le centre de la rose.

Dans ce cas l'aimant P ne change pas de position, par rapport à la rose, et, par suite, les termes qui le contiennent dans tang δ ne changent pas.

Quant à la force Q exercée, quand il est horizontal, par l'aimant transversal dirigé vers tribord, elle doit être remplacée par ses deux composantes, l'une horizontale et égale à $Q \cos i$, l'autre verticale, égale à $Q \sin i$, qu'on peut supposer exercées chacune par un aimant, l'un horizontal, l'autre vertical.

De même la force R, exercée tout à l'heure par un aimant vertical dirigé vers la quille, doit, quand le bâtiment s'incline d'un angle i, être remplacée par ses deux composantes, l'une horizontale égale à $- R \sin i$; l'autre verticale égale à $R \cos i$, et on peut supposer que ces deux forces émanent de deux aimants, l'un horizontal, l'autre vertical.

Par suite, dans les formules qui conviennent au bâtiment droit sur sa quille, Q devra être remplacé par $Q \cos i - R \sin i$, et R par $R \cos i + Q \sin i$.

Examinons maintenant ce que deviennent les actions des neuf tiges de fer doux de la planche I précédemment choisies (v. p. 56) dans ce mouvement du navire ; appelons a, etc., jusqu'à k, les paramètres nouveaux dus aux neuf tiges a, b, .. k. Quand le navire s'incline, la tige a ne change de position ni par rapport à la terre, ni par rapport à la rose; par conséquent nous aurons :

$$a_i = a.$$

La tige b (*fig.* 4), fait un angle i avec l'horizon, et, au lieu d'être soumise à la seule composante terrestre X, elle est soumise maintenant à la composante terrestre dont la direction coïncide avec la sienne, et cette composante est évidemment : $Y \cos i + Z \sin i$.

Le terme $b\,Y$ sera donc remplacé par le terme $b\,(Y \cos i + Z \sin i)$.

Le premier terme $b\,Y \cos i$ appartient évidemment au nouveau coefficient b , c'est-à-dire au paramètre qui provient du fer doux horizontal et transversal, aimanté sous l'influence de la composante terrestre Y.

Le second terme $b\,Z \sin i$ appartiendra au nouveau coefficient c_i c'est-à-dire au paramètre qui provient du fer doux vertical dans la position inclinée du bâtiment, fer doux qui par suite est aimanté par l'influence de la composante terrestre Z.

En somme, la tige b donne dans b_i un terme égal à $b \cos i$ et dans c_i un terme égal à $b \sin i$.

Le même raisonnement montrerait que la tige c_i de la *fig.* 7, planche I, donne, quand le bâtiment s'incline, dans b_i un terme égal à $- c \sin i$ et dans c_i un terme égal à $- c \cos i$.

Aucune autre tige ne donne d'autres termes dans les coefficients b_i et c_i, nous aurons donc :

$$(18) \qquad \left\{ \begin{aligned} b_i &= b \cos i - c \sin i \\ c_i &= b \sin i - c \cos i. \end{aligned} \right.$$

Un raisonnement analogue montrerait que les coefficients d_i et g_i ont pour valeur :

$$(18) \qquad \left\{ \begin{aligned} d_i &= d \cos i - g \sin i; \\ g_i &= g \cos i - d \sin i. \end{aligned} \right.$$

si les tiges d et g occupent les positions représentées dans les *fig.* 2 et 3 de la planche I.

Jusqu'à présent, nous ne nous sommes occupés que des coefficients dus aux tiges de fer doux dont les directions ou tout au moins les pôles coïncident avec l'axe de rotation du navire, je veux dire la parallèle à la quille menée par le centre de la rose.

Pour obtenir les quatre autres paramètres, il n'y a pas, à proprement parler, de difficulté nouvelle; mais, comme les expressions sont plus compliquées, il faut apporter un peu plus d'attention.

Nous allons exposer en détail ce qui concerne la tige e de la *fig.* 5, planche I.

Cette tige e était soumise tout à l'heure à la seule force Y et donnait naissance à une force magnétique e Y.

Quand le navire s'incline de i, la valeur de la composante terrestre dirigée suivant la nouvelle position de la tige e est évidemment $Y\cos i + Z\sin i$, et elle donne naissance suivant cette direction à une force magnétique $e(Y\cos i - Z\sin i)$. Pour rester fidèle à notre système de représentation des forces magnétiques par des tiges de fer doux dont les directions ou au moins les pôles coïncident avec les directions des axes ox, oy, oz, déjà définis, il faut décomposer cette force oblique au plan de la rose en deux autres : l'une, horizontale, qui aura pour expression : $e(Y\cos i + Z\sin i)\cos i$; l'autre, verticale, $e(Y\cos i + Z\sin i)\sin i$.

Examinons la composante horizontale ; son expression se compose de deux termes, dont le premier contient en facteur la composante terrestre Y et le second la composante Z. On peut donc regarder le premier comme provenant d'une tige de fer doux transversal et horizontal $e\cos^2 i$ soumise à l'induction de Y ; et le second comme provenant d'une tige de fer doux vertical placée dans une position analogue à f et représentée par l'expression $e\sin i\cos i$. Somme toute cette composante horizontale nous donne dans e_i un terme $+ e\cos^2 i$ et dans f_i un terme $+ e\sin i\cos i$.

On verrait de même que la composante verticale donne dans h un terme $e\cos i\sin i$ et dans k un terme $e\sin^2 i$.

En appliquant un raisonnement analogue aux tiges f, h, k, et en réunissant ensemble les termes que chacune d'elles donne dans un même paramètre, on aura en remplaçant $\cos^2 i$ par $(1 - \sin^2 i)$:

$$(18)\quad\begin{cases} e_i = e - (f + h)\cos i\sin i - (e - k)\sin^2 i ; \\ f_i = f + (e - k)\cos i\sin i - (f + h)\sin^2 i ; \\ h_i = h + (e - k)\cos i\sin i - (f + h)\sin^2 i ; \\ k_i = k + (f + h)\sin i\cos i + (e - k)\sin^2 i. \end{cases}$$

Nous déduirons les nouvelles valeurs des coefficients $\mathfrak{A}$, $\mathfrak{B}$, $\mathfrak{C}$, $\mathfrak{D}$, $\mathfrak{E}$, de la valeur des nouveaux paramètres au moyen de formules toutes semblables aux formules (5), c'est-à-dire que nous aurons :

$$(19)\qquad \lambda_i = 1 + \frac{a_i + e_i}{2}$$

et ainsi de suite.

Simplification due à la symétrie ordinaire du fer doux. — Ordinairement le fer doux du navire est symétrique par rapport au plan longitudinal quand le navire est droit sur sa quille, il en résulte que l'on doit faire dans toutes les formules précédentes :

$$b = d = f = h = 0.$$

Simplification due à la petitesse de l'angle i. — L'angle i est un angle de bande et non de roulis ; il dépasse donc rarement 15 degrés, et, si on l'exprime en parties du rayon, sa valeur est toujours inférieure à $\dfrac{15}{57,3} = 0,26$. On peut donc remplacer $\sin i$ par i, $\cos i$ par 1 et négliger $\sin^2 i$.

En faisant toutes les simplications précédentes, on aura :

$$(20) \quad \begin{cases} \lambda_i = \lambda \; ; & \mathfrak{A}_i = + \dfrac{e-g}{2\lambda}\, i \; ; \\[2mm] \mathfrak{D}_i = \mathfrak{D} \; ; & \mathfrak{E}_i = - \dfrac{e+g}{2\lambda}\, i \; ; \\[2mm] \mathfrak{B}_i = \mathfrak{B} \; ; & \text{enfin, } \mathfrak{C}_i = \mathfrak{C} + \dfrac{1}{\lambda}\left(e - k - \dfrac{R}{Z}\right)\tang\vartheta. \end{cases}$$

L'expression de la tangente de la nouvelle déviation δ_i au moyen des nouveaux coefficients est évidemment identique à l'expression de la tangente de cette déviation au moyen des anciens coefficients quand le navire était droit : nous aurons donc finalement :

$$(21) \qquad \delta_i = \delta + \frac{e-g}{2\lambda}\, i + \mathrm{J}\, i \cos\zeta' - \frac{e+g}{2\lambda}\, i \cos 2\zeta',$$

en posant :

$$(22) \qquad \mathrm{J} = \frac{1}{\lambda}\left(e - k - \frac{R}{Z}\right)\tang\vartheta.$$

En remplaçant dans la formule (21) $\cos 2\zeta'$ par $\cos^2\zeta' - \sin^2\zeta'$, en multipliant le second terme du second membre par $\cos^2\zeta' + \sin^2\zeta'$, enfin en remplaçant e par sa valeur, en fonction de λ et de $\mathfrak{D}$ déduite des formules (5), soit $\lambda(1 - \mathfrak{D}) - 1$; enfin en posant :

$$(23) \qquad 1 + k + \frac{R}{Z} = \mu,$$

on aura :

$$(24) \qquad \delta_i = \delta + \mathrm{J}\, i \cos\zeta' + \frac{e}{\lambda}\, i \sin^2\zeta' - \frac{g}{\lambda}\, i \cos^2\zeta',$$

et :

$$(25) \qquad \mathrm{J} = -\left(\mathfrak{D} + \frac{\mu}{\lambda} - 1\right)\tang\vartheta,$$

expressions qui nous serviront dans l'exposition des règles de la compensation.

Influence du roulis sur la déviation. — Le roulis, lui aussi, exerce sur le compas une influence perturbatrice dont nous pouvons aisément nous rendre compte maintenant.

En faisant varier l'inclinaison du navire, en la faisant passer d'un côté à l'autre de la verticale, il met en jeu une force alternativement grande ou petite, et qui peut même agir alternativement à tribord puis à bâbord, si le navire roule des deux côtés de la verticale. Cette force alternative, éminemment variable, tend à imprimer à la rose des oscillations d'inégale amplitude et d'inégale durée, fort gênantes pour l'observation de la rose et du cap du bâtiment.

Erreur dynamique due au roulis. — Mais là ne se borne pas l'action du roulis. Le pivot de la rose entraîné par le navire prend dans l'espace un mouvement compliqué qui tend à se communiquer à la rose, et qui par conséquent trouble celui qu'elle prendrait sous l'action des seules forces magnétiques.

On appelle erreur dynamique, due au roulis, cette partie spéciale de l'erreur causée par ce dernier. Pour nous rendre compte de cette erreur dynamique, prenons une aiguille d'acier non aimantée et sus-

Fig. 20.   Fig. 20 *bis*.

pendons-la à un fil (*fig.* 20), ou mettons-la sur un pivot vertical (*fig.* 20 *bis*), qui passe par son centre de gravité G. Cette aiguille restera horizontale.

Mais, si on l'aimante, elle tendra à se placer parallèlement à l'aiguille d'inclinaison, et, pour la maintenir horizontale, nous devrons soit placer un petit poids additionnel du côté de l'extrémité Sud, soit, ce qui revient au même, reporter le fil ou le pivot de suspension vers l'extrémité Nord, en K par exemple. Donnons maintenant aux supports M ou N un mouvement alternatif dans le plan Est-Ouest magnétique, il est aisé de voir que, par rapport au point K, le centre de gravité G sera en avance ou en retard suivant que le mouvement de K est retardé ou accéléré. Par suite l'aiguille prendra un mouvement d'oscillation. C'est ce qui arrive quand le navire courant N ou

S magnétique, le pivot décrit, par suite des mouvements de roulis de navire, le plan Est-Ouest magnétique.

Nous avons raisonné dans l'hypothèse d'une route Nord-Sud, mais il est évident que tout mouvement du bâtiment produit une erreur dynamique, qui sera d'autant plus considérable et plus à craindre que le mouvement qui le produit sera plus accentué et de plus longue durée. — On comprend ainsi que le tangage et le roulis, et ce dernier surtout, aient une importance exceptionnelle dans le sujet qui nous occupe. En ne considérant que l'erreur dynamique due au roulis, la seule dangereuse dans la pratique, on comprend qu'elle varie avec la position que le compas occupe par rapport à l'axe idéal autour duquel roule le bâtiment; elle est, toutes choses égales d'ailleurs, d'autant plus considérable que le compas est plus éloigné de cet axe. C'est pour cela que les compas placés dans les steamers au sommet de mâtereaux spéciaux, de façon à être à grande distance de toute masse considérable de fer, ne donnent pas une bonne solution de la question du compas au point de vue qui nous occupe. En effet, outre que l'observation et l'usage du compas sont incommodes dans une position semblable, il n'est pas rare, par des roulis même modérés du navire, de voir le plan de la rose s'écarter de 20 à 25 degrés de chaque côté de la position qu'il devrait occuper.

CHAPITRE VI

CONCLUSION. — APPLICATIONS DES NOTIONS PRÉCÉDENTES DU MOUVEMENT DE LA ROSE D'UN COMPAS

1er Cas. — Mouvement d'une rose de compas autour de son pivot vertical, à terre, quand elle est écartée de sa position d'équilibre et soumise à la seule force magnétique terrestre. — C'est un cas particulier du problème de la rotation d'un corps autour d'un axe fixe que nous avons déjà étudié.

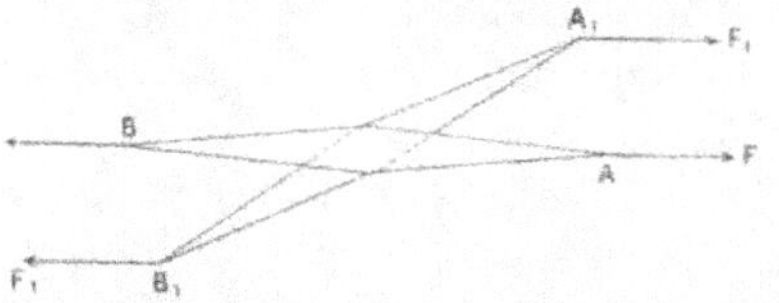

Fig. 21.

Supposons la rose immobile : dans ce cas la direction de l'aiguille aimantée coïncide avec celle des composantes du couple terrestre horizontal, AF et BF (*fig.* 21).

Si on déplace l'aiguille aimantée d'un angle α, le couple de ces deux forces tendra à ramener l'aiguille à sa position d'équilibre par une série d'oscillations de grandeur décroissante; nous avons trouvé pour l'équation de ce mouvement :

$$\frac{d^2\alpha}{t^2} = \frac{N}{\Sigma\, m\, r^2}$$

Or les seules forces extérieures qui déterminent la rotation de l'aiguille sont ici les composantes magnétiques terrestres. On peut décomposer chacune d'elles en deux autres composantes, l'une dirigée suivant la longueur de l'aiguille qui a évidemment un moment nul, et l'autre perpendiculaire à cette aiguille. Cette dernière force est la seule que nous ayons à considérer. Si nous appelons H la grandeur de la force magnétique terrestre, la grandeur de cette dernière composante perpendiculaire à l'aiguille est dans le cas présent H sin α, et son moment par rapport à l'axe vertical passant à O est H sin $\alpha \times l$, si nous appelons l la demi-longueur de l'aiguille. Mais, d'après ce que nous verrons plus loin, la grandeur de la force A F, qui agit sur l'aiguille, ne dépend pas seulement de la force magnétique due à l'aimant terrestre, mais aussi de l'intensité magnétique propre à l'aiguille considérée : supposons que cette intensité magnétique soit concentrée au pôle de l'aiguille, et désignons-la par m; supposons de plus que ce pôle coïncide avec l'extrémité de l'aiguille : la force A F est proportionnelle à m, elle est donc égale à m H, et par suite son moment, quand elle occupe la position A, F, est $m\, l$ H sin α, et l'équation du mouvement devient ainsi :

$$(26) \qquad \frac{d^2\alpha}{d\,t^2} = \frac{2\,m\,l\,\text{H}\sin\alpha}{\Sigma\, m\, r^2} = \frac{2\,m\,l\,\text{H}\sin\alpha}{\text{I}} .$$

en appelant I le moment d'inertie de l'aiguille aimantée.

Moment magnétique d'une aiguille. ($V.\ notes$). — Cette quantité $2\,m\,l$ s'appelle le moment magnétique de l'aiguille aimantée considérée, et on peut déterminer cette quantité de plusieurs manières différentes.

La formule (26) est semblable à celle que l'on obtient quand on étudie le mouvement d'un solide, mobile autour d'un axe horizontal, écarté de sa position d'équilibre et libre d'osciller sous la seule action de la pesanteur. On sait, d'ailleurs, que le mouvement d'un tel corps (appelé pendule composé) est identique avec celui d'un pendule simple de longueur convenablement choisie. Un pendule simple est le pendule idéal formé par un point matériel pesant, suspendu à l'extrémité d'un fil inextensible et sans masse, dont l'autre extrémité est attachée en un point fixe.

Soit O D un tel pendule : si on l'écarte d'un angle α de sa position d'équilibre, l'équation du mouvement est donnée par une formule semblable à la formule (26), mais où le moment de la force magnétique est remplacé par le moment du poids du point matériel D.

Quand l'angle α est assez petit pour qu'on puisse le confondre avec son sinus sans erreur sensible, l'intégration de l'équation A donne pour le temps t mis par le pendule à faire une oscillation, c'est-à-dire à aller de O D, à la position symétrique :

$$t = \pi \sqrt{\frac{l}{g}}.$$

Dans le cas de l'aiguille aimantée oscillant sous l'action de la force magnétique, nous aurons :

$$(27) \qquad t = \pi \sqrt{\frac{I}{2 \, H \, m \, l}}$$

Ainsi le temps d'une oscillation est proportionnel à la racine carrée du moment d'inertie et inversement proportionnel à la racine carrée du moment magnétique ; ce qui veut dire que, si l'aiguille aimantée est écartée à terre de sa position d'équilibre par une cause quelconque, elle y reviendra sous l'action de la force terrestre, avec une rapidité d'autant plus grande que le moment magnétique de l'aiguille est plus considérable.

2° Cas. Mouvement de la rose à bord d'un navire où la déviation est nulle, c'est-à-dire sous l'influence de la force magnétique terrestre et des mouvements communiqués au navire par la mer. — Il est évident qu'il faut mettre une rose de compas dans des conditions telles qu'elle revienne rapidement à sa position d'équilibre, si elle en est écartée par une cause quelconque.

Pour cela nous devrons d'abord faire en sorte que, si le plan de la rose a cessé d'être horizontal, il puisse reprendre cette horizontalité, et il suffit pour cela d'abaisser le centre de gravité de la rose au-dessous du point de suspension, c'est-à-dire de placer ce dernier en O, au-dessus de la rose, au moyen d'une chape.

Le problème du mouvement de la rose sous l'influence des actions multiples et irrégulières qui lui sont transmises par le navire est beaucoup trop complexe pour pouvoir être abordé et résolu exactement par l'analyse. Nous devrons nous borner surtout ici à présenter une esquisse de ce problème dans un cas beaucoup plus simple que celui de la pratique, et nous étudierons seulement le mouvement de la rose autour de trois axes de coordonnées ox, oy, oz, de directions invariables, passant par le point O de suspension de la rose et emportés par celui-ci dans son mouvement complexe.

Le mouvement du corps, si compliqué qu'il soit, peut être décomposé en une translation et une rotation. Cette rotation peut être décomposée à son tour en trois rotations élémentaires autour des axes ox, oy, oz; soient p, q, r, les vitesses angulaires de ces trois rotations composantes.

Si on appelle L, M, N, les moments des forces extérieures qui agissent sur la rose par rapport aux axes ox, oy, oz, et A, B, C, les moments d'inertie de la rose autour de ox, oy, oz, que nous supposerons être les axes principaux de l'ellipsoïde d'inertie correspondant au point O, le mouvement de la rose sera déterminé par les équations :

$$(28)^1 \quad \begin{cases} A\dfrac{dp}{dt} = (B - C)\,qr + L \\[2mm] B\dfrac{dq}{dt} = (C - A)\,rp + M \\[2mm] C\dfrac{dr}{dt} = (A - B)\,pq + N. \end{cases}$$

Or les forces qui viennent troubler l'action de la force magnétique terrestre sont évidemment les forces d'inertie qui correspondent aux différents mouvements que prend la rose sous l'influence du navire; on comprend donc que, dans les expressions qui donnent les composantes de l'accélération angulaires, il y ait intérêt à annuler tout ce qui dépend des forces d'inertie, c'est-à-dire à faire :

$$A - B = 0; \quad B - C = 0; \quad C - A = 0, \text{ ou } A = B = C.$$

Compas à aiguilles multiples. — Le calcul montre que pour avoir A = B il faut, soit remplacer l'aiguille unique par un nombre pair d'aiguilles aimantées semblables et de même poids, parallèles entre elles, placées symétriquement de chaque côté du diamètre de la rose qui leur est parallèle et à 30 degrés chacune de ce diamètre, si leur nombre est égal à deux, soit employer les aimants circulaires.

Si les roses ont quatre aiguilles, un calcul analogue montre qu'il

---

1. *Cours de mécanique* de Poisson.

faut placer les deux aiguilles les plus voisines du centre à 15 degrés de part et d'autre du diamètre parallèle et les deux aiguilles les plus éloignées à 45 degrés de ce même diamètre, c'est-à-dire à 30 degrés de l'aiguille voisine.

Par une heureuse coïncidence, il se trouve que cette disposition des aiguilles, favorable à la stabilité dynamique de la rose, est aussi précisément celle qui annule les erreurs sextantales et octantales provenant d'une longueur trop considérable des aiguilles aimantées.

Quant à l'équation A = C, les expressions algébriques de ces deux moments d'inertie montrent qu'elle ne peut avoir lieu si le point de suspension coïncide avec le centre de gravité de la rose, et qu'il faut pour y satisfaire que ce dernier soit un peu au-dessous du centre de suspension, à une distance que le calcul détermine.

Nous avons déjà trouvé tout à l'heure que le point de suspension devrait être ainsi placé, afin que la rose eût tendance à se replacer rapidement dans le plan horizontal, si elle en était éloignée par une cause quelconque.

Nous renverrons ceux des lecteurs qui désireraient des détails plus complets sur l'étude analytique des mouvements d'une rose à une brochure publiée en 1878, par M. C.-E. Caspari, Ingénieur-Hydrographe de la Marine, et intitulée *Considérations sur les Compas et Boussoles*.

Poids et moment d'inertie du compas. — Ayant annulé dans les seconds membres des équations (28) tout ce qui dépend des moments d'inertie, en faisant A = B = C; ces mêmes équations nous montrent que, pour rendre les accélérations angulaires les plus petites possible, il y a avantage à rendre le moment d'inertie unique le plus grand possible, puisqu'il est le dénominateur des valeurs de $\dfrac{dp}{dt}, \dfrac{dq}{dt}, \dfrac{dr}{dt}$.

Or, si nous prenons l'expression $\Sigma\, m\, r^2$ du moment d'inertie d'un solide par rapport à un axe, nous voyons que nous pouvons augmenter cette quantité de deux manières: soit en augmentant m, et pour cela il faut augmenter le poids p de la rose; soit en augmentant r, c'est-à-dire en distribuant un même poids donné de façon que les poids élémentaires qui le constituent soient le plus loin possible de l'axe de suspension.

Il n'est pas indifférent d'employer l'un ou l'autre de ces procédés.

En effet, la force qui s'oppose à l'orientation de la rose par l'action

magnétique terrestre, c'est le frottement de la chape de la rose sur
son pivot.

Or ce frottement est proportionnel au poids total de la rose.
Comme la force directrice du compas varie d'abord avec la composante horizontale terrestre quand le bâtiment se déplace, puis avec
le cap du navire, on conçoit qu'il ne faille pas augmenter le poids
outre mesure, de peur que le frottement, ayant pris une valeur
trop considérable par rapport à la force directrice, n'empêche la
rose d'obéir à cette dernière et n'altère la sensibilité du compas.

De plus, outre cette raison directe de ne pas augmenter le poids,
il en est une autre qui tient à la nature même du frottement. On
sait, en effet, que cette résistance au mouvement est loin d'avoir
une valeur constante, qu'elle varie au contraire dans des limites
assez étendues, puisqu'elle dépend non pas seulement du poids,
mais encore de la nature, de l'état physique, de l'étendue des surfaces en contact.

En augmentant la valeur absolue du frottement, il est clair qu'on
favorise l'amplitude des variations de cette résistance capricieuse
dont l'irrégularité affecte d'une façon si nuisible les indications du
compas.

Il sera donc préférable d'augmenter le moment d'inertie, en reje-
tant, par des artifices convenables de construction, le poids des
matériaux employés le plus loin possible du centre.

Ce n'est que depuis peu d'années qu'on a, grâce à la théorie, des
idées nettes à ce sujet. La pratique ayant montré que les roses à
grand diamètre se comportaient mieux que les autres quand la mer
imprimait au navire des mouvements d'amplitude considérable, on
fut conduit à attribuer cet avantage à leur poids seul ; aussi s'efforça-
t-on d'augmenter celui-ci de toutes les manières possibles, soit en
augmentant de plus en plus leur diamètre, soit en leur ajoutant des
poids parasites en cuivre faisant fonction de lest. Des constructeurs
ou des marins aux prises avec les mouvements irréguliers de la
rose ayant remarqué qu'ils étaient moindres quand le frottement
entre la chape et le pivot augmentait, imaginèrent d'arriver à ce
résultat en aplatissant plus ou moins légèrement la pointe du pivot.
Quelques marins allèrent même jusqu'à mettre un peu de sable fin
entre la rose et la chape. Nous n'insisterons pas sur le véritable
danger que présentaient ces divers agissements. On remarqua vite
d'ailleurs que ces roses à grand diamètre, même pourvues de pivots
et chapes en bon état, étaient peu sensibles par beau temps, de-

mandaient beaucoup de temps pour s'orienter et ne s'orientaient pas toujours de la même façon. On fut donc conduit à avoir dans toutes les marines deux sortes de roses, dites de beau ou de mauvais temps, et dont le nom lui-même indiquait le service particulier qu'on attendait de la rose.

Les compas liquides rendirent de meilleurs services: la poussée du liquide, qui faisait perdre à la rose un poids égal à celui du liquide qu'elle déplaçait, permettait de réduire autant qu'on le voulait le poids reposant sur le pivot. Le frottement était donc très faible en valeur absolue; et cette faible valeur absolue, en mettant la chape et le pivot dans d'excellentes conditions pour résister à l'usure, empêchait de plus les variations du frottement d'être gênantes dans la pratique. Malheureusement, la construction de ces compas, leur conservation en bon état à bord, paraissent plus difficiles à obtenir que celles des compas ordinaires, et c'est ce qui explique que leur usage ne se soit pas généralisé plus rapidement. Mais d'ailleurs les inventeurs ou les constructeurs de ce compas n'ont en général tenu compte que d'une partie des données du problème. Ils ont bien affaibli le poids de la rose, ce qui est nécessaire pour le frottement tout en augmentant le moment d'inertie, ce qui est excellent pour la stabilité dynamique; mais ils se sont arrêtés là.

Sir William Thomson a fait un pas de plus et nous semble avoir trouvé la solution du problème.

Période d'oscillation du compas. — Il a appliqué aux compas la méthode qui a permis de réduire si considérablement l'amplitude du roulis des navires; elle consiste, on le sait, à augmenter la période d'oscillation du roulis du navire dans une eau calme, de façon que cette durée soit notablement plus grande que celle de la période des houles que le navire est exposé à rencontrer. Les deux périodes ne pouvant pas être synchroniques, les mouvements ne prendront jamais une amplitude considérable.

Transportons cette méthode au compas, et proposons-nous d'empêcher que les roulis du navire communiquent des oscillations gênantes à la rose. Il faudra, d'après ce que nous venons de dire, que la durée d'oscillation propre à la rose, dérangée de sa position d'équilibre, soit notablement plus grande que la durée d'une oscillation de roulis. Or cette dernière peut aller jusqu'à 12, 14 et même parfois, mais rarement, jusqu'à 18 secondes. Par suite, tout compas dont la durée d'oscillation sera inférieure ou même égale à cet intervalle de temps, sera par ce seul fait dans des conditions défavorables de stabilité. Il sera au contraire dans des conditions d'autant meilleures (relativement au roulis), que cette durée sera plus considérable. Or, si nous nous reportons à la formule qui donne l'expression de la durée d'une oscillation :

$$(2) \qquad t = \pi \sqrt{\frac{I}{2\,\mathrm{H}\,m\,l}}.$$

On voit que, pour éviter à un compas les inconvénients des roulis, nous sommes conduits à augmenter autant que possible la valeur de l, que nous devions au contraire chercher à diminuer pour obtenir une grande sensibilité. Or, t ne peut être accru qu'en augmentant I, ou en diminuant le moment magnétique. Il est mauvais de trop augmenter I, puisqu'on accroît ainsi le poids et par suite l'influence nuisible du frottement ; il nous reste donc à diminuer le moment magnétique de l'aiguille aimantée, et c'est ce que sir William Thomson a fait, en donnant à l'ensemble des aiguilles aimantées de ses roses un moment douze à treize fois plus faible que celui qu'ont les aiguilles ordinaires ; il est arrivé à donner ainsi à ses compas une période d'oscillation de 42 secondes, qui est double de celle qu'ont habituellement les compas du plus grand diamètre employé. Quant au poids total de la rose, il est environ quinze fois moindre que celui des roses ordinairement adoptées. On peut donc dire que jusqu'ici ce sont les roses imaginées par l'illustre savant anglais qui concilient de la plus heureuse façon les conditions multiples et parfois contradictoires auxquelles doivent satisfaire ces appareils.

Orientation d'une rose de compas à bord. — Le meilleur de tous les compas serait évidemment celui dont l'aiguille aimantée, sollicitée par une force magnétique constante en grandeur et en direction, indiquerait toujours la direction Nord-Sud magnétique, et y reviendrait *rapidement*, si pour une cause quelconque elle en était écartée.

Malheureusement on ne peut à bord réaliser un pareil idéal. L'adhérence de la chape et du pivot, si faible qu'elle soit, permet aux mouvements irréguliers que la mer imprime au navire de se communiquer à la rose et oblige, par conséquent, à allonger la durée d'oscillation de la rose.

De plus, l'aiguille à bord n'est pas soumise seulement à la force horizontale terrestre constante en grandeur et en direction, mais encore à une force déviatrice dont la grandeur et l'intensité varient avec le cap du bâtiment. Elle s'oriente donc suivant la direction, variable avec le cap, de cette résultante, et, quand on change de route, on n'a pas seulement à amener la ligne de foi d'une division à une autre de la rose restée fixe, mais il faut encore compter avec le mouvement propre que prend cette dernière sous l'influence des changements de la force directrice.

Les oscillations communiquées de ce fait à la rose sont d'autant plus considérables et gênantes pour l'observation que les variations de la force directrice, tant en grandeur qu'en direction, sont elles-mêmes plus considérables.

La rose ne prendra donc la position d'équilibre correspondant au nouveau cap, et le navire lui-même ne sera en route qu'après une série de tâtonnements que l'habileté du timonier pourra diminuer, mais qui dépendront aussi de la différence qui existe entre les déviations aux deux caps. On comprend donc qu'il soit nécessaire de réduire le plus possible la grandeur de la force perturbatrice, afin que les déviations aient une valeur aussi faible que possible. On obtient souvent un résultat satisfaisant et suffisant pour la pratique, en choisissant convenablement la place du compas ; mais parfois cela ne suffit pas, et il n'existe pas d'autre remède que de compenser le compas [1].

Choix d'un compas. — En résumant tout ce qui précède, nous voyons qu'un compas, pour être bon, doit remplir les conditions suivantes :

1° Avoir un pivot très fin et très résistant, une chape très dure et très lisse, de façon que les surfaces en contact soient petites et qu'elles changent le moins possible d'état physique et d'étendue par l'usure.

---

1. C'est pour éteindre aussi vite que possible les oscillations de la rose, que celle-ci est ordinairement enfermée dans une boîte hémisphérique en cuivre. On met ainsi à profit la propriété bien connue qu'ont les corps non magnétiques et bon conducteurs de l'électricité de calmer les oscillations de l'aiguille aimantée tout en laissant constant le temps de l'oscillation. Ce sont les métaux qui ont à cet égard la plus grande influence, et parmi eux l'argent et le cuivre la possèdent à un haut degré. Le capitaine de vaisseau Evans, *Hydrographe royal* d'Angleterre, a prouvé ceci par l'expérience suivante. On a fait osciller une rose de l'amirauté dans une boîte de bois exactement semblable comme forme à la boîte de cuivre dans laquelle elle est enfermée d'ordinaire.

L'aiguille ayant été écartée de sa position d'équilibre d'un angle de 22 degrés, on a observé 134 oscillations faites dans une durée de 18 minutes avant que l'arc d'écart fût réduit à deux degrés.

La même aiguille, écartée du même angle dans sa boîte de cuivre, mit 4 minutes et fit trente oscillations seulement pour arriver au même angle d'écart de 2 degrés. Evans, *Elementary Manual for the Deviation*, 4e édition, p. 3.)

Comme moyen pratique de reconnaître si un pivot a le degré de finesse nécessaire, on devra passer le doigt sur son extrémité et éprouver alors une sensation intermédiaire à celles que donnent la pointe d'une épingle et la pointe d'une aiguille;

2° Avoir son centre de gravité notablement au-dessous du point de suspension de la chape;

3° Avoir des moments d'inertie égaux autour de la verticale du point de suspension et des diamètres horizontaux de la rose, ce qui exige, soit des aimants circulaires, soit des aiguilles multiples, qui ont d'ailleurs cet autre avantage, qu'à poids égal, la somme de leurs moments magnétiques est plus considérable que le moment magnétique d'une aiguille unique;

4° Avoir un poids très faible, distribué excentriquement, disposition qui donne à la fois un frottement peu considérable et un moment d'inertie relativement grand;

5° Avoir des aiguilles assez courtes pour que leur longueur puisse être négligée sans erreur sensible relativement à la distance qui les sépare des pièces de fer les plus voisines et des compensateurs (aimants ou fer doux). Cette faible longueur est une condition nécessaire et indispensable pour avoir des déviations régulières si on ne compense pas le compas, ou pour pouvoir le compenser exactement si les déviations sont trop grandes pour être acceptables;

6° Avoir un moment magnétique faible et tel que la durée d'oscillation du compas à terre, dans une position libre de fer, soit considérable, 30 secondes et mieux 40 et 42 secondes : en admettant, bien entendu, que les conditions précédentes soient déjà satisfaites, et que cette augmentation de la période d'oscillation ne soit pas due à un accroissement du moment d'inertie obtenu par une augmentation de poids de la rose. On a ainsi un double avantage, car, d'une part, le compas résiste mieux à l'influence du roulis et, d'autre part, il ne s'exerce pas entre les compensateurs et les aiguilles des compas d'influence réciproque capable d'empêcher la correction de la déviation quadrantale (*V. notes*).

Pivots et Chapes. — On ne saurait trop insister sur la nécessité de choisir avec le plus grand soin le pivot et la chape de la rose. Le pivot est, en général, en acier très dur; il doit avoir été soigneusement trempé et être préservé de la rouille par une légère dorure. La chape doit être en pierre très dure, au moins en agate et mieux en rubis. Dans tous les cas, pivots et chapes doivent être examinés fréquemment, avec la plus grande attention, et non seulement à l'œil nu mais encore à la loupe, de façon à bien s'assurer que leurs surfaces sont lisses, continues, en un mot ne présentent aucune cavité ou aspérité capable de gêner l'orientation de la rose. Il est superflu d'ajouter que cette visite devra être faite toutes les fois qu'on aura lieu de craindre des avaries dans ces deux pièces, par exemple après un tir au canon ou du mauvais temps.

Diamètre du compas. — En parlant plus haut de l'erreur dynamique due au roulis, nous avons dit la principale cause de la grande faveur accordée aux compas de grand diamètre, et insisté sur les désavantages réels que présentait leur poids considérable. Pour le compas étalon, une rose de 20 à 25 centimètres est largement suffisante : pour les compas de route, surtout si l'on veut que l'homme de barre gouverne au demi-degré près, il serait bon d'avoir des roses de plus grand diamètre. A bord du cuirassé anglais l'*Inflexible* on a installé, en août 1881, un compas de route de 40 centimètres de diamètre environ, dont on peut affirmer d'avance le bon fonctionnement, parce que sa rose du système de sir William Thomson pèse encore huit fois moins environ que les roses ordinaires d'un diamètre moindre d'un tiers, ce qui met le pivot dans d'excellentes conditions.

Erreur due au frottement. — Il faut toujours s'assurer avant le départ que l'erreur due au frottement est minime dans chaque compas, et, pour cela, il suffit d'écarter à diverses reprises, au moyen d'un aimant, l'aiguille de 30 à 40 degrés de sa position d'équilibre et de l'y laisser revenir par une série d'oscillations d'amplitude décroissante. L'erreur due au frottement sera d'autant plus faible que le plus grand écart angulaire observé entre ses différentes positions d'équilibre à terre et la ligne N.-S. magnétique sera plus petit.

A bord, où les forces directrices sont variables et peuvent être déterminées rapidement avec une approximation suffisante pour la pratique, il conviendra de faire cette observation quand le navire sera au cap où la force directrice est la plus petite.

La compensation des compas ayant pour effet d'égaliser à très peu de chose près la force directrice à tous les caps, il suffira, pour un compas compensé, si la valeur unique de la force directrice, moindre que celle de la force horizontale terrestre, en diffère de plus de un dixième, de faire cette observation à un cap quelconque.

Régulation et compensation. — Dorénavant, nous emploierons l'expression régulation du compas pour désigner l'ensemble des

observations et des calculs que l'on est obligé de faire pour obtenir
soit la table, soit la courbe des déviations d'un compas non compensé ou compensé approximativement, et nous réserverons celle
de « compensation du compas » pour désigner l'opération qui consiste à placer près du compas des correcteurs aimantés et de fer
doux pour annuler ou réduire à des valeurs très petites les déviations
de la boussole.

Résumé de la première partie. — Nous avons appliqué les notions
élémentaires de mécanique et de physique, rappelées dans l'introduction, à l'analyse du phénomène connu sous le nom de Déviation
du Compas. Nous avons montré les effets exercés sur celui-ci par les
aimants et les pièces de fer doux contenus dans le navire, et nous
avons calculé la valeur de la tangente de la déviation qu'ils impriment à l'aiguille.

Nous avons pu mettre ainsi en évidence les deux systèmes de
coefficients fondamentaux de la déviation, dits les uns *exacts* et les
autres *approchés*. Ces derniers, quand le navire est droit et les déviations inférieures à 20 degrés en valeur absolue (et on ne doit
jamais prendre la mer avec des compas ayant des déviations plus
considérables), se réduisent à cinq seulement, qu'il suffit de connaître pour obtenir la déviation, et, par suite, la variation à un cap
quelconque du compas. Comme, parmi ces cinq coefficients trois
sont constants, A, D, E, il en résulte que le problème général : connaître, dans un lieu donné, la variation du compas à un cap quelconque du navire, se réduit à la détermination des deux coefficients variables B et C. Nous avons analysé ensuite l'influence que
la bande du navire exerce sur la déviation, et montré qu'elle a
pour effet principal d'imprimer au coefficient C, un changement
que nous avons appris à calculer. Enfin nous avons indiqué quels
sont les principes qui doivent guider dans la construction et le
choix d'un compas, pour éviter que ses indications ne soient trou-
blées d'une façon dangereuse par les forces magnétiques ou dyna-
miques dont il subit l'influence à bord.

Cette première partie est la plus importante de tout l'ouvrage,
elle en est pour ainsi dire la clef. Bien comprise, elle permet de
passer immédiatement à la quatrième partie, où a été exposée la
compensation des compas, sans qu'il y ait nécessité absolue d'y
arriver après la lecture des deux parties intermédiaires, dont l'une,
la seconde, ne contient que les procédés et types de calculs les plus
commodes, pour obtenir les cinq coefficients approchés, et dont

l'autre, la troisième, donnant les relations entre les coefficients exacts et les forces magnétiques, ne peut être abordée avec fruit que si la première a été parfaitement saisie, et n'est d'ailleurs pas indispensable au contrôle des compas par les méthodes employées habituellement jusqu'ici à bord des navires.

l'autre, la troisième, donnant les relations entre les coefficients exacts et les forces magnétiques, ne peut être abordée avec fruit que si la première a été parfaitement saisie, et n'est d'ailleurs pas indispensable au contrôle des compas par les méthodes employées habituellement jusqu'ici à bord des navires.

RÉGULATION DES COMPAS

CALCUL DES COEFFICIENTS APPROCHÉS
AU MOYEN
D'OBSERVATIONS DE DÉVIATIONS SEULEMENT

CHAPITRE PREMIER

INSTALLATION DES COMPAS A BORD

Nous ne nous occuperons, dans tout ce qui suit, que du Compas principal du bâtiment, celui qu'on appelle en France Compas-étalon ou Compas de Relèvement, et en Angleterre Standard-Compass.

Une fois que nous l'aurons choisi d'après les règles précédentes, il faudra l'installer à bord.

Puisqu'on doit prendre les relèvements avec ce compas, il faut qu'il commande tout l'horizon, et pour cela on devra, au moyen d'un pilier, l'élever au-dessus des bastingages.

Pour que les relèvements soient bons, il faudra que le compas soit parfaitement fixe pendant les observations, ce qui impose l'obligation d'avoir un pilier très fort, très solidement ajusté au pont, et de plus placé de telle façon que le compas lui-même ne risque point de recevoir de chocs accidentels des hommes employés sur le pont, ou des manœuvres elles-mêmes.

La nécessité d'avoir des déviations faibles, ou tout au moins régulières, montre qu'il faut éloigner autant que possible le compas de toute masse de fer un peu considérable.

Enfin, puisque, durant la construction, l'action prolongée de la terre imprime au navire un caractère magnétique déterminé, sous-permanent comme nous l'avons appelé, il faudra, en plaçant le pilier, avoir égard au cap que le navire avait en chantier.

En résumé, pour ne pas être obligé, au moment de l'armement, et à cause des nécessités de tous ordres du service, de donner au compas une position défavorable, on devra se pénétrer des conditions suivantes :

1° Dans tout plan ou projet de bâtiment, on devra ménager à l'avance une place pour le compas ;

2° Cette place sera déterminée d'après le cap connu du bâtiment pendant sa construction.

En se reportant à ce que nous avons dit (p. 75) de l'influence de ce cap, et qui peut d'ailleurs se résumer, en disant, d'une façon générale, que, pour les navires *construits dans l'hémisphère Nord*, l'extrémité Nord de l'aiguille aimantée est attirée vers la partie du bâtiment qui était Sud pendant la construction ; on voit que, pour un navire construit dans notre hémisphère, le cap au Nord, le compas devra être aussi loin que possible à l'avant du bâtiment. — Si on a construit cap au Sud, le compas devra être aussi loin que possible derrière. Enfin, pour des navires construits cap à l'Est ou cap à l'Ouest, le compas ne doit pas être trop près des extrémités du navire, près desquelles la largeur étant moindre, le magnétisme des murailles du bâtiment agit avec plus d'énergie.

N'oublions pas qu'à ces mêmes caps, et pour un bâtiment construit dans l'hémisphère Sud, les prescriptions seraient inverses.

Dans notre hémisphère, et pour un navire destiné à ne pas le quitter, le meilleur cap de construction est le Sud, à cause de la place occupée ordinairement par le compas.

Si le navire doit naviguer dans les deux hémisphères, il convient de le construire cap à l'Est ou cap à l'Ouest, ou le plus près possible de ces deux caps.

Afin de diminuer autant que possible l'intensité du magnétisme développé pendant la construction, par l'influence terrestre, il conviendra, aussitôt le bâtiment lancé et pendant son armement, de le maintenir à un cap diamétralement opposé.

3° Dans tous les cas, on fera grande attention que le compas étalon soit à une distance au moins égale à la demi-largeur du bâtiment, de la tête du gouvernail, de l'étambot, du puits vertical de l'hélice, de la cheminée, des mâts s'ils sont en fer, enfin de toute pièce de fer un peu considérable ayant une position verticale ;

4° Le compas devra être éloigné autant que possible des baux en fer, 2^m,50 à 3 mètres au moins ;

5° Toutes les masses en fer, telles que caisses à eau, chaudières, machines, cloisons, devront être placées aussi loin que possible du compas, et autant que possible la ligne qui joint le centre du compas au centre de figure de ces pièces devra faire avec la verticale du premier de ces points un angle de 55 degrés au moins (*V. notes*).

Mais les nécessités du service à bord, les panneaux, les embarcations en chantier, les cuisines, les cheminées, les mâts, la nécessité de pouvoir établir les voiles-goélettes, enfin l'emploi de plus en plus général du fer pour tous les objets d'armement et de gréement, rendent toujours difficile et parfois impossible l'exécution de toutes ces prescriptions, qu'il faut considérer comme des desiderata dont on doit s'efforcer de se rapprocher le plus possible.

Dans bon nombre de steamers, naviguant d'ordinaire dans des parages rendus dangereux par des brisants, des bancs, ou la fréquence de la brume, on installe le compas-étalon au sommet d'un mâtereau particulier de 3 à 4 mètres de haut. Les inconvénients de cette solution sont multiples. D'abord l'expérience montre que, dans cette position élevée, et même avec des roulis modérés du navire, les oscillations de la rose peuvent atteindre jusqu'à 20 degrés de chaque côté du plan de niveau qu'aurait la rose, si elle était, ainsi que le bâtiment, en repos. De plus, cette installation rend difficile la manœuvre de la brigantine, elle oblige souvent à diminuer notablement sa surface, bref, elle nuit à l'efficacité de l'un des facteurs les plus importants de la manœuvre du bâtiment; enfin, le poste du capitaine ou de l'officier de quart étant sur la passerelle, afin de pouvoir commander à la fois la manœuvre des voiles et de la machine, tout en veillant l'avant du bâtiment, il est obligé de se fier pour la route aux indications que lui donne un timonier, et ce dernier se trouve parfois assez loin pour que, dans les circonstances les plus délicates, celles de mauvais temps, de brume, etc., on soit obligé de faire répéter ce qu'il dit par des hommes postés dans des situations intermédiaires.

Il faut donc craindre, non seulement les erreurs d'observation du timonier qui est à la rose, mais aussi les erreurs de transmission et la confusion, toujours regrettable, souvent dangereuse, qui se produit toutes les fois qu'on entend, sur le pont d'un navire, tout autre bruit que celui des commandements du capitaine.

On peut affirmer, d'ailleurs, que jamais un capitaine ou un officier de quart n'est réellement tranquille, ni parfaitement maître de sa manœuvre, tant qu'il n'a pas à sa portée un compas dont il soit sûr, et qu'il puisse consulter à chaque instant, sans avoir pour cela à quitter même momentanément le commandement de la machine ou la surveillance de la voilure.

Et comme la passerelle est le plus souvent directement au-dessus de la machine, très près de la cheminée, assez voisine de toutes les pièces de fer de l'avant, on voit qu'on ne pourra, dans la plupart des cas, obtenir de faibles et régulières déviations qu'en ayant recours à la compensation.

Mais, laissant de côté tout ce qui concerne cette dernière, occupons-nous d'abord des moyens d'obtenir la route du bâtiment d'une façon sûre avec un compas placé le mieux possible et non compensé.

CHAPITRE II

VARIATION. — DÉCLINAISON. — DÉVIATION

La route qu'il faut faire pour aller d'un point du globe à un autre s'obtient aisément sur les cartes marines. Il suffit de joindre les deux points par une droite, et de noter l'angle constant que cette droite fait avec les méridiens successifs.

Mais cette droite indique l'angle de route vrai qu'aucun instrument ne nous donne d'une manière continue, et que les observations astronomiques seules, quand nous sommes à la mer, nous permettent de trouver pour l'instant même de l'observation.

Dans l'intervalle, on se sert, pour se maintenir sur la droite tracée, de la rose du compas, et celle-ci nous donne l'angle de la route du navire, non pas avec la direction de la ligne N. S. vraie, mais bien avec la ligne N. S. du compas.

L'angle qui sépare ces deux lignes N. S. s'appelle la variation du compas.

Variation du compas. — Conventions. — C'est cette quantité dont on a besoin pour résoudre le problème primordial de la navigation:

1° Étant donné une route vraie, quelle route faut-il suivre au compas?

Et 2°, réciproquement, étant donné une route au compas, quelle route vraie représente-t-elle?

Suivant les conventions, déjà adoptées pour les caps du navire, nous dirons que la variation est occidentale, *n o*, ou négative, quand le Nord de l'aiguille aimantée tombe entre le Nord et l'Ouest vrais; et on l'affecte du signe — dans les calculs.

Au contraire, la variation est dite orientale, *n e*, ou positive, quand la pointe Nord de l'aiguille tombe entre le Nord et l'Est vrais.

La variation provient évidemment de deux causes : l'action du magnétisme terrestre, et celle du magnétisme du navire sur l'aiguille aimantée.

Déclinaison magnétique. — Le magnétisme terrestre, qui oriente l'aiguille aimantée, lui fait indiquer, non la direction du méridien géographique ou vrai, mais celle du méridien magnétique. L'angle de ces deux directions s'appelle la Déclinaison; nous avons dit déjà comment on définit cette quantité, et comment on la fait entrer dans les calculs. Les conventions faites à son sujet sont identiquement les mêmes que celles faites pour la variation.

Déviation du compas. — Le magnétisme du navire à son tour écarte, dévie, l'aiguille aimantée de la ligne N. S. magnétique, d'un angle qu'on appelle la « Déviation ».

Rappelons que l'on appelle la déviation occidentale, $n\ o$, ou négative quand la ligne N. S. du compas tombe entre le Nord et l'Ouest magnétique : on la compte alors négativement dans les calculs.

Au contraire, la déviation est dite orientale, Nord-Est ou positive, quand la ligne N. S. du compas tombe entre le Nord et l'Est magnétique; et dans ce cas on la compte positivement dans les calculs.

Règle mnémonique pour trouver immédiatement le signe de la variation et de la déviation. — Si le cap vrai du bâtiment, supposé rapporté sur la division de la rose du compas qui lui correspond, tombe à gauche du cap indiqué par le compas, pour un observateur placé au centre de la rose et regardant dans la direction du cap au compas, la variation est positive ou Est.

Quand, au contraire, ce cap vrai, ainsi rapporté et regardé, tombe à droite du cap indiqué pour le compas, la variation est négative ou Ouest.

Cette règle s'applique identiquement à la déviation, si on y remplace les mots variation et cap vrai respectivement par les mots déviation et cap magnétique.

Relation entre la variation, la déclinaison et la déviation. — Les conventions identiques faites pour les trois quantités : Variation. Déclinaison et Déviation, font qu'elles sont évidemment liées par l'équation.

$$(29) \qquad \text{Variation} = \text{Déclinaison} + \text{Déviation}.$$

Étant donné deux de ces quantités, on trouvera la troisième sans difficulté ni ambiguïté, en se rappelant que les valeurs des deux quantités données devront être introduites dans l'équation à la place de leur nom, mais affectées du signe déterminé par les conventions précédentes.

Exemple : Dans un lieu où la déclinaison est 10 degrés *no*, on sait que la déviation est 15 degrés *ne* : quelle est la variation correspondante?

On aura évidemment :

$$\text{Variation} = -10 + 15 = +5 \text{ degrés.}$$

c'est-à-dire que la variation est 5 degrés *ne*.

2° A un cap donné du navire, la variation observée est 12 degrés *ne* : d'ailleurs, la déclinaison du lieu où l'on se trouve, donnée par les cartes, est de 8 degrés *n o* : quelle est la déviation du compas?

On aura dans ce cas :

$$+12 = -8 + \text{déviation, d'où déviation} = +12 + 8 = +20°,$$

c'est-à-dire que la déviation est 20 degrés *ne*.

Relation entre la route vraie, la route au compas et la variation. — En négligeant la dérive qu'on introduit aisément dans les calculs, d'après les mêmes conventions, quand cela est nécessaire, il est évident que nous avons la relation générale (30) :

$$\text{Route vraie} = \text{route au compas} + \text{variation,}$$

qui nous permet de passer de la route vraie à la route au compas et réciproquement, exactement de la même façon que nous venons de passer de la déviation à la variation et *vice versa*.

Passer d'une route vraie à la route du compas correspondant. — Exemples : 1° Pour aller d'un point à un autre, on doit faire le S. 85 O. vraie. — La variation est 20 degrés *n o*.

Quelle route faut-il faire au compas? On aura évidemment :

$$+ \text{S. 85 O.} = \text{route compas} - 20°,$$

d'où : route compas $= +85 +20 = \text{S. 105 O.} = \text{N. 75 O.}$

2° On doit toujours faire la même route vraie, mais la variation est 15 degrés *n e* : on demande la route au compas?

On a alors : $+ \text{S. 85 O.} = \text{route compas} + 15°,$

d'où : route compas $= \text{S. 85 O.} - 15 = \text{S. 70 O.}$

On arrive, sans calcul, aux mêmes résultats au moyen de la règle mnémonique précédente, qui indique qu'il faut, dans ce cas, pour obtenir la route au compas cherchée, porter la variation *n o* à droite et la variation *ne* à gauche de la route vraie, lue sur la rose du compas à la division qui lui correspond.

Réciproque.

Passer d'une route au compas à la route vraie correspondante. — Exemples : 1° On fait au compas le N. 88 O. La variation est 10 degrés *ne*. Quelle est la route vraie ?

On a : route vraie = — N. 88 O. + 10 = N. 78 O.

2° On fait au compas le S. 86 E. La variation est 15 degrés *no*. Quelle est la route vraie ?

Route vraie = — S. 86 E. — 15° = — S. 101 E. = N. 79 E.

On arrive encore, comme tout à l'heure, sans calcul aux mêmes résultats, en portant pour obtenir la route vraie, la variation *no* à gauche et la variation *ne* à droite de la route au compas.

Désavantages des conventions employées habituellement pour compter les angles de route et les azimuts. — Ces problèmes élémentaires n'offrent aucune difficulté ; ils exigent cependant une attention soutenue donnée aux signes des diverses quantités, et, de plus, l'usage de compter les angles de route de 0 à 90 degrés seulement et tantôt à partir du Nord, tantôt à partir du Sud, oblige parfois, comme dans les cas que nous avons choisis à dessein, à une conversion et un changement de signe de plus. Nous avons dit plus haut les inconvénients des conventions actuellement adoptées.

Avant de terminer, indiquons encore deux autres relations générales, souvent employées et qui sont des conséquences évidentes des définitions précédentes :

(31) Route vraie = route magnétique + déclinaison.
(32) Route magnétique = route au compas + déviation.

Les exemples numériques, donnés pour les deux problèmes précédents, nous dispensent d'en donner encore pour ces deux derniers, qui se résolvent exactement de la même façon, en remplaçant, dans l'équation convenable, les noms des deux quantités données par leurs valeurs numériques *affectées des signes convenables*.

Les trois équations (30), (31), (32), s'appliquent évidemment à tous les problèmes de relèvements ; il suffit d'y remplacer le mot route par celui de relèvement.

Nous verrons plus tard l'avantage, la nécessité qu'il y a à décomposer la variation et à mettre en évidence les deux éléments qui la constituent, déviation et déclinaison ; mais comme la variation est en somme seule indispensable à connaître pour les besoins de la navigation, montrons d'abord comment on la trouve.

Précautions à prendre avant de déterminer la variation. — Puisque la variation dépend du fer du navire, il est bien clair qu'il ne faudra pas, dans les intervalles des observations, changer la disposition des pièces de fer voisines du compas, et qu'avant de les commencer, il faudra que toutes les pièces de fer du bâtiment, canons, boulets, mousqueterie, porte-manteaux d'embarcation, etc., soient fixés dans les positions qu'ils doivent avoir à la mer.

En somme, il n'y a qu'une méthode générale pour obtenir la variation correspondant à un cap donné. Elle consiste à viser, avec l'alidade du compas, un objet ou un astre dont on a, par les cartes ou par l'observation astronomique, l'azimut ou le relèvement vrai.

Les procédés seuls varient, suivant que le bâtiment est au bassin, en rade ou à la mer.

CHAPITRE III

MÉTHODES POUR OBTENIR LA VARIATION DU COMPAS

Bâtiment dans le port. — **Méthode des relèvements réciproques.** — Dans ce cas, on a peu de place à sa disposition, le bâtiment ne peut que pivoter sur lui-même, et, en général, la vue est très limitée par les maisons ou bâtiments environnants. On fait tourner le bâtiment au moyen d'aussières, on l'arrête sur un cap déterminé, et on observe dans cette position l'azimut au compas du centre du soleil ou d'un astre.

Des tables récentes, calculées les unes par M. Labrosse, les autres par M. Perrin, donnent, au même moment, l'azimut vrai du soleil ou de l'astre. Nous reviendrons tout à l'heure sur cette méthode générale. Pour le moment, nous insisterons sur le procédé qui est tout particulier à la position du bâtiment considérée. On l'appelle la méthode des relèvements réciproques. La déviation est donnée immédiatement par les observations. La déclinaison pour le lieu où l'on se trouve est donnée par les tables ou les cartes, et l'équation (29) permet de calculer la variation.

Voici en quoi consiste la méthode :

On porte le compas étalon à terre dans une place libre de fer et où, par conséquent, l'aiguille aimantée n'est soumise qu'à la force magnétique terrestre, et on vise, avec son alidade, un objet éloigné. On note le relèvement.

Avec un autre compas mis exactement à la même place, quand le compas étalon a été enlevé et placé assez loin pour n'avoir aucune action sur l'aiguille de ce second compas, on vise le même objet. Si on ne trouve pas le même relèvement que précédemment, ce qui proviendra des erreurs d'index, ou de divisions, ou de position de la rose, on notera la légère différence des deux compas et on en tiendra compte dans les observations postérieures.

La comparaison des deux compas ainsi faite, on remet le compas étalon à sa place à bord, et on installe le second compas dans un endroit libre de fer et choisi de telle sorte que de chacun des deux compas on puisse apercevoir et viser nettement le second.

Puis on fait tourner le bâtiment, on l'arrête sur un cap déterminé, et, dans cette position, on prend de chacun des deux compas le relèvement de l'autre.

Le compas de terre donne évidemment le relèvement magnétique de la droite qui joint les deux compas. Celui du bord donne le relèvement de la même droite au compas, c'est-à-dire affecté de la déviation. L'équation (32) nous donnera donc cette dernière quantité. D'où nous conclurons la variation comme nous l'avons dit plus haut.

Dans la pratique, il est bon, comme moyen de contrôle et pour éviter des erreurs qui obligeraient à recommencer les observations, de faire écrire à la craie sur un tableau noir par chacun des deux observateurs l'observation qu'il a faite. L'autre observateur, muni d'une longue-vue, vise le tableau noir, prend note de l'observation réciproque en même temps que de la sienne. La comparaison des deux listes montre s'il y a eu des erreurs commises et permet de trouver de suite les observations qu'elles entachent.

Bâtiment en rade. — Ici nous pouvons employer la méthode des observations astronomiques du soleil ou d'un astre de la *Connaissance des temps*, que nous exposerons dans le paragraphe suivant. Mais il est plus commode de prendre, avec l'alidade du compas du bord, les relèvements successifs d'un même objet éloigné quand le bâtiment change de cap. On obtient la rotation du navire soit au moyen d'aussières, soit au moyen d'un remorqueur ou d'une embarcation à vapeur.

Quand on ne peut distraire l'équipage des travaux du bord et qu'on n'a pas de remorqueur à sa disposition, mais qu'en revanche on a du temps devant soi, on ne fait pas tourner le bâtiment sur lui-même par des moyens artificiels. On met à profit, pour obtenir le relèvement d'un même objet à différents caps, l'évitage du bâtiment sous l'action du courant, du vent ou de la marée. Mais, dans ce cas, on doit faire grande attention à ne pas faire d'observation quand le bâtiment abat avec rapidité sur un bord ou sur l'autre. Un relèvement ne donne une variation exacte que s'il a été pris pendant que le bâtiment était fixe et alors que le bâtiment occupait cette position depuis déjà quelques minutes.

M. Gaussin a montré (voir plus loin) qu'on commettrait aisément des erreurs de 1 à 2 degrés provenant du retard du magnétisme induit, si on ne prenait pas cette précaution.

Erreur de parallaxe. — Une autre précaution indispensable, c'est de ne choisir, pour l'objet visé, qu'un point suffisamment éloigné.

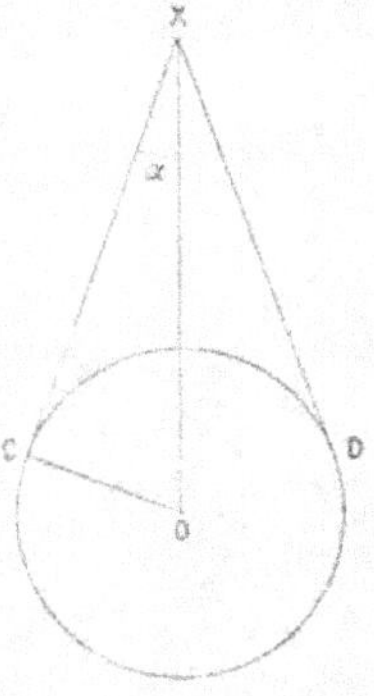

Soit, en effet, X l'objet visé, O le point autour duquel pivote le bâtiment dans sa rotation, OA le rayon du cercle que décrit le centre du compas dans cette rotation. La (*fig.* 22) montre que, sans que la déviation intervienne et par le seul fait des changements de position du compas sur le cercle ABCD, le relèvement de l'objet X, qui était primitivement, supposons OA, change d'autant plus que l'objet est plus rapproché du navire.

Soit OX le premier relèvement, le changement maximum du relèvement par suite de l'évolution du navire aura lieu évidemment quand ce dernier se trouvera en C et D, points de contact des tangentes menées du point X au cercle OA.

Fig. 22.

Ce maximum correspond à l'angle OXC que nous appellerons x.

Dans le triangle CXO, $\sin x = \dfrac{OC}{OX}$.

Tant que x n'est que de quelques degrés, on peut remplacer le sinus par l'arc, et en agissant ainsi on ne commet qu'une erreur insignifiante, puisqu'elle est égale à $\dfrac{x^3}{6}$; x étant exprimé en parties du rayon.

Prenons donc $x = \dfrac{OC}{OX}$. Dans cette équation, x est exprimé en parties du rayon; c'est-à-dire que, si x est donné en degrés, on l'aura divisé par 57° 3; que, s'il est exprimé en minutes, on l'aura divisé par $57°3 \times 60 = 3438'$; que, s'il est exprimé en secondes, on l'aura divisé par $57°3 \times 60 \times 60 = 206265''$.

Pour qu'il n'y ait pas lieu dans la pratique de tenir compte de l'erreur introduite par l'évitage du navire et la distance de l'objet, il convient que z ne dépasse jamais 10 minutes.

On devra avoir :

$$\frac{OC}{OX} \times 3438' < 10'; \qquad \text{ou} \quad \frac{OC}{OX} < \frac{10}{3438}$$

Il faudra donc que la distance de l'objet choisi soit égale ou supérieure à 350 fois le rayon d'évitage du compas. Si ce dernier est de 50 mètres, comme cela arrive fréquemment à bord des grands bâtiments, l'objet devra donc être à 17 kilomètres au moins. S'il est à une moindre distance, il conviendra de calculer la correction correspondante aux positions différentes du navire.

Supposons que nous ayons choisi un objet suffisamment éloigné pour n'avoir pas à tenir compte de cette correction.

L'objet devra être nettement visible, être de dimensions restreintes, de façon que la visée se rapproche le plus possible de celle d'un point lumineux, et que les jeux de la lumière à sa surface n'engendrent pas le phénomène connu sous le nom de « Phases du signal », qui consiste dans le changement de la position du point le plus brillant que l'on vise toujours. Ceci étant, les cartes nous donneront, en général, l'azimut astronomique ou vrai du point remarquable choisi.

Si pourtant ce point n'était pas marqué sur la carte, il serait aisé de calculer son azimut par la méthode ordinaire que nous allons rappeler.

Soit dans la figure (23) P la position du pôle Nord terrestre, O l'objet dont nous voulons avoir le relèvement ou l'azimut astronomique x par rapport à un observateur qui se trouve en C, dont l'horizon est le cercle NBS et la verticale CZ.

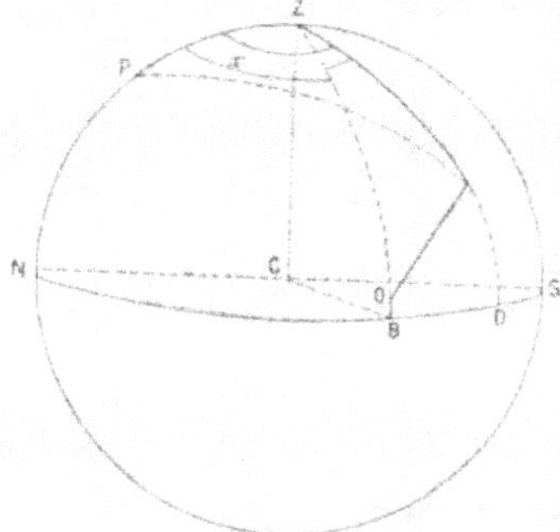

Fig. 23.

Pour cela, à une heure connue, on observera simultanément en C :

1° La hauteur OB de l'objet au-dessus de l'horizon ;

2° La hauteur AD d'un astre A de la *Connaissance des temps*,

3° La distance angulaire OA de l'objet à l'astre ;

4° Le relèvement de l'astre au compas.

Notre inconnue x est l'angle PZB ; dans notre figure, c'est la différence des deux angles PZA et BZA qu'on peut avoir, le premier dans le triangle PZA, le second dans le triangle OZA.

Supposons d'abord que l'astre A soit le soleil ; nous verrons ensuite les légères modifications qu'il convient d'apporter quand cet astre est une planète ou une étoile.

Calcul de l'azimut vrai du soleil. — Pour obtenir l'angle PZA, dans le triangle de même nom, nous avons déjà le côté PZ ou λ qui est le complément de la latitude connue du lieu d'observation ; le côté ZA ou Z, qui est le complément de la hauteur observée : quant au troisième côté PA, ou δ distance polaire du soleil, on le calcule aisément au moyen de la *Connaissance des temps*.

Quand la montre du bord est bonne et que sa marche est régulière, il suffit de prendre l'heure vraie qu'elle indique, en la corrigeant de la marche correspondante au temps écoulé depuis le midi vrai, heure du réglage quotidien de la montre au moyen de la hauteur méridienne. La longitude du lieu étant connue, on pourra passer de cette heure vraie à celle de Paris au même instant. Ayant ainsi calculé PA, si on appelle :

$$2\,s \text{ la somme } \delta + \lambda + z,$$

on aura dans le triangle PZA :

$$\text{Log. cos } \tfrac{1}{2}\,\widehat{PZA} = \sqrt{\frac{\sin s \sin (s - \delta)}{\sin \lambda \, \sin z}}.$$

Calcul de l'angle des deux verticaux. — Dans le triangle OZA, en appelant z' l'arc O z, d l'arc observé O A,

et $\qquad 2\,p \text{ la somme } z + z' + d,$

on aura de même :

$$\text{Log cos } \tfrac{1}{2}\,\widehat{OZA} = \sqrt{\frac{\sin p \sin (p - d)}{\sin z \, \sin z'}}.$$

Calcul de l'azimut vrai de l'objet. — Dans notre figure, l'inconnue cherchée est la différence entre l'azimut astronomique de l'astre et l'angle des deux verticaux de l'astre et de l'objet ; mais, si l'astre était dans le quadrant Nord-Ouest, l'inconnue serait la somme des deux mêmes angles. En faisant un croquis très simple correspondant aux circonstances de l'observation, on évitera toujours toute ambiguïté. Si on veut même éviter de se donner cette peine, on appliquera la règle suivante : Au moment où l'on observe la hauteur de l'astre, on voit si l'objet est placé à droite ou à gauche du vertical de l'astre. Dans le premier cas, on donne à l'angle des deux verticaux de l'astre et de l'objet le signe +, dans le second cas le signe —. L'azimut vrai de l'astre a d'ailleurs un signe déterminé actuellement par les conventions suivantes :

On compte l'azimut sur l'horizon à partir du point cardinal de même nom que le pôle élevé au-dessus de l'horizon de 0 à 180 degrés vers l'Est ou vers l'Ouest suivant que l'astre est dans l'Est ou dans l'Ouest. L'azimut ayant toujours le signe +, il suffira de lui ajouter l'angle des deux verticaux affecté d'un signe déterminé par les conventions précédentes. Si cette somme algébrique a surpassait 180 degrés, il est clair que l'azimut de l'objet, toujours $<$ 180 degrés d'après nos conventions, serait égal à $360° - a$, compté à partir du point N, mais dans le sens opposé à celui qui avait donné a : autrement dit, si notre règle des signes nous donne pour azimut astronomique de l'objet N 200 O°, nous saurons que l'azimut est N 160 E.

On peut se passer de ces calculs en se rappelant qu'il suffit, pour avoir le relèvement vrai de l'objet, de porter la différence d'azimut obtenue, sur la rose, à droite ou à gauche du relèvement vrai de l'astre, suivant que l'objet est lui-même à droite ou à gauche de l'astre au nombre de l'observation.

Calcul de l'azimut vrai d'un astre autre que le soleil. — Nous avons supposé que l'astre observé était le soleil ; supposons maintenant que c'est la lune, ou une planète, ou une étoile quelconque. Pour obtenir, à l'instant de l'observation, la distance polaire PA de l'astre qui nous est nécessaire, nous calculerons la déclinaison de cet astre pour l'heure donnée. Or la déclinaison de la lune et des planètes est donnée dans la *Connaissance des temps* pour l'heure moyenne de Paris. Il faut donc au préalable avoir cette dernière quantité. Le chronomètre du bord la donnera exactement. Et le reste du calcul s'effectuera comme plus haut.

Emploi des tables d'azimut. — Quand on a les tables récentes calculées les unes par M. Labrosse, ancien officier de marine, les autres par M. E. Perrin, lieutenant de vaisseau, ces calculs sont notablement abrégés, puisque ces tables donnent de suite l'azimut vrai de l'astre compté, comme nous l'avons dit plus haut, de 0 à 180 degrés vers l'Est ou vers l'Ouest à partir du point cardinal de même nom que le pôle élevé au-dessus de l'horizon.

Tables de M. Labrosse. — M. Labrosse donne de suite l'azimut vrai de l'astre A ou l'angle Z du triangle Z P A *fig.* (23) quand on connaît P Z ou la latitude du lieu, P A ou distance polaire de l'astre, et l'angle en P ou angle au pôle de l'astre.

On entre dans les tables avec ces trois arguments et l'on trouve de suite l'azimut.

Angle au pôle et sa recherche. — Rappelons que l'angle au pôle d'un astre quelconque est l'angle formé au pôle élevé par le cercle de déclinaison de l'astre avec le méridien supérieur, celui qui contient le zénith. On compte cet angle de 0 à 180 degrés de 0 à 12 heures vers l'Est ou vers l'Ouest, suivant que l'astre est dans l'Est ou dans l'Ouest. L'angle horaire d'un astre qui a la même définition que le précédent se compte d'une manière différente, et croît de 0 à 360 degrés ou de 0 à 24 heures dans le sens du mouvement diurne.

L'angle horaire et l'angle au pôle sont donc égaux quand l'astre est dans l'Ouest; mais, quand l'astre est dans l'Est, l'angle au pôle est égal à 360 degrés moins angle horaire.

Cet angle au pôle s'obtient facilement quand il s'agit du soleil; car le chronomètre donne l'heure moyenne de Paris au moment de l'observation; et, la longitude étant connue, on a facilement l'heure moyenne du lieu. L'équation des temps permet de passer à l'heure vraie. Si le soleil est dans l'Ouest, cette heure vraie est plus petite que 12 heures et représente l'angle au pôle. Si l'astre est dans l'Est, cette heure vraie est plus grande que 12 heures et on a l'angle au pôle en la retranchant de 24 heures.

A la mer, quand la montre d'habitacle marche bien et qu'on connaît sa marche entre deux midis, on calcule de suite un angle au pôle suffisamment exact en prenant l'heure indiquée par la montre, corrigée de la marche correspondant à cette heure-là. Il est également nécessaire de faire la correction relative au changement en longitude effectué depuis l'heure où la montre a été réglée, changement qui peut donner facilement 10 minutes d'erreur, si on observe le matin. Si l'observation a lieu après midi, cette heure vraie, convertie en degrés, est l'angle au pôle cherché. Si on observe avant midi, il faut retrancher l'heure marquée par la montre de 12 heures pour avoir l'intervalle de temps qui donne l'angle au pôle.

Si l'astre observé est une planète ou une étoile, la recherche de l'angle au pôle est un peu plus compliquée. Il se déduit toujours de l'angle horaire $\mathcal{H}$, qui lui-même s'obtient par la relation fondamentale :

$$H_i = \mathcal{R} + \mathcal{H}.$$

L'ascension droite $\mathcal{R}$ est donnée par la *Connaissance des temps* au moyen de l'interpolation ordinaire. Quant à l'heure sidérale, elle peut se déduire de l'heure moyenne par deux procédés différents, suivant qu'on se sert pour cela du méridien céleste qui passe par Paris au moment même de l'observation, ou de celui qui passe par le soleil moyen, à midi moyen du lieu.

Dans le premier cas, on calcule, au moyen de la longitude connue du lieu, l'heure moyenne de Paris au moment de l'observation, on la convertit en heure sidérale, et on a ainsi le temps sidéral à cet instant, c'est-à-dire l'angle qui sépare le méridien céleste du point γ du méridien céleste de Paris. On n'a plus qu'à ajouter l'angle qui sépare le méridien de Paris de celui du lieu, c'est-à-dire la longitude, pour avoir l'angle horaire du point γ par rapport au méridien du lieu c'est-à-dire l'heure sidérale.

Dans la seconde méthode : Au moyen de la longitude du lieu, on a le temps sidéral au midi moyen du lieu considéré, ce qui donne l'angle qui à cet instant sépare les méridiens du point γ et du soleil moyen. On sait d'ailleurs qu'il s'est écoulé, depuis cet instant, un intervalle temps moyen donné par l'heure moyenne ; il suffit donc de convertir cette heure moyenne en temps sidéral et de l'ajouter au temps sidéral à midi moyen, pour avoir l'heure sidérale cherchée.

Celle-ci étant obtenue, l'équation précédente donne l'angle horaire dont on conclut l'angle au pôle.

Les tables de M. Labrosse donnent, au moyen des trois arguments indiqués plus haut, les azimuts vrais de tous les astres de la *Connaissance des temps* dont la déclinaison est comprise entre les deux parallèles célestes de 31 degrés et pour toutes les positions du navire comprises entre les deux parallèles terrestres de 61 degrés.

Tables de M. Perrin. — Les tables de M. Perrin donnent également les azimuts vrais de tous les astres de la *Connaissance des temps*, compris entre les deux parallèles célestes de 70 degrés et pour toutes les positions du navire comprises entre les deux parallèles terrestres de 70 degrés.

Mais on n'obtient pas l'azimut par simple lecture au moyen des trois arguments précédents.

Deux tables auxiliaires, qui servent à d'autres calculs usuels et dont les arguments sont, dans l'une, la déclinaison de l'astre et son angle au pôle ; dans l'autre, ce même angle au pôle et la latitude du navire, donnent deux nombres dont la somme algébrique n'est autre que la correction Pagel, c'est-à-dire la variation produite sur l'heure locale pour une augmentation de 1 minute dans la latitude. Avec cette correction Pagel et la latitude du navire comme arguments, on entre alors dans une troisième table qui donne l'azimut de l'astre.

Pratique de l'observation. — Nous avons dit plus haut qu'on déterminait *simultanément* la valeur de quatre angles, ce qui suppose quatre observateurs. Mais, si l'on réfléchit que la hauteur de l'objet est constante et ne varie pas avec le temps, on voit qu'elle peut être déterminée à part et qu'on n'a plus besoin que de trois observateurs.

Le relèvement au compas de l'astre peut être fait par le timonier qui aide d'ordinaire l'officier des montres.

Enfin tout officier un peu exercé peut prendre successivement les deux angles qui restent avec une rapidité assez grande pour qu'on puisse considérer, sans erreur sensible pour le problème qui nous occupe, ces deux observations successives comme simultanées.

En somme, deux observateurs suffisent, et même seulement un observateur et un aide.

En résumé, soit par les cartes, soit par les calculs très simples que nous venons d'exposer, on aura le relèvement ou l'azimut vrai d'un objet remarquable, nettement visible du navire et suffisamment éloigné de lui pour qu'il n'y ait point lieu de tenir compte de la correction de parallaxe; à différents caps du navire, on relèvera cet objet au compas. La comparaison de ce relèvement avec l'azimut vrai donnera la variation cherchée au cap correspondant.

CHAPITRE IV

COURBES ET TABLES DE VARIATIONS ET DE DÉVIATIONS

En général, et surtout quand on détermine la variation au moyen de l'évitage naturel du bâtiment, les relèvements de l'objet visé ne sont pas pris à des caps équidistants. Le nombre des observations à faire varie suivant les cas.

Si le bâtiment vient d'être construit et prend la mer pour la pre-

mière fois, ou bien si l'on a changé à bord soit la place du compas
étalon, soit la disposition des pièces de fer qui l'environnaient, il
convient d'avoir au moins 20 observations de variation distribuées
à autant de caps, à peu près uniformément espacés sur la rose.
D'ailleurs la valeur de la déviation qu'on peut déduire aisément de
celle de la variation donne à cet égard des indications précieuses.
Si la déviation du compas atteint 18 à 20 degrés de valeur absolue,
il vaut mieux avoir 20 à 25 observations : si la déviation ne dépasse
pas 15 degrés, 15 à 20 observations suffiront.

Si faibles que soient les valeurs absolues de la déviation, il faut
toujours, pour une première étude du bâtiment après un armement, un ensemble d'au moins 12 à 15 observations.

On recueille toutes ces observations de variation dans une table
disposée de la façon suivante.

Il suffit en général d'inscrire les différents relèvements et variations au quart de degré près, les observations ne comportant pas
une approximation plus grande, même quand elles sont faites dans
les meilleures circonstances et avec le plus grand soin.

TABLE DE VARIATION DITE TABLE I,

ou

*Type pour enregistrer les observations de variation faites en rade pendant
que le bâtiment évite sous l'action du vent ou de la marée.*

NOM DU BATIMENT.   DATE ET LIEU DE L'OBSERVATION.
Relèvement vrai N 83° 30'O.

CAP du BATIMENT au compas étalon.	RELÈVEMENT au COMPAS.	VARIATION.	CAP du BATIMENT.	RELÈVEMENT au COMPAS.	VARIATION.
N 17 E	N 68° 20' O	— 15° 10'	S 57 O	N 50° 30' O	— 33°
N 35 E	N 76° 30' O	— 7°	S 75° 30' O	N 44° 30' O	— 39°
N 61 E	N 82° O	— 1° 30'	N 85° O	N 38° 30' O	— 45°
N 86 E	N 82° 30' O	— 0°	N 67° 30' O	N 37° 15' O	— 46° 15'
S 74 E	N 81° 15' O	— 2° 15'	N 32° O	N 38° 15' O	— 45° 15'
S 50 E	N 77° 30' O	— 6°	N 47° O	N 41° O	— 42° 30'
S 33 E	N 73° 45' O	— 9° 45'	N 25° O	N 15° 30' O	— 38°
S 9 E	N 67° 45' O	— 15° 45'	N 13° O	N 52° 45' O	— 30° 45'
S 14 O	N 61° 30' O	— 22°	N 2° O	N 58° 30' O	— 25°
S 31° 30'O	N 57° 30' O	— 26°			

Pour avoir la variation correspondant à un cap qui n'est pas dans la table, on fera une interpolation au moyen d'une simple règle de trois entre les deux caps de la table qui comprennent celui-là. Il est plus commode pour éviter ces interpolations de construire une courbe de variation.

Courbe des variations. — Pour cela on prend une feuille de papier, et on trace sur cette feuille une droite aussi longue que le papier le permettra. Cette droite représentera la circonférence de la rose rectifiée, ce sera la ligne des abscisses de la courbe. En la partageant en 360 parties égales, chacune des divisions représentera un degré de la rose. Si des points de division trop nombreux devaient entraîner quelque confusion, on se bornerait à indiquer les points de division qui correspondent aux 32 quarts de la rose, N, N.q.NE, N.NE, etc., voir (*fig.* 1) planche II à la fin du volume.

On marque également sur cette droite les points qui correspondent aux caps où l'on a fait des observations. En chacun de ces points on élève une perpendiculaire, à la droite des caps, et sur cette perpendiculaire on porte à une échelle arbitraire, qu'on devra prendre suffisamment grande, une longueur proportionnelle au nombre de degrés trouvé pour la variation à ce cap. On portera cette longueur à droite de la ligne des caps si la variation est Est ; à gauche si elle est Ouest. Ces droites perpendiculaires à la ligne des abcisses s'appellent les ordonnées de la courbe.

Exemple : Au cap N 17 E on a trouvé 23° 30' variation Ouest.

Si on convient que chaque degré de variation sera représenté par une longueur de $0^{mm},5$, on portera sur la perpendiculaire une longueur de $23,5 \times 0,^{mm}5$ et à gauche de la ligne des caps puisque la variation est Ouest.

On aura ainsi tous les points que nous avons entourés d'un petit cercle ; en faisant passer un trait continu par tous ces points, on aura la courbe des variations, qui permettra d'obtenir la variation à un cap quelconque.

Par exemple, pour avoir la variation au S 45 O qui n'est pas contenu dans notre table, on élèvera au point correspondant à ce cap, sur la ligne des caps, une perpendiculaire à cette droite. La longueur de cette perpendiculaire comprise entre la droite et la courbe étant de 34 divisions 25 centièmes de l'échelle adoptée, la variation est de 31°15'. La perpendiculaire étant à gauche de la ligne des caps, la variation est Ouest. Les constructions et mesures que nous venons d'exposer se simplifient considérablement si l'on a à sa disposition un papier quadrillé en carrés dont le côté représente un nombre exact de millimètres. Il suffit de compter les carrés pour avoir la valeur des quantités que l'on cherche.

Pour naviguer, on détermine la route vraie au moyen des cartes, et on doit la convertir en route au compas ; on serait donc obligé de passer de la courbe précédente à une autre permettant de résoudre ce problème inverse du précédent. Puis, cette courbe tracée, on aurait pour chaque route nouvelle du bâtiment une construction géométrique à effectuer, ce qui serait incommode et long. On préfère, au moyen de la courbe précédente, déterminer les variations correspondantes aux 32 caps équidistants du compas qui portent sur nos roses des noms particuliers N. N q, NE, N. NE, etc. On réunit ces variations dans la table ci-jointe qui permet de résoudre les deux problèmes élémentaires et primordiaux de la navigation.

TABLE II, DITE TABLE DE ROUTE

donnant les variations correspondant aux 32 caps principaux du compas.

NOM DU BATIMENT.   DATE ET LIEU DE L'OBSERVATION.

CAP du BATIMENT au compas étalon.	VARIATION.	CAP VRAI.	CAP au COMPAS.	VARIATION.	CAP VRAI.
Nord.	— 23° 40'	N 23° 40' O	Sud.	— 17° 20'	S 17° 20' E
N. q. NE.	— 17° 55'	N 6° 40' O	S. q. S O.	— 20° 25'	»
N. N E.	— 12° 20'	»	S. S O.	— 23° 30'	»
N E. q. N.	— 7° 20'	»	S O. q. S.	— 27°	»
N E.	— 3° 40'	»	S O.	— 30° 10'	»
N E. q. E.	— 1°	»	S O. q. O.	— 33°	»
E. N E.	0	»	O. S O.	— 36° 40'	»
E. q. N E.	+ 0° 35'	»	O. q. S O.	— 39° 45'	»
E.	— 0° 10'	»	O.	— 41° 40'	»
E. q. S E.	— 1° 15'	»	O. q. N O.	— 43° 50'	»
E. S E.	— 2° 25'	»	O. N O.	— 44° 30'	»
S E. q. E.	— 4° 0'	»	N O. q. O.	— 44° 05'	»
S E.	— 5° 50'	»	N O.	— 42° 30'	»
S E. q. S.	— 8° 25'	»	N O. q. N.	— 39° 30'	»
S. S E.	— 10° 50'	»	N. N O.	— 35° 20'	»
S. q. S E.	— 14° 30'	S 23° 43' E	N. q. N O.	— 29° 45'	N. 11° O.

Quand les variations sont considérables et changent rapidement, on peut encore resserrer les intervalles de la table précédente en espaçant les caps au compas de 5 degrés seulement.

La table précédente donne le moyen de résoudre à simple vue ou par une interpolation très simple les deux problèmes fondamentaux :

1º Étant donné une route vraie, trouver la route au compas qui lui correspond ; et sa réciproque,

2º Étant donné une route au compas, trouver la route vraie correspondante.

Le second problème peut se résoudre aussi sur la courbe des variations que nous avons tracée, et cela par des constructions très élémentaires, *si l'on a pris soin de représenter par la même longueur* un degré de la circonférence de la rose et un degré de variation de l'aiguille aimantée.

En appelant R le cap vrai, ζ le cap au compas et V la variation correspondante, la formule :

$$R = \zeta + V,$$

montre que dans chaque cas il faut pour avoir R ajouter algébriquement à ζ une longueur égale à l'ordonnée de la courbe qui correspond à ζ. On fait cette opération géométriquement soit en décrivant du point correspondant au cap du compas un arc de cercle ayant pour rayon l'ordonnée de la courbe, soit, ce qui revient au même, en menant, par le point de la courbe des variations qui correspond à ζ, une droite inclinée de 45 degrés sur la ligne des caps, dans un sens convenable suivant que la variation est Ouest ou Est. On forme, en effet, ainsi un triangle rectangle isocèle dont les deux côtés égaux sont l'ordonnée de la courbe et le côté situé sur la ligne des caps.

Mais nous n'insisterons pas sur cette construction parce que le premier problème se résout beaucoup moins facilement par le moyen de la courbe que par celui de la table. Il faut en effet, dans ce cas, ou faire une nouvelle courbe de variation correspondant au cap vrai, ou tracer tout au moins très près de la ligne des caps du compas une parallèle à cette ligne sur laquelle on inscrit les caps vrais trouvés par la construction indiquée plus haut, c'est-à-dire en face des positions qu'ils occupent sur la première ligne verticale. On joint alors par une droite les deux points représentant les caps au compas et les caps vrais qui se correspondent. Nous avons sur la figure 1, planche II, effectué la construction nécessaire pour les caps au compas N; N2O, et NE. q.N.

Que l'on adopte l'une ou l'autre de ces solutions, il y aura une complication de lignes, de notations, qui exige beaucoup d'attention, amène aisément des confusions et par conséquent des erreurs.

Diagramme de Napier (*fig.* 2, planche II). — M. J.-R. Napier, de Glascow, a donné la solution la plus pratique et la plus élégante des deux problèmes primordiaux qui ait été obtenue au moyen de courbes. Il a eu l'heureuse idée de porter les déviations correspondant aux caps au compas non pas sur des perpendiculaires à la ligne des caps, mais sur des lignes inclinées à 60 degrés sur cette droite, et que nous avons indiquées sur la figure 2, planche I, par des lignes ponctuées.

On trace de même, par chaque point de la ligne des caps correspondant à un cap principal, des lignes pleines également inclinées de 60 degrés sur la droite verticale, mais en sens inverse des droites ponctuées.

La relation générale $R = \zeta + V$ montre que le choix de cet angle de 60 degrés fait de chaque point de la courbe des variations le sommet d'un triangle équilatéral dont la base est sur la ligne des caps et dont les côtés respectivement parallèles aux lignes pleines et aux lignes ponctuées vont couper la ligne des caps aux caps vrais et du compas qui se correspondent.

Par suite nous aurons pour résoudre nos deux problèmes fondamentaux au moyen de ce diagramme les deux règles suivantes;

Règle I

Pour passer d'une route au compas à la route vraie correspondante. — Sur la ligne verticale prenez la route au compas donnée. Par ce point tracez une ligne parallèle aux lignes *ponctuées*, et du point où cette ligne rencontre la courbe menez une droite parallèle aux lignes *pleines*. Le point où cette dernière droite rencontre la ligne verticale donne la route vraie cherchée.

Règle II

Pour passer d'une route vraie à la route au compas correspondante. — Sur la ligne verticale prenez la route vraie, menez par ce point une parallèle aux lignes *pleines*, et par le point de rencontre de cette parallèle avec la courbe menez une droite parallèle aux lignes *ponctuées*. Le point de rencontre de cette droite avec la ligne verticale donne la route au compas cherchée.

Cette solution, on le voit, est très élégante; elle est très rapide si on a soin d'avoir des diagrammes tout préparés sur lesquels on n'ait plus qu'à porter les variations observées, on ne peut lui faire que le reproche général encouru par toute solution graphique qui réunit sur la même épure la résolution des deux problèmes à la fois.

Recommandations pratiques. — Il faut toujours se servir de courbes pour rassembler, coordonner les observations et trouver facilement les valeurs des inconnues intermédiaires aux observations faites.

Si on veut se servir des courbes pour la solution des deux problèmes de route primordiaux, il faut adopter le diagramme de Napier et avoir soin de prendre la même longueur pour représenter 1 degré sur la ligne des caps et 1 degré sur les ordonnées ponctuées qui sont proportionnelles aux variations.

Dans la pratique, l'officier des montres a avantage à construire une courbe de variations pour en déduire plus rapidement et plus exactement que par le calcul les éléments de la table II. Mais celle-ci peut-être copiée par n'importe qui, on n'est pas obligé de lui donner comme à la courbe le format le plus considérable possible pour augmenter l'exactitude des résultats, ce sera donc elle qu'il sera préférable de coller sur une plaquette de bois pour la mettre sur le pont à la disposition de l'officier de quart.

Une pareille table est évidemment d'autant plus exacte que : 1° les observations ont été plus nombreuses, 2° qu'il s'est écoulé moins de temps entre son établissement et le jour où l'on s'en sert, enfin 3° que la force magnétique terrestre qui agit sur le fer du navire et sur la boussole a moins changé en grandeur et en direction, autrement dit que le bâtiment est plus près du lieu où l'on a fait les observations.

En particulier, dès que le navire se déplace nous avons vu que les deux éléments *Déclinaison* et *Déviation*, dont l'ensemble constitue la variation, varient tous deux, ce qui entraîne le changement de la variation. On comprend qu'il soit utile de séparer ces deux éléments provenant, l'un du magnétisme terrestre, l'autre de celui du navire, afin de savoir la part d'influence de chacun sur la grandeur et le sens de la variation.

Les cartes géographiques donnent la grandeur et le sens de la déclinaison, et, quant à la déviation, nous avons déjà expliqué comment on l'obtient en grandeur et en signe quand on connaît la *Variation* par l'observation et la *Déclinaison* par les cartes.

Tables et Courbes des Déviations. Pl. II (*fig.* 1 et 2). — En nous reportant aux équations (30) (31) (32), nous voyons que l'on peut former des tables ou construire des courbes donnant la déviation du compas dans un lieu donné exactement de la même manière que nous avons obtenu la table I_v et la courbe I_v qui se rapportent aux variations. Il suffit, pour avoir une table de déviations correspondant à la table I_v, de remplacer le relèvement vrai de l'objet par son relèvement magnétique qu'on déduit aisément du premier quand on connaît la déclinaison. Supposons que cette dernière soit dans le cas qui nous occupe de 20 degrés N.O. : nous aurons :

$$\text{TABLE III}_D$$

*pour enregistrer les valeurs de la déviation, correspondant
à divers caps du bâtiment.*

NOM DU BATIMENT.　　　　　　　　LIEU ET DATE DE L'OBSERVATION.
Relèvement magnétique $=$ N 63° O　　　　Déclinaison adoptée 20° 30' O.

CAP du BATIMENT.	DÉVIATION.	CAP du BATIMENT.	DÉVIATION.
N 17 E	— 5° 20'	S 57 O	— 12° 30'
N 35 E	+ 13 30	S 75 30 O	— 18 30
N 61 E	+ 19	N 85 O	— 24 30
N 86 E	+ 20 30	N 67 30 O	— 25 45
S 74 E	+ 18° 15	N 52 O	— 24 45
S 50 E	+ 14 30	N 47 O	— 22
S 33 E	+ 10 45	N 25 O	— 17 30
S 9 E	+ 4 45	N 43 O	— 10 15
S 14 O	— 1 30	N 2 O	— 4 30
S 30 30 O	— 5 30		

Quant à la courbe III_D des déviations, nous l'obtiendrons soit au moyen de la table III_D, soit tout simplement en retranchant de chacune des ordonnées de la courbe des variations la longueur constante qui représente la Déclinaison, soit ici : $20,5 \times 0,^{mm}5 = 10,^{mm}25$, on obtiendrait ainsi les points marqués d'une croix, que nous avons reliés entre eux par une courbe marquée en trait pointillé.

On déduira de cette courbe D une table IV^D, qui contiendra les déviations de quart en quart pour tous les caps du compas ;

cette table aura deux colonnes. La première donnera les caps au compas successifs, la seconde la déviation correspondant à chacun de ces caps.

TABLE IV.

donnant les déviations du compas aux 32 caps principaux de la rose.

Nom du batiment *Trident* :   Lieu et date de l'observation : *Greenhithe.*
Relèvement magnétique :   Déclinaison adoptée 20° 30' O.

CAP au COMPAS ÉTALON.	DÉVIATION.	CAP au COMPAS ÉTALON.	DÉVIATION.
Nord.	— 3° 10'	Sud.	+ 3° 10'
N. q. N E.	+ 2° 35'	S. q. S O.	+ 0° 05'
N. N E.	+ 8° 10'	S. S O.	— 3° 0'
N E. q. N.	+ 13° 10'	S O. q. S.	— 6° 30'
N E.	+ 16° 30'	S O.	— 9° 40'
N E. q. E.	+ 19° 30'	S O. q. O.	— 13° 0'
E. N E.	+ 20° 30'	O. S O.	— 16° 10'
E. q. N E.	+ 21° 05'	O. q. S O.	— 19° 15'
Est.	+ 20° 20'	Ouest.	— 21° 10'
E. q. S E.	+ 19° 15'	O. q. N O.	— 23° 29'
E. S E.	+ 18° 05'	O. N O.	— 24° 0'
S E. q. E.	+ 16° 30'	N O. q. O.	— 23° 35'
S E.	+ 14° 30'	N O.	— 22° 0'
S E. q. S.	+ 12° 05'	N O. q. N.	— 19° 00'
S. S E.	+ 9° 40'	N. N O.	— 14° 50'
S. q. S E.	+ 6°	N. q. N O.	— 9° 15'

Ces tables et ces courbes ne doivent être employées, comme nous l'avons dit plus haut que dans des lieux peu éloignés du lieu où l'on a fait les observations, surtout si le navire est en fer, neuf, et si le compas a de fortes déviations.

Remarques pratiques. — On peut affirmer qu'il est indispensable, quand on se sert de courbes, de tracer à part la courbe des variations et celle des déviations, chacune sur une feuille séparée, et de les distinguer encore soit par la nature, soit par la couleur du trait, et par des en-têtes très différents de façon qu'il ne puisse y avoir de méprise.

Elles sont juxtaposées sur nos figures pour les avoir toutes deux dans un petit espace, cela n'a d'ailleurs ici aucun inconvénient puisqu'elles servent seulement d'exemples théoriques.

En résumé, la Courbe ou la Table des Variations donne directement la solution des deux problèmes généraux de la navigation, tandis que la Courbe ou la Table des Déviations indique seulement l'effet produit sur le compas par l'état magnétique du bâtiment; on ne peut donc, avec la seule aide de ces dernières tables, résoudre les deux problèmes précédents, et il y faut joindre la connaissance de la déclinaison.

Bâtiment à la mer. — Quand le navire est à la mer, on peut obtenir de semblables courbes en faisant exécuter au bâtiment ce qu'on appelle un tour d'horizon. Pour cela on lui fait décrire un cercle complet en l'arrêtant de deux quarts en deux quarts, ou seulement sur les huit rumbs principaux, suivant le temps que l'on veut mettre ou les doutes que l'on a sur les indications du compas. On le maintient assez longtemps sur chaque cap pour pouvoir prendre un bon relèvement d'un astre au compas et les éléments du calcul ou de la détermination par les tables, de l'azimut vrai du même astre à ce même cap.

Précautions à prendre pour avoir un bon relèvement. — Il faut avant tout s'assurer que la rose n'est pas paresseuse, c'est-à-dire qu'elle se meut librement sur son pivot. Il suffit pour cela de légers coups sur la boîte du compas, ou, mieux, d'écarter légèrement l'aiguille de sa position d'équilibre en lui présentant un morceau de fer quelconque, et de la laisser ensuite revenir au repos. On peut aussi faire une légère embardée au moyen de la barre et s'assurer que la rose indique bien le changement de route.

Cela fait, on ne devra prendre le relèvement de l'objet ou de l'astre que dans un instant où le cap du bâtiment soit bien fixe, où le navire n'embarde ni d'un bord ni de l'autre de la route.

Dès que le navire a changé notablement de position géographique, il faut, pour être sûr de sa route, déterminer la variation correspondant à cette route par des observations astronomiques, et, comme les astres ne sont pas toujours visibles, il faudrait, pour se prémunir contre l'impossibilité des observations, saisir de temps à autre les circonstances favorables pour établir une table ou construire une courbe complète. Mais cette observation demande pour être bien faite quatre à cinq minutes pour chaque cap d'observation, à bord d'un bâtiment à vapeur. Elle exige donc un temps considérable qu'on peut ne pas vouloir ni pouvoir perdre : à bord des bâtiments à voiles, elle exigerait beaucoup plus de temps encore et beaucoup plus de peine, ce qui la rendrait encore plus pénible ou incommode à faire.

Fort heureusement, la théorie de Poisson, perfectionnée par M. Archibald Smith, appliquée par le capitaine Evans, éprouvée enfin par une pratique de quinze années à bord des bâtiments en fer de toute espèce, permet de simplifier notablement les opérations nécessaires pour se procurer une table de déviations.

CHAPITRE V

CALCUL DES CINQ COEFFICIENTS APPROCHÉS

Emploi de la formule simplifiée des déviations. — Nous avons indiqué dans la première partie les raisons qui obligent, dès que les déviations dépassent 20 degrés en grandeur absolue, soit à chercher une autre place pour le compas étalon, soit à compenser celui-ci de façon à ramener les déviations à des valeurs inférieures à cette limite.

Nous supposerons dans ce qui va suivre que les déviations sont toujours plus petites que 20 degrés en grandeur absolue.

Il en résulte que la déviation δ à un cap au compas ζ' est donnée par la formule (12)

$$(12) \qquad \delta = A + B \sin \zeta' + C \cos \zeta' + D \sin 2\zeta' + E \cos 2\zeta',$$

qui ne contient que cinq coefficients et ne s'applique que dans cette limite.

Le problème général, connaître la déviation à un cap quelconque du bâtiment, est donc ramené à la détermination, par un procédé quelconque, de la valeur des cinq coefficients de l'équation indiquée.

Cinq observations de variation donnant cinq déviations suffiraient évidemment à cette détermination, puisque chaque observation nous donne une équation entre la déviation, le cap correspondant qui est connu, et les cinq coefficients que nous cherchons.

Mais on n'applique pas cette méthode naturelle à moins que les cinq caps en question ne soient les quatre directions cardinales et une direction intercardinale.

Comme, en général, on ne peut pas faire les observations rigoureusement à ces caps et que la résolution d'équations du premier degré, en nombre égal à celui des inconnues, entraîne des calculs fort compliqués dès que leur nombre dépasse trois, il est préférable de faire un plus grand nombre d'observations qu'on dispose de façon à simplifier notablement, au moyen des propriétés connues des lignes trigonométriques, les calculs nécessaires à la résolution des équations qu'elles fournissent.

Relations des lignes trigonométriques. — Rappelons quelques notions de trigonométrie dont nous aurons besoin.

La quantité qui jouera le principal rôle dans tous nos calculs, c'est l'angle ζ que l'on fait varier de 0 à 360 degrés en partant du Nord pour y revenir, en passant successivement par l'Est, le Sud et par l'Ouest.

Afin de calculer rapidement, il est nécessaire de bien se rappeler comment on compte les lignes trigonométriques et comment elles varient avec l'arc.

D'après les conventions adoptées, toute ligne dirigée vers le Nord ou vers l'Est doit être comptée positivement. On doit compter négativement toutes celles dirigées vers l'Ouest ou le Sud.

Supposons que le cap du navire soit dirigé suivant CM, l'avant vers M (*fig.* 24). On a $\zeta = $ NCM. Sin $\zeta = $ PM. cos $\zeta = $ CP. tg $\zeta = $ AB.

Enfin, sinus verse de $\zeta = 1 - \cos \zeta = $ AP.

Quand ζ varie de 0 à 360; le sinus positif dans le demi-cercle NES devient négatif dans le demi-cercle SON;

Le cosinus positif dans le quadrant N E devient négatif dans le quadrant E S et dans le quadrant S O pour redevenir positif dans le quadrant O N.

Deux arcs tels que leur somme soit égale à 90 degrés sont dits complémentaires l'un de l'autre, et, si nous les appelons a et b, on aura $a + b = 90$.

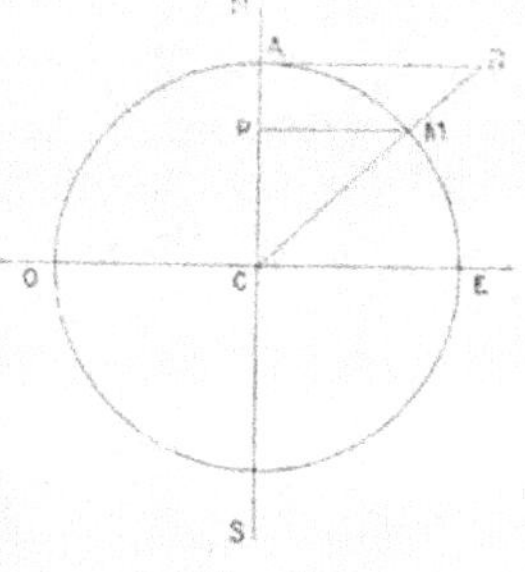

Fig. 24.

$$\sin a = \cos b \quad \cos a = \sin b \quad \mathrm{tg}\, a = \mathrm{cotg}.\, b.$$

Deux arcs tels que leur somme soit égale à 180 degrés sont dits supplémentaires l'un de l'autre, et, si nous les appelons a et c, on aura :

$$a + c = 180,$$

$$\sin a = \sin c \quad \cos a = \cos c \quad \mathrm{tg}\, a = - \mathrm{tg}\, c.$$

Deux arcs a et d tels que leur différence soit égale à 180 degrés, ont entre leurs lignes trigonométriques les relations suivantes :

$$a - d = 180.$$
$$\sin a = -\sin d \quad \cos a = -\cos d \quad \operatorname{tg} a = \operatorname{tg} d.$$

Divisons la rose en un nombre quelconque de parties égales, prenons 32, parce que ce nombre correspond à celui des quarts de la rose. Désignons par ζ_0 le cap Nord, par ζ_1, ζ_2, etc., les quarts successifs, ζ_1 désignera le cap N q. NE, ζ_2 le cap N. NE, ζ_8 le cap Est ; ζ_{16} le cap Sud, ζ_{24} le cap Ouest, enfin, ζ_{31} le cap au N. q. N O. Cette manière de noter les caps est commode, on voit de suite en effet que deux arcs tels que la somme des indices de ζ soit égale à 8 sont complémentaires, que, si cette somme est égale à 16, ils sont supplémentaires, que, si la différence des indices est égale à 16, les arcs diffèrent de 180 degrés.

Exemples : ζ_2 et ζ_6 sont complémentaires, et ζ_2 et ζ_{14} sont supplémentaires. Enfin les arcs ζ_2 et ζ_{18} diffèrent de 180 degrés. Suivant le cas, on pourra, en appliquant aux lignes trigonométriques de ces arcs les relations convenables parmi celles qui ont été rappelées plus haut, simplifier notablement les expressions qui les contiennent.

En faisant usage de ces relations, il est facile de voir que la somme : $\sin \zeta_0 + \sin \zeta_1 + \ldots + \sin \zeta_{31}$ que nous désignerons par $\Sigma_{32} \sin \zeta$ est nulle.

En effet, $\sin \zeta_0$ et $\sin \zeta_{16}$ sont nuls, $\sin \zeta_1 = -\sin \zeta_{17}$ et ainsi de suite jusqu'à $\zeta_{19} = -\sin \zeta_{35}$, c'est-à-dire que les termes de cette somme se détruisent deux à deux.

En appliquant la même notation, c'est-à-dire en désignant par le signe Σ_{32} la somme de 32 expressions semblables, allant de l'indice 0 à l'indice 31 et se rapportant aux 32 quarts, on verra par le même moyen que l'on a les 10 équations suivantes :

$$(\alpha) \quad \begin{cases} \Sigma_{32} \sin \zeta = 0 & \Sigma_{32} \cos \zeta = 0 \\ \Sigma_{32} \sin 2\zeta = 0 & \Sigma_{32} \sin \zeta \cos 2\zeta = 0 \\ \Sigma_{32} \cos 2\zeta = 0 & \Sigma_{32} \cos \zeta \sin 2\zeta = 0 \\ \Sigma_{32} \sin \zeta \cos \zeta = 0 & \Sigma_{32} \cos \zeta \cos 2\zeta = 0 \\ \Sigma_{32} \sin \zeta \sin 2\zeta = 0 & \Sigma_{32} \sin 2\zeta \cos 2\zeta = 0. \end{cases}$$

Enfin on aura :

$$(\beta) \quad \begin{cases} (\gamma) \quad \Sigma_{32} \sin^2 \zeta = 16 & \Sigma_{32} \cos^2 \zeta = 16 \\ \Sigma_{32} \sin^2 2\zeta = 16 & \Sigma_{32} \cos^2 2\zeta = 16. \end{cases}$$

La marche à suivre pour démontrer ces quatre dernières égalités est la même pour toutes.

Proposons-nous de démontrer l'équation (γ) : on a :

$$\sin^2 \zeta_0 = \sin^2 \zeta_{16} = 0 \quad \text{et} \ \sin^2 \zeta_8 = \sin^2 \zeta_{24} = 1$$

avec :

$$\sin^2 \zeta_4 = \sin^2 \zeta_{12} = \qquad \sin^2 \zeta_{20} = \sin^2 \zeta_{28} = \frac{1}{2}.$$

On a également :

$$\sin^2 \zeta_5 = \cos^2 \zeta_3 \quad \sin^2 \zeta_6 = \cos^2 \zeta_2 \quad \sin^2 \zeta_7 = \cos^2 \zeta_1,$$

ce qui pour le premier quadrant nous donne :

$$\sin^2 \zeta_0 + \sin^2 \zeta_1 + \sin^2 \zeta_2 + \sin^2 \zeta_3 + \sin^2 \zeta_4 + \sin^2 \zeta_5 + \sin^2 \zeta_6 + \sin^2 \zeta_7$$

$$= 0 + \frac{1}{2} + 3.$$

Les autres quadrants donneront : le second, $1 + \frac{1}{2} + 3$;

le troisième, $0 + \frac{1}{2} + 3$;

enfin le quatrième, $1 + \frac{1}{2} + 3$;

donc la somme est égale à 16.

1er CAS. Calcul des coefficients au moyen de 32 déviations.

Supposons que nous ayons de 25 à 30 déviations observées à autant de caps et que ces caps soient distribués à peu près uniformément autour de la rose ; nous pourrons nous en servir soit pour établir une table, soit pour tracer une courbe qui nous donnera les déviations du compas aux 32 caps principaux de la rose $\zeta'_0, \zeta'_1, \ldots \zeta'_{31}$.

Considérons maintenant les 32 équations qui correspondent aux 32 déviations trouvées aux 32 caps principaux du compas. Nous mettrons toujours pour la symétrie des écritures $\sin \zeta'_0$, $\cos \zeta'_8$, $\sin \zeta'_{16}$, $\cos \zeta'_{24}$, bien que chacune de ces quantités soit nulle :

$$F \left\{ \begin{array}{l} \delta_0 = A + B \sin \zeta'_0 + C \cos \zeta'_0 D + \sin 2\zeta'_0 + E \cos 2\zeta'_0 \\ \delta_1 = A + \ldots\ldots\ldots\ldots\ldots\ldots\ldots + E \cos 2\zeta'_1 \\ \\ \delta_{31} = A + B \sin \zeta'_{31} \ldots\ldots\ldots\ldots\ldots + E \cos 2\zeta'_{31}. \end{array} \right.$$

Calcul de A. — Si nous faisons la somme de toutes ces équations membre à membre et que nous tenions compte des relations (α), on verra que l'on a :

$$\delta_0 + \delta_1 \ldots\ldots\ldots\ldots + \delta_{31} = 32\,A.$$

Pour la commodité du type de calcul que nous voulons donner on écrira cette égalité ainsi :

$$32\,A = (\delta_0 + \delta_{16})$$
$$(\delta_1 + \delta_{17})$$
$$\cdots\cdots$$
$$\cdots\cdots$$
$$(\delta_{15} + \delta_{31}).$$

Calcul de B. — Multiplions chacune des équations F par le coefficient de B dans cette équation, et faisons ensuite la somme membre à membre des 32 équations ainsi préparées. On aura en tenant compte à la fois des relations (α) et des relations (β) et en désignant pour simplifier les écritures par S_0, S_1, ... S_{31} les quantités, $\sin \zeta_0$, $\sin \zeta_1$ . . . . $\sin \zeta_{31}$

$$\delta_0\,S_0 + \delta_1\,S_1 + \cdots\cdots\cdots + \delta_{31}\,S_{31} = 16\,B.$$

Mais si l'on remarque : 1° que $S_{17} = -S_1$, $S_{18} = -S_2$ et ainsi de suite ; 2° qu'on peut pour la symétrie des écritures et sans erreur poser $S_0 = -S_{16} -$; 3° et enfin, que S_9, S_{10}, S_{15}, peuvent facilement s'exprimer en fonctions de S_1. . . . S_7, on voit que :

$$16\,B = (\delta_0 - \delta_{16})\,S_0$$
$$+ (\delta_1 - \delta_{17})\,S_1$$
$$\cdots\cdots\cdots$$
$$\cdots\cdots\cdots$$
$$+ (\delta_8 - \delta_{24})\,S_8$$
$$+ (\delta_9 - \delta_{25})\,S_7$$
$$\cdots\cdots\cdots$$
$$+ (\delta_{15} - \delta_{31})\,S_1.$$

Calcul de C. — Des opérations toutes semblables nous donneront :

$$16\,C = (\delta_0 - \delta_{16})\,S_8$$
$$\cdots\cdots\cdots$$
$$+ (\delta_7 - \delta_{23})\,S_1$$
$$- (\delta_8 - \delta_{24})\,S_0$$
$$- (\delta_9 - \delta_{25})\,S_1$$
$$\cdots\cdots\cdots$$
$$\cdots\cdots\cdots$$
$$- (\delta_{15} - \delta_{31})\,S_7.$$

Calcul de D. — Pour avoir D il faut multiplier chacune des équa-

tions (F) par le coefficient de D dans cette équation et additionner.
En remarquant que :

$$\sin 2\zeta_0 = S_0$$
$$\sin 2\zeta_1 = S_2$$
$$\cdots\cdots\cdots$$
$$\cdots\cdots\cdots$$
$$\sin 2\zeta_{31} = -S_2.$$

En exprimant les divers sinus en fonction des sinus du premier quadrant seulement, enfin en groupant toutes les déviations qui sont multipliées par les mêmes sinus, on a :

$$16\,D = [(\delta_0 + \delta_{16}) - (\delta_8 + \delta_{24})]\,S_0$$
$$+\;[(\delta_1 + \delta_{17}) - (\delta_9 + \delta_{25})]\,S_2$$
$$\cdots\cdots\cdots\cdots\cdots\cdots$$
$$\cdots\cdots\cdots\cdots\cdots\cdots$$
$$\text{jusqu'à} \; + [(\delta_7 + \delta_{23}) - (\delta_{15} + \delta_{31})]\,S_2$$

Les multiplicateurs successifs des 8 polynomes étant respectivement :

$$S_0,\; S_2,\; S_4,\; S_6,\; S_8,\; S_6,\; S_4,\; S_2,$$

Calcul de E. — Un calcul tout à fait analogue au précédent donne :

$$16\,E = [(\delta_0 + \delta_{16}) - \delta_8 + \delta_{24})]\,S_8$$
$$+\;\cdots\cdots\cdots\cdots\cdots\cdots$$
$$+\;\cdots\cdots\cdots\cdots\cdots\cdots$$
$$\text{jusqu'à} \; [\delta_7 + \delta_{23} - (\delta_{15} + \delta_{31})]\,S_8$$

Les multiplicateurs successifs des 8 polynomes étant respectivement :

$$S_8,\; S_8,\; S_4,\; S_2,\; S_6,\; S_2,\; S_4,\; S_6.$$

Le groupement même des déviations dans la valeur des divers coefficients nous indique comment nous devons disposer les tables destinées au calcul rapide des cinq inconnues.

Nous diviserons les opérations en deux parties ; dans la première nous calculerons B et C et dans la seconde A, D, E.

DEUXIÈME PARTIE.

TYPE I.

TABLE A. — *Calcul des coefficients* B et C au moyen des déviations observées aux 32 rumbs principaux et équidistants du compas.

Nom du navire : *Trident.*

Lieu de l'observation : *Greenhithe.*   Date : 23 décembre 1856.

CAP au compas étalon.	I. DÉVIATION correspondante.	CAP au compas étalon.	II. DÉVIATION correspondante.	III. DEMI SOMME col. I + col. II.	IV. DEMI-DIFFÉRENCE col. I — col. II.	V. CALCUL DE B. Multiplicateurs.	V. PRODUITS de la col. IV par les multiplicat.	VI. CALCUL DE C. Multiplicateurs.	VI. PRODUITS de la col. IV par les multiplicateurs.
Nord.	— 3° 10'	Sud.	+ 3° 10'	+ 0° 0	— 3° 10'	$S_0 = 0$	0° 0'	$S_8 = 1$	— 3° 10'
N.q.NE	+ 2 35	S.q.SO.	+ 0 5	+ 1 20	+ 1 15	S_1	+ 0 15	S_7	+ 1 14
N N E.	+ 8 10	S.SO.	— 3 0	+ 2 35	+ 5 35	S_2	+ 2 8	S_6	+ 5 10
N E.q.N.	+ 13 10	S O.q.S.	— 6 30	+ 3 20	+ 9 50	S_3	+ 3 28	S_5	+ 8 11
N E.	+ 16° 50'	SO.	— 9° 40'	+ 3° 35'	+ 13° 15'	S_4	+ 9° 22'	S_4	+ 9° 22
N E.q.E.	+ 19 30	S O.q.O.	— 13 0	+ 3 15	+ 16 15	S_5	+ 13 31	S_3	+ 9 2
E N E.	+ 20 30	O.S.O.	— 16 10	+ 2 10	+ 18 20	S_6	+ 16 56	S_2	+ 7 1
E E.q.E.	+ 21 5	O.q.S.O.	— 19 15	+ 0 55	+ 20 10	S_7	+ 19 47	S_1	+ 3 56
Est.	+ 20° 20'	Ouest.	— 21° 10'	— 0° 25'	+ 20° 45'	$S_8 = 1$	+ 20° 45'	$S_0 = 0$	0° 0'
E.q.SE.	+ 19 15	O.q.NO.	— 22 20	— 2 02	+ 21 18	S_7	+ 20 53	— S_1	— 4 10
E S E.	+ 18 5	O.N.O.	— 21 0	— 2 57	+ 21 3	S_6	+ 19 25	— S_2	— 8 4
S E.q.E.	+ 16 30	N O.q.O.	— 23 35	— 3 33	+ 20 3	S_5	+ 16 40	— S_3	— 11 9
S E.	+ 14° 40'	N O.	— 22° 0	— 3° 40'	+ 18° 20'	S_4	+ 12° 58'	— S_4	— 12° 38
S E.q.S.	+ 12 5	N O.q.N.	— 19 40	— 3 47	+ 15 53	S_3	+ 8 49	— S_5	— 13 12
S S E.	+ 9 40	N.N.O.	— 14 50	— 2 35	+ 12 15	S_2	+ 4 41	— S_6	— 11 19
S.q.S E.	+ 6 0	N.q.NO.	— 9 15	— 1 37	+ 7 37	S_1	+ 1 30	— S_7	— 7 29

	col. v.	col. vi.
Σ des +	de col. v = + 173° 8'	Σ des + = + 43° 58' [illegible]
Σ des —	de col. v = 0	Σ des — = — 71° [illegible]
Somme totale	= 8 B = + 173° 8'	Σ totale = 8 C = — 27° [illegible]
	B = + 21° 38'	C = — 3° [illegible]

NOTES IMPORTANTES.

I. Suivant nos conventions les déviations inscrites avec le signe + sont des déviations est ; celles inscrites avec le signe — sont des déviations ouest.

II. La valeur des multiplicateurs S_1, S_2, etc., est donnée dans une table au bout du volume. D'ailleurs, pour abréger les calculs, une autre table donne les produits des arcs de 0° à 33° par ces différents multiplicateurs.

III. On voit pourquoi B et C s'obtiennent finalement en divisant seulement par 8 au lieu de 16. C'est que la col. III et la col. IV renferment, non pas les sommes et les différences qu'elles devraient contenir d'après les formules, mais seulement les moitiés de ces quantités. Quoique le calcul soit rendu ainsi un peu plus délicat, on est forcé de suivre cette marche dès que les sommes ou différences en question dépassent 33°, afin de pouvoir se servir de la table de multiplication qui abrège considérablement les opérations.

TYPE I.

TABLE B. *Calcul des coefficients* A, D, E *au moyen des déviations du compas aux 32 rumbs équidistants principaux.*

I. MOITIÉ supérieure de col. III, table A.	II. MOITIÉ inférieure de col. III, table A.	III. DEMI-SOMME col. I + col. II de cette table.	IV. DEMI-DIFFÉRENCE col. I — col. II de cette table.	V. CALCUL DE D		VI. CALCUL DE E	
				Multiplicateurs	PRODUITS de col. IV par les multiplicateurs	Multiplicateurs	PRODUITS de col. IV par les multiplicateurs
0° 0'	— 0° 27'	— 0° 12'	+ 0° 12'	$S_0 = 0$	0° 0	$S_4 = 1$	+ 0° 12'
+ 1 20	— 2 32	— 0 21	+ 1 41	S_2	+ 0 38	S_6	+ 1 31
+ 2 35	— 2 57	— 0 11	+ 2 46	S_4	+ 1 58	S_4	+ 1 58
+ 3 20	— 3 33	— 0 7	+ 3 26	S_6	+ 3 10	S_2	+ 1 24
+ 3° 35'	— 3° 40'	— 0° 2'	+ 3° 37'	$S_8 = 1$	+ 3° 37'	$S_0 = 0$	+ 0° 0'
+ 3 15	— 3 47	— 0 16	+ 3 31	S_6	+ 3 15	— S_2	— 1 20
+ 2 10	— 2 35	— 0 12	+ 2 27	S_4	+ 1 10	— S_4	— 1 10
+ 0 35	— 1 37	— 0 21	+ 1 16	S_2	+ 0 30	— S_6	— 1 10

Σ des termes + de col. III = 0
= — 1° 42'
Σ totale = 8 A = — 1° 42'
A = — 0° 13'

Σ des termes + de col. V = + 14° 48'
Σ des termes — de col. V = 0
Σ totale = 4 D = + 14° 48'
D = + 3° 42'

col. VI.
Σ des + = + 5° 03'
Σ des — = — 4° 10'
Σ totale 4 E = + 0° 53'
E = + 0° 13'

NOTES I et II. Comme celles de table A.

III. Les diviseurs de A d'une part, de D et E de l'autre, sont respectivement 8 et 4 au lieu de 32 et 16 comme ils devraient l'être d'après nos formules. Ceci vient de ce que les colonnes I et II ne contiennent que la moitié des quantités qui entrent dans les formules et de ce que les colonnes III et IV ne contiennent encore, l'une que la moitié de la somme col. I + col. II et l'autre que la moitié de la différence col. I et II. On a donc divisé deux fois par 2 c'est-dire en somme par 4.

2° CAS. — Calcul des coefficients au moyen de 16 déviations.

Supposons qu'on n'ait observé la déviation qu'à 15 à 20 caps du compas distribués sur la rose d'une manière à peu près équidistante. On se servira de ces observations pour établir une table ou tracer une courbe sur l'une desquelles on pourra obtenir les déviations aux 16 rumbs principaux équidistants du compas, ceux que nous avons appelés z_0, z_2, z_4…. z_{30}.

En écrivant les 16 équations qui correspondent à ces déviations et en suivant exactement la même marche que précédemment, on obtiendra sans aucune difficulté 16 A, 8 B, 8 C, 8 D, 8 E, comme nous avions obtenu précédemment 32 A, 16 B..... 16 E.

Si on veut avoir le développement de ces valeurs, il est clair qu'il suffit de prendre les équations obtenues dans le premier cas en sautant une ligne de deux en deux, c'est-à-dire, en sautant tout ce qui se rapporte aux déviations d'indice impair que nous ne faisons pas entrer dans le calcul.

Quant aux deux tables qui nous serviront à faire celui-ci, il est bien évident qu'elles sont en tout semblables aux deux précédentes, toujours sous la réserve qu'on sautera dans ces dernières toutes les lignes se rapportant aux déviations d'indice impair.

Afin d'éviter les longueurs, nous ne transcrirons pas de nouveau ces tables en les adaptant au nouveau cas considéré, chacun pouvant le faire sans l'ombre d'une difficulté. La seule différence, c'est que le diviseur final pour A, B, C, sera 4 : et pour D et E, 2 seulement.

3ᵉ CAS. — Calcul des coefficients au moyen des huit déviations principales

Supposons maintenant que nous n'ayons observé les déviations qu'à 12 ou 15 caps environ du compas, distribués de façon à peu près équidistante sur la circonférence ; comme tout à l'heure, on construira une courbe qui donnera les déviations aux 8 caps principaux du compas N, N E, E, S E, S, S O, O, N O, c'est-à-dire :

$$\frac{\delta_0}{0^\circ},\ \frac{\delta_4}{45^\circ},\ \frac{\delta_8}{90^\circ},\ \frac{\delta_{12}}{135^\circ},\ \frac{\delta_{16}}{180^\circ},\ \frac{\delta_{20}}{225^\circ},\ \frac{\delta_{24}}{270^\circ},\ \frac{\delta_{28}}{315^\circ}$$

En répétant pour les huit équations que nous avons dans ce cas particulier ce que nous avons dit pour les 32 équations du premier cas, on arrivera à obtenir sans difficulté la valeur de 8 A, 4 B, 4 C, 4 D, 4 E. Le développement de ces valeurs est donné en prenant les valeurs correspondantes du premier cas et en supprimant toutes les lignes qui contiennent des déviations dont l'indice n'est pas 0 ou n'est pas divisible par 4.

Bien que, comme dans le second cas, on n'ait qu'à copier les tables données pour le premier, en supprimant les lignes qui se rapportent aux déviations que l'on n'a pas, nous allons cependant donner le type des deux tables réduites qui conviennent dans ce cas particulier, parce que c'est celui qui se présente le plus fréquemment. Les calculs se font très rapidement et donnent des résultats suffisamment exacts pour la *pratique*.

TYPE II.

TABLE A. *Calcul des coefficients* B *et* C *au moyen des déviations déterminées
aux 8 rumbs principaux du compas.*

CAP au compas étalon.	I. DÉVIATION correspondante.	CAP au compas étalon.	II. DÉVIATION correspondante.	III. DEMI-SOMME des col. I et II ou $\frac{\text{col. I} + \text{col. II}}{2}$	IV. DEMI-DIFFÉRENCE des col. I et II ou $\frac{\text{col. I} - \text{col. II}}{2}$	V. CALCUL DE B Multiplicateurs.	V. CALCUL DE B PRODUITS de col. IV par les multiplicat.	VI. CALCUL DE C Multiplicateurs.	VI. CALCUL DE C PRODUITS de col. IV par les multiplicat.
Nord.	— 3° 10'	Sud.	— 3° 10	0° 0'	— 3° 10'	$S_0 = 0$	0° 0	$S_8 = 1$	— 3° 10
N.E.	+ 16 50	S.O.	— 9 40	+ 3 35	+ 13 15	S_4	+ 9 22	S_4	+ 9 22
Est.	+ 20 20	Ouest.	— 21 10	— 0 25	+ 20 45	$S_8 = 1$	+ 20 45	0	+ 0 0
S.E.	+ 14 40	N.O.	— 22 0	— 3 40	+ 18 20	S_4	+ 12 38	— S_4	— 12 58
						col. V		col. VI	
						Σ des termes +	= + 43° 5'	Σ des +	= + 9°22'
						Σ des termes —	= 0° 0'	Σ des —	= — 16° 8'
						Somme totale = 2B	= + 43° 5	Σ totale = 2C	= — 6°46'
						B	= + 21° 32'	C	= — 3°23'

TYPE II.

TABLE B. *Calcul des coefficients* A, D, E *au moyen des déviations
déterminées aux 8 rumbs principaux de compas.*

I. MOITIÉ SUPÉRIEURE de col. III, table A.	II. MOITIÉ INFÉRIEURE de col. III, table A.	III. CALCUL DE A DEMI-SOMME des col. I et II, table B.	III. CALCUL DE D ET E DEMI-DIFFÉRENCE des col. I et II de table B.
0° 0'	— 0° 25'	— 0° 12'	+ 0° 12' = E
+ 3 35	— 3 40	— 0 2	+ 3 37 = D
Σ des termes + de col. III = 0° 0'			
Σ des termes — de col. III = — 0° 14'			
Σ + + Σ — = 2A. A = — 0° 7'			

Calcul de quatre coefficients au moyen de quatre déviations
principales. — Toujours en répétant les mêmes raisonnements que
dans le premier cas, on établirait aisément les deux types de
tables fort simplifiées qui donnent, l'une les quatre coefficients
A, B, C et E au moyen des déviations déterminées aux quatre rumbs
cardinaux du compas, l'autre les quatre coefficients A, B, C et D.

au moyen des déviations déterminées aux quatre rumbs quadrantaux.

D'ailleurs, dans chacun de ces deux derniers cas nous n'avons que quatre observations de déviations, nous n'aurons donc que quatre coefficients sur cinq. Dans le cas des observations faites exactement aux points cardinaux du compas, le calcul nous donnera, A, B, C et E, mais nous n'aurons aucune indication sur la valeur de D qui atteint fréquemment 5 à 7 degrés et va parfois jusqu'à 14 degrés. C'est dire que ces quatre observations seules ne suffiront jamais, à moins qu'on n'ait déterminé D peu de temps auparavant, d'une manière quelconque mais précise.

Quant aux quatre observations faites aux rumbs quadrantaux NE, SE, SO, NO, elles donnent les coefficients A, B, C et D, et, si E a une très petite valeur, comme c'est le cas général, elles sont suffisantes. Mais on ne devra jamais se contenter de ces quatre seules observations, si une détermination antérieure n'a pas montré que le coefficient E était vraiment négligeable.

Tout autre groupement de quatre observations à quatre rumbs équidistants autres que les deux précédents ne nous donne rien, puisque nous avons alors quatre équations seulement, pour déterminer cinq inconnues.

De toutes les méthodes pour déterminer les coefficients, celle d'observer ou d'obtenir avec précision les déviations aux huit rumbs cardinaux et quadrantaux est la plus rapide, et elle est suffisamment exacte, quand les déviations ne dépassent pas 20 degrés, pour que l'on puisse se borner à ces 8 observations, et calculer les autres au moyen des coefficients ainsi déterminés.

Comparaison des valeurs des cinq coefficients obtenues au moyen d'un plus ou moins grand nombre de déviations. — Les deux tables A et B correspondant au cas où l'on détermine les 5 coefficients par les déviations observées ou obtenues aux 32 rumbs principaux du compas nous fournissent d'ailleurs des indications précieuses sur le degré de précision avec lequel on obtient ces coefficients quand on se contente d'un nombre moindre d'observations. Il est légitime d'attribuer aux coefficients déduits de 32 équations la plus grande précision, et de leur comparer tous ceux qu'on obtient autrement, en prenant pour mesure de l'approximation plus ou moins grande de chacun d'eux l'écart plus ou moins grand qui le sépare de sa valeur déduite au moyen des observations à 32 rumbs.

Remarquons qu'il y a huit manières d'obtenir les coefficients

A, B, C par des observations faites à quatre rumbs équidistants suivant que l'on prend pour cap initial ζ_0, ou ζ_1, ou ζ_2 jusqu'à ζ_7 inclusivement. D s'obtient seulement quand les quatre rumbs choisis sont les rumbs quadrantaux, E quand ce sont les rumbs cardinaux.

De même il y a quatre manières d'obtenir les cinq coefficients par des observations faites à huit rumbs équidistants, suivant que le rumb initial est ζ_0, ζ_1, ζ_2, ou ζ_3.

Enfin, il y a deux manières d'obtenir ces coefficients par des observations faites à seize rumbs suivant que le cap initial est ζ_0 ou ζ_1.

Les tables A et B, établies pour le cas de 32 équations, nous permettent d'avoir les valeurs des coefficients correspondant à tous ces cas. Il suffit pour chacun d'eux de ne prendre dans la table que les lignes correspondant aux déviations que l'on emploie. On trouve ainsi, pour les différentes valeurs des coefficients déduites d'un plus ou moins grand nombre d'observations, le tableau suivant :

COEF-FICIENT.	4 RUMBS.	8 RUMBS.	16 RUMBS.	32 RUMBS.	COEF-FICIENT.	4 RUMBS.	8 RUMBS.	16 RUMBS.	32 RUMBS.
A	− 0°12	− 0°7	− 0°10	− 0°13	C	− 3°10	− 3°23	− 3°29	− 3°27
	− 21	− 18	− 16			− 2 56	− 3 33	− 3 25	
	− 11	− 12				− 2 53	− 3 25		
	− 7	− 11				− 2 58	− 3 46		
	− 12					− 3 36			
	− 16					− 4 19			
	− 12					− 4 18			
	− 21					− 3 33			
B	+ 20°43	+ 21°02	+ 21°33	+ 21°38	D	+ 3°37	+ 3°37	+ 3°37	+ 3°42
	+ 21 8	+ 21 44	+ 21 43				+ 3 53	+ 3 17	
	+ 21 33	+ 21 35					+ 3 38		
	+ 22 8	+ 21 12					+ 3 40		
	+ 22 23								
	+ 22 20				E	+ 0°12	+ 0°12	+ 0°15	+ 0°13
	+ 21 37						+ 13	+ 11	
	+ 21 17						+ 18		
							+ 10		

Calcul recommandé pour la pratique. — Ce tableau justifie ce que nous avons dit de l'exactitude suffisante des coefficients obtenus au moyen des déviations observées à huit rumbs équidistants. Si, comme c'est le cas général, on ne peut observer exactement aux huit rumbs principaux, il faudra déduire les huit déviations nécessaires d'une courbe qu'on tracera au moyen d'une quinzaine d'observations au moins, réparties le plus uniformément possible autour de la rose.

Exactitude de la Méthode. — Nous venons de comparer les valeurs des cinq coefficients obtenues par différents procédés aux cinq valeurs que nous avons le droit de considérer comme les plus exactes. Il nous reste à nous assurer du degré de confiance que l'on peut accorder à celles-ci, aussi bien que de la légitimité de la méthode générale qui nous les a fournies. Pour cela, il convient évidemment de prendre ces cinq coefficients, de calculer avec ces cinq valeurs la déviation à chacun des caps principaux au moyen de la formule (12) et de comparer ces déviations calculées aux déviations observées correspondantes.

M. Faye, dans son *Cours d'astronomie nautique*, a fait cette comparaison pour les déviations du *Trident*, que nous avons empruntées au *Manuel de l'Amirauté anglaise*, où elles ont servi de type et de première application aux méthodes élégantes et sûres de MM. Archibald Smith et Evans.

En mettant en regard les déviations calculées et les déviations observées correspondant à un même cap, et en formant la différence, il a constaté que les différences étaient toujours comprises entre 0 et 64 minutes. En examinant l'ensemble de ces différences, il a trouvé de plus qu'elles suivaient une loi régulière, restaient de même signe dans un secteur de 60 degrés et s'annulaient en changeant de signe six fois tandis que le cap du navire faisait le tour entier de la rose. Nous avons donc affaire à une erreur sextantale. Elle tenait fort probablement à la longueur des aiguilles aimantées de la rose ; pour tenir compte de cette erreur, nous aurions dû prendre dans la formule les termes qui y correspondent

$$F \sin 3\zeta' + G \cos 3\zeta'.$$

M. Faye a déterminé ces deux nouveaux coefficients ; puis, en les joignant aux cinq autres déjà obtenus, il a calculé de nouveau les déviations. Les différences de ces nouvelles déviations avec les déviations observées sont insignifiantes, et n'affectent aucune allure systématique. En examinant ces derniers résidus, M. Faye a trouvé que l'erreur problable d'une des observations du *Trident* est d'environ 15 minutes. Pour des observations semblables, c'est un très haut degré de précision qui semble même devoir être très rarement atteint.

Nous renvoyons les lecteurs désireux d'avoir des idées précises
sur ces notions d'erreur probable, d'erreur moyenne qui jouent un
si grand rôle dans toutes les discussions des observations, à la
Théorie des erreurs à la fois si simple et si élégante que M. Faye a
présentée en quelques pages dans son cours d'Astronomie nautique.

En résumé, on voit que pour les déviations du *Trident* dont la
plus forte en valeur absolue est de 24 degrés, même lorsqu'on ne
tient pas compte de l'erreur sextantale et des coefficients qui lui
correspondent, l'écart maximum entre le calcul et l'observation est
de 64 minutes, erreur acceptable dans la pratique où il est difficile
de compter sur une plus grande approximation.

Quand donc au premier armement du navire nous aurons calculé
les cinq coefficients par une méthode quelconque, il conviendra
de s'assurer de la valeur des observations faites et de l'exactitude
des calculs, en calculant ensuite quelques-unes des déviations observées au moyen des coefficients et en comparant les valeurs calculées aux valeurs observées ; l'écart ne devra jamais être notablement plus grand que 1 degré ; s'il dépasse 2 degrés, ce sera un
avertissement d'avoir soit à recommencer les observations, soit à
surveiller attentivement le compas, si on n'a pas le temps de faire
une nouvelle série de déterminations.

CHAPITRE VI

SIMPLIFICATION DU PROBLEME
TROIS COEFFICIENTS SONT CONSTANTS
ET DEUX SEULEMENT VARIABLES

Nous avons déjà ramené la connaissance de la déviation à tous
les caps à la détermination de cinq coefficients que nous avons appris à calculer ; mais le problème est susceptible d'une plus grande
simplification encore. En effet, parmi ces cinq coefficients, trois, A,
D, E, sont constants dès que le magnétisme du bâtiment a atteint
un état voisin de son état d'équilibre, ce dont on est averti dès que
deux calculs successifs des cinq coefficients effectués à deux endroits différents et à deux dates assez éloignées l'une de l'autre
donnent pour ces trois coefficients des valeurs qui ne diffèrent respectivement que de quantités comparables aux erreurs d'observation. Et, avec les moyens d'observation dont on dispose à bord,

140   DEUXIÈME PARTIE.

il ne faut pas compter, en apportant le plus grand soin et dans les circonstances les plus favorables, avoir des erreurs moindres que 20 à 30 minutes d'arc.

Une fois cette condition remplie, et tant que la place du compas étalon, comme les pièces de fer du navire qui l'avoisinent, resteront les mêmes, on saura que si le navire se déplace, deux coefficients seuls B et C varient, et, par suite, deux observations suffiront à donner les deux équations qui permettront de les calculer.

Mais, quand l'état magnétique du navire est encore dans un état de fluctuation considérable, il suffira pour éviter tout mécompte de faire une troisième observation, qui permettra de calculer le coefficient D, dont les variations incomparablement inférieures à celles de C, et surtout de B, pourraient cependant, au moins dans la première année de service du bâtiment, atteindre des valeurs sensibles. Quant aux coefficients A et E, nous avons montré dans la première partie que le dernier est fréquemment négligeable et que, dans tous les cas, les variations de l'un et de l'autre sont assez faibles pour pouvoir être négligées. On prendra donc pour ces deux coefficients les valeurs trouvées dans le port, avant le départ.

Pour déterminer les trois autres coefficients, nous nous servirons toujours des observations de variation faites aux caps cardinaux ou quadrantaux du compas à cause de la forme très simple que prennent alors les équations correspondantes, que nous transcrivons ici :

$$(35)\ \begin{cases} \text{(1) Cap au Nord} & \delta_0 = A \qquad\qquad + C \qquad\quad + E \\ \text{(2) Cap au Nord-Est} & \delta_4 = A + 0,7\,(B + C) + D \\ \text{(3) Cap à l'Est} & \delta_8 = A + B \qquad\qquad\quad - E \\ \text{Cap au Sud-Est} & \delta_{12} = A + 0,7\,(B - C) - D \\ \text{Cap au Sud} & \delta_{16} = A \qquad\qquad - C \qquad\quad + E \\ \text{Cap au Sud-Ouest} & \delta_{20} = A - 0,7\,(B + C) + D \\ \text{Cap à l'Ouest} & \delta_{24} = A - B \qquad\qquad\quad - E \\ \text{Cap au Nord-Ouest} & \delta_{28} = A - 0,7\,(B - C) - D \end{cases}$$

Détermination à la mer des trois coefficients B,C,D par trois observations faites dans un même quadrant. — Un quart d'heure suffira à bord d'un navire à vapeur pour faire les trois observations nécessaires. On observera la variation aux deux caps cardinaux qui comprennent la route du bâtiment, et au cap quadrantal intermédiaire, on en déduira les déviations et on prendra les 3 équations qui correspondent respectivement à chacune de ces déviations. Sup-

posons que la route faite par le navire soit le N 70 E; on observera
la variation aux caps Nord, Nord-Est et Est du compas et on formera
les équations (1), (2), (3), du tableau précédent.

$$\text{L'équation (1) donnera} \quad C = \delta_0 - (A + E)$$
$$\text{L'équation (3) donnera} \quad B = \delta_8 - (A - E)$$

Enfin, B et (C) étant calculés, l'équation (2) donne

$$D = \delta_4 - A - 0,7\,(B + C).$$

B et C sont donnés par les deux premières équations avec les
signes qui les affectent, et ce sont ces quantités affectées de leurs
signes qu'il faut mettre dans l'équation (3).

Exemple : si on a, $A = -1°30'$ $E = +0°15'$

avec $\delta_0 = +3°20'$ $\delta_4 = +4°20'$ $\delta_8 = -9°40'$, on

négligera E, dont la valeur est si faible qu'elle provient peut-être
uniquement des erreurs d'observation, et on aura :

$$C = +5°50 \quad B = -8°10'$$
$$\text{puis } D = +4°20' - (-1°30') - 0,7\,(-8°10' + 5°50')$$
$$= 4°20' + 1°30' + 0,7 \times 2°20' = 7°29'.$$

Détermination à la mer des deux coefficients B et C. — Quand il
suffira d'obtenir les deux coefficients B et C, deux équations seules
seront nécessaires, et on les obtiendra en observant la variation aux
deux caps cardinaux qui sont les plus voisins de la route du bâtiment. De la variation on passera à la déviation au moyen de la déclinaison donnée par les tables, et on formera les équations. Ce cas
n'offre aucune difficulté.

Avec les deux ou trois coefficients déterminés par l'observation
directe, et les deux coefficients supposés connus, on sera en mesure
de calculer une nouvelle table, donnant les déviations correspondant aux 16 ou 32 caps principaux du compas pour le cas où le
navire est droit, et qui permettra par conséquent de faire avec sécurité les changements de route nécessaires pour arriver au mouil-
lage. Si le navire donnait fortement à la bande, il faudrait apporter
à chacune des déviations ainsi calculées une correction variable
avec le cap, et que nous donnons plus loin le moyen d'obtenir.

Calcul des déviations au moyen des cinq coefficients A, B, C, D, E. —
La manière la plus commode de disposer les calculs est indiquée
dans la table C, type III, où l'on a calculé les déviations du compas
étalon du *Trident* pour les 16 rumbs principaux de la rose.

On met à profit, pour calculer rapidement cette table, la forme particulière de l'équation de la déviation, que nous écrirons de la façon suivante :

$$\delta = A + D \sin 2\zeta' + E \cos 2\zeta' + B \sin \zeta' + C \cos \zeta'$$

On voit que, quand on a effectué les calculs nécessaires pour les huit valeurs de ζ', allant de deux en deux, de ζ'_0 à ζ'_{14}, qui se trouvent dans le premier demi-cercle, les calculs se simplifient notablement, car l'ensemble des trois premiers termes reprend pour les huit autres valeurs de ζ', exactement les mêmes valeurs avec le même signe, et, quant à l'ensemble des deux derniers, il reprend les mêmes valeurs, mais changées de signes. Cela dit, la table suivante n'exige aucune explication.

TYPE III.

TABLE C donnant les déviations aux seize caps principaux au moyen des coefficients A, B, C, D, E.

Nom du navire : *Trident*.

Lieu et date de l'observation : *Greenhithe*.   23 *décembre* 1856.

I. A = Déviation constante.	II. D = +3°42' Multiplicateurs	PRODUITS de D par les multiplicat.	III. E = +13' Multiplicateurs	PRODUITS de E par les multiplicat.	IV. SOMME des col. II et III — Déviation quadrantale.	V. SOMME des col. I et IV — Déviation constante et quadrantale.	VI. B = +21°40' Multiplicateurs	PRODUITS de B par les multiplicat.	VII. C = −3°27' Multiplicateurs	PRODUITS de C par les multiplicat.	VIII. SOMME des col. IV et VII — Déviation semi-circulaire.	CAP du navire au compas étalon.	IX. SOMME des col. V et VIII — Déviation calculée du compas étalon.
− 0° 13'	0	0° 0	1	+ 0° 13'	+ 0° 13	0° 0	0	0° 0	1	− 3° 27	− 3° 27	Nord.	− 3° 27
	S_4	+ 2° 37	S_4	+ 0° 9	+ 2° 46	+ 2° 33	S_2	+ 8° 18	S_6	− 3° 10	+ 5° 8	N. N. E.	+ 7° 41
	1	+ 3° 42	0	− 0° 0	+ 3° 42	+ 3° 29	S_4	+ 15° 19	S_4	− 2° 27	+ 12° 52	N. E.	+ 16° 21
	S_4	+ 2° 37	$-S_4$	− 0° 9	+ 2° 28	+ 2° 15	S_6	+ 20° 1	S_2	− 1° 20	+ 18° 41	E. N. E.	+ 20° 56
	0	0° 0	−1	− 0° 13'	− 0° 13	− 0° 26	1	+ 21° 40	0	0° 0	+ 21° 40	Est.	+ 21° 14
	$-S_4$	− 2° 37	$-S_4$	− 0° 9	− 2° 46	− 2° 59	S_6	+ 20° 1	$-S_2$	+ 1° 20	+ 22° 21	E. S. E.	+ 19° 22
	−1	− 3° 42	0	− 0° 0	− 3° 42	− 3° 55	S_4	+ 15° 19	$-S_4$	+ 2° 27	+ 17° 46	S. E.	+ 13° 51
	$-S_4$	− 2° 37	S_4	+ 0° 9	− 2° 28	− 2° 41	S_2	+ 8° 18	$-S_6$	+ 3° 10	+ 11° 28	S. S. E.	+ 8° 47
		Répéter la partie supérieure de la col. V dans la partie inférieure.				0° 0		Répéter la partie supérieure de la colonne VIII dans la partie inférieure en changeant les signes.			+ 3° 27	Sud.	+ 3° 27
						+ 2° 33					− 5° 8	S. S. O.	− 2° 35
						+ 3° 29					− 12° 52	S. O.	− 9° 23
						+ 2° 15					− 18° 41	O. S. O.	− 16° 26
						− 0° 26					− 21° 40	Ouest.	− 22° 6
						− 2° 59					− 22° 21	O. N. O.	− 25° 20
						− 3° 55					− 17° 46	N. O.	− 21° 41
						− 2° 41					− 11° 28	N. N. O.	− 14° 9

N. B. On peut se dispenser de ces calculs en se bornant à calculer, au moyen des formules très simples données plus haut, page 140, les déviations aux huit caps principaux. On construit alors à l'aide de ces huit quantités une courbe des déviations sur laquelle une simple mesure donne la déviation à la route que l'on veut faire. On trouvera dans la troisième partie page 166 une autre méthode graphique encore plus expéditive pour résoudre la même question.

Remarque importante. — Comme les coefficients A, D, E sont constants, les cinq premières colonnes de la table C ne changent pas : il suffit donc, quand on veut obtenir la nouvelle table de déviations qui correspond à une nouvelle position du bâtiment, de calculer pour les 16 rumbs principaux, la somme :

$$ B \sin \zeta + C \cos \zeta, $$

avec les nouvelles valeurs de B et C qu'on aura trouvées.

Ce calcul s'effectue rapidement au moyen de la table auxiliaire placée à la fin du volume.

Appareil du docteur Paugger. — Le docteur F. Paugger, directeur de l'École supérieure de Commerce et de Navigation, à Trieste, a fait construire un appareil fort ingénieux nommé « Dromoscope », qui effectue lui-même ces calculs de la manière suivante :

À chaque coefficient correspond une échelle graduée sur laquelle se meut une vis de pression. On fixe cette vis sur la valeur connue du coefficient correspondant.

On ajoute d'ailleurs au coefficient A la valeur de la déclinaison pour le lieu donné.

Cela fait, des index particuliers permettent de lire immédiatement, sur des cercles gradués, les routes magnétiques et vraies qui correspondent à une route au compas donnée.

On a, de même, la solution immédiate du problème réciproque.

Déterminer la déclinaison à bord, soit en rade, soit à la mer. — Ordinairement, les cartes marines contiennent les courbes de déclinaison ou un nombre assez grand de valeurs de cette quantité pour qu'on puisse l'obtenir avec une exactitude suffisante pour la pratique. Si cependant, pour une cause ou pour une autre, on n'avait pas ce moyen rapide de la déterminer, l'équation générale (29) que nous mettrons sous la forme :

$$ \text{Déclinaison} = \text{Variation} - \text{Déviation}, $$

nous montre que, toutes les fois qu'on aura observé une variation, on en pourra conclure la déclinaison, si, par les formules précédentes, nous connaissons la déviation au cap de navire indiqué par le compas.

Or, nous avons cette déviation toutes les fois que nous connaissons les cinq coefficients qui entrent dans la formule (12), pourvu que les déviations soient inférieures à 20 degrés. Mais on comprend que, pour éviter le long calcul des cinq termes de la formule, on préfère choisir les caps au compas de façon à abréger les opérations; on prend ordinairement un des caps cardinaux.

En se reportant aux équations (35), on verra qu'il entre toujours dans la déviation à un cap cardinal, soit le coefficient B, soit le coefficient C; ce sont les coefficients les plus irréguliers et les plus variables de la formule (12). Si, pour une raison quelconque, on doutait de l'exactitude de leurs valeurs, pour le lieu où l'on se trouve, rien ne serait plus aisé que de s'en passer. Il suffirait pour cela d'observer, non plus à un seul cap cardinal, mais à deux d'entre eux diamétralement opposés. Prenons, par exemple, le Nord et le Sud, appelons x l'azimut magnétique exact inconnu de l'objet ou de l'astre que nous relevons, b_0 et b_{16}, les deux relèvements au compas aux deux caps donnés, δ_0, δ_{16} les deux déviations inconnues à ces deux caps, on aura évidemment d'après l'équation (32) :

$$(\alpha) \begin{cases} x = b_0 + \delta_0 \\ x = b_{16} + \delta_{16} \end{cases} \quad \text{ou} \quad 2x = b_0 + b_{16} + \delta_0 + \delta_{16} = b_0 + b_{16} + 2(A+E).$$

qui nous donne l'azimut magnétique x, en fonction des azimuts au compas observés et des coefficients constants A et E, que l'on doit déterminer avec une grande exactitude avant le départ. Ayant l'azimut vrai de l'astre ou de l'objet et son azimut magnétique, leur différence donnera la déclinaison cherchée.

Enfin, en admettant qu'on ait un compas dont les déviations soient si considérables qu'on ne puisse leur appliquer la formule simplifiée (12), il est facile de voir qu'il suffit de relever l'astre ou l'objet successivement à quatre caps équidistants sur la rose et séparés par 90 degrés pour obtenir la déclinaison sans l'aide d'aucun autre coefficient que A. Prenons les notations précédentes, et supposons, pour plus de simplicité, que les quatre caps choisis soient les quatre caps cardinaux. Nous aurons, en additionnant les équations semblables à (α) que nous donne chaque relèvement à un cap cardinal :

$$4x = b_0 + b_8 + b_{16} + b_{24} + \delta_0 + \delta_8 + \delta_{16} + \delta_{24}.$$

Or, puisque la déviation du compas est un phénomène périodique, l'équation générale (11) de la première partie s'y applique et montre que la somme des quatre déviations inconnues qui entrent dans la formule est précisément égale à 4 A, et on doit toujours avoir déterminé ce coefficient avant le départ.

Du relèvement magnétique, on passe, comme nous l'avons dit, à la déclinaison, et l'on voit ainsi que, dans le cas le plus général, quatre relèvements du même astre ou du même objet pris à des caps équidistants de 90 degrés suffisent pour obtenir cette quantité.

CHAPITRE VII

DÉTERMINATION PRATIQUE, EN FAISANT INCLINER LE NAVIRE, DU COEFFICIENT DU A LA BANDE

Influence de la déviation due à la bande. — Nous avons donné dans la première partie, formule (24), l'expression qui lie les deux déviations au même cap du compas, et déterminées, l'une quand le bâtiment est droit, l'autre quand il est incliné d'un angle i, que l'on compte positivement ou négativement dans les calculs suivant que le navire est incliné sur tribord ou sur bâbord.

En général les paramètres c et g sont très petits ; on peut dès lors négliger les termes qui les contiennent et écrire avec une exactitude suffisante pour la pratique :

$$\delta_i = \delta + J\, i \cos \zeta'.$$

Connaissant δ par les calculs précédents, ζ' par le compas, i par l'oscillomètre du bord, on voit qu'il suffit, pour obtenir δ_i d'avoir la valeur de J qu'on appelle le coefficient dû à la bande. La théorie permet de déterminer ce coefficient, sans même faire incliner le bâtiment, mais on doit alors avoir à sa disposition une aiguille aimantée disposée de manière à pouvoir faire des observations de rapport d'intensités de forces magnétiques verticales.

Détermination de J en faisant incliner le navire. — Quand on n'est pas muni de l'appareil précédent, on peut obtenir J en faisant incliner le navire d'un angle i, on amène alors le cap sur la division du compas ζ' qu'il occupait quand le navire était droit et la formule précédente donne :

$$J = \frac{\delta_i - \delta}{i \times \cos \zeta'}.$$

La différence $\delta_i - \delta$ est d'autant plus sensible que l'angle i est plus grand, il convient donc que l'angle de bande soit de 6 à 8 degrés ; s'il est trop difficile de lui faire atteindre cette valeur, on se borne à incliner successivement le navire de 4 degrés sur tribord puis sur bâbord, ce qui est relativement toujours aisé ; on a alors, en appe-

lant δ_t et δ_b les deux déviations observées, si l'angle de bande est le
même sur bâbord et sur tribord :

$$J = \frac{\delta_t - \delta_b}{2\,i\cos\frac{\omega}{2}},$$

où :

$$J = \frac{1}{2\cos\frac{\omega}{2}}\left[\frac{\delta_t - \delta}{i_1} - \frac{\delta_b - \delta}{i_2}\right],$$

i_1 et i_2 étant les deux angles d'inclinaison sur tribord et sur bâbord.
Nous avons tenu compte du signe de i, pour écrire cette formule;
il faudra donc remplacer simplement i_2 par sa valeur en degrés
prise positivement.

Sur tout navire donnant facilement à la mer une bande de 7 à
8 degrés, il convient de calculer avec soin le coefficient J, et de pré-
parer, suivant le conseil et l'exemple donnés par M. Gelgich, Directeur de l'École de navigation de Cattaro, une table qui donne à
simple lecture la valeur de $J\,i\cos\zeta$ pour les caps principaux du compas, et différentes valeurs de l'angle i.

M. Gelgich dispose cette table de la manière suivante :

$$J =$$

	N.	N.q.NE.	NNE.			ENE.	E.q.NE.	E.
+i	S.	S.q.SE.	SSE.			ESE.	E.q.SE.	E.
2°	...	...	...	...	...	...	...	...
4°	...	...	...	...	...	...	...	...
...	...	...	...	...	...	...	...	...
...	...	...	...	...	...	...	...	...
16°	...	...	...	...	...	...	...	...
+i	N.	N.q.NO.	NNO.	...	...	ONO.	O.q.NO.	O.
	S.	S.q.SO.	SSO.	...	...	OSO.	O.q.SO.	O.

Pour former cette table, on calcule d'abord J, on suppose que i
est un angle de bande donné sur tribord, c'est-à-dire positif, et on
effectue le produit $J\,i$. Pour former aisément les produits $J\,i\cos\zeta$
correspondant aux divers caps, on remplacera ζ par l'angle complémentaire ζ_1, et la table auxiliaire de la fin du volume donnera
par une simple lecture les produits $J\,i\sin\zeta_1$; on forme ainsi les
lignes horizontales qui correspondent aux diverses valeurs de i et
de ζ. Mais il ne faut pas oublier que les nombres inscrits dans la

table, avec le signe qui les accompagne, sont les corrections qui correspondent à un angle de bande positif, et à un cap intermédiaire entre le Nord et l'Est.

Si on veut la correction qui correspond à un autre cap, il faudr bien faire attention au signe de cos ζ', et, comme il est négatif pour tous les caps compris entre l'Est et l'Ouest en passant par le Sud, il faudra pour tous ces caps changer de signe la correction trouvée dans la table.

Enfin, si le navire s'incline sur bâbord, i est négatif, et il faut de ce fait changer de signe tous les nombres inscrits dans la table, puis, cela fait, il faudra de même que dans le cas précédent, voir si cos ζ' est positif ou négatif, pour savoir si finalement la correction conserve ce signe ainsi modifié, ou si elle reprend par un second changement de signe, dû cette fois à ζ', le signe qu'elle avait dans le premier tableau.

Pour se servir de cette table, on y entre avec la valeur de i et on suit la ligne horizontale correspondante, jusqu'à ce qu'on arrive au nombre qui se trouve dans la colonne verticale, ayant en tête le cap du bâtiment. Quand le cap ni le degré de bande ne se trouvent exactement dans la table, on interpole à la manière ordinaire.

Il est essentiel de ne pas négliger de faire cette correction. C'est de là que proviennent souvent des erreurs d'estime considérables qu'on attribue alors soit à des courants, soit à des déviations irrégulières.

Importance du coefficient de bande. — Pour des navires cuirassés et même pour des navires sans cuirasse, mais construits en fer, il n'est pas rare de voir ce coefficient atteindre 0, 5 et 0, 6 même pour des compas bien placés. Si $J = 0, 5$ par exemple, 10 degrés de bande donneront, quand le navire fera route au Nord, une erreur de près d'un demi-quart, qui pour 150 milles parcourus correspond à une erreur d'estime de près de 15 milles.

Quelquefois, ce coefficient atteint des valeurs de 0, 8 ; 1 et même 1, 5 ; son importance s'accroît d'autant, et il devient alors dangereux de le négliger dans les calculs, si on navigue à l'estime.

Il est essentiel de se rappeler que ce coefficient change avec la position géographique du navire et qu'il faut, par conséquent, dans les premiers voyages du navire surtout, saisir toutes les occasions possibles de le déterminer dans divers parages.

Résumé de la seconde Partie. — En somme, dans cette seconde partie, et dans le cas où, le navire étant droit sur sa quille, les dévia-

tions ne dépassent pas 20 degrés, nous avons ramené la connaissance
de la déviation (et par suite de la variation) à tous les caps du bâtiment, à la détermination de cinq coefficients que nous avons appris
à calculer à la fois, et avec une exactitude suffisante pour les
besoins de la pratique, au moyen de huit observations de variation,
faites aux huit caps principaux du compas, et d'où on conclut les
déviations correspondantes.

Ce calcul une fois fait complètement au port de départ, il suffira,
pour tenir sa table de déviations à jour, c'est-à-dire pour la calculer à nouveau, quand le navire se déplace, dans le cas le plus défavorable, celui où D varie, de trois observations de variation qui
seront réduites, en général, après la première année de service du
navire, à deux seulement.

Quand le navire donne à la bande facilement, nous avons montré
la nécessité et l'importance d'apporter aux déviations, précédemment trouvées, une correction dont nous avons appris à calculer le
coefficient principal, au moyen d'une seule observation de variation, faite quand le navire est incliné.

Ainsi, en résumé, trois observations de variation, dont l'une est
faite, le navire étant incliné d'un angle connu, suffisent à donner
les coefficients variables B, C, J, nécessaires au calcul des déviations,
à tous les caps, et dans une position quelconque, droite ou inclinée
du bâtiment.

Dans la troisième partie, en analysant, plus exactement, les relations
qui existent entre les coefficients approchés, les coefficients exacts
et les forces magnétiques qui s'exercent à bord, nous montrerons :

1° Que quand on a, à sa disposition, les moyens d'obtenir le rapport de la force directrice de l'aiguille, à bord, à un cap donné, à
la force magnétique terrestre, une seule observation de variation,
jointe à la valeur du rapport précédent au même cap, suffit pour
déterminer au bassin, et parfois à la mer, les deux coefficients variables B et C, et :

2° que, quand on peut faire des observations de rapport de forces
magnétiques verticales, une seule observation de ce genre permet,
sans faire incliner le navire, de trouver la valeur du coefficient
principal de l'erreur due à la bande.

Nous donnerons aussi, dans cette troisième partie, une nouvelle
méthode graphique, très simple et très expéditive, pour passer de
la connaissance des cinq coefficients, à celle de la déviation, à un
cap quelconque.

TROISIÈME PARTIE

EXPRESSION DES FORCES MAGNÉTIQUES

QUI AGISSENT A BORD

LEURS RELATIONS AVEC LES COEFFICIENTS EXACTS.
MÉTHODE GRAPHIQUE POUR TROUVER LA DÉVIATION
ET LA FORCE DIRECTRICE DU COMPAS

Des coefficients exacts. — Nous avons donné, dans la première partie [équations (6)], les expressions des coefficients $\mathfrak{A}$, $\mathfrak{B}$, $\mathfrak{C}$, $\mathfrak{D}$, $\mathfrak{E}$, en fonction de quantités que nous ne savons pas, dans l'état actuel de nos connaissances, déterminer *à priori*. Ces expressions sont donc purement théoriques et ne nous donnent pas le moyen de calculer ces coefficients exacts, dont l'importance est évidente puisque ce sont eux, et non les coefficients dits approchés, qui s'introduisent naturellement dans la question et qui sont liés directement aux forces magnétiques de diverses provenances qui s'exercent à bord.

On arrive à cette détermination des coefficients exacts de deux manières bien différentes.

La première, qui est la plus usitée dans la pratique et qui donne une approximation bien suffisante, est une méthode indirecte; elle consiste à déterminer les coefficients exacts au moyen des valeurs des coefficients approchés, valeurs que nous avons appris à calculer dans la deuxième partie.

Nous pourrions donc, s'il s'agissait du simple calcul des coefficients exacts, nous en tenir aux données que nous possédons déjà, en y joignant les relations qui lient les deux espèces de coefficients.

Il est cependant indispensable de donner la seconde méthode qui est directe et fondée sur la possibilité d'obtenir aisément le rapport des intensités des forces magnétiques, parce qu'elle fait mieux comprendre les relations étroites qui existent entre les coefficients et le magnétisme du navire et qu'elle met en évidence le coefficient λ défini plus haut.

CHAPITRE PREMIER

Diverses expressions des forces magnétiques qui agissent à bord. —
Nous allons former les expressions des composantes vers l'avant
du bâtiment et vers tribord des composantes de la force magnétique qui s'exerce à bord sur le pôle de l'extrémité Nord de l'aiguille
aimantée.

Nous décomposerons cette force suivant les trois axes rectangulaires ox, oy, oz dont nous avons fixé la direction dans la première
partie, page (54).

Nous pourrions aisément former l'expression des deux premières
composantes à l'aide des formules contenues dans la première
partie.

Les formules (8) et (9) nous donnent, en effet, l'expression des
composantes, vers le Nord et l'Est magnétiques, de la force qui
oriente le compas.

Si nous voulons passer de ces composantes à celles qui sont
dirigées vers l'avant et vers tribord du navire, il nous faudra former les expressions :

$$\frac{H'}{\lambda H} \cos \zeta' \text{ et } \frac{H'}{\lambda H} \sin \zeta', \text{ or } \delta = \zeta - \zeta' \text{ donc } \zeta' = \zeta - \delta,$$

et par suite :

$$\cos \zeta' = \cos \delta \cos \zeta + \sin \delta \sin \zeta,$$
$$\sin \zeta' = \cos \zeta \sin \delta - \sin \zeta \cos \delta.$$

Il faudra donc multiplier les deux termes de l'équation (8) par
$\cos \zeta$, les deux termes de l'équation (9) par $\sin \zeta$, et ajouter pour

avoir $\dfrac{H'}{\lambda H} \cos \zeta'$; et de même, multiplier les deux termes de l'équa-

tion (9) par $\cos \zeta$, puis les deux termes de l'équation (8) par $- \sin \zeta$,

et ajouter pour avoir $\dfrac{H'}{\lambda H} \sin \zeta'$.

On peut également trouver ces deux quantités sans calcul par
une marche directe, qui n'offre aucune difficulté au point où nous
en sommes, et qui a le double avantage de donner aux deux composantes cherchées la forme sous laquelle on les emploie habituellement et de donner en même temps la composante dirigée suivant oz dont nous aurons besoin dans la suite.

Nous supposons toujours que l'aiguille ou les aiguilles du compas sont assez petites, les pièces de fer du navire qui agissent sur elles assez éloignées, pour que toutes les actions magnétiques auxquelles l'aiguille est soumise puissent être assimilées à des couples dont les deux forces égales, parallèles et opposées, seront appliquées chacune à l'un des deux pôles de l'aiguille.

Ne considérons que le pôle situé à l'extrémité Nord de l'aiguille.

Les forces magnétiques qui agissent en ce point sont au nombre de trois :

1° La force magnétique de la terre;

2° La force magnétique résultant du magnétisme sous-permanent du navire ;

3° La force magnétique qui provient de l'action de la force terrestre sur le fer doux du navire.

Décomposons chacune de ces trois forces suivant les trois axes choisis :

et soient X, Y, Z, les composantes de la première force,

P, Q, R, les composantes de la seconde.

Quant aux expressions des composantes de la troisième force, on les obtient en considérant séparément l'action de chacune des composantes terrestres sur le fer doux.

La composante X, par exemple, agissant sur une molécule de fer doux, y développera une force magnétique de grandeur $t\,X$, de direction déterminée et qui, décomposée suivant les trois axes, donnera respectivement les composantes $m\,X, n\,X, p\,X$.

Si nous faisons la somme de toutes ces composantes pour toutes les molécules du fer doux du navire, nous verrons que la composante X de la force magnétique terrestre développe, dans le fer doux du navire, une force magnétique dont les composantes, suivant les trois axes, peuvent être représentées respectivement par $a\,X, d\,X, g\,X$.

Un raisonnement tout semblable nous montrera que les composantes de la force magnétique induite sous l'action de y seront respectivement : $b\,Y, e\,Y, h\,Y$, et enfin que les composantes de la force magnétique induite par Z seront respectivement : $c\,Z, f\,Z$ et $k\,Z$.

Et il est évident qu'on peut regarder chacune de ces neuf composantes comme émanée de l'une des neuf tiges de fer doux dont nous avons parlé dans la première partie et dont la planche II indique les positions diverses, variables avec le signe du paramètre que chacune d'elles introduit. Ce signe est positif quand l'action exercée par la tige qui le représente, sur le pôle n de l'aiguille aimantée, est dirigée suivant la direction même de l'un des axes ox, oy, oz; et négatif, quand le magnétisme de cette tige donne naissance à une force dirigée suivant ox', oy', oz', c'est-à-dire suivant les directions opposées à nos trois axes.

On voit bien pourquoi le signe de chaque coefficient ne dépend pas explicitement du cap du bâtiment, c'est que d'abord les axes eux-mêmes sont liés invariablement au bâtiment et qu'ensuite nous avons affaire à du fer doux dans lequel l'orientation des pôles dépend de la direction du cap. Il s'ensuit que, quand l'axe ox a décrit un angle de 180 degrés, par exemple, l'orientation des pôles de la tige horizontale a changé également de façon que ce double changement, dans la direction de l'axe et dans la polarisation de la tige, laisse le même signe au paramètre introduit par cette dernière.

Par conséquent, si nous appelons X', Y', Z', les composantes suivant les axes désignés de la force que nous avons appelée H' nous aurons :

$$(36) \quad \begin{cases} X' = X + a\,X + b\,Y + c\,Z + P \\ Y' = Y + d\,X + e\,Y + f\,Z + Q \\ Z' = Z + g\,X + h\,Y + p\,Z + R. \end{cases}$$

Or, sur la figure (25) et en ayant égard au sens des axes et des forces, nous avons :

$$X = H\cos\zeta, \quad Y = -H\sin\zeta \text{ et } X' = H'\cos\zeta', \quad Y' = -H'\sin\zeta'.$$

D'ailleurs, on a vu que :

$$Z = H\,\mathrm{tg}\,\theta.$$

Donc :

$$(37) \quad \frac{X'}{H} = (1+a)\cos\zeta - b\sin\zeta \quad + c\,\mathrm{tg}\,\theta + \frac{P}{H};$$

$$(38) \quad \frac{Y'}{H} = d\cos\zeta \quad - (1+e)\sin\zeta + f\,\mathrm{tg}\,\theta + \frac{Q}{H};$$

$$(39) \quad \frac{Z'}{Z} = \frac{g}{\tan\theta}\cos\zeta - \frac{h}{\tan\theta}\sin\zeta + 1 + k + \frac{R}{Z} = \frac{g}{\tan\theta}\cos\zeta - \frac{h}{\tan\theta}\sin\zeta + \mu,$$

en posant :

$$\mu = 1 + k + \frac{R}{Z}.$$

On donne encore à ces expressions la forme suivante que nous emploierons plus loin :

$$(40) \qquad \frac{X' - X}{H} = a \cos \zeta - b \sin \zeta + \lambda \, \mathfrak{B} ;$$

$$(41) \qquad \frac{Y' - Y}{H} = d \cos \zeta - e \sin \zeta + \lambda \, \mathfrak{C} ;$$

$$(42) \qquad \frac{Z' - Z}{Z} = g \cos \zeta - h \sin \zeta + \lambda \, V,$$

en posant :

$$\lambda \, V = k \tang \theta + \frac{R}{H} ;$$

équations qui donnent les composantes, non plus de la force magnétique de la terre et du navire, mais de la force magnétique exercée par le navire seul sur le pôle n de l'aiguille, exprimées les deux premières en parties de H, la dernière en parties de Z, c'est-à-dire en prenant, comme unité de force horizontale, la composante horizontale terrestre et comme unité de force verticale la composante verticale terrestre.

En introduisant dans les équations 37, 38, 39 les coefficients dits exacts et faisant passer dans le premier membre λ qui est en facteur commun dans le second, on a encore :

$$(44) \qquad \frac{X'}{\lambda \, H} = (1 + \mathfrak{D}) \cos \zeta + (\mathfrak{A} - \mathfrak{E}) \sin \zeta + \mathfrak{B} ;$$

$$(45) \qquad \frac{Y'}{\lambda \, H} = (\mathfrak{A} + \mathfrak{E}) \cos \zeta - (1 - \mathfrak{D}) \sin \zeta + \mathfrak{C} ;$$

et on a alors les composantes vers l'avant et vers tribord de la force magnétique exercée par le magnétisme du navire et de la terre, exprimées en parties de λ H, c'est-à-dire en prenant comme unité de force, la force magnétique λ H.

CHAPITRE II

CALCUL DE λ ET DES CINQ COEFFICIENTS EXACTS
AU MOYEN D'OBSERVATIONS
DE RAPPORTS DE FORCES MAGNÉTIQUES

Revenons maintenant aux équations (8) et (9) et donnons successivement à ζ, dans ces deux équations, les huit valeurs qui correspondent aux huit rumbs principaux du compas; chacune de ces équations nous donnera un groupe de huit équations dont nous écrivons ci-dessous la première et la dernière, les autres se formant sans difficulté :

$$(46)\left\{\begin{array}{l}\dfrac{H'_0 \cos \delta_0}{\lambda H} = 1 + \mathfrak{B} + \mathfrak{C} \\[1em] \cdots\cdots\cdots\cdots\cdots\cdots \\ \cdots\cdots\cdots\cdots\cdots\cdots \\[1em] \dfrac{H'_{21} \cos \delta_{21}}{\lambda H} = 1 + \mathfrak{B}\sqrt{\dfrac{1}{2}} + \mathfrak{C}\sqrt{\dfrac{1}{2}} + \mathfrak{D}\end{array}\right. \qquad (47)\left\{\begin{array}{l}\dfrac{H'_0 \sin \delta_0}{\lambda H} = \mathfrak{A} + \mathfrak{C} + \mathfrak{E} \\[1em] \cdots\cdots\cdots\cdots\cdots\cdots \\ \cdots\cdots\cdots\cdots\cdots\cdots \\[1em] \dfrac{H'_{21} \sin \delta_{21}}{\lambda H} = \mathfrak{A} - \mathfrak{B}\sqrt{\dfrac{1}{2}} + \mathfrak{C}\sqrt{\dfrac{1}{2}} - \mathfrak{E}\end{array}\right.$$

Calcul du coefficient constant λ. — Les huit équationts (46), additionnées en mettant à profit les propriétés connues des sommes de sinus et cosinus d'arcs en progression arithmétique, nous montrent ce que nous avions déjà indiqué dans la première partie, à savoir que le coefficient λ représente la force directrice *moyenne* vers le Nord de l'aiguille aimantée.

Quand les déviations ne dépassent pas 20 degrés, il est inutile, pour avoir une bonne valeur de λ, de faire ainsi huit observations du rapport $\dfrac{H'}{H}$, quatre suffisent. Voici comment on opère :

1° *Sans connaître les coefficients exacts et par la méthode des oscillations.* — A un cap magnétique quelconque ζ_a (on choisit les directions cardinales quand on le peut) on observe la variation, d'où l'on conclut la déviation δ_a ; on observe également le temps d'un même nombre d'oscillations de l'aiguille aimantée à bord et à terre, soit t et T. On a alors :

$$\frac{H'_a}{H} = \frac{T^2}{t^2}.$$

On multiplie ce rapport par le cosinus de la déviation correspondante et on a :

$$\lambda_a = \frac{H'_a}{H} \cos \delta_a.$$

On fait la somme des quantités correspondant à trois autres caps équidistants du premier et entre eux, et on a enfin :

$$\lambda = \frac{\lambda_a + \lambda_b + \lambda_c + \lambda_d}{4}.$$

2° *Au moyen d'une seule observation, quand on connaît les coefficients exacts.* — Nous verrons tout à l'heure qu'on obtient très facilement les coefficients exacts quand on a les coefficients approchés, et que c'est, en général, ainsi qu'on les calcule. Dès lors, à un cap quelconque, on observera la déviation; puis le rapport $\dfrac{H'_a}{H}$ comme nous l'avons montré plus haut, et on aura (v. éq. 8, p. 64) :

$$(48) \qquad \lambda = \frac{H'_a}{H} \cos \delta_a \times \frac{1}{1 + \mathfrak{B} \cos \zeta_a - \mathfrak{C} \sin \zeta_a + \mathfrak{D} \cos 2\zeta_a - \mathfrak{E} \sin 2\zeta_a}.$$

(Voir l'exemple numérique traité plus loin.)

Afin d'éliminer une partie des erreurs d'observation, il est bon de faire ce calcul pour deux caps diamétralement opposés, on prendra la moyenne pour λ.

3° *Au moyen du déflecteur*. — Le rapport $\dfrac{H'}{H}$ peut s'obtenir au moyen du déflecteur de sir W. Thomson plus rapidement que par la méthode des oscillations. Il suffira de graduer l'échelle du déflecteur comme nous l'indiquons dans la quatrième partie, et une observation d'une minute au plus donnera le rapport cherché.

Une fois la ou les valeurs du rapport $\dfrac{H'}{H}$ déterminées, on fait l'un ou l'autre des calculs précédents suivant qu'on connaît ou non les coefficients exacts.

4° *Pour un compas compensé*. — Quand on a compensé un compas de manière que ses déviations ne dépassent pas 3 degrés en valeur absolue, on peut admettre, sans erreur sensible dans la pratique, que la force directrice variable avec le cap du bâtiment, qui oriente l'aiguille à bord, est, dans ce cas, constante en grandeur et en direction.

Par conséquent, une seule observation du rapport $\dfrac{H'}{H}$ faite à un cap quelconque, soit par la méthode des oscillations, soit mieux au moyen du déflecteur, donne immédiatement, et sans calcul, la valeur de λ.

Calcul du coefficient constant $\mathfrak{A}$. — Les huit équations (47) additionnées montrent que $\mathfrak{A}$ est la moyenne des valeurs que prend la quantité $\dfrac{H'}{\lambda H} \sin \delta$ quand le cap du compas décrit la rose entière.

Or, cette quantité représente la composante vers l'Est magnétique de la force qui oriente l'aiguille, exprimée en parties de λH prise comme unité, et nous avons déjà pris H comme unité de force magnétique. Par suite, nous dirons que le coefficient $\mathfrak{A}$ est la moyenne de la composante vers l'Est magnétique de la force qui oriente l'aiguille à bord, exprimée en parties de la force directrice moyenne λ.

Calcul des coefficients constants 𝕯 et de 𝕰. — En choisissant dans les équations (46) les quatre équations qui se rapportent aux quatre caps quadrantaux, on obtient aisément la valeur de 𝕯 en les combinant par voie d'addition et de soustraction.

En prenant ensuite dans les équations (47) les quatre équations qui correspondent aux mêmes caps et en les traitant de même, on aura facilement la valeur de 𝕰.

Nous ne les transcrivons pas ici, d'abord parce qu'elles n'offrent aucun intérêt après ce que nous avons dit dans la première partie de ces deux coefficients, et ensuite parce qu'on ne calcule jamais ces deux quantités de cette manière.

Calcul du coefficient variable 𝕭. — Deux équations convenablement choisies dans chacun des groupes (46) et (47) donnent :

$$(49) \quad 𝕭 = \frac{\frac{1}{4}\left[H'_{0} \cos \delta_{0} + H'_{8} \sin \delta_{8} - H'_{16} \sin \delta_{16} - H'_{24} \sin \delta_{24} \right]}{\lambda H}.$$

Un croquis très simple montre aisément que chacun des termes du numérateur, pris avec son signe, représente, pour le cap correspondant, celle des composantes de la force directrice de l'aiguille qui est dirigée vers l'avant du bâtiment.

𝕭 n'est donc autre chose que la moyenne des composantes magnétiques dirigées vers l'avant du navire exprimée en parties de λH, force directrice moyenne de l'aiguille vers le Nord magnétique.

Quand 𝕭 est négatif, cela indique que cette composante moyenne est dirigée vers l'arrière du bâtiment.

Calcul du coefficient variable 𝕮. — On obtiendrait de même que pour le coefficient précédent :

$$(50) \quad 𝕮 = \frac{\frac{1}{4}\left[H'_{0} \sin \delta_{0} - H'_{8} \cos \delta_{24} - H'_{16} \sin \delta_{16} + H'_{24} \cos \delta_{24} \right]}{\lambda H}.$$

Comme pour 𝕭, un croquis nous montrera que le coefficient 𝕮 représente la moyenne des composantes vers tribord des forces directrices de l'aiguille aimantée.

Quand 𝕮 est négatif, cela signifie que cette composante moyenne est dirigée vers bâbord.

Force polaire du navire. — Chacune des composantes 𝕭 et 𝕮, ayant un signe qui détermine nettement sa direction, il est aisé de trouver, dans chaque cas, la direction de leur résultante, dont la grandeur est égale à $\sqrt{\mathfrak{G}^2 + \mathfrak{C}^2}$, et qui s'appelle indifféremment « Force polaire », ou intensité horizontale du navire (*fig.* 25).

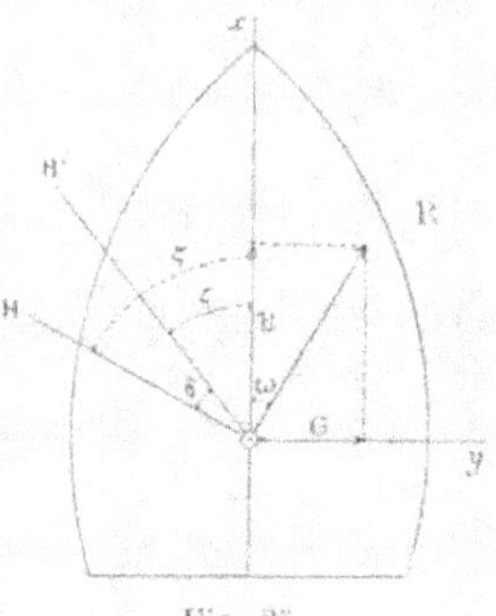

Fig. 25.

Expression qui provient de ce qu'on peut représenter l'action sur le compas des deux composantes $\mathfrak{G}$ et $\mathfrak{C}$ par celle d'un pôle d'aimant convenablement placé, invariablement lié au navire, tournant avec lui et ayant, pour composantes de la force qu'il exerce sur l'aiguille $\mathfrak{G}$ vers l'avant, $\mathfrak{C}$ vers tribord, pris chacune dans les directions déterminées par leurs signes.

Angle tribord. — Cette force polaire du bâtiment fait avec ox, c'est-à-dire avec la parallèle à la quille dirigée vers l'avant du bâtiment, un angle ω dont la tangente est égale à $\dfrac{\mathfrak{C}}{\mathfrak{G}}$ qu'on appelle « angle Tribord ».

Les signes de $\mathfrak{G}$ et de $\mathfrak{C}$ fixent, sans ambiguïté, la position de O R (*fig.* 25).

D'après l'expression des coefficients exacts en fonction des forces magnétiques, on voit qu'ils sont toujours moindres que 1 ; en effet, la somme des termes du numérateur, divisée par le nombre de ces termes, est toujours moindre que le dénominateur, puisque chaque terme du numérateur ne représente qu'une des composantes de la force directrice dont la moyenne est λ H.

CHAPITRE III

INFLUENCE DE L'ARRANGEMENT DU FER DOUX A BORD SUR LES COEFFICIENTS

Du coefficient constant λ. — Ce coefficient est représenté également par l'expression :

$$\lambda = 1 + \frac{a + e}{2}.$$

En se reportant aux figures de la planche II, on voit que toutes les pièces longitudinales, situées d'un même côté du compas par rapport à l'avant ou à l'arrière du navire, donnent un $+ a$; ce sont les machines, la chaudière, les cheminées, les mâts en fer : toutes celles qui, au contraire, s'étendent d'un côté à l'autre du compas, donnent un $- a$ et ce sont, la quille, la carène du bâtiment, l'arbre de l'hélice, la cuirasse, les bordages des ponts en fer.

L'action du fer horizontal transversal est représentée par e; e est positif dans le très petit nombre de cas où des pièces de fer gisent tout entières d'un même côté du compas, sans que leur effet soit exactement contre-balancé par d'autres pièces semblables et semblablement placées; c'est ce qui arrive dans des cas exceptionnels pour les canons, la partie horizontale des bossoirs d'embarcation, etc., ou des chargements spéciaux, des embarcations en fer, par exemple, mises momentanément sur le pont.

En général, les pièces de fer transversales qui s'étendent de part et d'autre du compas, telles que les fonds du bâtiment, les ponts en fer, les baux, les machines, les chaudières, les cloisons transversales en fer, donnent à e une valeur négative.

λ est plus grand ou plus petit que 1, suivant que $\dfrac{a+e}{2}$ est lui-même plus grand ou plus petit que zéro. Or $\dfrac{a+e}{2}$ peut être plus grand que zéro de trois manières, soit parce que a et e sont tous deux à la fois plus grands que zéro,

soit parce que l'on a $\quad a > 0 \quad$ et $e < 0$ avec $a > - e$,

soit enfin parce que $\quad a < 0 \quad$ et $e > 0$ avec $e > - a$.

L'examen attentif des pièces de fer qui se trouvent autour du compas, et de l'influence qu'elles peuvent exercer sur lui, donnera de précieuses indications sur la valeur de λ.

En général, a est positif, e est négatif et plus grand que a en valeur absolue; il en résulte que λ est presque toujours plus petit que 1.

On devra s'attendre à avoir une faible valeur de λ toutes les fois que e aura une valeur négative, grande en valeur absolue, ainsi, pour les compas placés entre deux ponts en fer, c'est-à-dire dans le réduit cuirassé des navires de guerre, ou tout près des cloisons transversales en fer, surtout quand elles sont cuirassées.

Or, une trop grande diminution de force directrice a des inconvénients évidents pour l'orientation de la rose, notamment quand celle-ci est lourde, surtout quand, pour une raison quelconque, les frottements qui s'exercent entre le pivot et la chape deviennent irréguliers.

Mais la valeur absolue de λ n'est pas seule à considérer, car ce n'est, après tout, qu'une moyenne : ce qui est essentiel, c'est que les variations de la force directrice soient faibles, et on est averti qu'un compas fonctionne à cet égard dans de bonnes conditions quand les déviations n'ont que de faibles valeurs absolues, 5 et 6 degrés au plus, par exemple; nous avons vu pourquoi dans la première partie. En général, à bord des bâtiments en fer, et particulièrement des cuirassés, il est impossible de maintenir les variations de la force directrice dans ces limites restreintes quand on ne compense pas les compas.

Du coefficient constant $\mathfrak{D} = \dfrac{a - e}{2\lambda}$. — La discussion à laquelle nous venons de nous livrer pour λ, peut servir pour $\mathfrak{D}$, qui dépend des mêmes constantes a et e.

Calcul de a et e. — Quand on a calculé λ et $\mathfrak{D}$, on peut alors calculer indirectement la valeur des coefficients a et e que nous ne savons pas déterminer à priori et qui représentent l'un, a, l'induction dans le fer doux longitudinal, l'autre, e, l'induction dans le fer doux transversal.

On a, alors :

$$(51) \qquad a = \quad \lambda\,\mathfrak{D} + \lambda - 1.$$
$$(52) \qquad e = -\lambda\,\mathfrak{D} + \lambda - 1.$$

Des coefficients $\mathfrak{A}$ et $\mathfrak{E}$. — Nous avons indiqué, dans la première partie, tout ce qu'il y avait d'intéressant à dire sur ces quantités.

Constance de λ, $\mathfrak{D}$, $\mathfrak{A}$ et $\mathfrak{E}$. — Ces quatre coefficients, ne dépendant que des paramètres a, e, b et d du fer doux qui sont constants, le sont eux-mêmes et ne varient pas, quand le navire se déplace à la surface du globe, pourvu, bien entendu, suivant la réserve déjà faite plus haut, que le magnétisme ait atteint un état voisin de son état d'équilibre. Un laps de temps de quelques mois seulement après le lancement suffit, d'ailleurs, pour rendre les variations de ces coefficients assez petites, pour qu'il ne soit pas dangereux, dans la pratique, de considérer ces quatre coefficients comme réellement constants.

Des coefficients variables $\mathfrak{B}$ et $\mathfrak{C}$. — Au contraire, les coefficients de la déviation semi-circulaire $\mathfrak{B}$ et $\mathfrak{C}$, même quand le magnétisme du navire a atteint son état d'équilibre, varient tous deux, et il faut déterminer leurs valeurs à nouveau chaque fois que le bâtiment s'est déplacé d'une façon un peu notable à la surface du globe.

TABLE des valeurs des coefficients D, λ, a, e et g pour différents types
de navires en fer. (V. p. 158-160).

			D +	D̄ +	λ	a	e	g
Navires de guerre en fer et cuirassés. (Ponts en fer.)	Minotaur. 6.621 tonnes.	Compas étalon	5 43	0,100	0,832	— 0,019	— 0,197	— 0,025
		» de route	5 56	0,103	0,811	— 0,166	— 0,272	
		» du pont	5 22	0,093	0,850	— 0,024	— 0,215	
	Warrior. 6.109 tonnes.	Compas étalon, en avant	5 43	0,101	0,867	— 0,045	— 0,221	+ 0,069
		Compas étalon, derrière, près la tour en fer	8 27	0,148	0,873	+ 0,002	— 0,256	
		Compas de route	11 56	0,208	0,833	+ 0,006	— 0,340	
	Black-Prince. 6.109 tonnes.	Compas étalon	7 38	0,131	0,783	— 0,112	— 0,322	+ 0,118
		» de route	10 32	0,184	0,760	— 0,169	— 0,380	
		» de pont	13 16	0,231	0,757	— 0,068	— 0,418	
	Defence. 3,720 tonnes.	Compas étalon	7 0	0,122	0,822	— 0,078	— 0,278	+ 0,157
		» de route	10 16	0,179	0,794	— 0,064	— 0,348	
		» de pont	14 35	0,254	0,750	— 0,048	— 0,434	
Navires de guerre en bois et cuirassés. (Le pont supérieur en fer.)	Royal-Oak. 4,056 tonnes.	Compas étalon	3 9	0,055	0,907	— 0,043	— 0,143	+ 0,127
		» de route	1 47	0,031	0,906	— 0,066	— 0,122	
		» de pont	1 28	0,026	0,862	— 0,116	— 0,160	
	Lord-Warren. 4,045 tonnes.	Compas étalon	3 0	0,052	0,934	— 0,022	— 0,110	+ 0,060
		» de route	4 0	0,069	0,910	— 0,027	— 0,153	
Navires de transport en fer et à hélice.	Euphrates. 4,173 tonnes.	Compas étalon	5 39	0,098	0,851	— 0,066	— 0,232	
		» de route	6 52	0,120	0,841	— 0,055	— 0,257	
	Jumna. 4,173 tonnes.	Compas étalon	6 8	0,107	0,865	— 0,011	— 0,226	+ 0,070
		» de route	6 39	0,116	0,850	— 0,051	— 0,249	
	Serapis. 4,173 tonnes.	Compas étalon	4 55	0,086	0,905	— 0,017	— 0,173	
		» de route	4 10	0,073	0,853	— 0,083	— 0,299	
	Orontes. 2,812 tonnes.	Compas étalon	5 30	0,096	0,875	— 0,041	— 0,209	+ 0,069
		» de route	7 16	0,126	0,802	— 0,029	— 0,247	
	Industry. 638 tonnes.	Compas étalon	2 58	0,052	0,937	— 0,014	— 0,112	
Navire de guerre à roues et en fer.	Caradoc. 676 tonnes.		2 3	0,036	0,915	— 0,021	— 0,080	
Navires marchands à voiles et en fer.	Clyde. 1,100 tonnes.		4 43	0,082	0,870	— 0,059	— 0,201	
	City-of-Sydney. 1,181 tonnes.		4 32	0,079	0,816	— 0,129	— 0,248	
Le plus grand navire en fer à roues et à hélice. (Ponts en fer.)	Great-Eastern. 22,060 tonnes.	Compas arrière, près l'étambot	4 21	0,076	0,841	— 0,095	— 0,223	
		Compas sur le gaillard d'avant	4 31	0,079	0,892	— 0,038	— 0,178	

CHAPITRE IV

MÉTHODE PRATIQUE POUR LE CALCUL
DES CINQ COEFFICIENTS EXACTS

En général, ainsi que nous l'avons déjà indiqué, on calcule, avant tout, les coefficients approchés A, B, C, D, E; de ceux-ci, on déduit les cinq coefficients exacts correspondants par les formules que nous allons donner; et, cela fait, on en déduit λ par une ou mieux deux observations de rapport d'intensité de forces magnétiques, comme il est dit plus haut.

Relations entre les coefficients exacts et les coefficients approchés.

L'équation (10) de la première partie nous a donné l'équation (11) par des substitutions convenables.

Les quantités $\mathfrak{B}$, $\mathfrak{C}$, $\mathfrak{D}$, ayant toujours des valeurs absolues plus considérables que celles de $\mathfrak{A}$ et $\mathfrak{E}$, on convient de regarder les premières comme étant du premier ordre de petitesse, les secondes comme du second ordre de petitesse, c'est-à-dire comme comparables aux carrés des quantités $\mathfrak{B}$, $\mathfrak{C}$, $\mathfrak{D}$.

Pour simplifier, on convient de négliger, dans les égalités successives que l'on déduit des deux équations précédentes, toutes les quantités d'un ordre de grandeur égal ou supérieur à $\mathfrak{B}^4$, $\mathfrak{C}^4$, $\mathfrak{D}^4$, comme, par exemple, $\mathfrak{A}\mathfrak{B}^2$, $\mathfrak{E}\mathfrak{D}^2$, etc., autrement dit, tous les produits de coefficients exacts où la somme des ordres de petitesse de tous les facteurs est supérieure à trois.

Coefficients approchés en fonction des coefficients exacts. — On a ainsi, avec une exactitude suffisante pour la pratique, toutes les fois que les déviations sont plus petites que 40 degrés :

$$(53)\quad\left\{\begin{aligned}
&A=\mathfrak{A} \qquad D=\mathfrak{D} \qquad E=\mathfrak{C}+\mathfrak{A}\mathfrak{D}\\[2mm]
&B=\mathfrak{B}\left(1-\frac{\mathfrak{D}}{2}+\frac{\mathfrak{B}^2}{8}+\frac{\mathfrak{C}^2}{8}+\frac{\mathfrak{D}^2}{4}\right)-\frac{\mathfrak{E}\mathfrak{C}}{2}\\[2mm]
&C=\mathfrak{C}\left(1+\frac{\mathfrak{D}}{2}+\frac{\mathfrak{B}^2}{8}+\frac{\mathfrak{C}^2}{8}+\frac{\mathfrak{D}^2}{4}\right)-\frac{\mathfrak{E}\mathfrak{B}}{2}.
\end{aligned}\right.$$

N'oublions pas que nous obtiendrons ainsi les coefficients approchés en parties du rayon et que, pour les avoir en degrés comme il est nécessaire pour employer la formule (12), il faudra multiplier les valeurs ainsi obtenues par 57° 3 : nombre de degrés d'une circonférence contenus dans un arc de longueur égal à son rayon.

Quand les déviations sont inférieures à 20 degrés, et ce sera le cas général (puisque nous avons vu qu'il ne fallait jamais employer de compas dont les déviations eussent des valeurs supérieures sans les réduire à cette grandeur par une compensation même imparfaite), on emploiera les formules plus simples :

$$(34) \quad \begin{cases} A = \mathfrak{A} \quad D = \mathfrak{D} \quad E = \mathfrak{E} \\[2mm] B = \mathfrak{B}\left(1 - \dfrac{\mathfrak{D}}{2}\right) \\[2mm] C = \mathfrak{C}\left(1 + \dfrac{\mathfrak{D}}{2}\right). \end{cases}$$

Coefficients exacts en fonction des coefficients approchés. — De ces expressions, on obtient, par substitutions successives quand les déviations sont plus petites que 40 degrés :

$$(35) \quad \begin{cases} \mathfrak{A} = \sin A \\[2mm] \mathfrak{B} = \sin B\left(1 + \dfrac{1}{2}\sin D + \dfrac{1}{1.2}\sin \text{vers } B - \dfrac{1}{4}\sin \text{vers } C\right) + \dfrac{1}{2}\sin C \sin E. \\[2mm] \mathfrak{C} = \sin C\left(1 - \dfrac{1}{2}\sin D - \dfrac{1}{4}\sin \text{vers } B + \dfrac{1}{1.2}\sin \text{vers } C\right) + \dfrac{1}{2}\sin B \sin E. \\[2mm] \mathfrak{D} = \sin D\left(1 + \dfrac{1}{3}\sin \text{vers } D\right) \\[2mm] \mathfrak{E} = \sin E - \sin A \sin D. \end{cases}$$

Quand les déviations sont inférieures à 20 degrés, on a les formules plus simples :

$$(36) \quad \begin{cases} \mathfrak{A} = \sin A \quad \mathfrak{D} = \sin D \quad \mathfrak{E} = \sin E \\[2mm] \mathfrak{B} = \sin B\left(1 + \dfrac{1}{2}\sin D\right) \\[2mm] \mathfrak{C} = \sin C\left(1 - \dfrac{1}{2}\sin D\right) \end{cases}$$

Exemples numériques. — Pour le navire le *Trident*, dont la déviation maxima observée est de 24 degrés, nous avons trouvé, dans la deuxième partie :

$$A = -0°,13' \quad B = +21°40' \quad C = -3°27' \quad D = +3°42' \quad E = +0°13'$$
$$\sin A = -0,004 \quad \sin B = +0,369 \quad \sin C = -0,060 \quad \sin D = +0,065 \quad \sin E = +0,004$$
$$\tfrac{1}{2}\sin D = +0,032.$$

On aura donc, par les formules (56) :

$$\mathfrak{A} = -0,004 \quad \mathfrak{B} = +0,369\,(1 + 0,032) = +0,382$$
$$\mathfrak{E} = +0,004 \quad \mathfrak{C} = -0,060\,(1 - 0,032) = -0,058$$
$$\mathfrak{D} = +0,065.$$

Si on avait appliqué les formules plus exactes (55), on aurait trouvé pour 𝔄, 𝔇 et ℭ les mêmes valeurs, car les termes correctifs qui entrent alors dans ces deux dernières valeurs sont absolument négligeables; quant aux deux autres coefficients, le calcul donne :

$$𝔅 = + 0,383 \qquad ℭ = — 0,056.$$

2ᵉ Exemple :

Appliquons encore ces formules au cas d'un autre navire, le *Warrior*, où les coefficients approchés sont :

A = — 1° 00′ B = — 22° 12′ C = — 5° 52′ D = + 8° 56′ E = + 0° 44′.

Les formules simples (56), nous donneront :

$$𝔄 = — 0,017 \qquad 𝔅 = — 0,406$$
$$ℭ = + 0,013 \qquad ℭ = — 0,094$$
$$𝔇 = + 0,155.$$

Les formules beaucoup plus compliquées (55) nous auraient donné :

$$𝔄 = — 0,017 \qquad 𝔅 = — 0,410$$
$$ℭ = + 0,015 \qquad ℭ = — 0,095$$
$$𝔇 = + 0,156.$$

Les différences sont encore insignifiantes, bien que D ait une valeur qu'il dépasse rarement.

Remarque importante. — Il ne faut pas oublier que ces formules nous donnent les coefficients exacts en parties de la force moyenne λ H, prise comme unité. Si on venait à changer d'unité de force et à prendre H, par exemple, la force moyenne serait représentée alors par λ et, par suite, les coefficients par les nombres λ 𝔄, λ 𝔅, λ ℭ, λ 𝔇, λ 𝔈.

C'est ce qui arrive, par exemple, quand on transporte le compas à terre, alors sa force directrice moyenne est évidemment H et les mêmes forces perturbatrices qui, à bord, produisaient des déviations égales à 𝔄, 𝔅, etc., donneront à terre les déviations λ 𝔄, λ 𝔅, etc.

Cette remarque est importante pour ne pas commettre d'erreurs dans l'emploi de la méthode graphique qui suit. Elle ne doit point être oubliée quand, comme dans les méthodes de compensation données par le *Manuel de l'amirauté anglaise*, on cherche, par des tâtonnements faits à terre, la position que les compensateurs doivent occuper à bord pour corriger les déviations qu'on y a observées.

CHAPITRE V

MÉTHODE GRAPHIQUE POUR OBTENIR LA DÉVIATION
ET LA FORCE DIRECTRICE
CORRESPONDANT A UN CAP MAGNÉTIQUE DONNÉ *(fig. 26)*

Nous allons faire connaître une méthode graphique qui repose sur la connaissance des coefficients exacts et qui, non seulement donne une représentation élégante et commode des formules antérieures, mais fournit encore un contrôle rapide et sûr des calculs souvent assez longs auxquels ces formules conduisent. Si les résultats des calculs et de la méthode graphique concordent à peu de chose près, on peut les regarder comme exacts et les employer avec confiance. Si, au contraire, il y a désaccord, on est averti qu'il y a une erreur de calcul ou de construction, et ces dernières sont si aisées à vérifier qu'on sait bientôt, en les recommençant, si le calcul est exact ou non, sans être obligé de refaire ce dernier, procédé qui est long sans être sûr.

Cette méthode a été imaginée d'abord par sir Archibald Smith; mais c'est le lieutenant de vaisseau Colongue, de la marine Impériale Russe, qui lui a donné la forme élégante que nous allons exposer.

Supposons, qu'ayant trouvé, par des observations de déviation, les valeurs des cinq coefficients approchés, nous en ayons tiré au moyen des formules (55) les valeurs suivantes pour les coefficients exacts :

$$\mathfrak{A} = 0,07 \quad \mathfrak{E} = 0,09 \quad \mathfrak{B} = 0,416 \quad \mathfrak{C} = 0,604 \quad \mathfrak{D} = 0,302.$$

Et proposons-nous de construire géométriquement, au moyen des formules (8) et (9), les valeurs des composantes à bord, vers le Nord et vers l'Est magnétiques, de la force directrice qui oriente l'aiguille.

Pour cela, soient O P et O Q *(fig. 26)* les directions du Nord et de l'Est magnétiques.

Sur la ligne O P, prenons une longueur quelconque, la plus grande possible, mais telle, cependant, que toutes nos constructions tiennent sur le papier.

Cette longueur choisie arbitrairement, sans que λ ait besoin d'être connu, représentera désormais, pour nous, la quantité λ H, force directrice moyenne de l'aiguille vers le Nord, ou, quand on prend H pour unité de force magnétique, le coefficient λ. C'est l'unité de longueur de la figure, on conçoit donc que, pour la rapidité des constructions, il convient qu'elle soit une fraction très simple du mètre, $\frac{1}{20}$, et mieux $\frac{1}{40}$ si les dimensions du papier nous le permettent ; nous avons pris ici comme unité $\frac{1}{40}$ du mètre ou $0^m,025$ ce qui est sans inconvénient, puisque la figure ne sert qu'à l'exposition de la méthode.

En P, élevons une perpendiculaire à O P et sur cette ligne portons, à partir de P à la droite de O P, c'est-à-dire vers l'Est si $\mathfrak{A}$ est positif ; à la gauche, c'est-à-dire vers l'Ouest si $\mathfrak{A}$ est négatif, une longueur P A qui, à l'échelle de la carte, représentera la valeur numérique de $\mathfrak{A}$.

Sur cette même perpendiculaire, mais à partir du point A, portons, d'après les *mêmes conventions*, une longueur A E qui, à l'échelle de la carte, représentera la valeur numérique du coefficient E.

Au point E, menons une parallèle à O P et, sur cette parallèle, portons, à partir de E vers le Nord si $\mathfrak{D}$ est $+$, vers le Sud si $\mathfrak{D}$ est $-$, une longueur E D qui, à l'échelle de la carte, représente le coefficient $\mathfrak{D}$.

Sur cette même parallèle, mais à partir de D et suivant les *mêmes conventions*, portons une longueur D B qui représente le coefficient $\mathfrak{b}$.

En B, menons une perpendiculaire à O P et portons sur cette droite, à partir de B, vers la droite ou vers la gauche suivant que $\mathfrak{C}$ est $+$ ou $-$, une longueur B N qui représentera le coefficient $\mathfrak{C}$.

Joignons ON, il est facile de voir que cette ligne a pour projection sur OP, $1 + \mathfrak{b} + \mathfrak{D}$, et pour projection sur OQ, $\mathfrak{A} + \mathfrak{E} + \mathfrak{C}$, c'est-à-dire que ces deux projections représentent respectivement les valeurs de $\dfrac{H'}{\lambda H}\cos\delta$ et $\dfrac{H'}{\lambda H}\sin\delta$, qui correspondent au cap magnétique $\zeta = 0$.

Donc, 1° ON représente la quantité $\dfrac{H'}{\lambda H}$, c'est-à-dire la force directrice de l'aiguille, quand le cap est le Nord magnétique, et que l'on prend, comme unité de force, λH ;

Et 2° l'angle P O N représente la déviation δ correspondant au cap Nord magnétique du bâtiment ; déviation qui, d'après nos conventions, sera affectée du signe $+$ si la droite O N est à droite de O P ; et du signe $-$ si elle est à gauche.

Construction du dygogramme (*fig.* 26)[1]. — Il serait long de construire, point par point, le lieu des points tels que N quand le cap magnétique varie de 0 à 360 degrés ; on obtient très aisément cette courbe qu'on appelle dygogramme de la manière suivante, qui repose sur des propriétés géométriques que nous n'avons pas à établir ici.

De A comme centre avec AD, c'est-à-dire $\sqrt{D^2 + E^2}$ pour rayon, décrivons un cercle que nous appellerons dorénavant cercle directeur. Joignons D N et prolongeons cette ligne jusqu'en un point S tel que D S = N D. Il est aisé de voir que le point S est le point du dygogramme qui correspond au cap Sud magnétique : soit Q le second point d'intersection de cette droite D N avec le cercle; ce point Q s'appelle le pôle du dygogramme et jouit d'une propriété remarquable qui permet de tracer immédiatement la courbe.

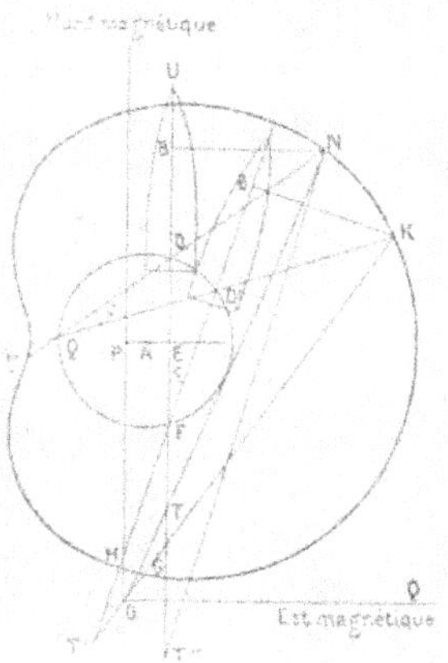

Prenons une bande de papier de longueur N S et faisons-la mouvoir de façon que son milieu, restant toujours sur le cercle directeur, elle passe toujours par le point Q, les points N et S décriront la courbe tracée sur la figure et chacune des positions de la droite donnera deux points de cette courbe qui correspondront, l'un au cap magnétique ζ, l'autre au cap magnétique $\zeta + 180$ degrés, ζ étant l'angle compris entre la direction Q N et la position de la bande de papier, angle qu'on comptera de 0 à 360 degrés à partir de Q N, en allant du Nord vers l'Est, puis le Sud, ensuite l'Ouest. On verra tout à l'heure qu'il ne peut jamais y avoir ambiguïté entre ces deux points, quand on se réfère au cap du bâtiment.

1ᵉʳ Cas. — **Obtenir la force et la déviation correspondant à un cap vrai ou magnétique donné quand la courbe est tracée** (*fig.* 26).

Ayant tracé la droite Q N, au moyen des valeurs données des

---

1. Contraction de dynamo-gonio-gramme, c'est-à-dire mesure ou diagramme de la force et de l'angle. Mot bien choisi, puisque cette courbe nous donne la force magnétique à bord, et la déviation ou l'angle de cette force avec la force magnétique terrestre.

coefficients exacts, nous mènerons la droite QK telle que l'angle $NQK = \zeta$.

Soit K l'intersection de cette droite avec le dygogramme, il est facile de montrer que l'angle POK représente la déviation et la droite OK la force cherchées.

En effet, cherchons les projections de OK sur les deux axes, et d'abord sur OP. Cette projection est évidemment égale à la somme des projections sur la même ligne des lignes OP, PA, AD', $D'K$; D' étant le second point d'intersection de QK avec le cercle.

Les projections de OP et de PA sont respectivement 1 et 0. AD' n'est autre chose que AD qu'on a fait tourner de 2ζ, pour avoir sa projection sur OP, il suffit de projeter sur cette dernière ligne les deux composantes $\mathfrak{D}$ et $\mathfrak{C}$ de AD après les avoir fait tourner de 2ζ, ce qui nous donnera $\mathfrak{D} \cos 2\zeta - \mathfrak{C} \sin 2\zeta$.

Quant à $D'K$, elle est, par hypothèse, égale à DN qui est la résultante de $\mathfrak{B}$ et $\mathfrak{C}$; elle fait, d'ailleurs, un angle ζ avec cette droite, et, par suite, sa projection sur OP sera $\mathfrak{B} \cos \zeta - \mathfrak{C} \sin \zeta$.

On établirait de même que la projection de OK sur $OQ =$

$$\mathfrak{A} + \mathfrak{B} \sin \zeta + \mathfrak{C} \cos \zeta + \mathfrak{D} \sin 2\zeta + \mathfrak{E} \cos 2\zeta,$$

donc la droite OK, et l'angle POK représentent bien respectivement la force directrice et la déviation de l'aiguille au cap magnétique considéré.

Remarque importante. — Quand on demande la déviation δ_a qui correspond à un cap déterminé ζ_a, nous avons dit qu'il fallait tirer du point Q une droite QK faisant avec NQ l'angle ζ_a et prendre le point d'intersection K de cette droite avec le dygogramme, pour le joindre au point O. L'angle POK est la déviation cherchée. Dans le cas de notre figure, la *portion* de droite qui part de Q en faisant avec NQ un angle ζ n'a jamais qu'un point d'intersection avec le dygogramme, il ne saurait donc y avoir aucune difficulté. Mais, dans certains autres cas, le dygogramme est à boucles, la portion de droite en question peut avoir deux points d'intersection avec la courbe, et il faut choisir entre eux le point convenable. Bien qu'alors le sentiment de la continuité suffise généralement pour déterminer ce choix, on est certain de ne jamais se tromper en agissant comme il suit.

Quand $\zeta = 0$ nous obtenons, sans ambiguïté, le point D du cercle directeur. Nous supposerons que ce point représente la place du compas à bord, et nous tracerons autour de lui un croquis grossier

représentant la position du bâtiment pour ce cap. Considérons alors
le point F, second point d'intersection de la corde du cercle directeur, parallèle à O P et passant par D : d'après la propriété des
angles inscrits dans un même segment, il est clair qu'à la droite
Q K du dygogramme, correspondra le cap du bâtiment F D'. C'est
donc de ce point F que rayonneront les droites qui représentent
les caps successifs du navire, et nous savons que nous devons supposer le compas du navire placé au *second* point d'intersection de
la droite variable F U avec le cercle directeur. Ce second point
une fois déterminé, et il est unique, on tracera autour de lui un
croquis grossier du bâtiment, et alors les valeurs absolues et les
signes des quantités ẞ et ℭ fixent, sans ambiguïté, le point du
dygogramme que l'on doit prendre.

2ᵉ CAS. — **Obtenir, à un cap quelconque, la force directrice en parties
de λ H et la déviation quand on connaît les cinq coefficients exacts.**

Souvent, dans la pratique, on n'a pas besoin de tracer le dygogramme tout entier, et il suffit, pour résoudre les problèmes qui
se présentent, d'avoir le point particulier qui convient à une route
magnétique déterminée.

Dans ce cas, on obtient aisément K de la manière suivante :
soit F le second point d'intersection de la droite D E avec le cercle
directeur, F D' est la direction du cap du bâtiment correspondant
à la route magnétique ζ ; et, pour avoir K, il suffira de porter sur
cette droite à partir de D', vers l'avant ou vers l'arrière suivant
que ẞ est + ou — la longueur qui représente ẞ. On obtient ainsi
le point B' : en élevant, en ce point, une perpendiculaire au cap
du bâtiment et portant sur cette droite, vers la droite ou vers la
gauche, suivant que ℭ est + ou — une longueur B' K égale à ℭ,
on aura le point K. Cette manière de déterminer le point K donne
de suite la solution du problème suivant qu'on rencontre dans la
pratique.

**Trouver les coefficients ẞ et ℭ, quand on a 𝔄, 𝔇, ℭ avec le rapport $\dfrac{H'}{\lambda H}$
et δ à un cap donné.**

Pour cela, il faut avoir λ, car ce qu'on détermine par des observations
de rapports d'intensités de force horizontale, c'est $\dfrac{H'}{H}$ et non $\dfrac{H'}{\lambda H}$.

Sur notre figure (26), les données sont donc le point D', la droite

OK, faisant avec OP un angle égal à δ_a. et qui est égale à $\dfrac{H'_a}{H} \times \dfrac{1}{\lambda}$.

Ayant le point K, on aura $\mathfrak{B}$ et $\mathfrak{C}$ en abaissant de ce point une perpendiculaire sur F D'.

Les signes de $\mathfrak{B}$ et $\mathfrak{C}$ seront donnés sans ambiguïté si on prend soin de faire autour de D' une esquisse grossière du contour du bâtiment. $\mathfrak{B}$ sera $+$ si D' B' est dirigé vers l'avant, et $-$ si cette ligne est dirigée vers l'arrière : $\mathfrak{C}$ sera $+$ si B' K est dirigé vers tribord quand on regarde dans la direction du cap et $-$ si cette ligne est dirigée vers bâbord.

3ᵉ Cas. — Sans connaître λ, obtenir la force directrice en parties de λ H et la déviation à un cap quelconque, ou, ce qui revient au même, les deux coefficients $\mathfrak{B}$ et $\mathfrak{C}$, quand on connaît $\mathfrak{A}$, $\mathfrak{D}$, $\mathfrak{C}$ et deux déviations à des caps donnés.

Quand on connaît seulement les coefficients $\mathfrak{A}$, $\mathfrak{D}$, $\mathfrak{C}$, mais non pas la quantité λ, on peut encore obtenir le point K, mais il faut remplacer la donnée λ qui nous manque par une seconde déviation observée.

Dans ce cas, les données sont les droites F D et F D' correspondant aux deux caps magnétiques du bâtiment où l'on a observé les déviations; et les deux droites O T et O T' faisant, avec O P, des angles respectivement égaux à chacune des deux déviations données et correspondant aux deux caps indiqués. Si nous trouvons un des points N ou K, le problème sera résolu d'après ce que nous avons dit dans le paragraphe précédent.

Nous allons montrer qu'on trouve facilement le point N au moyen des données.

En effet, soit T, le point d'intersection du premier cap F D avec la ligne O N qui donne la déviation à ce cap. Soit de même T' le point d'intersection du second cap F D' avec la ligne O K qui donne la déviation à ce cap.

Prenons sur le premier cap D F une longueur D T" $=$ D' T' que nous porterons à partir de D et dans un sens qui sera déterminé par celui de la longueur D' T' relativement au cap correspondant F D'. Par ce point T", menons une droite T" V telle que l'angle D T" V oit égal à l'angle D' T' K, que fait le second cap D' T' avec la droite Os K qui correspond à la déviation à ce cap.

Je dis que le point d'intersection de O T avec cette ligne T" V sera le point N cherché.

En effet, en supposant le problème résolu et le dygogramme construit, on voit aisément sur la figure que les deux triangles N D T″ et K D′ T′ sont égaux puisque l'on a N D = K D′; D T″ = D′ T′ et que l'angle en T″ est égal par construction à l'angle T′. Le point N devant se trouver à la fois sur la droite O T et sur la droite T″ V se trouve à leur intersection.

La droite O N, mesurée avec O P prise comme unité, et l'angle P O N sont respectivement la force directrice et la déviation cherchées.

Détermination de θ et ℭ avec les mêmes données.

Ayant trouvé le point N, comme il vient d'être dit, on achèvera le problème comme tout à l'heure en abaissant de N une perpendiculaire sur le cap F D du bâtiment qui correspond au point N du dygogramme.

Ce point N sera d'autant mieux déterminé que les droites qui le donnent par leur intersection, seront plus près d'être perpendiculaires, et d'autant plus mal qu'elles seront plus voisines du parallélisme.

Or, dans le triangle T T″ N, l'angle que nous considérons T N T″ est égal à l'angle extérieur à ce triangle D′ T N, moins l'angle T T″ N qui est égal lui-même à l'angle en T′, et ces deux angles sont respectivement égaux à : $\delta_a - \zeta_a$ et $\delta_b - \zeta_b$, c'est-à-dire par définition de δ, aux routes au compas : $-\zeta'_a - \zeta'_b$.

Il faut donc que l'on ait $\zeta'_a - \zeta'_b$ voisin de 90 degrés ou le plus différent possible de 0 ou 180 degrés.

Remarquons qu'ici nous nous sommes servis d'une figure déjà construite et où ζ_a était égal à 0, mais il est aisé de voir que cela n'altère pas notre raisonnement qui convient au cas général.

Simplification du dygogramme quand 𝔄 et ℭ sont négligeables. — La construction du dygogramme sera notablement simplifiée si, comme il arrive fréquemment, 𝔄 ou ℭ, ou 𝔄 et ℭ, peuvent être négligés et considérés comme nuls; ce qui peut se faire toutes les fois que ces coefficients sont égaux ou inférieurs à 0,006. Nous ne dirons rien de ces cas particuliers, les simplifications à faire alors aux constructions précédentes n'offrant aucune difficulté quand on s'est bien pénétré de la solution des trois problèmes fondamentaux que nous avons résolus dans le cas général.

Avantages du dygogramme. — Il faut insister encore sur ce qu'on peut tracer cette courbe et obtenir la déviation à un cap quelconque sans avoir la quantité λ elle-même, et ceci tient à ce que la tangente de δ, qui nous est donnée par la formule (7) de la première partie, ne dépend que du rapport des deux composantes vers le Nord et l'Est magnétiques, rapport indépendant de λ qui est facteur commun de tous ses termes.

La valeur de λ ne devient nécessaire que si, avec la déviation, on veut encore obtenir, en parties de H prise comme unité, la force directrice qui oriente l'aiguille du compas à un cap donné.

Mais, même quand on n'a pas λ, la seule vue de la courbe qu'on trace en moins de cinq minutes donne de suite un renseignement précieux en montrant par les longueurs diverses des droites, qui vont de O aux différents points du dygogramme, les variations de la force directrice qui oriente l'aiguille du compas autour de sa valeur moyenne O P.

En particulier, dans la figure (26), on voit de suite, d'abord, que ces variations sont considérables, ensuite, qu'entre les caps représentés par les lignes Q G et Q H, la force directrice ne sera pas assez considérable pour mettre le compas dans de bonnes conditions, puisqu'elle ne sera alors que le sixième environ de sa valeur moyenne. Et cette valeur moyenne est presque toujours, ne l'oublions pas, plus faible que la valeur de la force magnétique à terre.

Il est évident que le tracé du dygogramme permet de résoudre très rapidement le problème capital de la navigation : Avoir à un cap donné la déviation du compas.

En effet, quand nous avons obtenu par le calcul la valeur des cinq coefficients approchés, nous avons vu qu'il nous fallait ensuite obtenir, par le calcul, la valeur de la déviation à divers caps particuliers : de façon à avoir au moins huit déviations pour construire la courbe qui permettra ensuite de calculer la table nécessaire pour les changements de route.

Au contraire, dès qu'on a les cinq coefficients approchés, un calcul insignifiant donne les coefficients exacts, et, grâce à la propriété de pôle du dygogramme, on trace celui-ci en quelques minutes et l'on peut alors relever très rapidement à l'aide du rapporteur autant de déviations particulières que l'on veut pour obtenir une bonne courbe ou une bonne table : celle-ci s'obtient même sans être obligé de passer par l'intermédiaire de la courbe pour éviter des calculs exigeant plus de temps encore que la construction de la courbe.

Rappelons enfin que, quand le navire aura atteint un état magnétique voisin de son état d'équilibre, les opérations et calculs préparatoires au tracé du dygogramme seront bien simples, puisqu'ils se réduiront au calcul des coefficients B et C (voir p. 141), d'où on déduira presque immédiatement $\mathfrak{B}$ et $\mathfrak{C}$.

Conclusion. — En résumé, les cinq coefficients exacts permettent de tracer le dygogramme, et alors une seule observation du rapport $\dfrac{H'}{H}$ faite, soit par la méthode des oscillations, soit par le déflecteur, nous donne λ et détermine ainsi la valeur de l'unité de longueur de la figure, valeur que nous n'avions pas besoin de connaître tant que nous ne voulions avoir que la grandeur de la déviation, qu'on obtient par sa tangente, c'est-à-dire par un rapport de deux lignes, rapport qui est indépendant de l'unité commune avec laquelle on les mesure. La détermination de λ, avec le déflecteur, est si simple qu'on devra toujours la faire au départ comme on observe la dernière marche du chronomètre.

Si nous connaissons λ, il suffira à la mer de faire à un cap quelconque et unique une observation de variation, et une du rapport $\dfrac{H'}{H}$, pour pouvoir appliquer la construction du second cas et obtenir $\mathfrak{B}$ et $\mathfrak{C}$.

Si on n'a pas déterminé λ avant le départ, et qu'on ne puisse le faire à bord, soit à cause du mauvais temps, soit parce que l'on manque des instruments nécessaires à la détermination du rapport $\dfrac{H'}{H}$, il suffira d'observer la variation à deux caps distants de 90 degrés pour obtenir les deux coefficients inconnus $\mathfrak{B}$ et $\mathfrak{C}$ par la construction du 3ᵉ cas.

Des deux coefficients exacts $\mathfrak{B}$ et $\mathfrak{C}$, on passera aux deux coefficients approchés B et C, si l'on en a besoin, par les formules (54).

On sera alors en mesure de dresser rapidement la table complète des déviations correspondant aux caps vrais, puisque le diagramme nous les donne pour les caps magnétiques, et que nous pouvons avoir la valeur de la déclinaison, soit par les cartes magnétiques ou marines, soit par les méthodes exposées dans la deuxième partie.

CHAPITRE VI

EXEMPLES DE CALCULS NUMÉRIQUES
ET D'EMPLOI DE LA MÉTHODE GRAPHIQUE

Nous empruntons les données et les calculs de cet exemple à l'excellent ouvrage publié en 1878 sur les *Déviations des compas*, par M. Gelgich, directeur de l'École d'hydrographie de Cattaro. L'auteur a employé seulement la méthode par le calcul, mais nous avons pensé que nous ne pouvions trouver un exemple plus probant de l'avantage de la méthode graphique, qu'en l'employant dans ce cas particulier qui lui est particulièrement défavorable comme on le verra par la figure 27.

Données. — A bord du navire de guerre autrichien *le Don Juan d'Autriche*, on a trouvé, pour les cinq coefficients approchés, les valeurs :

$$A = -0°51' \quad B = +4°26' \quad C = -3°43' \quad D = +3°57' \quad E = -0°3',$$

De plus, pendant que le bâtiment tournait, on a fait, aux deux caps du compas N et N 174° 42', des observations de déviation et de rapports d'intensités de force. Les deux déviations observées ont été respectivement — 4° 48' et + 2° 36'.

Pour les observations de force, on a trouvé qu'à terre l'aiguille aimantée horizontale faisait 133 oscillations en 240 secondes.

A bord, au cap N compas, elle a fait 98,6 oscillations en 180 secondes.

et au cap N 174° 42', elle a fait 89,3 oscillations en 180 secondes

Cela étant, on demande de calculer :

Inconnues. — 1° Les coefficients exacts ;

2° Le maximum de la déviation semi-circulaire ;

3° L'angle tribord ;

4° La force polaire du bâtiment ;

5° La quantité λ.

Solution par le calcul.

1° **Calcul des coefficients** $\mathfrak{A}$, $\mathfrak{B}$, $\mathfrak{C}$, $\mathfrak{D}$, $\mathfrak{E}$. — Ce calcul sera notablement simplifié par la table des lignes trigonométriques naturelles que nous donnons à la fin de ce volume ; on trouve de suite, avec cette table :

$$\mathfrak{A} = \sin A = -0,015$$

$$\mathfrak{E} = \sin E = -0,0009 ;$$ valeur si petite que nous négligerons dorénavant $\mathfrak{E}$

$$\mathfrak{D} = \sin D = +0,069. \ \tfrac{1}{2}\sin D = 0,034. \ 1 + \tfrac{1}{2}\sin D = 1,034. \ 1 - \tfrac{1}{2}\sin D = 0,966.$$

$$\mathfrak{B} = \sin B \left(1 + \tfrac{1}{2}\sin D\right) \quad = \quad 0,0775 \times 1,034 = \quad 0,080$$

$$\mathfrak{C} = \sin C \left(1 - \tfrac{1}{2}\sin D\right) \quad = -0,064 \times 0,966 = -0,063.$$

2° Maximum de la déviation semi-circulaire.

$$B = 4° 26' \text{ ou } 4,13 \quad \log. \ 4,13 = 0,64610 \quad \log. B^2 = 1,29280 \qquad B^2 = 19,62$$

$$C = 3° 43 \text{ ou } 3,72 \quad \log. 3,72 = 0,57034 \quad \log. C^2 = 1,14100 \quad \frac{C^2 = 13,84}{B^2 + C^2 = 33,46}$$

$$\text{Log} \ (B^2 + C^2) = 1,524,53$$

$$\text{Log} \sqrt{B^2 + C^2} = 0,76227 \quad \sqrt{B^2 + C^2} = 5,78 \text{ ou en degrés et minutes } 5° 48'.$$

3° Angle tribord.

$$\text{Log tg. angle tribord} = \log \frac{\mathfrak{C}}{\mathfrak{B}} = \log \mathfrak{C} - \log \mathfrak{B} = 8,70934_n{}^{[1]} - 8,90309 = 9,89625_n.$$

L'arc dont la tangente a pour logarithme $+9,89625$ est $+38°.13$. Mais il ne faut pas perdre de vue que $\mathfrak{B}$ est positif, $\mathfrak{C}$ négatif, et que, par suite, la droite qui limite notre angle tribord est dans le quatrième quadrant. Cet angle tribord est donc :

$$390° - 38° 13 = 321°,8 = 321°,48'.$$

4° Force polaire du bâtiment, λ H étant pris pour unité.

$$\text{Force polaire} = \sqrt{\mathfrak{B}^2 + \mathfrak{C}^2} \quad \text{Log } \mathfrak{C}^2 = 7,59868 \quad \mathfrak{C}^2 = 0,003969$$
$$\text{Log } \mathfrak{B}^2 = 7,80618 \quad \mathfrak{B}^2 = 0,006400.$$

$$\mathfrak{B}^2 + \mathfrak{C}^2 = 0,010369$$
$$\text{Log} \ (\mathfrak{B}^2 + \mathfrak{C}^2) = 8,01574$$
$$\text{Log} \sqrt{\mathfrak{B}^2 + \mathfrak{C}^2} = 9,00787$$

d'où, force polaire $= 0, 102$.

Calcul de λ. — Nous emploierons pour cela la formule (48).

---

[1]. Le signe n placé à côté d'un logarithme indique qu'on a changé de signe la quantité négative à laquelle il s'applique, afin de pouvoir appliquer le calcul logarithmique. Il faudra donc avoir soin de changer de signe le résultat final.

Il faut d'abord avoir les valeurs de $\dfrac{H'}{H}$ qui correspondent à nos observations de nombres d'oscillations. Cherchons, au moyen des nombres donnés, les temps T, t, t' que met l'aiguille à faire 10 oscillations quand elle se trouve d'abord à terre ; puis, à bord au cap N compas et enfin au cap N 174° 42' compas.

On nous donne le nombre n d'oscillations faites en θ secondes : il est clair que l'aiguille fera une oscillation en $\dfrac{\theta}{n}$ secondes, ou 10 oscillations en $\dfrac{10\,\theta}{n}$ secondes.

d'où :

$$\text{Log}\,T = \log 2400 - \log 133 = 1,25636$$
$$\text{Log}\,t = \log 1800 - \log 98,6 = 1,26139$$
$$\text{Log}\,t' = \log 1800 - \log 89,3 = 1,30442.$$

Calculs relatifs au cap N compas. — Puisque la déviation à ce cap est — 4° 48', le cap magnétique correspondant que nous désignerons par ζ_0 est égal à N 355° 12' :

On a :

$$\frac{H'_0}{H} = \frac{T^2}{t^2} \quad \text{or} \quad \log T^2 = 2\log T = 2,51272$$
$$\log t^2 = 2\log t = 2,52278$$
$$\text{d'où } \log \frac{H'_0}{H} = 9,98994 \qquad \frac{H'_0}{H} = 0,977$$
$$\log \quad \cos \delta_0 \quad = 9,99847$$
$$\log \frac{H'_0}{H}\cos \delta_0 \quad = 9,99841.$$

$$\begin{aligned}
&\log \mathfrak{B} = 8,90309 &\quad &\log \mathfrak{C} = 8,79934_n &\quad &\log \mathfrak{D} = 8,83885\\
&\log \cos \zeta_0 = 9,99847 &\quad &\log \sin \zeta_0 = 8,92261_n &\quad &\log \cos 2\zeta_0 = 9,99388\\
&\log \mathfrak{B}\cos \zeta_0 = 8,90156 &\quad &\log \mathfrak{C}\sin \zeta_0 = 7,72195 &\quad &\log \mathfrak{D}\cos 2\zeta_0 = 8,83273\\
&\mathfrak{B}\cos \zeta_0 = + 0,0797 &\quad &\mathfrak{C}\sin \zeta_0 = + 0,0053 &\quad &\mathfrak{D}\cos 2\zeta_0 = 0,0680.
\end{aligned}$$

Nous négligerons $\mathfrak{C}\sin 2\zeta_0$, par suite le dénominateur sera,
$$\Sigma = 1 + \mathfrak{B}\cos \zeta_0 - \mathfrak{C}\sin \zeta_0 + \mathfrak{D}\cos 2\zeta_0 = + 1,1477 - 0,0053 = 1,1424,$$
$$\log \lambda_0 = \log \frac{H'_0}{H}\cos \delta_0 - \log \Sigma = 9,99841 - 0,05782 = 9,93059$$
$$\lambda_0 = 0,8523.$$

Un calcul identique appliqué au cap $\zeta' = $ N 174° 42', qui puisque $\delta_2 = + 2°36'$, correspond au cap magnétique $\zeta = $ N 177° 48', donnerait $\lambda_1 = 0.8073$. Nous prendrons pour λ la moyenne de ces deux valeurs, soit $\lambda = 0,830$.

Solution du même problème par la méthode graphique.

On commence par calculer les coefficients exacts.

Cela fait, sur une droite O P (*fig.* 27) qui représentera la direction du Nord magnétique, nous prendrons une grandeur O P arbitraire, mais la plus grande possible pour la commodité et l'exactitude des constructions. Cette grandeur O P nous servira désormais d'unité de longueur et représentera la quantité λ H déjà définie. Nous fixerons plus tard sa valeur comme force magnétique mesurée avec la force magnétique terrestre H prise comme unité.

En P, élevons une perpendiculaire à O P et, sur cette perpendiculaire, à partir du point P, portons sur la gauche puisque ℨ est négatif une longueur égale à la valeur de ce coefficient à l'é-

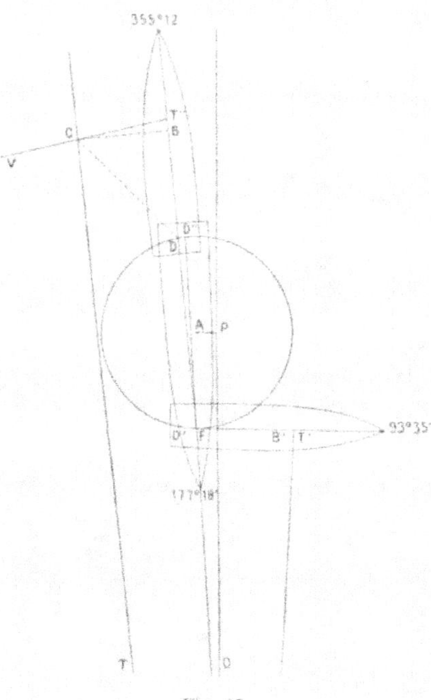

Fig. 27.

chelle de la figure ; soit 3 millimètres puisque ce coefficient = 0,015 et que λ notre unité est représentée sur notre figure par 200 millimètres.

De ℨ comme centre, puisque nous négligeons 𝔈, avec 𝔇 comme rayon, c'est-à-dire avec $200^{mm} \times 0,069$ pour rayon, soit 13,8 millimètres, nous décrirons le cercle directeur.

Sur ce cercle, marquons le point F défini comme tout à l'heure et point de croisement des caps successifs du bâtiment.

A l'aide du rapporteur, tirons F D dans la direction du cap N

355° 12′ ; puis à partir de D sur la droite F D et dans la direction de l'avant du bâtiment, puisque $\mathfrak{B}$ est +, portons une longueur égale à la valeur de ce coefficient à l'*échelle de la figure* soit $200^{mm} \times 0,080 = 16,0$ millimètres.

En B, élevons une perpendiculaire au cap F D, et sur cette perpendiculaire, à partir de B et à gauche puisque $\mathfrak{C}$ est négatif, portons B C $= 200^{mm} \times 0,063 = 12,6$ millimètres.

Force polaire du bâtiment. — Le point C est le point du dygogramme correspondant au cap $\zeta = $ N 355° 12′.

En mesurant la ligne DC qui représente $\sqrt{\mathfrak{B}^2 + \mathfrak{C}^2}$ nous trouverons $20^{mm}5$, donc la force polaire du bâtiment $= \dfrac{20^{mm}5}{200} = 0,102$.

Ce qu'on avait trouvé par le calcul d'une façon beaucoup plus longue.

Angle tribord. — En mesurant avec un rapporteur l'angle de la ligne D C avec le cap D B, on trouve 38° 30′ ou pour l'angle tribord : 360° — 38° 30′ = 321° 30′ = 321°,5. On avait trouvé 321°,8 par le calcul.

Détermination de λ. — Enfin, la longueur O C, mesurée avec notre échelle, est égale à 230 millimètres.

Donc :

$$\frac{H'_0}{\lambda H} = \frac{230^{mm}}{200^{mm}} = 1,15 ;$$

il en résulte $\lambda_0 = \dfrac{H'_0}{H} \times \dfrac{1}{1,15}$ or $\dfrac{H'_0}{H} = \dfrac{T^2}{t^2} = 0,977$; donc $\lambda_0 = 0,849$;

nous avions trouvé 0,852 par un calcul fort long.

La même construction appliquée au cap magnétique $\zeta = $ N 177° 18′, qui nous fournit le point D″, nous donne :

$$\frac{H'_2}{\lambda H} = \frac{196^{mm}}{200^{mm}} = 0,98,$$

et puisque :

$$\frac{H'_2}{H} = \frac{T^2}{t''^2} = 0,8014 \qquad \lambda_2 = \frac{0,8014}{0,98} = 0,819.$$

Nous avions trouvé par le calcul $\qquad\qquad \lambda_2 = 0,807$.

La moyenne des deux valeurs graphiques est $\lambda = 0,834$,

     »   »   calculées était $\lambda = 0,830$.

On voit que cette méthode est beaucoup plus rapide que la première. Elle se simplifie encore quand les coefficients sont assez grands pour qu'on puisse se contenter de prendre 10 mill. pour représenter l'unité ; on est débarrassé de toutes les multiplications ou divisions par 2 que nous avons été contraints de subir pour rendre la figure plus facile à lire dans ce cas exceptionnellement défavorable pour l'application de la méthode graphique.

Nous allons maintenant donner des exemples de la détermination des coefficients $\mathfrak{B}$ et $\mathfrak{C}$ dans les deux cas que nous avons indiqués plus haut p. (168-9). De $\mathfrak{B}$ et $\mathfrak{C}$, on passera à B et C au moyen des formules (54).

Détermination de B et C par une seule observation de déviation et une seule observation d'intensité de force quand on connaît λ.

Données. — Supposons qu'on ait :

$\mathfrak{A}$, $\mathfrak{C}$, $\mathfrak{D}$; et λ égaux respectivement aux valeurs numériques indiquées précédemment.

On a, de plus, observé au cap magnétique N 355° 12' la déviation $\delta_0 = -$ 4° 48' et le rapport $\dfrac{H'}{H} = 0,977$ qu'on a obtenu, soit par la méthode des oscillations, soit au moyen du déflecteur.

1° Solution par le calcul.

Des deux équations (44) et (45) nous tirons, en négligeant $\mathfrak{A}$ et $\mathfrak{C}$, ce qui est permis à cause de la faible valeur de ces coefficients, et en remplaçant X' et Y' respectivement par leurs valeurs H' cos ζ' et $-$ H' sin ζ' (v. page 154) :

$$\mathfrak{B} = \frac{H'}{\lambda H} \cos \zeta' - (1 + \mathfrak{D}) \cos \zeta$$

$$\mathfrak{C} = -\frac{H'}{\lambda H} \sin \zeta' + (1 - \mathfrak{D}) \sin \zeta.$$

On a le cap au compas ζ', la déviation observée permet de passer au cap magnétique correspondant ζ, toutes les autres quantités sont connues par hypothèse, le calcul n'offre donc aucune difficulté.

Dans le cas qui nous occupe :

$$\mathfrak{B} = \frac{0,977}{0,849} \cos 0° - (1 + 0,069) \cos 355° 12' = \quad 0,081$$

$$\mathfrak{C} = \frac{0,977}{0,849} \sin 0° + (1 - 0,069) \sin 355° 12' = - 0,074.$$

On retrouve ainsi, à peu de chose près, les valeurs de 𝕭 et ℭ trouvées tout à l'heure, mais nous avons négligé, non seulement ℭ, mais encore 𝕬 pour simplifier le calcul. Et cette dernière simplification n'est pas toujours permise.

On calcule ensuite B et C par les formules (54).

2° Méthode graphique.

Calculons $\dfrac{H'_0}{\lambda H} = \dfrac{0,977}{0,849} = 1,15$, nous aurons ainsi la longueur OC qu'on doit porter sur la ligne OT, dont la direction est donnée par la déviation observée $\delta_0 = -4° 48'$ valeur de l'angle que fait OT avec OP. Le point C étant ainsi obtenu, il suffira d'abaisser de ce point une perpendiculaire sur la ligne FD qui représente la direction du cap v. p. (168).

Soit B le point d'intersection de cette perpendiculaire avec le cap. La longueur D B représentera la grandeur du coefficient 𝕭 dont le signe sera donné par le sens de D B par rapport à l'avant du bâtiment, + si D B est dirigé vers l'avant; — si cette ligne est dirigée vers l'arrière.

De même la longueur B C représente la valeur du coefficient ℭ qui sera négatif si cette longueur est dirigée vers bâbord quand l'observateur regarde l'avant, et positif si elle est dirigée vers tribord.

Application de ce problème à la mer. — Dans bien des circonstances, le navire est assez tranquille et assez droit à la mer pour qu'on puisse observer le nombre des oscillations de l'aiguille aimantée dans un temps donné par un compteur à secondes. Mais on ne peut alors avoir directement le temps du même nombre d'oscillations de la même aiguille sous l'influence de la force terrestre, qu'en mettant à la mer un radeau ou un canot, dont les ferrures n'aient aucune action sur l'aiguille aimantée; ce dont on peut s'assurer avant le départ, en constatant que la déviation observée dans le canot à plusieurs caps, quatre au moins, est nulle ou fort petite, plus petite que 2 degrés, par exemple, et que le temps de 10 oscillations de l'aiguille y est le même qu'à terre. Or, la mise d'un canot à la mer est une opération qui prend du temps et qu'on n'aime point à faire quand on n'y est pas impérieusement obligé : il serait donc préférable de se procurer le nombre des données nécessaires en faisant une seconde observation de déviation à un autre cap. Fort heureusement, on peut se passer de cette

observation complémentaire quand on a une bonne carte donnant
l'intensité de la force horizontale terrestre dans les différentes
parties du globe.

En effet, à terre, au départ, on sait par l'observation que l'aiguille aimantée fait 10 oscillations en T secondes sous l'action de
la force magnétique H.

Par suite, à l'endroit où l'on se trouve, et pour lequel la carte
indique la force magnétique H_1, le temps x de 10 oscillations de
l'aiguille aimantée sera donné par la formule :

$$\frac{H}{H_1} = \frac{x^2}{T^2} \quad \text{d'où} \quad x^2 = T^2 \frac{H}{H_1}.$$

Cette quantité x est précisément la quantité dont nous avions
besoin pour déterminer le rapport $\dfrac{H'}{H_1}$ au cap unique où l'on veut
observer à bord.

La précision du résultat, le degré de confiance qu'on devra avoir
en lui, dépendent évidemment de la valeur même de la carte.

On obtient, en une minute, le même rapport au moyen du déflecteur quand on a eu la précaution de graduer son échelle comme
nous le dirons dans la quatrième partie.

En effet, on a noté, au départ, les valeurs des forces magnétiques qui correspondent aux diverses divisions de l'échelle et aussi
la division qui correspond à l'écart de 90 degrés obtenu à terre. Les
cartes magnétiques donnent H_1, au lieu où se trouve le bâtiment,
et il suffit, au cap suivi par le navire, d'observer la division de
l'échelle qui correspond à un écart de la rose égal à 90 degrés. La
graduation de l'échelle indique que cette division correspond à
une force H'. On a donc le rapport cherché $\dfrac{H'}{H_1}$, et comme λ est une
constante que l'on doit emporter avec soi (v. p. haut), une seule
observation de variation faite à ce cap permettra, d'après ce que
nous venons de voir, de calculer $\mathfrak{B}$ et $\mathfrak{C}$, d'où B et C, et, par suite,
une table de variations complète.

Si l'échelle du déflecteur n'avait pas été graduée avant le départ,
on se servirait alors de cet instrument de la façon suivante :

On doit toujours avant le départ, noter en même temps que λ la
division de l'échelle du déflecteur qui, à terre, correspond à un
écart de la rose égal à 90 degrés.

Les cartes magnétiques donnent H_1 ; donc on sait, d'après un
théorème énoncé dans la première partie, que, si on mettait l'index

du déflecteur sur la même division qu'au point de départ, tout en laissant le pointeur sur la ligne Est de la rose déviée, on obtiendrait, sous la seule action magnétique terrestre au lieu où l'on se trouve, un écart α, tel que :

$$\frac{H}{H_1} = \frac{\sin \alpha_1}{1}.$$

On peut donc calculer cet angle α_1. Ceci posé, à bord, au cap que l'on suit, on observe l'écart α' qu'on obtient pour la rose quand l'écartement des aimants et la position du pointeur sont respectivement les mêmes que tout à l'heure, et en appelant H' la force directrice de l'aiguille correspondant à ce cap, on a alors :

$$\frac{H'}{H_1} = \frac{\sin \alpha_1}{\sin \alpha'},$$

équation qui détermine le rapport nécessaire pour trouver B et C au moyen de la seule observation de la variation au cap couru par le navire.

Détermination de B et C au moyen de deux observations
de déviations sans connaître λ.

1° Solution par le calcul.

Elle est donnée par l'équation générale 9 *bis* de la première partie, qui donne, au moyen des deux observations de δ faites à des caps connus, deux relations entre les coefficients cherchés $\mathfrak{B}$ et $\mathfrak{C}$.

Les calculs n'offrent aucune difficulté, mais ils sont fort longs et entraînent, par suite, de grandes chances d'erreurs, même quand les coefficients $\mathfrak{A}$ et $\mathfrak{E}$ sont négligeables, ce qui les simplifie pourtant d'une manière notable. Nous ne conseillons donc pas d'adopter cette solution dans la pratique; il est préférable d'employer la méthode graphique.

2° Méthode graphique (*fig.* 27).

C'est l'application de la Méthode donnée plus haut (v. 3° cas page 169) pour la détermination de $\mathfrak{B}$ et $\mathfrak{C}$.

Prenons les données numériques précédentes pour $\mathfrak{A}$, $\mathfrak{D}$, $\mathfrak{E}$, et supposons que, n'ayant pas λ, nous ayons observé aux deux caps :

$$\zeta' = 0 \text{ et } \zeta' = 90°,$$

les deux déviations :

$$\delta_0 = -4°18' \text{ et } \delta_1 = 3°35'.$$

Ces déviations nous permettent de passer des caps au compas aux caps magnétiques correspondants qui sont respectivement N 355° 12' et N 93° 35'.

Soit F D, la ligne qui correspond au premier cap, O T la ligne qui se rapporte à la déviation correspondante, et T le point d'intersection de ces deux lignes.

Soit de même T' le point d'intersection des deux lignes analogues pour le second cap, F D' et O T'.

Les nécessités de l'impression nous ont obligé à ne donner que la partie supérieure de la figure. Il ne faut donc pas perdre de vue que O est situé sur OP à une distance de P égale à 20 centimètres, que le point T se trouve à la rencontre de la ligne F D avec la droite O C telle que l'angle C O P est égal à 4° 48' du côté de l'Ouest, puisque δ est négatif.

Prenons sur D T à partir de D, et dans un sens qui sera déterminé par celui de la droite D' T' relativement au cap F D', une longueur D T" = D' T', et par T" menons T" V tel que angle D T" V = angle D' T O.

L'intersection des droites O T et T" V sera le point C de la *fig*. 27 et pour avoir B et C, il suffira de mener, par ce point, une perpendiculaire à la direction F D du premier cap. Les valeurs absolues et les signes des coefficients B et C s'obtiendront alors comme dans le paragraphe précédent et en vertu des mêmes conventions.

On voit aussi qu'il n'est pas besoin que les deux points d'intersection T et T' soient à la fois dans les limites de la figure, un seul suffit. De B et C, on passera ensuite à B et C par les formules (54.)

CHAPITRE VII

DÉVIATION DUE A LA BANDE

Nous avons vu, dans la première partie, que si on appelle δ la déviation du compas au cap, C quand le navire est droit, la déviation δ, quand le navire s'incline d'un angle i (compté positivement si le navire est incliné sur tribord et négativement s'il est incliné sur bâbord) est donnée par la formule (21) (1re partie).

Pour une bande donnée, i est défini en grandeur et en signe, c'est une constante ; nous voyons donc que la bande a pour effet de changer la déviation observée et d'introduire dans l'expression de cette quantité trois termes correctifs :

1° Un terme constant analogue à A soit $\dfrac{c-g}{2\lambda}\,i$;

2° Un terme de déviation semi-circulaire $\mathrm{J}i \times \cos\zeta'$, qui s'ajoute à l'ancien terme en C ;

3° Enfin un terme de déviation quadrantale $-\dfrac{c+g}{2\lambda}\cos 2\zeta'$, qui s'ajoute à l'ancien terme en E.

On se rend facilement compte du premier et du troisième terme en remarquant que, dans le cas du navire droit, les coefficients $\mathfrak{A}$ et $\mathfrak{E}$ n'étaient nuls que dans le cas de symétrie parfaite du fer doux par rapport au plan longitudinal. Or, dès que le navire s'incline, cette symétrie, à supposer qu'elle existât préalablement, disparaît aussitôt par le fait du déplacement des barreaux c et g qui sortent tous deux du plan vertical longitudinal.

Ces deux termes réunis ont, nous le verrons tout à l'heure, beaucoup moins d'influence que le terme $\mathrm{J}\,i\cos\zeta'$.

Coefficient de l'erreur due à la bande. — Ce dernier, quand la bande est de 1 degré seulement, se réduit à $\mathrm{J}\cos\zeta'$. Nous appellerons dorénavant J le coefficient de l'erreur due à la bande, bien qu'en réalité cette erreur se compose encore des deux autres termes que nous négligeons.

Par des transformations convenables, l'équation (21) a été mise sous la forme (24), ou en posant, pour suivre des notations fréquemment employées en Angleterre :

$$\mathrm{J}\,i\cos\zeta' = \mathrm{H}_1 \qquad -\frac{g}{\lambda}\,i\cos^2\zeta' = \mathrm{H}_2 \qquad \text{et}\ \frac{c}{\lambda}\,t\sin^2\zeta' = \mathrm{H}_3.$$

$$(57) \qquad\qquad \delta_i = \delta + \mathrm{H}_1 + \mathrm{H}_2 + \mathrm{H}_3.$$

Examen des trois termes correctifs introduits par la bande.

2° **De H_2.** — D'après la signification de g dans les équations qui donnent les composantes des forces magnétiques suivant les trois axes, on voit que ce terme est dû à la force induite perpendiculaire au pont qui provient de l'action exercée par la composante terrestre parallèle à la quille, sur le fer doux horizontal ayant la même direction.

Pour une valeur donnée de i, H_2 est maxima pour les caps Nord ou Sud ; et nulle pour les caps Est ou Ouest.

En général, $\frac{g}{\lambda}$ n'a de valeur sensible que pour les compas placés très près, soit de l'avant, soit de l'arrière. Pour un compas situé à peu près au milieu du navire, $\frac{g}{\lambda}$ a des valeurs absolues qui atteignent rarement 0,1 et, par suite, le maximum de l'erreur que ce terme introduit est alors de 6 minutes par degré de bande, donné quand le navire a le cap au Nord du compas. Mais cette erreur diminue rapidement quand le cap change à cause du facteur $\cos^2 \zeta$.

2° De H_6. — Ce terme est dû à la force induite parallèle à la quille qui provient de l'action exercée par la composante verticale terrestre sur le fer doux vertical placé dans le plan longitudinal du navire.

Cette erreur est maxima aux caps Est ou Ouest, et nulle aux caps Nord ou Sud.

Quant à sa valeur absolue, elle est comparable en général à celle du terme précédent, à moins que le compas ne soit placé trop près de pièces de fer verticales d'un diamètre considérable, mâts, cheminée, manche à air.

Cette erreur diminue rapidement quand le cap s'écarte de l'Est ou de l'Ouest, puisqu'elle dépend de $\sin^2 \zeta$.

De H_1. — C'est le terme le plus important de l'erreur due à la bande. En général, les deux autres sont négligeables et on le considère seul.

Reportons-nous à la valeur de J donnée par la formule (22), remplaçons $\tang \theta$ par $\frac{Z}{H}$ et rappelons-nous que l'angle i, qui figure dans H_1, doit être remplacé en toute rigueur par $\sin i$ dont il tient la place en vertu d'une simplification basée sur sa petitesse (v. p. 86). Nous aurons :

$$H_1 = \frac{1}{\lambda H} e \sin i \times Z - \frac{1}{\lambda H} k \sin i \times Z - \frac{1}{\lambda H} \times R \sin i.$$

et sous cette forme, on voit :

1° Que le premier terme de H_1 représente la déviation que produirait, sur une aiguille aimantée déjà soumise à la force directrice moyenne λH, la force horizontale développée par la composante verticale terrestre Z agissant sur la tige transversale e, inclinée d'un angle i sur l'horizon ;

2° Que le deuxième terme de H_1 représente la déviation que produirait sur une aiguille aimantée soumise à λ H, la face horizontale développée par la composante verticale terrestre Z agissant sur une tige k faisant un angle i avec la verticale ;

3° Que le troisième terme exprime la déviation produite dans les mêmes conditions par la composante horizontale donnée par l'aimant R faisant un angle i avec la verticale.

Des signes de J et de l'erreur due à la bande. — On peut, en général, avoir quelque indice sur le signe de J en examinant séparément le signe et la valeur absolue que peuvent avoir chacune des trois quantités qui le composent, d'après les conditions particulières où l'on se trouve placé.

On met pour cela J sous la forme :

$$J = \frac{e-k}{\lambda} \tang \theta - \frac{R}{\lambda H}.$$

En général, $e - k$ est toujours négatif et ne varie pas quand le bâtiment se déplace.

D'ailleurs, dans les bâtiments construits dans l'hémisphère Nord R est, en général, positif.

Par suite, si le navire navigue dans l'hémisphère Nord où tang θ est positive, le coefficient J sera négatif.

Quand ce même navire passera dans l'hémisphère Sud, tang θ deviendra négative, et en admettant que R ne change pas de signe, J deviendra positif dès que $\frac{e-k}{\lambda}$ tang θ sera plus grand que $\frac{R}{\lambda H}$.

L'erreur due à la bande est égale à $+ J i \cos \zeta'$; or, quand J est négatif et que cos ζ' est positif, ce qui a lieu pour tous les caps du navire compris entre l'Est et l'Ouest en passant par le Nord, l'erreur due à la bande est de signe contraire à celui de i, c'est-à-dire que l'aiguille est attirée du côté du vent. Quand cos ζ' est négatif, l'erreur due à la bande a le même signe que i, et un croquis facile à faire montre que cette erreur est encore produite par une attraction de la pointe Nord de l'aiguille du côté du vent.

C'est pour cela qu'on appelle parfois la quantité — J, le coefficient de l'erreur due à la bande du côté du vent. Tandis que cette même erreur du côté du vent est égale à — J $i \cos \zeta'$.

Autre forme du coefficient J. — Les deux formes que nous avons données jusqu'ici pour le coefficient J ne permettent pas de le calculer, parce que l'on n'a ni R ni k en admettant que l'on ait pu calculer e, si on a déterminé $\mathfrak{D}$ et λ (v. p. 160). Et ce n'est pas le cas ordinaire, puisque, jusqu'à présent, on ne fait pas, en général, à bord, les observations de rapports d'intensités nécessaires pour avoir λ.

En remplaçant dans la valeur de J, e par sa valeur $(\lambda - 1) - \lambda \mathfrak{D}$. et $k + \dfrac{R}{Z}$ par $\mu - 1$, on aura :

$$(58) \quad J = -\left(\mathfrak{D} + \frac{\mu}{\lambda} - 1\right) \operatorname{tang} \vartheta ;$$

qui est la forme la plus commode pour le calcul de J.

Calcul de J sans mettre le navire à la bande.

Nous avons donné déjà, dans la deuxième partie (ch. VII), un moyen pratique d'obtenir la valeur de J en mettant le navire à la bande ; nous allons montrer maintenant comment on peut avoir ce coefficient, en laissant le navire droit pourvu qu'à la connaissance des deux quantités $\mathfrak{D}$ et λ on joigne celle de la quantité μ.

Détermination de μ. — μ est donné par la formule (23) de la première partie, on a d'ailleurs d'après la formule (39) que nous rappelons ici :

$$(39) \qquad \frac{Z'}{Z} = \frac{g}{\operatorname{tang} \vartheta} \cos \zeta - \frac{h}{\operatorname{tang} \vartheta} \sin \zeta + \mu.$$

En se rappelant la méthode employée pour calculer A, B, C, D, E (v. p. 129) qui est fondée sur les propriétés des sommes de sinus et de cosinus d'arcs en progression arithmétique, on voit que, si on donne à ζ des valeurs équidistantes angulairement dans l'espace et non sur la rose, et qu'on additionne toutes les équations correspondant à un tour complet d'horizon, μ n'est autre chose que la moyenne des valeurs que prend $\dfrac{Z'}{Z}$ quand le cap du navire décrit la rose entière.

La formule montre encore que μ est la moyenne des valeurs que prend $\dfrac{Z'}{Z}$ à deux caps diamétralement opposés, ce qui permet de le déterminer facilement quand le navire change d'évitage cap pour cap sous l'influence de la marée.

Simplification quand $h = 0$. h provient du fer doux perpendiculaire à la quille qui n'est pas symétrique par rapport au plan diamétral longitudinal et se trouve, avec le pivot du compas, dans un même plan transversal, (v. pl. I). En général h est nul et, dans tous les cas, assez petit pour qu'on puisse le négliger *à priori*; on voit donc qu'une seule observation de $\dfrac{Z'}{Z}$ faite au cap Est ou Ouest magnétique suffit pour donner μ, même si l'on n'a pas le coefficient g et si celui-ci est connu, une observation de $\dfrac{Z'}{Z}$ à un cap quelconque suffira pour avoir μ.

Détermination de $\dfrac{Z'}{Z}$. — Nous ramenons donc la connaissance de μ à celle de $\dfrac{Z'}{Z}$, c'est-à-dire à la connaissance d'un rapport d'intensités de forces verticales.

Nous avons donné, dans l'introduction, deux méthodes différentes pour obtenir ce rapport au moyen de l'aiguille d'inclinaison.

Calcul de μ. — **1° Sans aucune hypothèse faite sur h.** — Quand on ne fait aucune hypothèse sur la valeur de h, on détermine la valeur $\dfrac{Z'}{Z}$ à des caps équidistants, on fait la somme de toutes les valeurs ainsi obtenues, et on divise par le nombre des observations faites,

et on a :
$$\mu = \frac{\Sigma \dfrac{Z'}{Z}}{n}.$$

Dans la pratique, il suffira de faire deux observations de la valeur de ce rapport à des caps diamétralement opposés, et on aura :
$$\mu = \frac{1}{2}\left(\frac{Z'_1}{Z} + \frac{Z'_2}{Z}\right).$$

2° En supposant $h = 0$ et g inconnu. — On observe le rapport $\dfrac{Z'}{Z}$ à deux caps magnétiques ζ_1 et ζ_2. Et l'équation (39), appliquée à ces deux observations, donne pour les inconnues μ et $\dfrac{g}{\tan g\,\theta}$ les valeurs suivantes :

$$\mu = \frac{\dfrac{1}{2}\left[\dfrac{Z'_1}{Z}\cos\zeta_2 - \dfrac{Z'_2}{Z}\cos\zeta_1\right]}{1/2\,(\cos\zeta_2 - \cos\zeta_1)} \qquad \frac{g}{\tan g\,\theta} = \frac{\dfrac{1}{2}\left[\dfrac{Z'_1}{Z} - \dfrac{Z'_2}{Z}\right]}{1/2\,(\cos\zeta_1 - \cos\zeta_2)}.$$

Si dans ce cas où $h = 0$, on peut observer au cap Est ou Ouest magnétiques, alors $\cos\zeta = 0$, g disparaît de la formule et on a :

$$\mu = \frac{Z'}{Z}$$

en appelant Z_i' la valeur particulière de Z' à ce cap.

3° **En supposant** $h = 0$ **et** q **connu.** — Dans ce troisième cas, une seule observation de $\dfrac{Z'}{Z}$ faite à un cap quelconque, nous donnera en vertu de l'équation (39) simplifiée,

$$\mu = \frac{Z'}{Z} - q.\cos\zeta.\operatorname{cotang}\theta.$$

Méthode graphique pour déterminer μ **et** q (*fig.* 28). — **Son utilité.** — Dès que les observations de $\dfrac{Z'}{Z}$ ne sont plus faites à des caps magnétiques équidistants, ou dans les conditions particulières que nous venons d'énumérer, la détermination de μ et q par la résolution des équations données par l'équation fondamentale (6) devient si longue et si compliquée qu'elle ne peut guère servir dans la pratique.

Quand donc on veut se servir d'observations faites en nombre quelconque, et à des caps quelconques, il faut employer la méthode graphique.

L'équation (39) où nous supposerons $h = 0$ devient :

$$(59) \qquad \frac{Z'}{Z} = \frac{q}{\operatorname{tang}\theta}\cos\zeta + \mu.$$

Dans cette équation μ, q, θ sont des constantes, $\dfrac{Z'}{Z}$ et $\cos\zeta$ des variables qui n'entrent chacune dans l'équation qu'au premier degré; si donc on donne à l'une d'entre elles, $\cos\zeta$, des valeurs quelconques qu'on représentera par des longueurs portées sur une droite à partir d'une même origine, qu'on élève à l'extrémité de chacune de ces longueurs une perpendiculaire sur laquelle on portera une longueur proportionnelle à la valeur correspondante de $\dfrac{Z'}{Z}$, l'ensemble des points ainsi obtenus sur chaque perpendiculaire formera une droite que nous construirons de la manière suivante :

Prenons (*fig.* 28), deux axes de coordonnées rectangulaires Cx et Cy. De l'origine C, décrivons une circonférence avec un rayon arbitraire, aussi grand que possible et que le comporteront les constructions qu'on doit faire sur le papier : ce rayon représentera la valeur de la composante verticale Z de la terre, pour le lieu de l'observation et nous servira désormais d'unité de longueur.

Ici où la figure est destinée simplement à faciliter l'exposition, nous avons pris pour la commodité de l'impression une échelle beaucoup trop petite, puisque le rayon de notre circonférence qui représente Z ou l'unité de longueur n'a que $0^m,025$. La circonférence nous représentera la rose des vents.

Sur l'axe des x plaçons les deux points cardinaux Nord et Sud, l'un à gauche, l'autre à droite du centre en N et en S. — Les deux points cardinaux Est et Ouest seront, par conséquent, sur Cy en E et O.

Pour avoir le point Q de la droite cherchée qui correspond à l'azimut $\zeta = N\,54\,O$, nous mènerons le rayon C A tel que l'angle N C A $= 54$ degrés comptés du Nord vers l'Ouest. Du point A nous abaisserons une perpendiculaire A P sur l'axe des x, CP n'est autre chose que $\cos\zeta$: puis sur A P et à partir de P, nous porterons, dans un sens convenable, la longueur P Q qui représente la valeur trouvée à ce cap pour $\dfrac{Z'}{Z}$; c'est-à-dire qu'on portera cette valeur au-dessus de ox si elle est positive ; au-dessous si elle est négative, ce qui arrive quand Z' composante verticale de la force émanée de la terre et du navire est de sens contraire à la force verticale terrestre Z. On est averti qu'on se trouve dans ce cas parce qu'alors le pôle inférieur de l'aiguille d'inclinaison qui est à terre le pôle rouge ou austral est, au contraire, à bord le pôle bleu ou boréal.

On obtient, de même, les points qui correspondent aux autres caps. Si les observations étaient faites avec une exactitude rigoureuse, tous ces points se trouveraient exactement sur une droite ; comme il ne peut en être ainsi, on prendra, pour la droite cherchée, celle qui passera à travers tous ces points en s'écartant d'eux le moins possible.

Cette droite construite, rien de plus facile que d'avoir μ et g.

En se reportant à l'équation (59), il est évident que la valeur de μ est donnée, soit par l'ordonnée C M de la droite qui correspond à : $\zeta = 90$ ou $\zeta = 270$; soit par la demi-somme des ordonnées N R et S T qui correspondent l'un à $\zeta = 0$ et l'autre à $\zeta = 180$ degrés.

On voit de même que la valeur de $\dfrac{g}{\tan g\,\theta}$ n'est autre chose que la moitié de la différence de ces deux dernières ordonnées.

Application de la méthode graphique (v. *fig.* 28). — Nous avons appliqué cette méthode aux données obtenues à Portsmouth, à bord du navire de guerre anglais *Orontes*.

On avait observé, à bord de ce navire et aux caps N 3 E, S 26 O

et N 54 O, des valeurs de $\dfrac{Z'}{Z}$ égales respectivement : 1° à 1,172;
2° à 1,141; 3° à 1,196. On avait d'ailleurs tang $\theta = 2,5$.

La construction de la figure (28) et la mesure des ordonnées nécessaires donne, en dix minutes environ,

$$\mu = 1,15 \text{ et } g = 0,050.$$

Dans le *Manuel de l'amirauté anglaise*, qui nous a fourni ces don-

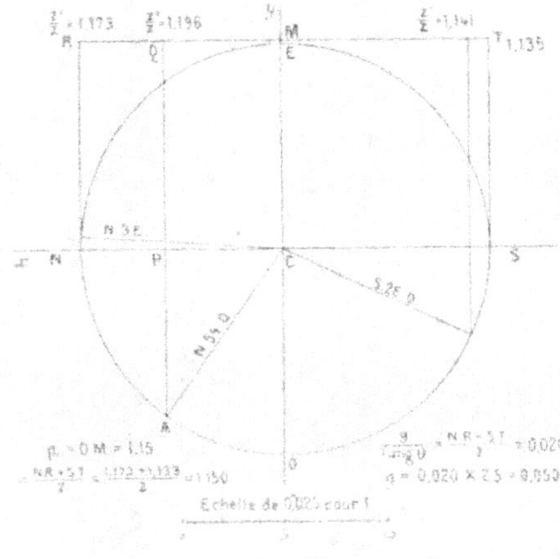

Fig. 28.

nées, on n'a pas employé cette méthode. On a déterminé ces mêmes coefficients par le calcul qui est très long et, par suite, renferme de nombreuses causes d'erreurs; ce calcul a donné :

$$\mu = 1,164 \text{ et } g = 0,037.$$

Ces différences sont insignifiantes dans la pratique, et on les aurait probablement atténuées, si les nécessités de l'impression ne nous avaient contraint de prendre, pour la circonférence, un rayon aussi petit.

Exemple de calcul de J. — Ayant μ, le calcul de J s'effectue sans difficulté par la formule (25) :

si $\mu = 1,164$ $\mathfrak{D} = + 0,096$ $\lambda = 0,875$ tang $\theta = 2,5$,   on aura :

$$J = - \left[0,096 + \frac{1,164}{0,875} - 1 \right] \times 2,5 = - 1,065.$$

Ce qui veut dire que pour chaque degré de bande la déviation subit par la bande un changement de — 1°,065 soit en nombres ronds — 1°04′.

Utilité de la détermination de g. — La valeur de g n'est pas nécessaire pour calculer celle de J, mais il est néanmoins bon d'avoir cette quantité, parce que l'on sait alors si l'on peut négliger à bon droit le terme correctif de l'erreur due à la bande qui le contient.

Quand $\frac{g}{\lambda}$ n'est que de 0,1 en valeur absolue, on peut négliger ce terme correctif. Mais, dès qu'il atteint 0,2, il en faut tenir compte au moins pour tous les caps qui sont situés à moins de 45 degrés du Nord et du Sud.

Détermination simultanée de g **et** c. — C'est pour la même raison qu'il est bon d'avoir la valeur de c.

Les deux systèmes de valeurs des coefficients exacts qui correspondent au cas où le navire est incliné successivement d'un angle i puis d'un angle i' nous donneraient d'après les formules (20) de la première partie :

$$(60) \quad \left\{ \begin{aligned} \frac{c}{\lambda} &= \frac{1}{i - i'} \left\{ \mathfrak{A}_i - \mathfrak{A}_i' - \mathfrak{E}_i + \mathfrak{E}_i' \right\} \\ \frac{g}{\lambda} &= \frac{1}{i - i'} \left\{ - \mathfrak{A}_i + \mathfrak{A}_i' - \mathfrak{E}_i + \mathfrak{E}_i' \right. \end{aligned} \right.$$

Mais, outre que le calcul de ces doubles coefficients est assez long, le fait que la simple rotation du navire suffit à donner à $\mathfrak{A}$ et $\mathfrak{E}$ des valeurs apparentes (v. première partie, p. (79), erreur de Gaussin.) rend ce mode de détermination illusoire quand on n'est pas sûr d'avoir obtenu les coefficients avec une grande approximation.

Il est donc préférable, pour avoir g, de l'obtenir par la méthode graphique donnée plus haut.

Détermination de c. — Quant à c, le moyen le plus pratique de le déterminer, c'est de séparer les deux parties du coefficient $\mathfrak{E}$ comme nous l'avons montré p. (69), en observant à deux endroits différents. On peut encore l'obtenir d'une autre manière. Pour cela, on emploie la formule (24) p. 86.

Supposons qu'au cap Est ou Ouest du compas, c'est-à-dire pour $\zeta' = 90$ ou 270 degrés, on incline le bâtiment d'un angle i, tout en le forçant à garder le même cap au compas ; on a alors, d'après la formule citée et puisque $\cos \zeta' = 0$:

$$(61) \qquad \delta_i = \delta + \frac{c}{\lambda}\, i.$$

Par conséquent, si on observe la variation, on en conclura δ, et on pourra calculer $\dfrac{c}{\lambda}$.

Comme nous l'avons déjà dit à propos des paramètres dus au fer doux, on ne pourra regarder les deux valeurs obtenues pour c et y comme invariables que si elles ont été déterminées quand le navire était dans un état magnétique voisin de son état d'équilibre.

Résumé de la troisième partie. — Dans cette partie de l'ouvrage, nous avons indiqué, avec précision, les liaisons étroites qui existent entre les coefficients de la déviation et les forces magnétiques qui s'exercent à bord.

Nous avons donné les relations fort simples qui permettent de calculer les coefficients exacts au moyen des valeurs des coefficients approchés préalablement déterminés, et montré que la connaissance des coefficients exacts nous permettait d'employer une méthode graphique aussi simple que rapide pour obtenir la déviation à un cap quelconque et, par suite, la courbe ou la table de déviations nécessaire pour les besoins de la navigation.

Enfin, nous avons mis en évidence les coefficients λ et μ, qu'on peut obtenir au moyen de deux observations, l'une de rapport de forces horizontales, l'autre de rapport de forces verticales, et au moyen desquels on peut calculer le principal coefficient de l'erreur due à la bande sans avoir besoin de mettre le navire à la bande.

QUATRIÈME PARTIE

COMPENSATION DES COMPAS

CHAPITRE PREMIER

NÉCESSITÉ DE LA COMPENSATION

Quand les déviations du compas atteignent de grandes valeurs absolues, 15 degrés et plus par exemple, cela indique que les forces perturbatrices, exercées sur le compas par les fers de toute nature du navire, sont puissantes et qu'elles impriment à la force directrice de l'aiguille des variations considérables dans son intensité et sa direction. Ces variations de force directrice sont nuisibles au bon emploi du compas pour plusieurs raisons.

D'abord, comme nous l'avons vu dans la première partie (ch. VI), elles font varier la durée des oscillations du compas à différents caps; puis, si elles atteignent une valeur suffisante pour qu'à certains caps la force directrice soit trop faible pour vaincre l'adhérence entre le pivot et la chape de la rose, il en résultera, qu'à ce cap, la rose fera pour ainsi dire corps avec le navire, et tournera avec lui sans indiquer de changement du cap, et cela tant que la force directrice ne sera pas redevenue assez grande pour vaincre cette adhérence. On conçoit les dangers sérieux qui naissent d'une telle paresse du compas. Les exemples en sont fréquents à bord des bâtiments en fer, et bien souvent l'officier chargé de la route est obligé de remédier à cette paresse du compas en imprimant fréquemment, lors des changements de cap, de petites secousses à la boîte qui renferme la rose. Mais ce remède nécessaire a l'inconvénient de provoquer parfois des usures inégales de la chape et du pivot, et d'altérer la grandeur du frottement qui s'exerce entre eux : il vaut donc mieux ne pas avoir à l'employer.

Enfin, des déviations considérables empêchent qu'on ne puisse passer facilement, du changement de cap indiqué par la rose, à l'angle réellement décrit par le bâtiment autour de la verticale. Il faut un calcul pour cela, et tout calcul implique des chances d'erreur; de plus, les variations que la force directrice a éprouvées en passant de la position initiale à la position finale donnent à la rose des oscillations dont l'amplitude est égale à la différence des déviations à ces deux caps et qui rendent longue et délicate la mise en route au nouveau cap.

Cet inconvénient, sensible à bord d'un bâtiment qui navigue isolément, peut devenir dangereux pour les bâtiments qui naviguent en escadre à des distances rapprochées, et qui doivent manœuvrer simultanément pour changer l'ordre de formation.

La recherche d'un compas sans déviation s'est donc imposée aussitôt que les bâtiments à vapeur, leur construction ou leur protection en fer, sont devenus d'un usage général.

Ici plusieurs systèmes sont en présence.

Faut-il chercher la solution du problème dans la suppression des causes mêmes qui font naître les déviations, ou bien dans une sorte de désaimantation du navire, ou enfin, dans l'introduction, à bord, de forces perturbatrices nouvelles, capables de contre-balancer exactement les effets des forces perturbatrices déjà existantes?

La première solution ne saurait être demandée qu'à des sortes d'écrans magnétiques, à des substances qui, interposées entre le compas et les masses de fer perturbatrices, empêcheraient l'action de ces dernières de se propager jusqu'à l'aiguille. De pareilles substances ne sont pas connues, et, s'il en existe, on ne saurait les employer, puisqu'elles s'opposeraient également à la propagation de l'action magnétique du globe, et qu'alors l'aiguille du compas, n'étant soumise à aucune force, serait en équilibre dans une position quelconque. Le compas serait indifférent et ne pourrait servir à diriger le bâtiment.

La seconde solution, celle de désaimanter le navire, qu'on a déjà tenté d'employer, ne semble pas, dans l'état actuel de nos connaissances, pouvoir être employée avec succès. Si l'on s'adresse, en effet, à de puissants courants électriques pour détruire le magnétisme sous-permanent, d'abord il est difficile, sinon impossible, d'atteindre exactement la limite où ce magnétisme sous-permanent est entièrement détruit; et, en admettant même qu'on puisse savoir le moment précis où ce résultat a été obtenu, on ne peut savoir dans quel état magnétique précis on laisse le navire et si, après cette opération et un temps plus ou moins long, il ne reprendra pas un état magnétique fort différent du premier et plus dangereux encore, puisqu'on n'aura sur lui aucune espèce de notion.

Enfin, en admettant, ce qui n'est pas, que l'influence du magnétisme sous-permanent sur le compas soit annulée, celle du fer doux subsisterait, et nous avons vu que, parmi les coefficients qui la représentent, le plus important, D, atteint fréquemment 7 à 8 degrés, parfois 10 degrés, et atteint même 14 degrés dans des cas particuliers.

La troisième solution reste donc seule. Il s'agit d'introduire, à bord, de nouvelles forces perturbatrices, soumises aux mêmes lois, mais égales et contraires à celles que le fer du navire met déjà en jeu ; telles en un mot, qu'imprimant à l'aiguille aimantée, à chaque cap du bâtiment, une déviation précisément égale et de signe contraire à celle que produisent les forces du navire, la déviation totale soit nulle. Cette conclusion forcée fut pourtant longtemps combattue, malgré les enseignements répétés de l'expérience, malgré les efforts des savants anglais principalement, en tête desquels il faut placer le célèbre astronome royal sir Airy qui, en 1866, résumait magistralement la question dans le parallèle suivant :

<table>
<tr><td align="center">COMPAS NON CORRIGÉ</td><td align="center">COMPAS CORRIGÉ</td></tr>
<tr><td align="center">**Emploi d'une table d'erreurs**</td><td align="center">**Emploi d'habitacles permettant le déplacement aisé des correcteurs**</td></tr>
<tr><td>I. La force directrice de l'aiguille est extrêmement différente pour des caps différents.</td><td>I. La force directrice de l'aiguille est sensiblement constante.</td></tr>
<tr><td>II. La partie principale des erreurs mises en table provient du magnétisme sous-permanent, dont l'effet sur la déviation varie considérablement dans les différentes parties du globe.</td><td>II. Les aimants, qui corrigent rigoureusement l'effet du magnétisme sous-permanent dans un lieu donné, sont capables de le corriger rigoureusement en tout autre endroit.</td></tr>
<tr><td>III. Il est donc absolument nécessaire de faire de temps à autre une nouvelle table d'erreurs, au moyen d'observations faites à un certain nombre de caps, nombre qui ne peut être moindre que huit, si les déviations sont comprises de 20 à 30 degrés.</td><td>III. De nouvelles observations ne sont nécessaires que quand il y a des raisons de penser que le magnétisme du navire a changé, et alors deux observations seulement suffisent.</td></tr>
<tr><td>IV. Enfin, dans des parages de navigation difficile, dans le chenal des fleuves, par exemple, et, en général, quand il faut changer fréquemment de route, l'emploi d'une table d'erreurs entraîne avec lui de grands dangers.</td><td>IV. Dans quelque circonstance de navigation que ce soit, le compas compensé donne des indications exactes, quelle que soit la route suivie par le bâtiment, et son emploi est parfaitement simple.</td></tr>
</table>

Malgré ce contraste saisissant, on trouve encore des marins qui pensent, disent, ou écrivent, que la compensation est dangereuse, qu'elle rend le compas paresseux ou qu'elle *alourdit la rose*. Expression presque incompréhensible, surtout quand on la trouve employée par ceux qui ont étudié les formules d'Archibald Smith, et qui professent pour elles l'admiration qu'elles méritent ; car tout ce que nous allons dire montrera que ces formules, qui, à l'époque où elles étaient publiées, ne visaient point la compensation, rendent pourtant bien compte des avantages de cette méthode.

La nécessité de la compensation admise, le principe de la méthode que nous venons d'énoncer plus haut montre que nous devrons introduire à bord : 1° des aimants permanents, pour contrebalancer l'effet du magnétisme sous-permanent ; 2° des pièces de fer doux, pour contre-balancer l'effet de celles du navire.

Pour savoir comment les placer, il convient de se reporter à l'analyse élémentaire, faite dans la première partie (ch. I et II), des effets, sur le compas, des aimants P, Q, R, qui représentent le magnétime sous-permanent du navire, et des neuf tiges de fer doux qui représentent le magnétisme induit. Ces effets une fois compris, la question n'offre aucune difficulté.

Afin de simplifier l'exposition, tout en la rendant plus précise, reprenons la formule à cinq termes de la déviation ; elle convient toujours dans le cas que nous examinons, puisqu'en disposant autour du compas des aimants et du fer doux d'une manière même grossièrement approchée, on peut et il faut toujours amener la déviation à être inférieure à 20 degrés en valeur absolue.

CHAPITRE II

PRINCIPES DE LA MÉTHODE DE LA COMPENSATION

Le compas sera compensé et la déviation à tous les caps sera nulle si, en introduisant à bord, près du compas, du fer doux et des aimants compensateurs, on arrive à annuler les cinq coefficients que contient la formule précédente.

Correction du terme en A. — A provient, nous l'avons vu, du fer doux dissymétrique représenté par les tiges d et b (planche I), et aussi des erreurs d'observations de toute nature, qui sont constantes. Quand ce coefficient est inférieur à 2 degrés, on ne fait rien pour en modifier la valeur, on se contente d'en tenir compte par le calcul ; mais, quand il atteint ou dépasse cette valeur, il serait préférable de s'en débarrasser une fois pour toutes en déplaçant la ligne de foi du compas et en la mettant à droite ou à gauche de l'axe longitudinal du navire, d'un nombre de degrés convenable.

On distinguerait cette nouvelle ligne de foi de l'ancienne en la peignant d'une autre couleur, et, comme elles sont toutes deux sur l'avant de la boîte du compas, on la mettrait à bâbord ou à tribord suivant que A serait positif ou négatif.

Correction du coefficient B. — Le sinus de l'arc représenté par ce coefficient a pour valeur approchée (v. fin du ch. III, 1re partie) :

$$\frac{1}{\lambda H}(cZ + P),$$

par suite, pour l'annuler, il faut placer près du compas :

1° Un ou plusieurs aimants, tels qu'ils contre-balancent exactement l'action de l'aimant longitudinal P ;

Ces aimants devront donc être parallèles à la quille ;

2° Une tige de fer doux verticale, placée dans le plan vertical qui contient la quille, de telle manière qu'elle contre-balance l'effet de la tige c.

Jusqu'à présent, on se contente de corriger en bloc, et par des aimants seulement, ces deux termes si différents. Il en résulte évidemment que, quand le bâtiment se déplace, [en admettant même que le magnétisme sous-permanent du navire représenté par P reste rigoureusement constant], la correction perd son exactitude, puisque les aimants donnent lieu à une force perturbatrice constante, tandis que celle qu'il s'agit de corriger varie avec Z.

Barre de Flinders. — Au commencement de ce siècle, un marin anglais, Flinders, avait étudié d'assez près les déviations anormales, produites sur le compas par les pièces verticales de fer qui se trouvaient trop près de lui, et il avait, avec beaucoup de sagacité, engagé à les corriger au moyen d'une ou plusieurs autres tiges de fer verticales, convenablement placées. On abandonna assez rapidement ce mode de correction, qui n'avait, d'ailleurs, qu'une efficacité restreinte dès que les autres forces perturbatrices étaient considérables. Sir William Thomson l'a repris dans son compas. Nous dirons plus loin comment il convient de placer cette tige à bord.

Correction du coefficient C. — Le sinus de l'arc que représente ce coefficient a pour valeur approchée :

$$\frac{1}{\lambda H}(Q + fZ),$$

par conséquent, pour l'annuler, il faut placer près du compas :

1° Un ou plusieurs aimants, tels qu'ils contre-balancent exactement l'action de l'aimant Q ;

2° Une tige de fer doux verticale, capable de contre-balancer l'action de la tige f.

Mais nous avons vu que f avait, en général, une valeur nulle ou si faible, qu'il est fort difficile de la séparer de celle de Q par la méthode qui sert à séparer les valeurs de e et de P. On préfère donc ne pas en tenir compte et se borner à annuler C au moyen des seuls aimants.

Il résulte de ce que nous venons de dire pour C et B, et aussi de la variabilité de P et de Q, que la correction de la déviation semi-circulaire ne sera valable que pour le lieu où elle aura été faite, et qu'il faudra déplacer les aimants quand le bâtiment changera de position à la surface du globe.

Correction de la déviation quadrantale. — Son principe repose sur la formule monôme que nous avons donnée (p. 67) pour l'expression des deux termes de cette déviation, et qui montre que tout le fer doux du navire produit en somme sur l'aiguille du compas une déviation quadrantale égale à $\sqrt{D^2 + E^2} \times \sin 2\,(\zeta' + \beta)$, β étant un angle tel que

$$\tag{62} \operatorname{tang} 2\beta = \frac{E}{D}.$$

compté à partir de l'axe longitudinal du navire. Cette déviation est nulle pour les valeurs de ζ' telles que $\zeta' + \beta$ soit égal à l'une des quatre valeurs 0, 90, 180, ou 270 degrés. Nous pouvons donc supposer (v. p. 62), que cette déviation provient d'une tige unique de fer doux horizontal faisant avec le méridien magnétique un angle égal à β. Or on a vu, au même endroit, que la déviation causée par une pareille tige est annulée quand on place, à la même distance du centre du compas, mais dans une direction rectangulaire, une autre tige toute semblable. Connaissant donc l'angle β au moyen des deux coefficients E et D et de la relation donnée plus haut, il nous suffira, pour annuler la déviation quadrantale produite par tout le fer doux du navire, de disposer près du compas, à une distance convenable, mais sur une direction perpendiculaire à la droite qui limite l'angle β, une masse de fer doux convenable. L'action de cette masse unique peut être évidemment remplacée par celles de deux masses plus petites, situées sur la même droite, à égale distance, mais de part et d'autre du centre du compas et cela dispense d'avoir besoin de choisir entre les deux directions qui satisfont à l'équation (62).

Le coefficient E. n'ayant de valeurs sensibles que dans des cas tout à fait exceptionnels, nous allons dire d'abord comment il convient de corriger D.

Correction du coefficient D. — Ce coefficient est toujours positif, sauf dans des cas très rares. On peut donc, en somme et en le prenant en bloc, imaginer qu'il est dû à l'influence d'une tige de fer doux a placée dans la position de la figure 1, planche I. Il suffit de se reporter à la figure 8 de la première partie pour voir qu'on peut contre-balancer l'influence d'une pareille tige sur le compas en plaçant près de lui les tiges e de la figure 5 de la planche I : tiges qui sont horizontales et perpendiculaires à la tige a.

Au lieu de tiges, on emploie parfois des cylindres de fer doux placés dans de petites boîtes de cuivre, ou des chaînes de fer doux. Nous croyons préférable d'employer, comme le fait sir W. Thomson, des sphères de fer doux. On est plus sûr de les obtenir parfaitement semblables, telles qu'elles s'aimantent sous l'action de la terre d'une façon parfaitement symétrique et avec une intensité suffisante pour contre-balancer l'effet du magnétisme induit horizontal du navire (v. note 3).

Si D est positif, la ligne qui joint les centres des deux sphères doit être perpendiculaire à la quille; si D est négatif, cette ligne doit être parallèle à la quille. Il suffit, pour le voir, de faire un croquis grossier en supposant que tous les autres coefficients sont nuls et que le cap de navire est au N. E. du compas. En indiquant, par des lettres ou des couleurs, la polarité magnétique des diamètres des deux sphères qui sont parallèles à l'aiguille aimantée, et en plaçant la ligne qui joint les centres des deux sphères dans l'une ou l'autre des positions indiquées plus haut, on se rend compte de la position que doivent occuper les sphères.

Correction du coefficient E. — Il provient, comme A, du fer dissymétrique d et b. En général, il n'y a pas de pareil fer à bord ou, s'il en existe, c'est en si petite quantité qu'il donne au coefficient E des valeurs égales ou inférieures à 30 minutes, qu'on néglige, parce qu'elles ne peuvent être séparées avec certitude des erreurs d'observation.

Mais pour les compas des hommes de barre, qui sont placés d'une façon dissymétrique, pour les compas des tourelles cuirassées, surtout quand ils ne sont pas placés au centre de la tourelle ou quand l'axe vertical de cette dernière n'est pas placé dans le plan diamétral longitudinal du navire, E peut prendre des valeurs considérables allant parfois jusqu'à 5 et 6 degrés. On annule alors ce coefficient, en détruisant la symétrie des sphères compensatrices de D par rapport au plan longitudinal. Il suffit pour cela d'incliner par rapport à ce plan, la droite qui joint les centres des deux sphères. Conformément à l'équation (62), si E est positif, il faut que la sphère qui se trouvera le plus sur l'avant soit à bâbord du compas; si E est négatif, cette même sphère devra, au contraire, se trouver à tribord.

On s'en rend compte, comme dans le cas précédent et en faisant le même croquis. On supposera seulement que le cap du navire est le Nord du compas.

Influence de la correction de E sur A. — En se reportant p. (63) aux valeurs de $\mathfrak{A}$ et $\mathfrak{E}$ et p. (161) aux relations entre ces coefficients exacts et les coefficients approchés, on voit qu'ils dépendent des mêmes tiges de fer doux, d et b; si donc le coefficient E a une valeur assez grande pour être gênante (2 degrés ou plus), et qu'on le corrige, il ne faut pas oublier que la valeur de A changera par cela même et qu'il deviendra nécessaire de la déterminer à nouveau. Quand E a des valeurs supérieures à 3 degrés, il se peut qu'en le corrigeant on donne à A des valeurs égales ou supérieures à 3 degrés; mais il est bien évident qu'il vaut mieux accepter des valeurs considérables pour A, qui est constant, que laisser subsister un coefficient E de quelque valeur, puisque celui-ci, étant multiplié par $\cos 2\,\zeta'$, donne lieu à une déviation qui change à tous les caps et varie même rapidement avec le cap du navire.

Principe de la correction de l'erreur due à la bande. — Reportons-nous à l'expression de cette erreur dans la première partie.

Le terme en q étant généralement fort petit, on le néglige.

Quant au terme en c, il disparaît, en même temps que celui contenu dans B, au moyen de la même tige de fer doux.

Il ne reste donc qu'à annuler le coefficient J ou, ce qui revient au même, la quantité $\mathfrak{D} + \dfrac{\mu}{\lambda} - 1$.

Pour cela, il faut que $$\mu = (1 - \mathfrak{D})\,\lambda.$$

Or, nous avons vu que $$\mu = 1 + k + \frac{B}{Z}.$$

Nous devons donc modifier la valeur de μ, de façon à la rendre égale à $(1 - \mathfrak{D})\,\lambda$, et nous pouvons y arriver en plaçant près du compas une tige verticale de fer doux, de façon à modifier k, et un aimant vertical, de façon à changer la valeur de R.

On n'introduit jamais cette nouvelle tige de fer doux; quelquefois on se contente, suivant le signe de k, de soulever ou d'abaisser un peu la barre de Flinders, qui nous a déjà servi à corriger c; il est vrai que, dans cette nouvelle position, cette barre ne produit plus son maximum d'effet comme force horizontale magnétique, mais, en revanche, elle introduit une composante verticale qui modifie k.

La séparation de k et de $\dfrac{R}{Z}$, dans μ, offre une difficulté analogue à celle de la séparation de c et de P, dans B, et de f et Q, dans C; on ne peut y arriver qu'en observant la valeur de μ dans deux lieux différents. En général, on se contente de modifier la valeur de μ au moyen d'un seul aimant vertical; il est donc évident que cette compensation ne sera valable que pour le lieu où on la fait, et qu'il faudra la déterminer de nouveau quand le bâtiment changera de place.

Avantages de la compensation.

Nous développerons plus loin tous les détails pratiques de l'opération.

Admettons maintenant que, grâce à l'introduction des compensateurs, tant aimants que fer doux, on ait rendu nuls les quatre coefficients B, C, D, E; la formule des déviations donne alors :

$$\delta = A,$$

ce qui veut dire qu'à tous les caps, la déviation est constante et égale à A, et que, par conséquent, la force directrice qui oriente l'aiguille à bord conserve, à tous les caps, une direction invariable.

Si d'ailleurs nous nous reportons aux deux formules 8 et 9 de la première partie, qui donnent les deux composantes de cette force directrice, nous aurons, en les élevant au carré et en nous rappelant que $\mathfrak{B}$, $\mathfrak{C}$, $\mathfrak{D}$, $\mathfrak{E}$ sont nuls :

$$H'^2 = \lambda^2 H^2 (1 + \mathfrak{A}^2).$$

$\mathfrak{A}$ est toujours nul ou très faible. Si $A = 1$ degré, $\mathfrak{A} = \dfrac{1}{57,3}$ et par suite son carré peut être négligé ; il reste donc :

$$H' = \lambda H.$$

ce qui veut dire qu'à tous les caps la force directrice de l'aiguille
à bord est constante.

Par conséquent, la compensation supprime les variations de la
force directrice, avantage essentiel sur lequel les considérations
antérieures nous dispensent d'insister de nouveau.

De plus, la valeur de λ, antérieure à toute correction, est égale
à $1 + \dfrac{a+e}{2}$, et nous savons qu'en général la valeur absolue du
paramètre a est faible, tandis que celle de e, quatre ou cinq fois
plus considérable, est négative. Il en résulte que λ a une valeur
plus petite que 1, et d'autant plus faible que la valeur négative de e
est plus grande en valeur absolue : or, l'effet des sphères de fer
doux compensatrices est d'introduire un paramètre e_1 positif, dont
la valeur soit telle qu'après la mise en place de ces sphères on ait :

$$a = e + e_1,$$

et par suite :

$$\lambda = 1 + a.$$

On aura donc augmenté ainsi λ, ce qui est un autre avantage.

Difficultés pratiques de la compensation. — Cette méthode si
simple, fondée sur une théorie indiscutable, resta longtemps sans
application générale, bien qu'elle ait été appliquée dès 1839 par
l'astronome royal d'Angleterre, sir G. Airy, aux compas du *Rainbow*
et de l'*Ironsides*, dont les déviations dépassaient 40 degrés en valeur
absolue de part et d'autre du Nord magnétique ; pour expliquer ce
fait, comme pour dissiper les préventions dont elle peut être encore l'objet, il convient de montrer quelles sont les difficultés pratiques aujourd'hui surmontées qui se sont longtemps opposées à
son adoption.

Toute notre théorie et les règles de compensation qui en sont
les conséquences reposent sur l'exactitude de l'expression simplifiée de la déviation au moyen de cinq coefficients et, par conséquent, sur l'exactitude de l'hypothèse fondamentale au moyen de
laquelle nous l'avons obtenue, à savoir que la longueur de l'aiguille
était négligeable, par rapport à la distance qui la séparait des
pièces de fer les plus voisines.

Pour un compas dont le centre était dans le plan longitudinal
du navire et à une distance de $2^m,50$ environ du fer le plus voisin,
tandis que son aiguille avait 15 centimètres environ de longueur,
l'hypothèse était suffisamment vérifiée pour que ses conséquences
fussent exactes.

La formule des déviations fut donc acceptée rapidement et rendit de suite d'incontestables services. Mais il en fut autrement quand on voulut passer à la compensation des compas.

Pour contre-balancer l'action magnétique parfois puissante du navire, on est fréquemment obligé de rapprocher beaucoup, du compas, les correcteurs, tant aimants que fer doux. La distance de l'aiguille aux correcteurs n'était plus, dès lors, suffisante pour qu'on pût considérer l'hypothèse fondamentale comme satisfaite et la formule des déviations comme exacte.

L'action des aimants correcteurs sur la rose introduirait, non seulement des termes en B et en C, mais, comme nous l'avons vu dans la première partie, les termes $F \sin 3\zeta'$ et $G \cos 3\zeta'$, qui représentent une erreur sextantale.

De même, le voisinage trop rapproché du fer doux correcteur introduisait, non seulement les termes en D et E nécessaires pour la correction, mais encore (v. première partie) les termes $H \sin 4\zeta'$ et $K \cos 4\zeta'$, qui représentent une erreur octantale.

Si donc on arrivait à diminuer notablement ou même à faire disparaître les erreurs semi-circulaires et quadrantales, on introduisait en revanche des erreurs sextantales et octantales, plus gênantes que les premières, puisqu'elles varient plus rapidement quand le navire change de cap.

D'ailleurs, la faible distance de l'aiguille aux cylindres ou chaînes de fer doux, alors employés, avait encore un autre désavantage.

Le magnétisme de cette aiguille agissait sur le fer doux correcteur, et ce dernier n'était plus aimanté par la seule action de la terre, mais aussi par l'action magnétique, essentiellement variable avec le cap, qui résultait de l'influence réciproque de l'aiguille et des correcteurs de fer doux.

L'imperfection de la correction de la déviation quadrantale devenant ainsi notoire, on se contentait alors d'essayer de corriger la déviation semi-circulaire. Dans certains cas, cette dernière correction était imparfaite pour les mêmes raisons, et, dans les cas même où elle était à peu près complète, elle n'était exacte que pour le lieu où elle avait été faite. La variabilité des coefficients B et C, qu'elle était destinée à corriger, exigeait que l'on déplaçât les aimants dès que le navire changeait un peu notablement de place.

Or, les habitacles n'étaient pas disposés pour permettre ce déplacement aisé des aimants; en général on se contentait de clouer ceux-ci sur le pont, après des tâtonnements souvent assez longs pour inspirer une crainte fondée d'avoir à les recommencer. On préférait donc laisser les aimants à poste fixe où ils étaient, courant le risque, malgré le soin avec lequel ils étaient emmaillotés de feutre et de cuivre, de voir leur intensité magnétique changer notablement par suite de l'action de l'eau de mer sur les aimants dès qu'elle pénétrait jusqu'à eux. Dans ces conditions, il ne restait plus qu'à constater que ces aimants n'annulaient ni même ne diminuaient les déviations, et on prenait la résolution pour l'avenir de ne pas chercher à obtenir la correction de la déviation semi-circulaire, plus que celle de la déviation quadrantale.

On mit pendant longtemps ces divers insuccès sur le compte d'une théorie qui, mieux connue, les expliquait, au contraire, complètement et donnait à la pratique des indications précieuses pour surmonter les difficultés qu'elle rencontrait.

CHAPITRE III

DÉTAILS DES OPÉRATIONS À FAIRE POUR COMPENSER LES COMPAS

Nous distinguerons trois cas différents :

1er Cas. On connaît, pour le compas qu'on veut corriger, les cinq coefficients A, B, C, D, E de la déviation.

2e Cas. On ne connaît pas les cinq coefficients, mais on peut faire exécuter au navire un tour entier d'horizon, soit aux coffres de régulation, soit au moyen d'un remorqueur, soit en grande rade pendant les essais de machines.

3e Cas. On ne connaît pas les cinq coefficients, mais on a assez de temps devant soi en rade pour n'avoir pas besoin de faire exécuter au navire un tour d'horizon par le moyen d'aussières ou d'un remorqueur, et se contenter de compenser le compas en se servant de l'évitage naturel du navire, sous l'action du vent ou du courant, et par tâtonnements successifs.

Ces trois questions n'offrent aucune difficulté ; il suffit, pour les résoudre, d'avoir sous les yeux les huit équations que nous avons données à la fin de la deuxième partie et qui expriment la déviation aux huit rumbs principaux du compas.

1er Cas. — Dans ce cas, si les coefficients A et E sont assez petits pour pouvoir être négligés dans la compensation, trois caps, dont deux cardinaux et adjacents, et le troisième intercardinal ou quadrantal, suffiront pour placer convenablement les correcteurs.

En effet, supposons que nous soyons en rade et que nous ayons, par la visée d'un objet terrestre, ou d'un astre, la direction du Nord magnétique; amenons le cap du navire au moyen d'aussières, d'un remorqueur, ou en profitant de l'évitage naturel, à faire, avec cette direction, un angle égal à $A + E$. Dans cette position du navire, plaçons et manœuvrons les aimants transversaux de façon que le Nord du compas coïncide avec le cap de navire; à ce moment nous avons en vertu de la formule :

$$\delta = A + B\sin\zeta' + C\cos\zeta' + D\sin 2\zeta' + E\cos 2\zeta',$$

et puisque $\zeta' = 0$,

$$\delta_0 = A + C_1 - E,$$

en appelant C_1 ce qu'est devenu le coefficient C après l'introduction des aimants correcteurs.

Mais puisque, par le relèvement, nous savons que δ_0 est égale seulement à $A - E$, il en résulte que l'on a : $C_1 = 0$.

Amenons ensuite le cap du navire vers l'Est ou l'Ouest magnétique, prenons l'Est pour fixer les idées, et dans une position telle qu'il fasse avec cette direction un angle égal à $A - E$; plaçons et manœuvrons alors les aimants longitudinaux de façon que l'Est de la rose coïncide avec le cap du bâtiment; dans cette position nous avons, d'après le même raisonnement que dans le paragraphe précédent :

$$\delta_8 = A - E,$$

c'est-à-dire :

$$B_1 = 0,$$

en appelant B_1 ce qu'est devenu le coefficient B après l'introduction des aimants longitudinaux.

L'emploi des aimants, tant longitudinaux que transversaux, est fondé sur la remarque suivante, que chacun peut mettre en évidence par un croquis très simple.

La résultante des actions exercées par les deux pôles d'un aimant sur une molécule magnétique située, soit dans le plan perpendiculaire à l'aimant et élevé en son milieu, soit à une distance telle de l'aimant qu'on puisse considérer ses distances aux deux pôles comme égales, est dirigée suivant une parallèle à la direction même de l'aimant. C'est pour cela qu'on emploie des aimants longitudinaux pour compenser la force perturbatrice P, dirigée suivant la quille, et des aimants transversaux pour compenser la force perturbatrice Q, dirigée suivant la perpendiculaire à la quille (v. partie 1, ch. I).

Cela fait, amenons le cap du bâtiment à faire, avec la direction du N.-E. magnétique, un angle égal à A. Quand il est dans cette position, approchons ou éloignons des sphères de fer doux d'un diamètre suffisant, de façon que le N.-E. du compas coïncide avec le cap du bâtiment; on aura alors :

$$\delta_1 = A.$$

c'est-à-dire :

$$D_1 = 0$$

en appelant D_1 ce qu'est devenu le coefficient D par l'introduction des sphères compensatrices.

Par conséquent, la formule des déviations du compas ainsi corrigé sera :

$$\delta = A + E \cos 2 \zeta.$$

En général, E est négligeable; A ne dépasse pas 2 degrés. On pourra, soit en tenir compte par le calcul, soit les corriger comme nous l'avons dit plus haut, dans le chapitre II.

2° Cas. — C'est celui qui se présente le plus fréquemment dans la pratique. Au moment où le bâtiment n'a plus que les derniers préparatifs à faire avant de prendre la mer, on le mène en rade et on s'occupe, soit de dresser sa table de déviations, soit de compenser ses compas, en faisant exécuter au navire un tour entier d'horizon.

Voici comment il faut opérer dans ce cas où l'on n'a pas les cinq coefficients de la déviation :

1° Le cap du navire étant au Nord magnétique, on manœuvre les aimants transversaux de façon que le Nord du compas coïncide avec le Nord magnétique; on a alors, d'après la formule générale et puisque $\zeta = 0$:

$$\delta_0 = 0 = A + C_1 + E.$$

2° On amène le cap du navire sur l'Est magnétique, on attend quatre à cinq minutes avant de prendre les relèvements, et on manœuvre les aimants longitudinaux de façon que l'Est de la rose coïncide avec le cap; dans cette position, on a évidemment :

$$\delta_3 = 0 = A + B_1 - E.$$

En général, après ces deux opérations, les deux coefficients de la déviation semi-circulaire auront des valeurs absolues moindres que 3 degrés.

3° On continuera à faire abattre le navire sur tribord, on l'arrêtera au cap Sud-Est magnétique ; après avoir attendu encore quatre à cinq minutes, on calculera la déviation du compas ; si elle est supérieure à 7 ou 8 degrés, on la réduira à cette valeur absolue, *sans la faire changer de signe*, au moyen des sphères compensatrices, et, si on appelle δ_{12} la valeur de la déviation après l'introduction des sphères, on aura évidemment :

$$(63) \qquad \delta_{12} = A + \alpha B_1 - \alpha C_1 - D_1,$$

en appelant α la valeur commune du sinus et du cosinus naturels de l'arc de 45 degrés.

Puis, le navire continuant à abattre, on l'arrêtera quelques minutes et successivement sur les caps Sud, Sud-Ouest et Ouest.

A chacun de ces caps, on observera la déviation et on aura les trois équations suivantes :

$$(64) \qquad \left\{ \begin{aligned} \delta_{16} &= A - C_1 + E, \\ \delta_{20} &= A - \alpha B_1 - \alpha C_1 + D_1, \\ \delta_{24} &= A - B_1 - E. \end{aligned} \right.$$

Cinq seulement des équations précédentes seraient nécessaires pour avoir les valeurs des coefficients qu'il nous faut avoir ; mais nous avons ajouté la sixième parce qu'elle simplifie notablement le calcul.

Nous obtenons ainsi, en laissant δ_0 et δ_8 pour la symétrie des formules, bien que ces quantités soient nulles dans ce cas :

$$A = \frac{\delta_0 + \delta_8 + \delta_{16} + \delta_{24}}{4} \qquad B_1 = \frac{\delta_8 - \delta_{24}}{2},$$
$$D_1 = \frac{\delta_{20} - \delta_{12} + 2\alpha B_1}{2}$$
$$E = \frac{\delta_0 + \delta_{16}}{2} - \frac{\delta_8 + \delta_{24}}{2} \qquad C_1 = \frac{\delta_0 - \delta_{16}}{2}.$$

Sauf dans des cas exceptionnels, E a une valeur inférieure à $1°,30'$ et on ne le compense pas. Mais, s'il avait une valeur sensible, 2° ou plus, par exemple, il faudrait alors calculer l'angle β de l'équation 62, afin d'incliner convenablement la ligne des centres des sphères compensatrices.

Les valeurs de ces coefficients étant ainsi obtenues par un calcul qui demande à peine quelques minutes, et tandis que le bâtiment est encore au cap Ouest magnétique, on déplace les aimants longitudinaux de façon que l'on ait à ce cap, pour nouvelle déviation :

$$\delta'_{24} = A - E.$$

Et on sait alors que la nouvelle valeur B_2, du coefficient B, est égale à zéro.

On continue alors à faire tourner le navire, on l'arrête au cap N.-O. magnétique, et on déplace les sphères compensatrices de façon que :

$$\delta_{24} = A + x\, C_1.$$

On sait alors que le coefficient D_1 est nul.

En continuant le tour d'horizon, on arrête de nouveau le bâtiment au cap Nord magnétique, et on déplace alors les aimants transversaux, de façon que la nouvelle déviation à ce cap :

$$\delta'_0 = A + E.$$

Et on a ainsi annulé le coefficient C_1.

La formule de la déviation est donc réduite à la forme simple :

$$\delta = A + E \cos 2\zeta.$$

Remarques pratiques. — Il est bien évident qu'on pourra partir de tout autre cap cardinal que le Nord, et faire abattre le navire sur bâbord, et non sur tribord. On se laissera guider, pour le choix du point de départ et le sens de la rotation, par la facilité plus ou moins grande que le vent et le courant laisseront à la manœuvre. De même, nous avons dit qu'on mettait le cap du bâtiment sur des directions exactes. Il est clair qu'il suffira, dans la pratique, qu'il soit à 1 ou 2 degrés près des directions magnétiques indiquées. Il sera inutile de passer un temps considérable à vouloir atteindre, dans des circonstances de manœuvre défavorables, une exactitude mathématique, illusoire d'ailleurs avec les procédés et erreurs ordinaires d'observation. Il faut seulement bien faire attention de prendre les équations qui conviennent, et se rappeler que chacune des lettres qui expriment un coefficient emporte avec elle le signe de ce coefficient.

Exemple. — Si B, par exemple, est égal à — 12 degrés, il faudra, dans toutes les équations, remplacer + B par — 12 et — B par + 12. Et ainsi pour les autres coefficients.

Il faut, bien entendu, en plaçant les aimants correcteurs, avoir égard aux prescriptions de M. Gaussin (v. p. 79) toutes les fois que l'on pourra craindre que la rapidité de la rotation du navire n'ait introduit des coefficients $\mathfrak{A}$ et $\mathfrak{E}$ dits apparents.

3ᵉ Cas. — Ce que nous venons de dire des deux premiers cas nous montre ce que nous devrons faire quand nous voudrons compenser le compas, en nous servant seulement des évitages naturels du bâtiment, et par tâtonnements successifs.

Nous commencerons à placer les aimants longitudinaux, quand le cap du bâtiment sera près de l'E. ou de l'O. magnétiques, et les aimants transversaux quand ce cap sera près du Nord ou du Sud magnétiques.

Si on craint de ne pouvoir atteindre exactement ces caps, on placera les deux systèmes d'aimants quand le cap du navire sera à 10 degrés près de l'une de ces directions magnétiques : on amènera ainsi les coefficients B et C à avoir de moindres valeurs, mais il est évident qu'une pareille compensation n'est que grossièrement approximative et que, si on ne peut la compléter en opérant à 1 ou 2 degrés près de deux caps cardinaux magnétiques quelconques, mais non diamétralement opposés, il sera indispensable de former une table de déviations.

Mais, en général, on aura le temps nécessaire pour observer les valeurs des déviations aux quatre caps cardinaux ou à des caps très voisins, et les quatre équations correspondantes de la partie 2 (ch. VI) nous donneront les valeurs des quatre coefficients A_1, E_1, B_1, et C_1.

On achèvera alors la compensation en profitant de la connaissance des coefficients A_1 et E_1 pour changer la place des aimants compensateurs, comme nous l'avons montré dans le cas précédent, de façon à annuler les coefficients B_1 et C_1.

Ayant ces valeurs, il suffira à un cap magnétique quadrantal quelconque, prenons le N.-E. pour fixer les idées, de réduire la déviation au moyen des sphères de fer doux, de façon que :

$$\delta_4 = A + \alpha (B_1 + C_1),$$

et on sera assuré que la déviation quadrantale est alors corrigée.

On peut d'ailleurs, quand on a corrigé grossièrement les déviations, de façon qu'elles soient plus petites que 20 degrés en valeur absolue, compenser exactement la déviation quadrantale, c'est-à-dire annuler le coefficient D, en déterminant par l'observation la déviation aux quatre caps quadrantaux *du compas*.

On a, en effet, les quatre équations suivantes :

pour le N. E. $\delta_4 = A + (B_1 + C_1)\,\alpha + D,$
pour le S. E. $\delta_{12} = A + (B_1 - C_1)\,\alpha - D,$
pour le S. O. $\delta_{20} = A - (B_1 + C_1)\,\alpha + D,$
pour le N. O. $\delta_{28} = A - (B_1 - C_1)\,\alpha - D,$

d'où : $$D = \frac{\delta_4 - \delta_{12} + \delta_{20} - \delta_{28}}{4}.$$

Le signe de cette moyenne indique si D est positif ou négatif, c'est-à-dire si les sphères compensatrices doivent être placées transversalement ou longitudinalement. Sa valeur absolue donne la grandeur de D, et fixe la distance qui doit exister entre les centres des deux sphères compensatrices, et le centre de la rose.

Remarques pratiques. — Quand on veut se servir seulement de l'évitage naturel du bâtiment pour compenser les compas et qu'on a du temps devant soi, on se procure aisément les valeurs des cinq coefficients en observant les déviations à des caps quelconques, mais assez nombreux pour qu'on puisse construire une bonne courbe de déviations (v. p. 116); on relève alors sur cette courbe les valeurs des déviations aux caps cardinaux et quadrantaux dont on a besoin pour effectuer la compensation.

Mais, quand on opère par tâtonnements et sans avoir aucun indice sur les valeurs des coefficients, il convient de procéder par approximations successives, c'est-à-dire de diminuer successivement la valeur de chacun des coefficients, sans risquer de la faire changer de signe.

Pour cela, on placera les aimants de façon, non pas à annuler tout à fait les déviations aux caps cardinaux, mais à les réduire à 2 ou 3 degrés au plus, sans les faire changer de signe; on aura ainsi plus de chance de ne pas être forcé de revenir sur ses pas. La forme des huit équations principales explique aisément la raison de ces précautions et la nécessité de tâtonnements successifs.

Ainsi que nous l'avons dit plus haut, on peut commencer à placer les aimants, dès que le cap du navire n'est pas éloigné d'un point cardinal magnétique de plus de 15 degrés.

On ne touche que les aimants transversaux, quand le cap est voisin du Nord ou du Sud magnétiques, et les aimants longitudinaux seuls, quand le cap est voisin de l'Est ou de l'Ouest, et il faut, comme nous l'avons rappelé plus haut, et, pour les mêmes raisons, avoir égard aux prescriptions de M. Gaussin, si la rotation du navire pour arriver à ces caps a été assez rapide.

Mise en place de la barre de Flinders. — Il faut, maintenant, dire comment on doit procéder, quand on veut annuler le coefficient B, non plus au moyen des seuls aimants permanents, mais en ajoutant à ceux-ci l'action de la barre de Flinders, de façon à compenser séparément, dans ce coefficient, la partie qui provient du magnétisme sous-permanent, et celle qui provient du magnétisme induit dans le fer doux par la force verticale terrestre.

Il ne faut pas oublier que celles des extrémités des aimants longitudinaux destinés à compenser B qui sont les plus voisines de la barre de Flinders exercent sur elle un effet d'induction, variable avec la distance qui les en sépare et le nom des pôles qu'elles contiennent. Cet effet d'induction était très sensible dans certains cas, avec le premier modèle de compas compensé, adopté par sir W. Thomson, où il corrigeait la déviation semi-circulaire au moyen d'un seul groupe d'aimants obliques à la quille et faisant avec elle un angle égal à l'angle tribord (v. p. 138). Il est beaucoup plus faible avec le modèle actuel, et il suffit d'être prévenu de son existence pour pouvoir y porter aisément remède, comme il convient dans chaque cas particulier. Toutes les fois que l'effet d'induction des pôles les plus rapprochés des aimants compensateurs sur la barre de Flinders s'ajoutera à celui de l'induction terrestre, l'action de cette barre sera augmentée; elle sera au contraire diminuée quand les effets respectifs de ces deux sortes d'induction seront de sens contraires. L'aimant vertical, destiné à la compensation de l'erreur due à la bande, exerce sur la barre de Flinders une action inductrice analogue; si donc on est décidé à corriger cette erreur, il sera *nécessaire* d'effectuer cette correction avant d'arrêter, d'une manière définitive, la longueur et la position de la barre de Flinders.

L'emploi de cette barre a, en outre, l'avantage d'annuler le terme en c, dans l'expression de l'erreur due à la bande, et d'annuler ou tout au moins de diminuer notablement le paramètre k du coefficient J.

Cette barre fait partie des accessoires du compas de sir W. Thomson : elle se compose de plusieurs cylindres de *fer malléable*, tous de même diamètre, mais de différentes hauteurs. On les enferme dans une même gaine cylindrique en cuivre, fixée à l'extérieur de l'habitacle du compas, et dont la plus grande partie de la hauteur se trouve au-dessous du niveau de la rose. On met dans cette gaine un plus ou moins grand nombre de cylindres, suivant la grandeur de c, et la hauteur du niveau supérieur de cette colonne cylindrique de fer est déterminée par la valeur de k.

Il faudra tenir compte, pour arrêter ce niveau supérieur, de ce fait que les pôles de la barre de Flinders ne coïncident pas avec ses extrémités, mais en sont éloignés d'une distance qui varie avec la longueur et le diamètre de cette barre. Cette distance est d'autant plus grande que la longueur de la barre est plus faible et son diamètre plus considérable. Pour les barres ordinairement employées, cette distance peut varier entre 2 et 4 centimètres.

Si le paramètre k est positif, il faudra introduire un k négatif, et, par conséquent, mettre le niveau supérieur de la barre au-dessus de la rose. On mettra ce niveau au-dessous de la rose, si k est négatif et qu'on ait besoin, par conséquent, d'introduire un k positif.

Pour placer la barre de Flinders convenablement, il faut d'abord avoir calculé séparément les paramètres c et P, qui entrent dans le coefficient B, et on ne peut les obtenir qu'en calculant les deux valeurs que prend ce coefficient, en deux points différents du globe (v. p. 69) : il faut donc attendre que le navire ait fait son premier voyage, pour pouvoir mettre la barre en place, sans tâtonnements, et exactement.

On opère alors de la manière suivante :

Dans le lieu d'arrivée du navire, et aussitôt qu'on a obtenu la valeur de c et de P, on profite du premier passage du cap du navire à l'Est ou à l'Ouest du compas, pour corriger, au moyen de la barre de Flinders, la partie de la déviation qui provient de c, et, au moyen des aimants longitudinaux seuls, la partie de la déviation qui provient de P.

Si on a obtenu la valeur de μ au point de départ, des observations analogues faites à cette seconde station permettront de calculer séparément les parties k et R de ce coefficient et, par suite, de fixer convenablement le niveau supérieur de la barre.

Mais, souvent, on désire placer à la station même de départ la barre de Flinders. On ne peut le faire, bien entendu, qu'avec une grande incertitude. Voici alors comment on procède, faute de mieux :

Quand le cap du navire est à l'Est ou à l'Ouest, on corrige la déviation que nous corrigions tout à l'heure, tout entière, au moyen des seuls aimants longitudinaux, moitié seulement avec ces aimants, et moitié avec la barre de Flinders.

On corrigera cette position approximative de la barre, dans le cours de la première traversée, et de la façon suivante :

Supposons que le navire se dirigeant vers des parages où Z a des valeurs de plus en plus faibles, on trouve qu'il faille, pour annuler la déviation du compas, aux caps Est ou Ouest, une force compensatrice longitudinale moins grande qu'au départ; cela signifie qu'une partie de la correction faite, à l'origine, par les barreaux aimantés, aurait dû être faite, au contraire, par la barre de Flinders, et on le voit aisément en mettant le coefficient B sous la'forme

$\dfrac{1}{\lambda\,\mathrm{H}}\,(c\,\mathrm{Z} + \mathrm{P})$. Aussi, tant que le bâtiment navigue dans des parages où Z est moindre qu'au lieu de départ, on ne doit demander la diminution nécessaire de force compensatrice, qu'au seul déplacement des aimants, sans toucher à la barre.

Au contraire, si le navire, après avoir touché ou traversé l'équateur magnétique, remonte vers des parages où la valeur de Z soit de plus en plus grande, et si on trouve alors qu'il soit nécessaire d'augmenter la force compensatrice longitudinale, on ne devra demander cette augmentation qu'à la barre de Flinders, et augmenter sa hauteur.

En général, quand un navire va et vient entre des régions où les valeurs de la force verticale sont fort différentes, qu'il traverse ou non l'équateur magnétique, on doit modifier la correction longitudinale de la façon suivante:

Règle pratique. — Quand on veut obtenir, par tâtonnements, la place exacte de la barre de Flinders, placée arbitrairement au départ, il faut corriger les déviations du compas aux routes Est ou Ouest, par les seuls aimants longitudinaux quand le navire se dirige vers des parages où la force verticale est plus faible; et par la barre de Flinders seulement, quand le navire gagne des régions où cette même composante est plus forte qu'au point de départ.

Quelques voyages suffiront pour atteindre pratiquement la proportion exacte qui doit exister entre la correction par les aimants et celle par la barre.

Compensation de l'erreur due à la bande.

Nous avons vu plus haut qu'il fallait, pour compenser l'erreur due à la bande, annuler le coefficient J, et, pour cela, satisfaire à l'égalité $\mu = (1 - \mathrm{D})\,\lambda$.

On y arrive par deux procédés différents. Dans le premier, on fait usage de la Méthode générale des oscillations; dans le second, beaucoup plus rapide, et dû à Sir William Thomson, on se sert de l'aiguille d'inclinaison comme d'une balance, pour obtenir le rapport des forces verticales, qui sollicitent l'aiguille à bord et à terre, et le rendre égal à la valeur voulue. Nous allons exposer ces deux procédés, en distinguant dans chacun d'eux deux cas, suivant que la déviation quadrantale a été, ou non, antérieurement corrigée.

1re Méthode dite des oscillations.

1er cas. — **La déviation quadrantale n'a pas été corrigée.** — La quantité μ est la moyenne des valeurs que prend le rapport $\dfrac{Z'}{Z}$, quand le cap du navire décrit la rose entière ; ou, si on suppose le paramètre $h = 0$ (ce qui est permis dans la pratique) la valeur de ce rapport, quand le cap du navire est l'Est ou l'Ouest magnétiques.

Nous avons vu dans l'introduction préliminaire, page (39), que :

$$\frac{Z'}{Z} = \frac{T^2}{T'^2} = \mu.$$

Par suite, pour que notre condition soit remplie, on devra faire en sorte que :

$$\frac{T'}{T} = \frac{1}{\sqrt{\mu}} = \frac{1}{\sqrt{\lambda(1-\mathcal{D})}} = \frac{1}{\sqrt{1+e}}$$

Règle pratique. — Quand on veut annuler le coefficient principal de l'erreur due à la bande, pour un compas qui n'a pas été corrigé de la déviation quadrantale, on place le cap du navire à l'Est ou à l'Ouest magnétiques ; et on élève ou on abaisse un aimant vertical, placé immédiatement au-dessous du centre du compas, et dont les pôles sont d'ailleurs convenablement placés, de façon que le temps T' de 10 oscillations de cette aiguille, dans le plan Est-Ouest, soit au temps T du même nombre d'oscillations à terre, dans le rapport de 1 à $\sqrt{\lambda(1-\mathcal{D})}$, c'est-à-dire de 1 à $\sqrt{1+e}$.

Les pôles de l'aimant doivent être placés de telle sorte, qu'à bord et à terre ce soit la même extrémité de l'aiguille d'inclinaison qui soit en bas, quand l'aiguille est verticale.

Correction empirique. — Quand on a λ et $\mathcal{D}$, rien de plus simple que de calculer ce rapport et d'avoir e. Quand on ne les a pas, on corrige empiriquement et approximativement l'erreur due à la bande de la façon suivante :

On s'appuie sur la constance des valeurs de λ et $\mathcal{D}$, et par suite de e, à bord de navires du même type, et pour des compas semblablement placés.

M. Towson, qui s'est acquis en Angleterre une grande notoriété, pour la régulation des compas, estime que dans un steamer en fer, et pour un compas placé sur le pont supérieur, près du milieu du bâtiment, e est égal environ à $-0,36$;

d'où : $1 + e = 0,64 = \dfrac{9}{14}$ environ.

Par suite : $\sqrt{1+e} = \dfrac{3}{3,8}$ environ.

Il faudra donc, dans de semblables navires, placer l'aimant de façon que : $T' = \dfrac{3,8}{3} T = 1,3\,T.$

Pour les navires en fer, complètement cuirassés, cette valeur de e n'est bonne que pour les compas placés sur le pont de la batterie principale ; pour ceux qui sont sur le pont supérieur, pour le compas étalon en un mot, e, en général, n'est égal qu'à $-0,200$; par suite :

$$\mu = 1 + e = 0,800 \ \text{ et } \sqrt{\mu} = \sqrt{1+e} = 0,900.$$

Puisque $\dfrac{Z'}{Z}$ doit être égal à μ, c'est-à-dire $1+e$, pour que le coefficient de l'erreur due à la bande soit annulé, il faudra que la force verticale à bord soit les $\dfrac{8}{10}$ de la force verticale à terre. Or, d'après ce que nous avons vu (p. 39), $\dfrac{Z'}{Z}$ est égal à $\dfrac{T^2}{T'^2}$ ou à $\dfrac{n'^2}{n^2}.$

Il en résulte que l'on devra avoir $\dfrac{T}{T'} = \dfrac{n'}{n} = \sqrt{0,800} = 0,900$ environ, ce qu'on exprime en disant : qu'il faut que le temps mis par l'aiguille d'inclinaison, dans sa position verticale, pour faire 10 oscillations à terre, soit égal au temps qu'elle met à faire ce même nombre d'oscillations à bord, multiplié par $\dfrac{9}{10}$; ou, ce qui revient au même, qu'il faut que le nombre des oscillations de l'aiguille d'inclinaison, faites à bord dans un temps donné, soit égal aux $\dfrac{9}{10}$ du nombre d'oscillations faites à terre, dans le même temps et par cette même aiguille.

2° Cas. — **La déviation quadrantale a été corrigée.** — Dans ce cas, $\mathfrak{D} = 0$, et on doit avoir par conséquent :

$$\mu = \lambda = 1 + \dfrac{a+e}{2} = 1 + e,$$

puisque le propre de la déviation quadrantale, c'est de faire $a = e$.

Il n'y aura rien de changé dans ce que nous avons dit précédemment ; seule, la valeur numérique de e a varié par le fait de la correction quadrantale.

Elle est, en général, devenue égale, pour les navires de guerre cuirassés, à — 0,050 ; par suite, on doit avoir :

$$\frac{Z'}{Z} = \lambda = 0,950 = \frac{19}{20};$$

et,

$$T' = \frac{T}{\sqrt{\lambda}} = \frac{T}{0,975} = T \times \frac{1000}{975} = T \times \frac{40}{39},$$

c'est-à-dire, en prenant, au lieu des temps, le nombre des oscillations faites dans un même temps à bord et à terre :

$$n' = \frac{39}{40} n.$$

Ainsi le nombre des oscillations de l'aiguille verticale à bord pendant un temps donné, devra être égal au $\frac{39}{40}$ du nombre d'oscillations de la même aiguille à terre dans le même temps.

2ᵉ Méthode. — **Au moyen de l'aiguille d'inclinaison de sir W. Thomson.** — Nous avons donné la description et la théorie de cet instrument, dans l'*Introduction préliminaire* (ch. IV), et montré qu'il permettait d'obtenir rapidement le rapport des forces verticales, à bord et à terre, en prenant le rapport des bras de levier du poids qui, à bord et à terre, rend cette aiguille horizontale.

On opérera donc de la manière suivante :

Soit a, le bras de levier du poids qui, à terre, rend l'aiguille horizontale.

1ᵉʳ Cas. — On porte cette aiguille à bord, à la place du centre de la rose préalablement enlevée, et tandis, que le cap du navire est à l'Est ou l'Ouest magnétique, on met le poids additionnel à une distance b de l'axe, telle que $b = \mu a$.

En général, l'aiguille d'inclinaison lestée, comme nous venons de le dire, ne sera pas horizontale à bord. Mais on pourra la ramener à cette position, en plaçant convenablement un aimant vertical dans la gaine cylindrique, qui se trouve pour cela au milieu de la boîte du compas. Si le poids se trouvait, à bord, à la partie supérieure de l'aiguille, il faudrait placer l'aimant vertical le pôle rouge en haut. Si, au contraire, le poids se trouvait à la partie inférieure, ce serait le pôle bleu. On fait ensuite glisser l'aimant dans sa gaine jusqu'à ce que l'aiguille soit horizontale ; à ce moment, il y a égalité entre le moment du couple formé par les composantes magnétiques verticales, et celui du poids additionnel, pris par rapport à l'axe horizontal de l'aiguille; on a donc : $2\,m\,Z'\,r = p\,b = p\,\mu a$.

A terre, nous avions : $2\,m\,Z\,r = p\,a$, d'où : $\dfrac{Z'}{Z} = \mu$, ce qu'il fallait obtenir.

Quand la déviation quadrantale n'est pas corrigée, on calcule le bras de levier b, en prenant $\mu = \lambda\,(1 - \mathfrak{D})$.

Quand on connaît λ et $\mathfrak{D}$, rien n'est plus facile que de calculer le bras de levier et d'obtenir par une seule observation, qui dure environ deux minutes, une correction presque parfaite de l'erreur due à la bande.

Si ces deux quantités ne sont pas connues, on les estime, *a priori*, par comparaison avec les compas semblablement placés dans les navires de même type, comme nous avons fait dans le cas précédent.

2ᵉ Cas. — Si la déviation quadrantale est corrigée, on sait que $\mu = \lambda$, par suite $b = \lambda\,a$, et quand l'aiguille est horizontale, à bord, le poids additionnel étant à la distance b, on sait que $\dfrac{Z}{Z} = \mu = \lambda$.

Avec les compas de sir W. Thomson, la déviation quadrantale est compensée, par conséquent il suffit de connaître λ, qu'on obtient très rapidement par une observation à terre et une à bord, par la méthode des déflexions (v. partie III, ch. II).

Quand λ n'est pas connu, on peut le prendre *a priori* égal à 0,900 pour un compas placé sur le pont supérieur et à 0,85 pour un compas placé entre deux ponts en fer; on ne commettra, en général, par ces évaluations, qu'une erreur de 5 centièmes au plus, sans conséquence dangereuse possible dans la pratique.

Cette seconde méthode est beaucoup plus rapide que la première; sa simplicité est telle, qu'une fois λ connu, il suffit à bord et à terre d'une seule observation, qui dure deux minutes à peine, pour corriger sans aucun calcul, et avec une exactitude suffisante pour la pratique, la partie la plus importante de l'erreur due à la bande.

Remarques pratiques. — I. Au lieu de placer l'aimant correcteur au-dessous du compas, nous pourrions le placer au même niveau que ce dernier, à condition de renverser ses pôles, mais ce mode d'opérer aurait deux désavantages.

D'abord, pour une même distance de l'aimant au compas, il faudrait un aimant de force double.

Ensuite, pour une même erreur de verticalité de l'aimant, la déviation produite serait quatre fois aussi grande que quand l'aimant est placé au-dessous du compas.

II. Le coefficient μ provient de l'influence du magnétisme souspermanent vertical R et du fer doux vertical k; or, l'aimantation de cette dernière tige change avec la valeur de la composante verticale magnétique terrestre, et nous avons compensé le terme en μ au moyen d'un aimant permanent, c'est-à-dire d'une force constante; il en résulte que la correction ne sera exacte que pour le lieu où elle a été faite. Il faudra donc changer l'aimant vertical de place quand le navire se déplacera. Si l'on avait à sa disposition une bonne carte des valeurs de Z (ou, ce qui revient au même, deux cartes donnant l'une les valeurs de la composante horizontale, l'autre les valeurs de l'inclinaison ou de la force totale terrestre), on pourrait, une fois l'observation faite à terre avant le départ, corriger la position de l'aimant à bord dans une latitude quelconque, sans mettre le navire à la bande, pourvu que le bâtiment fût tranquille, car on saurait, au moyen de la carte, la position que le poids additionnel devrait occuper sur l'aiguille d'inclinaison pour qu'elle restât horizontale, en n'étant soumise qu'à l'action magnétique terrestre.

III. Nous avons dit qu'il fallait, pour corriger l'erreur due à la bande, mettre le cap du navire à l'Est ou à l'Ouest magnétiques. C'est bien en effet la condition d'exactitude rigoureuse qu'impose l'expression de $\dfrac{Z'}{Z}$ en fonction de g et de μ (form 59.) Mais, si on considère que g atteint rarement $\frac{1}{10}$ en valeur absolue, on voit que le produit $g \cos \zeta$ peut être négligé, tant que le cap n'est pas distant de l'Est et de l'Ouest magnétiques de plus de 30 degrés, et, par suite, qu'on peut faire les observations nécessaires à la correction de l'erreur due à la bande, à un cap quelconque du navire, pourvu qu'il soit compris entre les limites précédentes.

IV. La correction de la déviation quadrantale a une heureuse influence sur l'erreur due à la bande. La théorie montre, en effet, que pour chaque degré de déviation quadrantale corrigé, on a en même temps corrigé, par cela seul, un nombre de minutes de l'erreur due à la bande qui, sur les côtes Nord de la France, est égal à $2,1 \times \mathrm{tang}\,\theta$, soit plus de cinq minutes. Si donc, comme c'est le cas général, on a corrigé 6 degrés de déviation quadrantale, on a fait disparaître en même temps 30 minutes de l'erreur due à la bande (v. notes).

CHAPITRE IV

Compas de sir William Thomson. — Appareils auxiliaires. Théorie et emploi du Miroir azimutal.

A la fin de la première partie, nous avons énuméré toutes les conditions que doit remplir un bon compas et démontré, dans la quatrième, que, pour pouvoir appliquer la méthode de la compensation avec succès, il fallait, avant tout, que les aiguilles aimantées fussent assez petites pour qu'on pût négliger leur longueur sans commettre une inexactitude notoire, et que l'intensité de leur magnétisme fût assez faible pour qu'il n'y eût pas d'influence réciproque entre les aiguilles et les correcteurs de fer doux.

C'est en cherchant à remplir toutes les conditions imposées par la théorie, que sir W. Thomson est parvenu, en 1878, après trois années d'essais sur son yacht *Lalla Rookh*, à imaginer un compas qui nous paraît destiné à devenir bientôt d'un usage général, et qui, d'ailleurs, a déjà fait ses preuves par une pratique de trois années à bord des bâtiments les plus divers, yachts, grands steamers et navires de guerre cuirassés des différentes nations.

Le but principal que s'est proposé l'inventeur a été de rendre la correction de la déviation quadrantale, imaginée par sir Airy, réel-

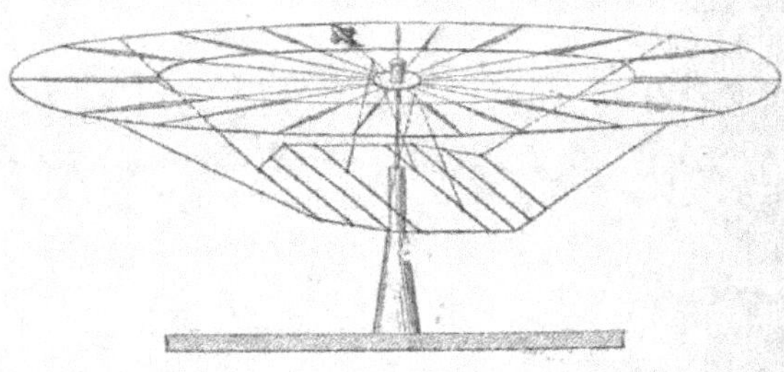

Fig. 29.

lement possible, pratique et exacte. Il s'est efforcé ensuite de rendre sa rose stable à la mer par gros temps.

Rose (*fig.* 29). — La partie essentielle et vraiment originale de ce compas consiste dans sa rose, qui est extrêmement légère. Une rose

Thomson de 25 centimètres de diamètre est orientée par huit petites aiguilles (quatre de chaque côté du centre), faites en fil d'acier très fin, du diamètre des fines aiguilles à tricoter. Elles ont de 5 à 8 centimètres de longueur et pèsent en tout 3 grammes et demi.

Dans les roses de même diamètre des compas ordinaires, la longueur des aiguilles oscille entre 14 et 18 centimètres, d'où un grand avantage pour la compensation en faveur de la rose Thomson.

Ces aiguilles sont fixées, comme les échelons d'une échelle, à deux fils de soie parallèles, et elles sont suspendues, par des fils de soie passant par les yeux qui terminent leurs extrémités, au système matériel qui porte la rose des vents.

Le poids total de la rose (chape, fils de soie, papier portant les divisions, aiguilles, cercle d'aluminium extérieur, etc.), est de 12 grammes environ; c'est le dixième environ du poids des roses ordinaires de même diamètre, ce qui donne à la rose de sir W. Thomson un grand avantage au point de vue des erreurs dues au frottement, et aussi de l'usure des chapes et pivots. L'erreur due au frottement, c'est-à-dire la différence entre la ligne Nord-Sud magnétique et la direction marquée, à terre, par l'aiguille, quand elle est revenue, par une série d'oscillations, à sa position d'équilibre, après en avoir été écartée au moyen d'un aimant est, pour une rose Thomson, de un quart de degré environ dans le compas Thomson ou dans les compas ordinaires.

Outre sa légèreté extrême, cette rose se distingue encore par le faible moment magnétique total de ses huit aiguilles, qui n'est que le $\frac{1}{12}$ du moment magnétique des roses ordinaires, ce qui comporte deux avantages.

D'abord, la période d'oscillation complète de cette rose, dérangée de sa position d'équilibre, est d'environ 40 secondes, près du triple de la période d'un compas ordinaire de même dimension, et cela favorise la stabilité de la rose à la mer; ensuite il n'y a pas d'induction réciproque entre les correcteurs de fer doux et les aiguilles, et la correction de la déviation quadrantale peut ainsi être parfaite.

Enfin l'extrême légèreté de la rose, sa construction au moyen de fils de soie, lui donnent une élasticité considérable qui la met dans des conditions très favorables pour résister aux chocs accidentels produits par le tir des bouches à feu, et c'est un avantage capital pour les compas destinés à servir à bord des navires de guerre. Afin que la chape ne quitte pas le pivot par suite de chocs, on a eu soin de la recouvrir d'un chapeau qui lui laisse toute liberté pour se mouvoir avec la rose, mais qui, ne lui permettant qu'un faible déplacement quand elle est projetée, l'oblige à revenir sur le pivot sans toutefois tomber sur lui avec assez de force pour l'endommager. Il est inutile d'ajouter qu'il faut fréquemment visiter le pivot et la chape, et toujours après les tirs, afin de les changer s'il y a lieu.

Nous devons ajouter d'ailleurs que les tirs effectués en 1880 et 1881 par l'escadre d'évolutions de la Méditerranée, commandée par M. le vice-amiral Garnault, n'ont pas entraîné d'avarie dans les organes de ces nouveaux compas.

Sir William Thomson a de plus disposé son compas pour que la compensation puisse se faire aisément et rapidement.

Habitacle. — L'habitacle du compas est en bois; il se fixe au pont au moyen de quatre boulons formant carré, de façon qu'on puisse changer aisément son orientation et placer ainsi la barre de Flinders et les sphères compensatrices, suivant qu'il convient aux signes de c et de D.

On a creusé, à différentes hauteurs, dans cet habitacle, une dizaine de logements pour chaque système d'aimants, longitudinal et transversal. On peut ainsi placer et déplacer très facilement les aimants correcteurs, qui sont d'ailleurs sous clef, de façon que seul l'officier des montres puisse modifier leur position. Les aimants longitudinaux doivent être mis par couple, symétriquement par rapport au compas. On a adopté cette disposition pour que l'influence réciproque des aimants correcteurs et de la barre de Flinders soit nulle ou très faible, ce qui n'avait pas lieu dans le premier modèle des compas de sir W. Thomson, où la correction de la déviation semi-circulaire était effectuée au moyen d'un seul système d'aimants, oblique par rapport à la quille et mobile autour d'un axe vertical de façon à compenser la force polaire du navire $\sqrt{\mathfrak{d}^2 + \mathfrak{e}^2}$.

La compensation de la déviation quadrantale se fait au moyen de sphères creuses de fer doux, dont le diamètre est d'autant plus grand et la distance au centre de la rose d'autant plus petite, que D est plus grand. Pour rendre plus rapide la pose de ces sphères, sir W. Thomson a réuni dans une table les valeurs du coefficient D, qu'annulent les globes de différents diamètres, placés à différentes distances.

Ces sphères glissent sur les bras horizontaux de deux potences, placées de chaque côté de l'habitacle. Ces bras sont percés chacun d'une rainure dans laquelle glisse la tige à vis, qui permet de fixer la sphère à la distance voulue et ils sont en fer de façon à introduire des coefficients *e* positifs et à servir ainsi à la correction quadrantale.

Telle est la disposition du compas ordinaire, de celui où, comme c'est le cas général, on n'a à se préoccuper que d'annuler D. Mais si on sait d'avance, par la position que doit occuper le compas, que le second coefficient de la déviation quadrantale E ne sera pas négligeable et qu'il faudra également l'annuler, on ajuste ces deux potences à un fort anneau de bronze mobile autour de l'habitacle, et on peut placer alors la ligne qui joint les centres des deux sphères dans telle direction qu'il convient.

Quant à la déviation due à la bande, elle se compense en plaçant un ou plusieurs aimants dans une gaine cylindrique de cuivre, qui monte ou descend au moyen d'une chaine de cuivre dans un trou cylindrique vertical, pratiqué sous le centre de la rose.

Appareils auxiliaires. — Pour faciliter l'application pratique de la compensation, sir W. Thomson a imaginé encore deux appareils spéciaux, auxiliaires très précieux de son compas.

Aiguille d'inclinaison (*fig.* 12 *ter*). — Nous avons déjà donné (*Intr. prél.* page 39) la description et l'emploi de l'un d'eux, nommé *Aiguille d'inclinaison* (Dipping needle), à l'aide duquel on obtient rapidement le rapport des intensités des deux forces magnétiques verticales, ce qui permet de compenser aisément la déviation due à la bande, sans faire incliner le navire.

Déflecteur (*fig.* 12 *bis*). — Le second appareil, plus important de beaucoup que l'aiguille d'inclinaison, s'appelle le *Déflecteur*. Nous en parlerons tout à l'heure d'une manière spéciale, nous avons donné sa description et son principe dans l'*Intr. prél.* (p. 37); grâce à lui, on peut dire que la compensation du compas, ou le calcul des coefficients de la déviation quand on ne peut relever aucun objet terrestre ou céleste, c'est-à-dire par temps de brume, sont devenus des procédés assez simples et assez sûrs, pour pouvoir passer dans la pratique des observations courantes.

Miroir azimutal (*fig.* 30). — Enfin, sir W. Thomson a inventé un troisième appareil qu'il appelle *Miroir azimutal*, et qui est destiné à donner rapidement les relèvements d'astres ou d'objets, avec une grande précision.

Cet instrument consiste essentiellement en une alidade qu'on place sur la glace qui recouvre le compas et qui est centrée sur ce dernier au moyen d'un pivot vertical *p*; on la fait tourner autour de ce pivot jusqu'à ce qu'elle soit dirigée vers l'objet à relever.

Un petit niveau à bulle d'air *n*, placé sur l'alidade, indique si la glace du compas est bien horizontale, c'est-à-dire si la suspension à la Cardan fonctionne assez bien pour qu'on puisse avoir un relèvement précis, même quand l'objet est à une grande hauteur au-dessus de l'horizon; car il est aisé de voir que, si l'objet est sur l'horizon même, une erreur de niveau considérable ne donne pas d'erreur sensible dans le relèvement.

Sur l'alidade horizontale, se trouve fixé dans une position inclinée un tube cylindrique qui sert de monture à une lentille, à travers laquelle l'observateur doit viser et lire les divisions de la rose. Au-dessus de la lentille, un miroir, mobile autour d'un axe horizontal, peut être manœuvré au moyen d'un bouton, de façon que l'image de l'objet visé, réfléchi dans la glace, vienne se placer sur les divisions de la rose A et en donner ainsi le relèvement demandé.

Fig. 30.

Imaginé d'abord simplement pour donner la possibilité de relever les objets cachés à la vision directe par les sphères compensatrices, cet appareil doit à l'esprit ingénieux du savant physicien qui l'a inventé divers avantages que nous allons faire connaître, et qui en font un instrument de relèvement très précis, tout en restant très pratique.

Pour avoir un bon relèvement, c'est-à-dire un azimut exact, avec cet appareil, il faut évidemment, la rose étant supposée horizontale, que l'œil de l'observateur, le centre de la rose et l'objet à relever soient dans un même vertical, et, de plus, que le miroir mobile ou, ce qui revient au même, l'axe horizontal autour duquel il tourne, soit perpendiculaire à ce vertical.

Quand, la première condition étant remplie, on déplace légèrement le miroir en azimut, de façon toutefois que l'objet reste toujours dans le champ du miroir, l'image de l'objet se déplace sur la rose et, par suite, on a une erreur dans le relèvement.

Nous supposerons, ce qui est vrai dans la pratique, que le constructeur livre l'instrument dans des conditions telles que l'axe de l'alidade horizontale, qui porte tout l'appareil, est perpendiculaire à l'axe, autour duquel tourne le miroir mobile. Dans ces conditions, si l'axe de l'alidade horizontale est écarté de 1, 2 ou 3 degrés du plan du vertical de l'objet visé, il est clair que l'axe du miroir mobile sera également écarté de 1, 2 ou 3 degrés de la perpendiculaire à ce vertical, avec laquelle il devrait coïncider pour nous donner un relèvement exact.

Évaluation des erreurs commises dans les relèvements. — Il convient évidemment de savoir quelle erreur dans le relèvement correspond à une erreur d'azimut donnée dans la position du miroir ou de l'alidade horizontale. Pour y arriver, nous allons, en analysant de près les conditions de l'observation, chercher quel est l'espace qui sépare sur la rose les images de deux objets A et B, quand, l'angle de leurs verticaux restant invariable et égal à 1 degré, on suppose qu'ils s'élèvent, en partant de l'horizon et en restant toujours dans un même plan horizontal.

Il est clair que la distance horizontale qui les sépare diminue de plus en plus, et que par suite leurs images vues dans le miroir se rapprochent de plus en plus, à mesure que les objets s'élèvent.

La distance des deux objets, comme celle de leurs deux images, est proportionnelle à $\cos x$, si on appelle x la hauteur commune des deux objets au-dessus de l'horizon.

Par conséquent, si nous évaluons la distance de ces deux images au moyen d'une longueur fixe, nous la trouverons de plus en plus faible.

De cette distance des deux images virtuelles vues par réflexion dans le miroir, on passe à l'évaluation de la distance angulaire au moyen des divisions d'une circonférence graduée qui est vue, non pas à l'œil nu, mais à travers une lentille grossissante. La circonférence étant placée entre cette lentille et son foyer principal, mais tout près de ce dernier, il en résulte qu'on en obtient une image agrandie. Si le rayon de la circonférence est précisément égal à la distance focale de la lentille, d'après une théorie élémentaire d'optique, on peut considérer comme égaux les angles ayant pour sommets, les uns le centre de la lentille, les autres celui de l'œil, et s'appuyant respectivement, les premiers sur les divisions mêmes de la rose, les seconds sur les images de ces divisions, il en résulte que la valeur angulaire des divisions de la circonférence ne sera affectée ni par le grossissement, ni par le déplacement du point d'où on les regarde. Par conséquent nous obtiendrons pour la distance angulaire de nos deux objets A et B, situés très loin sur l'horizon, la même valeur, soit que nous les visions directement au moyen d'une alidade à pinnules ayant même centre que la circonférence, soit que nous en rejetions, au moyen d'un miroir, les images virtuelles dans le prolongement des rayons visuels allant de l'œil aux divisions agrandies de la rose.

Il n'en serait évidemment pas de même, si le rayon de la circonférence n'était pas précisément égal à la distance focale f de la lentille. Supposons, en effet, que dans le plan même de cette première circonférence de rayon f, nous en tracions deux autres, la touchant, mais ayant pour rayons respectifs, l'une $R > f$, l'autre $r < f$. L'effet de grossissement de la lentille étant le même pour ces trois circonférences, il en résulte qu'en les regardant à travers la loupe, la division de 1 degré de la circonférence R sera plus grande que la division de 1 degré de la circonférence f, qui à son tour sera plus grande que la division correspondante de la circonférence r. En évaluant la distance angulaire de nos deux objets A et B au moyen des images de ces circonférences, on serait donc conduit à la trouver plus petite que 1 degré, d'après les divisions de R, plus grande, au contraire, que 1 degré, d'après les divisions de la circonférence r.

Ce que nous venons de dire montre que si, voulant obtenir l'azimut de l'objet A, on place l'alidade, non pas dans le plan vertical de A, mais dans celui de B, on commettra dans le relèvement de A une erreur qui dépendra, et de la hauteur des deux points au-dessus de l'horizon, et du rapport qui existe entre le rayon de la circonférence et la distance focale. Pour des objets situés à l'horizon, cette erreur serait nulle si ces deux dernières quantités étaient égales. Si donc on ne devait relever avec cet instrument que des objets dans cette position, c'est cette égalité qu'il faudrait prendre pour base de la construction de l'appareil.

Mais, pour déterminer la position du navire et la variation du compas, les plus usuels des relèvements à prendre sont ceux d'objets ou d'astres situés de 0 à 50 degrés de hauteur et en moyenne de 25 à 30 degrés.

Sir W. Thomson a donc préféré accepter qu'une erreur d'orientation dans l'alidade donnât une légère erreur dans le relèvement d'objets à l'horizon, et profiter de cette erreur même pour rendre nulle celle qu'un défaut d'orientation produit sur les relèvements d'astres situés à la hauteur moyenne de 27°, et très faibles celles qui entachent les relèvements d'astres situés de 0 à 50 degrés. Il y arrive, en donnant à la distance focale de la lentille une longueur égale à $r \times 1,12$, r étant le rayon de la rose.

Examinons, en effet, ce qui se passe quand cette condition est remplie. Prenons nos deux objets A et B à l'horizon, leurs images, ramenées sur l'image de la rose vue à travers la lentille, seront distantes de $1° + 0,12$ de degré, car la longueur de chaque division de notre rose est évidemment égale à la longueur de la division de la circonférence normale qui aurait pour rayon la distance focale même de la lentille, multipliée par $\dfrac{1}{1,12}$.

D'où cette conséquence que si, en voulant relever l'objet A à l'horizon, on oriente l'alidade dans le vertical de B situé à 1 degré du vertical de A, l'image de l'objet A, au lieu d'occuper la place qui correspondrait à son relèvement exact, sera à $0°,12$ de cette place.

On voit qu'il faudrait une erreur d'orientation de 4 degrés pour que l'erreur, sur le relèvement de A, fût égale à $4 \times 0°,12$ ou 1 demi-degré environ, ce qui est la limite de l'exactitude qu'on peut jusqu'à présent se flatter d'obtenir, avec les moyens employés actuellement à bord, pour les observations d'azimut.

Cette erreur diminue à mesure que l'objet A s'élève au-dessus de l'horizon, car l'intervalle linéaire qui sépare les images de nos deux objets A et B est proportionnel à $\cos x$, et sera évidemment égal à 1 degré de la rose, quand on aura $\cos x = \dfrac{1}{1,12}$ ou $x = 27$ degrés environ.

A partir de cette hauteur, on aura une erreur de relèvement en sens inverse de la précédente, puisque l'intervalle des images de nos deux objets, étant proportionnel à $\cos x$, deviendra moindre qu'une division de la rose ; cette erreur aura pour expression :

$$\frac{1}{1,12} - \cos x, \text{ ou} : 0,892 - \cos x.$$

Quand l'astre A sera à 38 degrés au-dessus de l'horizon, cette expression montre que l'erreur de relèvement correspondant à une erreur d'azimut de 1 degré, sera égale à $0,892 - 0,788$, ou : $0,10$, c'est-à-dire environ ce qu'elle était quand A était à l'horizon, mais en sens inverse. Pour $x = 60$ degrés et pour cette même erreur de 1 degré d'orientation, l'erreur, dans le relèvement, est égale à $0,892 - 0,40$ ou environ $0,5$ soit $\frac{1}{2}$ degré. Elle croît rapidement à partir de cette distance.

Nous renvoyons ceux de nos lecteurs qui désireraient des détails plus complets sur ce sujet, à un article publié dans le numéro de mars 1881 de la *Revue maritime et coloniale* par M. Piaud, ingénieur des constructions navales (v. note V).

Recommandations pratiques. — Pour éviter l'erreur de relèvement qui correspond à cette erreur d'azimut, on a disposé, à l'extrémité de l'alidade dirigée vers l'objet, une petite pointe rouge que le constructeur a fixée sur une perpendiculaire à l'axe de rotation du miroir. En amenant l'image de l'objet relevé à coïncider avec cette pointe rouge, on est sûr de la parfaite orientation du miroir et, par suite, d'éviter toute erreur dans le relèvement.

Mais on voit qu'on n'est pas obligé de s'astreindre à cette orientation, tant que l'astre visé est à une hauteur moindre que 45 degrés.

On peut donc, quand cette dernière condition est remplie, prendre le relèvement très rapidement dès que l'objet est dans le champ du miroir, et c'est un grand avantage à la mer par mauvais temps, alors qu'on ne voit le soleil ou l'astre que par échappées très courtes, de n'avoir pas à chercher à le placer au milieu d'une étroite ouverture.

Pour être sûr que l'œil est bien dans le plan vertical qui contient l'image, on a ajouté une petite tige verticale noire qu'on peut installer sur l'alidade et qu'on doit projeter sur le point rouge. On est assuré qu'un relèvement est bon quand l'œil, cette tige, la pointe rouge et l'image de l'objet sont dans le prolongement les uns des autres.

Quand le soleil est assez brillant pour donner une ombre, le meilleur moyen d'obtenir un bon relèvement est de viser la division de la rose où se projette l'image de cette tige verticale. La division diamétralement opposée est évidemment le relèvement demandé.

Quand il s'agit d'une étoile, on projette son image sur les divisions éclairées de la rose, et, dans ce cas, pour que l'image soit visible, il faut avoir soin de baisser plus ou moins la mèche des lampes qui éclairent le compas. Lorsqu'on veut viser un phare

ou un objet peu distinct à l'horizon, un récent perfectionnement
de l'appareil permet de viser à l'objet directement, tandis qu'en se
baissant, on voit les images des divisions de la rose réfléchies par
le miroir. Sir W. Thomson est arrivé à ce résultat en disposant la
monture de son miroir de façon qu'il puisse faire une révolution
complète autour de son axe.

CHAPITRE V

Instructions pratiques pour la compensation du compas
de sir W. Thomson.

Voici la traduction presque littérale des instructions délivrées
avec chacun des compas de sir W. Thomson. Ces règles supposent
que les coefficients A et E ont des valeurs négligeables et que D
est positif, ce qui est le cas général. Quand on peut croire que ces
hypothèses ne sont pas légitimes, par exemple, dans le cas d'un
compas dont l'axe vertical est situé hors du plan diamétral longitudinal du bâtiment, ou encore, dans le cas où, cet axe étant placé
dans ce plan, il se trouve dans le voisinage du compas des masses
de fer considérables qui ne sont pas compensées par des masses
égales placées symétriquement par rapport à ce plan, alors il faut
opérer comme nous l'avons indiqué dans le deuxième cas examiné
plus haut.

Pour placer rapidement les barreaux aimantés, il faut, avant
tout, se bien rappeler la règle mnémonique que nous avons donnée
dans la deuxième partie, pour obtenir immédiatement le nom et le
signe de la déviation (v. p. 105). Il faut ensuite se rappeler que
c'est la partie peinte en bleu des aimants compensateurs qui attire
le point Nord de la rose, tandis que la partie de ces mêmes aimants
peinte en rouge repousse ce même point.

Compensation du compas.

Premièrement. — Mettez, au moyen de relèvements terrestres ou
célestes, le cap du navire sur le Nord ou le Sud magnétique, et
placez des aimants dans les logements transversaux (c'est-à-dire
perpendiculaires à la quille) de façon que le cap indiqué par la
rose soit justement le cap magnétique choisi.

Au cap Nord magnétique. — Si vous trouvez une déviation Est, corrigez-la en plaçant les aimants dans les logements transversaux de telle façon qu'ils aient leurs extrémités bleues à bâbord ; mais si vous trouvez, au contraire, une déviation Ouest, placez l'extrémité bleue des aimants transversaux à tribord.

Au cap Sud magnétique. — Si vous trouvez une déviation Est, corrigez-la en plaçant l'extrémité bleue des aimants transversaux à tribord ; mais si, au contraire, vous trouvez une déviation Ouest placez l'extrémité bleue des barreaux transversaux à bâbord.

Secondement. — Mettez maintenant le cap à l'Est ou à l'Ouest, magnétiques, et faites indiquer ce cap à la rose au moyen des aimants longitudinaux, c'est-à-dire parallèles à la quille, en les disposant de la manière suivante :

Au cap Est magnétique. — Si vous trouvez une déviation Est, corrigez-la en plaçant l'extrémité bleue des aimants longitudinaux vers l'arrière. Si, au contraire, vous trouvez une déviation Ouest, corrigez-la en plaçant l'extrémité bleue des aimants longitudinaux vers l'avant.

Au cap Ouest magnétique. — Si vous trouvez une déviation Est, corrigez-la en plaçant l'extrémité bleue des aimants longitudinaux vers l'avant. Si, au contraire, vous trouvez une déviation Ouest, corrigez-la en plaçant l'extrémité bleue des aimants longitudinaux vers l'arrière.

Remarque. — Les aimants longitudinaux doivent être employés par paires, et deux barreaux d'une même paire doivent être placés à la même distance du compas et avec leurs extrémités bleues dans la même direction.

Le compas ayant été ainsi corrigé à deux caps cardinaux quelconques, mais non diamétralement opposés, on est certain, si A et E sont nuls ou négligeables, que la déviation semi-circulaire est nulle et il ne reste plus qu'à corriger la déviation quadrantale au moyen des sphères compensatrices.

Pour cela, on met le navire sur l'un des caps quadrantaux magnétiques.

Si au cap N.-E. ou S.-O. magnétique vous trouvez une déviation Est, ou si au cap N.-O. ou S.-E. magnétique vous trouvez une déviation Ouest, cela indique que le coefficient D est positif, et, dans ce cas, on l'annule en plaçant deux sphères compensatrices de même rayon, à égale distance du centre du compas, sur la ligne passant par ce centre et perpendiculaire à la quille, et à une distance telle que la rose indique le cap magnétique donné au bâtiment.

La valeur de la déviation trouvée à l'un des quatre caps précédents donnant la valeur même de D, puisqu'on néglige A et E, le tableau suivant indique de suite le diamètre des sphères qu'il faut prendre et la distance à laquelle on doit les mettre.

Si, ayant déjà placé des sphères compensatrices [en prenant à priori pour D la valeur de ce coefficient dans un navire de même type pour un compas semblablement placé], vous trouviez qu'à l'un des caps quadrantaux la déviation est telle que nous l'avons indiquée, cela indiquerait qu'il reste encore un coefficient D, positif et par suite qu'il faut rapprocher les sphères ou en prendre de plus grosses. Mais si, au contraire, à l'un de ces mêmes caps quadrantaux la déviation était précisément de signe contraire à celle que nous avons indiquée, en un mot, si on la trouvait Ouest au cap N.-E. ou S.-E., et Est au cap N.-O. ou S.-E., cela indiquerait que le coefficient D est devenu négatif, c'est-à-dire que la correction par les sphères a été trop considérable et qu'il faut ou les éloigner du centre du compas, ou en prendre de plus petites.

Si, sans avoir placé de sphères *à priori*, on trouvait au cap N.-E. ou S.-O. une déviation Ouest, au cap N.-O. ou S.-E. une déviation Est, cela indiquerait que D est négatif. Si d'ailleurs la valeur absolue de cette déviation dépassait 6 degrés, on ne pourrait supposer qu'elle provînt de la valeur de A négligée à tort, ou des valeurs fort petites laissées à B et C par une imperfection possible de la compensation semi-circulaire : cela indiquerait donc que l'on se trouve dans le cas très exceptionnel où D est négatif, et alors les centres des deux sphères compensatrices devraient être placés sur une ligne parallèle à la quille.

Une fois qu'on a annulé D au moyen des sphères, en tenant compte des valeurs de A, on est sûr, si le bâtiment a déjà quelque temps de service, qu'il ne faudra plus toucher à la position de ces sphères tant que la quantité et la position des masses de fer avoisinant le compas resteront les mêmes ; tout changement dans la déviation du compas proviendra donc uniquement de la déviation semi-circulaire et devra être corrigé au moyen des deux systèmes d'aimants, en mettant successivement le cap du navire à deux caps cardinaux magnétiques, non diamétralement opposés.

Afin de parler en toute rigueur, nous avons supposé le cap du navire sur des directions magnétiques exactes ; mais il est bien

évident qu'il suffira, dans la pratique, que le cap soit à 1, 2 ou
même 3 degrés du cap exact : il n'en pourra résulter aucun danger
pour la pratique. Quand on compense les compas, en profitant de
l'évitage du bâtiment, il sera même bon de commencer l'opération et de placer approximativement les aimants et les sphères
quand le cap du bâtiment sera à moins de 15 degrés de l'un des
caps cardinaux ou quadrantaux magnétiques indiqués. Seulement,
on fera bien alors de procéder par approximations successives et
de ne pas corriger, à ces caps approchés, toute la déviation observée. On laissera volontairement une certaine erreur plus ou moins
grande suivant la valeur absolue de la déviation trouvée, et on
devra surtout avoir soin que la correction apportée ne fasse pas
changer le signe de la déviation.

**Règles pratiques pour corriger à la mer la déviation semi-circulaire,
quand la déviation quadrantale a été exactement corrigée avant
le départ.**

Dans ce 'cas, D et au besoin E, ont été corrigés avant le départ;
on a de même annulé A, où l'on tient compte de sa valeur, et, si le
bâtiment se déplace, il suffit, pour maintenir l'exactitude de la compensation, de s'assurer de temps à autre de la valeur des coefficients
variables B et C, pour modifier en conséquence la position des
aimants destinés à contre balancer leur influence.

Au cap Nord. — Ne touchez qu'aux aimants transversaux.

Si les extrémités bleues de ces aimants sont à bâbord, corrigez
une déviation Est en élevant les aimants, et une déviation Ouest
en les abaissant.

Si, au contraire, les extrémités bleues des aimants sont à tribord,
corrigez une déviation Est en abaissant les aimants et une déviation
Ouest en les élevant.

Au cap Sud. — Ne touchez qu'aux aimants transversaux.

Si les extrémités bleues de ces aimants sont à bâbord, corrigez
une déviation Est en abaissant les aimants et une déviation Ouest
en les élevant.

Si, au contraire, les extrémités bleues de ces aimants sont à tribord, corrigez une déviation Est en élevant les aimants et une déviation Ouest en les abaissant.

Au cap Est. — Ne touchez qu'aux aimants longitudinaux.

Si les extrémités bleues des aimants sont vers l'avant, corrigez une déviation Est en abaissant les aimants, et une déviation Ouest en les élevant. Si, au contraire, les extrémités bleues de ces aimants sont vers l'arrière, corrigez une déviation Est en élevant les aimants, et une déviation Ouest en les abaissant.

Au cap Ouest. — Ne touchez qu'aux aimants longitudinaux.

Si les extrémités bleues des aimants sont vers l'avant, corrigez une déviation Est en élevant les aimants, et une déviation Ouest en les abaissant.

Si, au contraire, les extrémités bleues des aimants sont vers l'arrière, corrigez une déviation Est en abaissant les aimants, et une déviation Ouest en les élevant.

La distance qui doit exister, d'après le diamètre des sphères employées et la grandeur de l'erreur à corriger, entre le centre du compas et les points des deux sphères qui en sont les plus voisins, est donnée par le tableau suivant :

ERREUR à corriger.	DISTANCES AU CENTRE DU COMPAS DES POINTS LES PLUS VOISINS DES DEUX SPHÈRES.										
	Sph. de 254mm.	Sph. de 241mm.	Sph. de 216mm.	Sph. de 203mm.	Sph. de 190mm.	Sph. de 178mm.	Sph. de 165mm.	Sph. de 152mm.	Sph. de 140mm.	Sph. de 127mm.	Sph. de 114mm.
	m. m.	m. m.	m. m.	m. m.	m. m.	m. m.	m. m.	m. m.	m. m.	m. m.	m. m.
1° 0'	570	521	494	463	433	404	376	346	318	290	140
1 30	491	440	416	382	366	341	318	294	269	245	221
2	432	388	367	347	324	277	261	243	239	216	198
2 30	398	353	339	320	294	275	255	230	216	197	178
3	364	325	309	290	266	254	235	217	199	182	162
3 30	338	305	289	271	254	237	220	203	186	168	152
4	317	296	271	254	237	222	207	190	175	158	143
4 30	301	271	255	241	226	211	196	180	164	150	135
5	286	258	243	229	215	201	186	171	157	144	128
5 30	273	246	233	219	206	191	178	161	149	137	124
6	261	235	222	210	197	184	170	157	144	132	119
6 30	252	227	214	203	188	176	163	151	139	126	116
7	242	219	206	194	182	169	157	146	133	121	110
7 30	234	210	198	186	176	162	152	140	128	117	107
8	227	203	192	182	163	158	147	135	125	111	102
8 30	220	197	186	176	164	153	143	132	121	110	98
9	213	191	181	170	158	149	139	128	117	107	95
9 30	208	186	176	161	154	145	134	124	114	104	92
10	202	181	171	160	151	141	131	121	111	102	90
10 30	197	177	165	157	147	137	127	118	109	99	89
11	190	171	161	152	143	133	126	115	107	95	87
11 30	186	165	156	149	140	130	121	113	103	93	83
12	182	163	154	146	136	127	119	110	101	91	82

Quand le coefficient D atteint 12 à 16 degrés, il faut employer des sphères de plus grand diamètre encore et se servir alors du tableau suivant :

ERREUR À CORRIGER.	SPHÈRES de 305mm.	SPHÈRES de 278mm.
12° 0'	218	201
12 30	213	197
13	208	191
13 30	204	187
14	201	183
14 30	197	180
15	192	176
15 30	189	173
16	158	170

Remarques pratiques. — Quand la valeur de E est assez grande pour qu'on soit obligé d'en tenir compte et de le corriger, on calcule la quantité $\sqrt{D^2 + E^2}$ et c'est avec elle et non avec D qu'on entre dans les tableaux précédents pour obtenir le diamètre des sphères dont on doit se servir et la distance du centre à laquelle on doit les placer.

Quant à l'orientation de la ligne des centres des sphères, elle est donnée par l'équation 62 (p. 199).

Après un changement quelconque dans la position des sphères, il faut vérifier de nouveau le compas aux quatre points cardinaux ou, au moins, à deux d'entre eux non diamétralement opposés, c'est-à-dire le Nord ou le Sud et l'Est ou l'Ouest. On modifiera la position des aimants compensateurs d'après ces observations. Il est bon, quand on reçoit un compas Thomson, avec plusieurs paires de sphères compensatrices, d'inscrire sur chacune d'elles son diamètre en chiffres très visibles. Il est bon également d'avoir une règle plate et mince en bois, et mieux en cuivre, qu'on place tangentiellement à chacune des sphères et qui permet d'obtenir rapidement la distance des points les plus voisins au centre du compas.

Compas compensé de M. Joseph Peichl. — Lieutenant de vaisseau dans la Marine Impériale et Royale Autrichienne, M. Peichl a imaginé un compas compensé auquel il donne le nom de Compas-Breveté avec Correcteur Universel. Cet instrument permet d'annuler ou du moins de réduire à des valeurs très faibles, au moyen de correcteurs (tant aimants que fer doux), les cinq coefficients de la formule approchée de la déviation. Mais, bien que reposant au fond sur les mêmes principes fondamentaux que le compas de sir W. Thomson, il en diffère cependant d'une façon très notable par les dispositions instrumentales et surtout par la solution qu'il donne pour la correction de la déviation quadrantale. Il est donc nécessaire de donner ici les traits essentiels de cet appareil.

La déviation due à la bande se corrige au moyen d'un aimant vertical exactement comme dans tous les autres systèmes. La compensation de la déviation semi-circulaire s'obtient par une double opération. Dans la première, faite au point de départ, on détermine « l'angle tribord » (v. p. 158), et on annule, ou à très peu près, la déviation semi-circulaire, en plaçant sous la rose des aimants horizontaux, faisant avec la quille un angle égal à l'angle tribord, et placés sur un plateau de cuivre dont on peut faire varier la distance à la rose au moyen d'une vis. Quand, par suite du déplacement, du navire, les variations des coefficients $\mathfrak{B}$ et $\mathfrak{C}$ viennent détruire l'exactitude de cette compensation, on la rétablit au moyen d'autres aimants horizontaux dont les uns sont parallèles, les autres perpendiculaires à la quille, et qui sont placés dans de petites caisses de cuivre qu'on peut rapprocher ou éloigner de la rose au moyen de vis situées à l'extérieur.

Afin de remédier aux variations de force produites par les changements de distance entre l'aiguille de la rose et les aimants correcteurs, M. Peichl, qui a accepté les longueurs ordinaires d'aiguilles (15 à 18 centim.), a pris en revanche des aimants fort courts, ayant 2 à 7 centimètres environ ; il les a placés très près de la verticale passant par le centre de suspension de la rose, et les a disposés suivant une figure semblable à celle des aiguilles de la rose ; grâce à ces différentes précautions, il a pu éviter les erreurs sextantales.

La partie vraiment originale de ce compas est celle qui se rapporte à la compensation de la déviation quadrantale. Sir W. Thomson l'a obtenue, nous l'avons vu plus haut, d'abord en diminuant la longueur des aiguilles, ensuite et surtout en diminuant leur moment magnétique pour empêcher toute influence réciproque des sphères et des aiguilles, en un mot, en diminuant la force directrice du compas, ce qui n'a d'ailleurs aucun inconvénient, puisque le poids de sa rose a été réduit en conséquence. M. Peichl, au contraire,

accepte les longueurs ordinaires d'aiguilles, et, bien loin de diminuer
la force directrice de ces dernières, il l'augmente au contraire en
donnant à ses correcteurs de fer doux une disposition indiquée par
la théorie, mais arrêtée définitivement par l'expérience de façon à
empêcher les erreurs octantales, dues à l'influence réciproque des
aiguilles et des correcteurs, de dépasser la faible valeur de 1 degré
environ. Dans le compas de M. Peichl, la déviation quadrantale est
corrigée par deux systèmes composés chacun de 32 tiges de fer
doux, dont les axes sont situés dans deux plans parallèles entre eux
et à celui de la rose, et dont les longueurs diffèrent de façon que les
courbes qui réunissent les extrémités intérieures d'un même système de barreaux soient des ellipses, tandis que les extrémités
extérieures forment des circonférences. A chaque tige de l'un des
systèmes correspond une tige de l'autre système, et une transmission de mouvement convenable permet de faire varier l'angle formé
par les tiges correspondantes. Si les tiges qui, dans chaque système, forment les grands axes égaux des deux ellipses, sont perpendiculaires l'une à l'autre, on voit, d'après ce que nous avons
dit de l'influence des tiges a et e (v. Pl. 1), sur la valeur des
coefficients $\mathfrak{D}$ et λ, que dans cette position les deux systèmes de
tiges de fer doux ne corrigent aucune déviation quadrantale, puis-
que les paramètres a_1 et e_1 qu'ils introduisent, étant égaux, ne peuvent compenser l'inégalité des paramètres a et e dus au navire;
mais, en revanche, ils augmentent la force directrice moyenne,
puisque ces deux paramètres a_1 et e_1, égaux en valeur absolue, sont
tous deux positifs.

Au contraire, si on s'arrange de manière que les grands axes des
deux ellipses fassent entre eux un certain angle, la considération des
effets produits par les tiges a et e (v. p. 62) montre aisément que
les deux systèmes de tiges donnent alors naissance à une force
compensatrice; cette force est proportionnelle au cosinus de l'angle
fait par les grands axes des deux ellipses, et susceptible par suite
de corriger la déviation quadrantale.

D'après les calculs et les expériences de M. Peichl, l'accroissement
de force directrice peut aller jusqu'à 80 p. 100, quand les aiguilles
de la rose sont situées au même niveau que les tiges de fer doux.
Il n'est plus que de 60 p. 100, si, pour employer des roses de plus de
20 centim. de diamètre, on est obligé de les placer au-dessus de l'é-
videment intérieur formé par les tiges. On pourrait craindre que
cette augmentation de force directrice ne fût très nuisible à la

stabilité du compas ; mais il faut remarquer que les aiguilles de la rose donnant à chacune des tiges de fer doux devant lesquelles elles passent un pôle de nom contraire au pôle inducteur, l'attraction qui s'exerce entre ces pôles allonge la durée de l'oscillation de l'aiguille, qui correspond ainsi, non pas à la force directrice réelle de l'aiguille, mais bien à une force directrice plus faible de 20 à 30 p. 100.

M. Peichl a établi deux types de correcteurs : le premier type possède une force suffisante pour corriger une déviation quadrantale égale ou inférieure à 10 degrés ; le second peut corriger jusqu'à 15 degrés de la même déviation, et l'inventeur ne voit aucune difficulté à faire d'autres types plus puissants encore. Mais on aurait probablement alors à compter avec une déviation octantale ; pour les types actuellement en usage, les dimensions définitives des barres ont été déterminées empiriquement d'une façon assez heureuse pour que cette déviation octantale soit à peine de 1 degré. Toutes les fois qu'elle dépasse cette valeur, on doit rebuter l'instrument. Mais il ne faut pas oublier que la force compensatrice des tiges de fer doux est due principalement à l'induction que l'aiguille exerce sur elles, induction qui donne une force à peu près constante. Au contraire, d'après ce que nous avons dit (p. 44), la déviation varie en raison inverse de la force horizontale terrestre au lieu où se trouve le bâtiment ; il en résulte donc que la correction de la déviation quadrantale ne sera bonne que pour le lieu où elle aura été faite. Par exemple, si on a corrigé une déviation quadrantale donnée en Angleterre, elle reparaîtra, réduite à moitié environ à l'équateur magnétique, puisqu'en passant de l'un à l'autre lieu, la force terrestre qui s'oppose à la déviation de l'aiguille a doublé. On remédie aisément à cet inconvénient sans nouvelles observations, sans changements de route, au moyen d'une échelle spéciale qui permet de faire varier la force quadrantale de l'instrument proportionnellement au changement de force terrestre. Pour obvier aux perturbations que le roulis apporterait aux positions respectives de l'aiguille et des correcteurs, tout le système de ces derniers, sauf bien entendu la barre destinée à la correction de la déviation due à la bande, est placé avec la rose dans une même suspension à la Cardan, très soigneusement perfectionnée au moyen de ressorts en caoutchouc, et, de plus, M. Peichl a installé dans cette même suspension, au-dessous du centre de suspension de la rose, un barreau aimanté vertical, qui s'oppose aux oscillations de la rose.

Enfin le système de compensation s'adaptant parfaitement à un compas liquide breveté, construit par M. A. Gareis, il en résulte que l'appareil se trouve dans de bonnes conditions par rapport aux forces perturbatrices de toutes espèces mises en jeu par le roulis.

Expérimenté avec soin et à plusieurs reprises sur différents navires de la Marine Impériale et Royale Autrichienne, mis en service sur d'autres, cet appareil a donné des résultats tels qu'on en a rendu l'emploi réglementaire à bord des navires de guerre de cette nation.

Comparaison des compas de sir W. Thomson et de M. Peichl. — Si maintenant nous comparons les deux compas que nous venons de décrire, nous verrons que, fondés tous deux sur ce principe qu'on peut corriger successivement les diverses parties de la déviation sans qu'une correction altère l'efficacité des précédentes, ils diffèrent cependant d'une façon notable par les dispositions instrumentales destinées à réaliser ce principe dans la pratique.

Si la correction de la déviation due à la bande est exactement la même dans l'un et l'autre compas, il n'en est déjà plus de même pour la correction de la déviation demi-circulaire. Nous regrettons d'ailleurs de ne pas trouver dans le compas de M. Peichl de barre verticale de fer doux analogue à celle de Flinders, et il nous paraît à craindre que les longueurs et les forces directrices d'aiguilles qu'il admet, permettent difficilement l'introduction, avec avantage et sécurité, d'un pareil accessoire. Nous avons fait ressortir plus haut les divergences plus capitales encore qu'on observe dans la compensation de la déviation quadrantale. Quoi qu'il en soit, les marins, qui ont si longtemps et vainement demandé un compas à nulle ou faible déviation, se trouvent aujourd'hui en présence de deux solutions complètes et distinctes de cette question.

Si on exigeait de nous une conclusion personnelle, très délicate à formuler quand elle ne s'appuie pas sur des expériences comparatives longues et précises, nous dirions qu'à notre avis les deux compas sont excellents et, à coup sûr, incomparablement supérieurs à tous ceux qui ont été mis en usage jusqu'ici. S'il fallait absolument choisir entre l'un ou l'autre, nous donnerions la préférence au compas de sir W. Thomson tant à cause de son principe que parce qu'il nous paraît, dans son ensemble comme dans ses détails, le plus robuste, le plus propre à ne pas nécessiter l'intervention du constructeur, et par suite le mieux approprié au service à bord, qui exige avant tout simplicité et solidité.

De l'ancien matériel de compas. — Mais nous ne pouvons oublier qu'il existe actuellement un matériel de compas considérable et coûteux, qu'on ne saurait mettre en bloc au rebut et dont la transformation graduelle exigera un temps plus ou moins considérable. Nous croyons qu'on tirerait de tous ces compas un meilleur parti, si on disposait leurs habitacles de façon à y loger les deux systèmes d'aimant compensateurs, tant transversaux que longitudinaux, bien entendu sous l'obligation expresse de maintenir entre ces aimants et l'aiguille de la rose la distance indiquée dans la première partie. Il faudrait pratiquer un assez grand nombre de logements pour pouvoir faire varier facilement la position de ces aimants.

Au départ, on déterminerait une fois pour toutes les valeurs des coefficients constants A, D, E et les faibles valeurs restant aux coefficients B et C après leur compensation. Et, à la mer, deux observations de variation faites de temps à autre à deux caps cardinaux suffiraient pour ajuster à nouveau les aimants compensateurs de façon que l'exactitude de la compensation de la déviation semi-circulaire soit maintenue. On n'aurait plus, dès lors, qu'à tenir compte des déviations constante et quadrantale dont le total serait donné par une table toujours la même, et le compas n'aurait, dans la plupart des cas, que des déviations inférieures à 8 degrés en valeur absolue, qui sont loin d'être aussi gênantes que celles qui dépassent 15 degrés.

Résumé de la quatrième partie.

Nous avons donné, dans cette partie, les règles de la compensation et montré qu'actuellement les compas de sir W. Thomson et de M. Peichl, permettent l'application complète de ces règles dans la pratique.

Nous n'avons pas besoin de faire ressortir encore l'avantage qu'il y a, soit de pouvoir réduire la partie de la déviation variable avec les cap à ne pas dépasser 2 degrés en valeur absolue, soit à pouvoir se servir de compas placés dans des tourelles et hors du plan longitudinal en n'ayant à compter qu'avec un coefficient constant un peu fort. Mais il faut se garder de toute illusion dangereuse sur la précision que l'on peut atteindre par des observations faites à bord, même quand elles sont conduites avec le plus grand soin. Les erreurs de tous ordres dont elles sont forcément entachées peuvent facilement donner 1 degré de différence entre la déviation donnée par la table formée au moyen des coefficients et celle qu'on déduit d'une observation directe de variation. Avec les moyens actuels d'observation, il est illusoire de compter sur une précision plus grande; la théorie des erreurs permet d'arriver facilement à cette conclusion.

On sait en effet (v. *Cours d'astronomie nautique* de M. Faye, p. 156) que, si on appelle U une fonction de quantités A, B, C, etc., telle en un mot que l'on ait $U = f(A, B, C...)$ et si les erreurs moyennes de ces diverses quantités sont respectivement *da*, *db*, *dc*, etc., l'erreur moyenne, *du*, de la quantité U, est donnée par la formule :

$$du = + \sqrt{\left(\frac{df}{dA}\right)^2 da^2 + \left(\frac{df}{dB}\right)^2 db^2 + \left(\frac{df}{dC}\right)^2 dc^2 + \ldots}$$

Si on applique la formule précédente à l'expression de δ, en fonction des cinq coefficients approchés, on aura, en supposant que les erreurs moyennes des divers coefficients soient toutes égales entre elles, à *da*, par exemple :

$$d\delta = \pm \sqrt{da^2[1 + (\sin^2 \zeta + \cos^2 \zeta') + (\sin^2 2\zeta' + \cos^2 2\zeta')]} = \pm da \sqrt{3} = \pm 1,7\, da.$$

Or les erreurs moyennes sur les coefficients, pour des observations bien faites, ne semblent pas devoir dépasser 30 minutes. L'erreur moyenne à craindre sur δ sera donc de 50 minutes, soit un degré en chiffre rond.

Telle est la précision sur laquelle on peut compter dans la pratique et qu'il ne semble pas possible de dépasser avec les procédés actuels d'observation; ainsi il ne faut pas compter que l'on réussira à annuler les cinq coefficients de la déviation, mais bien qu'ils auront en général de faibles valeurs comprises entre 0 et 1°, qu'on calculera au moyen des types donnés dans la seconde partie (p. 135).

La déviation ne sera donc pas rigoureusement nulle à tous les caps, mais elle n'aura que de faibles valeurs absolues, égales ou inférieures à 2° toutes les fois que la compensation aura pu être faite avec soin dans des conditions ordinaires.

CINQUIÈME PARTIE

RÉGULATION ET COMPENSATION DES COMPAS

QUAND ON NE PEUT AVOIR AUCUN RELÈVEMENT, NI TERRESTRE, NI CÉLESTE

Les Méthodes, soit de Régulation, soit de Compensation, que nous avons exposées jusqu'ici dans ce livre, exigent la connaissance des déviations, et par suite l'observation des variations à certains caps convenablement choisis. Pour les appliquer, il faut en un mot pouvoir obtenir, avec le compas, les relèvements d'astres ou d'objets terrestres, dont le relèvement vrai ou magnétique est connu.

En temps de brume, à la mer comme en rade, on ne pouvait donc régler ni compenser ses compas, jusqu'à ce que la théorie de Poisson, modifiée par Archibald Smith, ait montré que les déviations à tous les caps dépendaient de cinq coefficients, qu'on pouvait obtenir non seulement au moyen des valeurs numériques des déviations observées, mais encore au moyen des rapports des forces directrices qui orientent l'aiguille aux différents caps.

CHAPITRE PREMIER

PRINCIPE DE LA COMPENSATION DU COMPAS AU MOYEN DU DÉFLECTEUR DE SIR WILLIAM THOMSON

Nous avons donné dans l'*Introduction* p. (37), le principe et la description de cet instrument; mais la figure trop succincte n'indique malheureusement pas qu'on peut lire très exactement l'écartement des aimants, au moyen d'un tambour divisé de grand diamètre, semblable à celui que portent les microscopes des grands instruments d'Astronomie.

La compensation du compas au moyen de cet appareil repose sur les deux principes suivants :

1° Si la force directrice qui oriente l'aiguille du compas, à bord, est la même, en grandeur et en direction, à cinq caps différents, elle sera constante à tous les caps, et égale à cette même valeur;

2° Si la force directrice qui oriente le compas, à bord, est constante, en grandeur et en direction, à tous les caps, la déviation est constante, égale au coefficient A, et par suite les indications du compas sont toujours correctes.

Pour démontrer ces deux propositions, prenons les deux équations (37) et (38) de la troisième partie et mettons-les sous la forme :

$$(70) \quad X' = H \left[(1 + a) \cos \zeta - b \sin \zeta \right] + c\,Z + P.$$

$$(71) \quad Y' = H \left[d \cos \zeta - (1 + e) \sin \zeta \right] + f\,Z + Q.$$

En élevant chacune de ces équations au carré et en les additionnant, nous formerons le carré de la force directrice qui oriente l'aiguille, soit R^2. Dans l'expression de ce carré, donnons à ζ cinq valeurs successives, que nous choisirons de manière à simplifier les calculs.

$\zeta = 0$ nous donnera l'expression du carré de la force R_0, qui oriente l'aiguille quand le cap est au Nord magnétique; de même :

$\zeta = 90°$ donnera la force direct. R_8 qui convient au cap magnét. E.,

$\zeta = 180°$ —   — R_{16} —   —   —   S.,

$\zeta = 270°$ —   — R_{24} —   —   —   O.,

Enfin :

$\zeta = 45°$ —   — R_4 —   —   —   N.E.

Nous n'écrirons pas ces cinq développements, qui n'offrent aucune difficulté, et dont l'écriture seule est compliquée.

Cela posé, égalons d'une part R^2_0 et R^2_{16}, et de l'autre R^2_8 et R^2_{24}, et nous verrons que ces égalités ne peuvent être satisfaites simultanément, que si on a ensemble :

$$c\,Z + P = 0, \quad \text{c'est-à-dire} \quad \mathfrak{B} = 0,$$

et :

$$f\,Z + Q = 0, \quad \text{c'est-à-dire} \quad \mathfrak{C} = 0,$$

puisque ces deux coefficients, quand on y remplace tang θ par $\dfrac{Z}{H}$

prennent respectivement les formes. $\dfrac{1}{\lambda}(c\,Z + P)$ et $\dfrac{1}{\lambda}(f\,Z + Q)$.

Égalons ensuite R^2_0 avec R^2_8, et nous verrons que cette égalité sera satisfaite si $a = e$, c'est-à-dire si $\mathfrak{D} = 0$.

Ces égalités étant satisfaites, égalons enfin les expressions nouvelles et simplifiées de R^2_0 et R^2_4, et nous verrons que cette dernière égalité ne peut être satisfaite que si on a :

$$b = d = 0, \quad \text{c'est-à-dire} \quad \mathfrak{E} = 0.$$

En somme, si nous avons :

$$R_0 = R_4 = R_8 = R_{16} = R_{24}$$

les quatre coefficients $\mathfrak{B}$, $\mathfrak{C}$, $\mathfrak{D}$, $\mathfrak{E}$ sont nuls, et il résulte des équations donnant R ou H', force directrice de l'aiguille à bord, que l'on a à tous les caps, $H' = \lambda H$, ce qui vérifie la première proposition.

Enfin le coefficient $\mathfrak{A}$, en tant qu'il provient seulement des erreurs d'observation, subsiste seul; donc la formule simplifiée de la déviation devient :

$$\delta = A.$$

ce qui justifie notre seconde proposition.

CHAPITRE II

RÈGLES PRATIQUES POUR EFFECTUER LA COMPENSATION SANS RELÈVEMENTS.

Nous déduirons, de ce qui précède, les règles pratiques suivantes pour opérer la compensation du compas, que nous empruntons presque textuellement à la brochure de sir W. Thomson :

Placez le navire successivement aux quatre routes Nord, Sud, Est, Ouest du compas, dans quelque ordre que ce soit, et maintenez-le assez longtemps sur chaque route pour pouvoir lire sur l'échelle, graduée du déflecteur, la division qui correspond à un écartement des aimants tel, que la rose soit, à chacun de ces caps, déviée de 90 degrés de la position d'équilibre qu'elle avait avant la mise en place du déflecteur.

Avec un observateur exercé, deux minutes suffiront pour chaque observation.

Si les lectures faites au Nord et au Sud ne sont pas les mêmes, faites tourner la vis qui commande les aimants, de telle façon que l'index, qui se meut sur l'échelle graduée, se trouve sur la division dont la valeur est la moyenne arithmétique des lectures faites au Nord et au Sud. Cela étant, le navire étant remis, soit sur la route Nord, soit sur la route Sud, et le déflecteur étant en place sur la boîte, manœuvrez les aimants longitudinaux de façon à obtenir une déflection de 90 degrés sans toucher à l'écartement des aimants du déflecteur.

Agissez exactement de même, pour les lectures trouvées aux routes Est et Ouest, en corrigeant cette fois, à l'une de ces deux routes, au moyen des seuls aimants transversaux.

Cela fait, nous savons, d'après le paragraphe précédent, que le compas est correct pour les quatre caps cardinaux, et que la partie semi-circulaire de la déviation est corrigée.

Mais la déviation quadrantale peut encore subsister. Nous serons avertis de son existence de la manière suivante :

Si la division du déflecteur, qui convient aux routes Sud et Nord, dont les lectures ont été égalisées, est la même que celle qui convient à la fois, avec ou sans correction, aux routes Est et Ouest, nous savons, d'après le paragraphe précédent, que le coefficient principal de la déviation quadrantale D est nul ; et si, comme d'ordinaire, E est négligeable, nous pouvons dire que la correction est complète, et que le compas est correct à tous les caps, le navire étant supposé droit sur sa quille, bien entendu.

Mais si, comme c'est le cas général, D est positif, la division du déflecteur correspondant aux routes Nord et Sud est numériquement plus forte que celle qui convient aux routes Est ou Ouest, et on est ainsi averti que le coefficient D existe ; on le corrige en mettant l'index d'écartement à la division dont la valeur est la moyenne arithmétique des deux lectures précédentes, en gardant le cap du navire sur le dernier cap cardinal couru, et en manœuvrant les sphères compensatrices de façon à obtenir encore une déviation de l'aiguille aimantée égale à 90 degrés, sans faire varier l'écartement des aimants.

Ordinairement, on sait à peu près, par les observations antérieures, faites à bord des navires de même type, la valeur approximative de D, et on a corrigé approximativement ce coefficient en mettant les sphères à la distance correspondant à cette valeur supposée. Dans ce cas, quand la lecture qui convient au Nord et au Sud est supérieure à celle qui convient à l'Est et à l'Ouest, cela indique qu'on n'a pas corrigé complètement le coefficient D, et par conséquent, pour compléter la correction, il faut, soit rapprocher les deux sphères compensatrices du centre du compas, soit, si elles sont déjà aussi près que possible, les remplacer par des sphères de plus grand diamètre, de façon à égaliser les lectures comme nous l'avons déjà montré plus haut. Au contraire, si c'est la lecture à l'Est et à l'Ouest qui surpasse celle faite au Nord et au Sud, cela indique que la correction déjà faite est trop considérable, et que le coefficient D est devenu négatif. Il faut donc éloigner les globes, ou, s'ils sont déjà aussi éloignés que possible, les remplacer par de plus petits, de manière à égaliser les lectures.

On se rend compte aisément des prescriptions du paragraphe

précédent, en se reportant aux équations (44) et (45) de la troisième partie. Puisque la déviation semi-circulaire est corrigée, on a $\mathfrak{B} = \mathfrak{C} = 0$, et le compas étant correct aux quatre caps cardinaux, on a pour ces quatre caps $\zeta' = \zeta$.

Or, la lecture du déflecteur, faite le cap au Nord, mesure la composante $\dfrac{X'}{\lambda H}$ ou [en négligeant la composante $\dfrac{Y'}{\lambda H}$ qui est très petite, puisque, dans ce cas où $\zeta = 0$, elle se réduit à A + E] la force directrice elle-même, $\dfrac{H'}{\lambda H}$, correspondant à ce cap et cette même équation (44) donne, pour l'expression de cette force, $1 + \mathfrak{D}$.

Au contraire, la lecture du déflecteur, faite le cap à l'Est, mesure, en vertu d'une approximation analogue, la force directrice vers le Nord, $\dfrac{H'}{\lambda H}$, correspondant à ce cap, car l'équation (45) donne, pour l'expression de cette force, la quantité $1 - \mathfrak{D}$, puisqu'on trouve $-(1 - \mathfrak{D})$ pour la composante $\dfrac{Y'}{\lambda H}$ dirigée vers tribord, c'est-à-dire vers le Sud, tandis qu'on néglige dans ce cas la faible valeur de $\dfrac{X'}{\lambda H}$.

Remarque sur les tâtonnements nécessaires. — Il convient d'insister sur la divergence apparente que présentent les règles pratiques avec les équations sur lesquelles elles sont fondées.

C'est le cap magnétique exact qui entre dans ces dernières, tandis que, dans les observations, on se sert forcément du cap au compas, puisque, par hypothèse, il n'est pas possible de prendre des relèvements. Il s'ensuit qu'au lieu de corriger exactement le compas au moyen d'une seule série des opérations indiquées, nous serons obligés de recommencer ces opérations plusieurs fois, de manière à réduire les différences de lecture et, par suite, les déviations, par approximations successives.

La compensation sera donc d'autant plus longue que les déviations initiales du compas sont plus considérables. Si elles dépassaient 30 degrés notamment, l'opération serait assez pénible.

Mais, en général, au port de départ, pendant l'armement, on a pu faire la compensation très approximativement au moyen de relèvements, on n'a donc plus qu'à la suivre attentivement, pour la maintenir toujours correcte; or, même à bord d'un navire neuf, il faudra avoir été privé d'observations pendant plusieurs jours et avoir changé très notablement de position durant ce laps de temps, pour que les déviations dépassent 7 ou 8 degrés en valeur absolue ; en supposant même qu'elles atteignent 10 à 12 degrés, une heure d'observations avec le déflecteur suffirait pour rendre la compensation de nouveau parfaite.

En un mot, on peut, avec le déflecteur seul, compenser un compas quelles que soient les valeurs absolues de la déviation, mais son emploi n'est vraiment utile, commode et indiqué que quand les déviations ont été déjà réduites, par une compensation grossière, à 10 ou 12 degrés.

Remarque pour les coefficients A et E. — Nous n'avons parlé, dans les règles pratiques, que des opérations destinées à annuler les trois coefficients principaux de la déviation B, C, D ; mais, pour s'assurer que E est bien négligeable, ou pour le compenser, s'il y a lieu, il est nécessaire de mettre le cap au N.-E. et de voir si la lecture du déflecteur correspondant à une déflexion de 90 degrés est alors égale à la lecture unique qui convient maintenant aux quatre caps cardinaux. S'il y a égalité ou presque égalité entre ces lectures, E peut être considéré comme négligeable. Si elles diffèrent de plus d'une division de l'échelle, il conviendra d'orienter les boules de façon à égaliser les lectures, en inclinant la ligne qui joint leurs centres par rapport à la perpendiculaire à la quille, comme nous l'avons indiqué plus haut p. (199), et d'avoir égard au changement dans la valeur de A qui est la conséquence de ce déplacement des sphères.

CHAPITRE III

PRINCIPES DE LA RÉGULATION DU COMPAS
AU MOYEN DU DÉFLECTEUR

La supériorité de la méthode de sir William Thomson, qui consiste à employer le déflecteur, pour égaliser les forces directrices aux différents caps, en en faisant un instrument de compensation, est incontestable, car cette méthode supprime tout calcul. De plus, en donnant à la force directrice une valeur constante, elle permet d'obtenir, au moyen d'une seule observation faite à bord et à terre, la constante λ qui, non seulement donne une force qui oriente l'aiguille à bord, mais encore nous permet de corriger très approximativement la déviation due à la bande, en nous indiquant la valeur qu'il faut attribuer au coefficient μ et que nous pouvons donner à ce dernier à l'aide du barreau compensateur vertical et des indications de l'aiguille d'inclinaison de sir W. Thomson.

Trouver la valeur des trois coefficients 𝔅. ℭ. 𝔇. au moyen du déflecteur. — Mais si, pour un motif quelconque, on ne voulait pas, sur un navire neuf, en temps de brume. toucher à la compensation déjà obtenue. on pourrait aisément obtenir, au moyen du déflecteur, les valeurs prises par les coefficients variables 𝔅 et ℭ quand le navire change de latitude. et aussi celle plus faible que peut prendre le coefficient 𝔇, quand le navire est neuf et fait ses premiers voyages.

La méthode de régulation repose sur l'hypothèse que le compas a déjà été compensé assez approximativement pour que les déviations ne soient jamais supérieures à 10 degrés. S'il en est ainsi, on peut aisément démontrer les deux propositions suivantes :

1° Si, à deux routes diamétralement opposées, les forces directrices F et F' qui orientent l'aiguille sont égales, la déviation semi-circulaire du compas est nulle pour les deux routes perpendiculaires aux premières.

Si, au contraire, ces forces directrices sont inégales, le coefficient de la déviation semi-circulaire qui convient aux deux dernières routes est à 57°3 comme F — F' est à F + F';

2° Si on appelle f et f' les forces directrices correspondant aux deux dernières routes, le coefficient de la déviation quadrantale pour les routes inclinées à 45 degrés sur les quatre routes précédentes est à 57°,3 comme $(F + F') - (f + f')$ est à $F + F' + f + f'$.

Pour le démontrer, prenons les deux formules (70) et (71) qui nous ont déjà servi plus haut, et mettons successivement le cap du navire aux quatre caps cardinaux du compas. Dans chacune de ces positions, l'une des deux composantes précédentes sera nulle ou du moins négligeable, et nous pourrons prendre, pour valeur de la force directrice de l'aiguille, celle de la composante qui subsiste, *changée ou non de signe* suivant le cap du navire.

Si nous appelons R_0, R_8, R_{16}, R_{24} les forces directrices *vers le Nord* dans chacune des quatre positions du cap, Nord, Est, Sud, Ouest du compas et si nous remplaçons, ce qui est permis, vu la petitesse des déviations, le cap magnétique par le cap au compas, dans les formules précédentes, nous aurons :

$$(1) \quad R_0 = H(1 + a) + cZ + P.$$
$$(2) \quad R_8 = H(1 + e) - (fZ + Q).$$
$$(3) \quad R_{16} = H(1 + a) - (cZ + P).$$
$$(4) \quad R_{24} = H(1 + e) + (fZ + Q).$$

Et par suite :

$$\frac{R_0 - R_{16}}{R_0 + R_{16}} = \frac{2(cZ + P)}{2H(1 + a)} = \text{approx.} \ \frac{cZ + P}{H\left(1 + \dfrac{a + e}{2}\right)} = \frac{cZ + P}{\lambda H} = \mathfrak{B}.$$

On aurait avec la même approximation :

$$\frac{R_{24} - R_8}{R_{24} + R_8} = \mathfrak{C}.$$

Et enfin :

$$\frac{R_0 + R_{16} - (R_8 + R_{24})}{R_0 + R_{16} + R_8 + R_{24}} = \frac{2H(a - e)}{4H\left(1 + \dfrac{a + e}{2}\right)} = \frac{\dfrac{a - e}{2}}{1 + \dfrac{a + e}{2}} = \mathfrak{D}.$$

De $\mathfrak{B}$, $\mathfrak{C}$, $\mathfrak{D}$, on passera à B, C, D, soit en multipliant simplement par 57,3 s'ils ont des valeurs très faibles, soit plus exactement par les formules (54) p. (163).

Il nous faut montrer comment nous obtiendrons les quantités R au moyen du déflecteur.

Pour cela, il est nécessaire de savoir quelle est la force magnétique qui correspond à chacune des divisions marquées sur l'échelle du déflecteur, par les nombres successifs de 0 à 30.

CHAPITRE IV

GRADUATION DE L'ÉCHELLE DU DÉFLECTEUR
ET EMPLOI DE CET INSTRUMENT

A cet effet, on met la cuve et la rose du compas à terre et on manœuvre la vis du déflecteur de manière que, le pointeur étant au-dessus du point E de la rose *déviée*, la rose soit écartée de 90 degrés à compter de sa position naturelle d'équilibre.

On lit et on note la division marquée par l'index sur l'échelle du déflecteur, et on sait alors que dans cette position la force déviatrice de l'instrument fait équilibre, et, par suite, est égale, à la force horizontale terrestre au lieu où l'on se trouve. Si donc nous prenons cette dernière pour unité, la division considérée du déflecteur correspondra à une force perturbatrice 1.

Pour obtenir les valeurs des divisions de l'échelle qui se trouvent de part et d'autre de ce point de départ, on opère d'une façon différente, suivant que la division considérée est numériquement plus faible ou plus forte que celle qui correspond à la force 1.

Supposons donc que nous voulions trouver les forces magnétiques qui correspondent aux divisions numériquement plus faibles, c'est-à-dire à celles qui indiquent des écarts des branches du déflecteur moindres que l'écart correspondant à la force perturbatrice f, et que nous appellerons écart normal.

On met l'index sur une de ces divisions, soit p, par exemple, puis on place le pointeur sur la ligne Est du compas que l'on suit avec le pointeur à mesure que la rose se déplace sous l'influence du déflecteur; quand la rose est arrivée à sa position d'équilibre, on lit l'écart α qui existe entre cette nouvelle position d'équilibre et celle que la rose occupait primitivement sous la seule action terrestre, et on sait alors (voyez p. 36), que la division p correspond à une force magnétique égale à H sin α ou à sin α, puisque nous prenons H pour unité.

Si, au contraire, on veut graduer la partie de l'échelle qui correspond à des écarts des aimants plus grands que l'écart normal, c'est-à-dire à des forces magnétiques plus fortes que celles de la terre, on s'appuie sur ce que, une rose étant donnée, les forces magnétiques variables, qui produisent un même écart de 90 degrés, sont inversement proportionnelles au sinus de l'angle que le pointeur du déflecteur fait avec la ligne N.-S. de la rose déviée, quand celle-ci est en équilibre sous l'action de la terre et de la force perturbatrice (voyez p. 36).

Par conséquent, pour avoir la force magnétique qui correspond à une telle division, soit m, par exemple, on mettra l'index sur cette division; puis, on cherchera sur quelle division de la rose déviée, située entre le Nord et l'Est, il faut mettre le pointeur pour que la rose reste en équilibre quand elle a été déviée de 90 degrés.

A ce moment, soit α l'angle du pointeur avec la nouvelle position de la ligne N.-S. de la rose, F la force perturbatrice de l'aiguille, on aura évidemment :

$$F \sin \alpha = H \quad \text{d'où} \quad F = \frac{H}{\sin \alpha} \quad \text{ou} \quad \frac{1}{\sin \alpha},$$

d'après notre convention.

On réunira ainsi, dans une table, les valeurs des forces déviatrices qui correspondent à chacune des divisions de l'échelle, dans un lieu où la force terrestre horizontale est H.

Cette table ne pourra évidemment servir que pour le lieu où elle a été faite, mais, une fois qu'elle aura été dressée, on obtiendra facilement celle qui correspondra à un endroit quelconque de la terre où la force horizontale aura une valeur H_1, par exemple. Pour avoir dans ce cas les nouvelles valeurs des divisions de l'échelle en parties de H_1, il suffira évidemment de multiplier les valeurs obtenues précédemment au lieu H par le rapport inverse des unités choisies, soit $\dfrac{H}{H_1}$.

Cas où le déflecteur est trop fort. — Ce qui précède montre comment l'on pourra se servir d'un déflecteur ayant une force déviatrice trop considérable, pour compenser le compas; il suffira, comme nous l'avons montré plus haut, d'égaliser au moyen des compensateurs les lectures faites sur l'échelle du déflecteur; seulement la déviation de la rose étant toujours de 90 degrés, l'angle entre le pointeur et la direction N.-S. de la rose *déviée* ne sera plus de 90 degrés, mais un angle d'autant plus petit que la force déviatrice sera plus considérable. Et il faudra, bien entendu, que cet angle reste le même aux quatre caps successifs du bâtiment.

Quand ce cas se présente, on peut encore affaiblir le déflecteur au moyen des vis calantes de son pied, qui permettent de l'élever et le l'abaisser sur la glace du compas; en l'élevant, c'est-à-dire en l'éloignant de la rose, on diminue sa force déviatrice, pour une même lecture de l'index.

Cas où le déflecteur est trop faible. — Comme dans les parages fréquentés par les navires, la force horizontale terrestre varie à peu près du simple au triple, on conçoit qu'il faille pouvoir faire varier notablement la puissance du déflecteur, pour qu'il puisse produire des écarts de 90 degrés, avec des forces horizontales ainsi augmentées.

On s'assure de la plus grande force perturbatrice qu'il peut produire en mettant l'index à bout de course, et en observant l'angle que fait le pointeur avec la ligne N.-S. de la rose déviée, quand la déflexion de celle-ci est de 90 degrés : si, par exemple, l'angle du pointeur et de la ligne N.-S. est alors de 25 degrés, on sait que la force perturbatrice maxima du déflecteur est égale à $\dfrac{H}{\sin 25°}$ soit $2,5\,H$ environ.

On peut d'ailleurs l'augmenter encore en plaçant convenablement un petit aimant supplémentaire sur le pied du déflecteur. Il faut faire attention, quand cette opération est nécessaire, à bien mettre le côté peint en rouge de l'aimant supplémentaire, du côté de l'aimant de même couleur du déflecteur.

Recommandations pratiques sur l'emploi du déflecteur. — Sir William Thomson recommande, quand on se sert de cet instrument, de toujours produire une déflexion de 90 degrés. C'est, en effet, le moyen de réduire au minimum les erreurs d'observation. En admettant, en effet, que le cap ait changé de 3 à 4 degrés pendant l'observation, par suite d'une erreur quelconque, d'une petite embardée, les forces déviatrices seront entre elles comme :

$$\frac{\sin 86°}{\sin 90°} \quad \text{c'est-à-dire} \quad \frac{1000}{997}.$$

On voit que l'erreur sera insignifiante.

Il recommande également de mettre le pointeur sur une division telle, que le déflecteur soit un peu trop fort quand le pointeur est sur l'Est de la rose déviée, et un peu trop faible quand on le met sur l'Est 1/4 Nord. On est sûr alors d'avoir une valeur exacte de la force déviatrice, puisqu'elle est ainsi comprise entre deux limites fort rapprochées.

Voici la meilleure manière d'opérer pour faire rapidement une observation, et ici, nous suivons presque textuellement la brochure de sir W. Thomson.

On place le pivot central du déflecteur dans le trou conique qui se trouve sur la glace du compas. On prend alors le pointeur de la main droite et on le porte sur l'Est ou sur l'Ouest du compas. Supposons, pour fixer les idées, que ce soit sur l'Est. La pointe N. de la rose suit rapidement le pointeur du déflecteur; la rapidité même de sa marche indique si on peut compter que le déflecteur ait une force suffisante pour produire la déflexion demandée, soit 90 degrés. Si donc la pointe Nord suit rapidement le pointeur, comme il est essentiel pour la brièveté de l'observation que la déflexion de 90 degrés ne soit pas dépassée, dès que la pointe Nord de la rose aura été déviée de sa position première de 50 à 60 degrés, on portera aussi vite que possible le pointeur (qui est actuellement sur l'Est de la rose) sur le point Ouest de cette rose, en passant par le Nord, et on le gardera sur le point Ouest jusqu'à ce que la rose soit presque en repos, près de la position qu'elle doit occuper pour avoir la déflexion exigée.

Alors, ramener rapidement le pointeur au-dessus d'une division quelconque comprise entre le Nord et l'Est-quart-Nord et le maintenir là jusqu'à ce que la rose soit presque en repos, à la déflexion désirée.

Si le déflecteur n'était pas assez fort pour que ce résultat fût obtenu, il faudrait tourner rapidement la vis de façon à augmenter l'écartement et à tenir la rose sous le commandement du déflecteur. Cela fait, on approche graduellement le pointeur de l'Est de la rose déviée, en ayant soin de diminuer graduellement aussi la force du déflecteur, en tournant la vis de manière à diminuer l'écartement des aimants. Ces deux mouvements doivent s'opérer simultanément, de façon que le pointeur soit exactement sur l'Est-quart-Nord, quand la rose aura atteint une déflexion comprise entre 85 et 90 degrés.

Si, à la fin de l'opération, on désire prendre rapidement le cap du navire avec cette même rose de façon à s'assurer qu'il n'a pas sensiblement varié pendant l'observation, il convient de se servir du déflecteur pour arrêter les oscillations de la rose et la replacer dans sa position initiale.

Quelques essais suffiront pour se rendre maître du maniement du déflecteur, et un observateur pourra après trois ou quatre essais remettre la rose à sa position initiale en un quart de minute environ, quoique la période d'oscillation soit de 40 à 45 secondes. Il suffira, pour cela, de s'exercer à manier le pointeur avec une très grande rapidité, en imitant la manœuvre qu'on fait lorsqu'il s'agit d'accoster une jetée avec un canot à vapeur, et qui consiste à passer rapidement et alternativement de la toute vitesse en avant à la toute vitesse en arrière.

Exemple de l'emploi du déflecteur pour compenser les compas. — Il arrive fréquemment que l'on a, avant de commencer toute opération sur les compas, des valeurs approchées pour le coefficient λ et D. Cela arrive, par exemple, toutes les fois que le bâtiment est d'un type déjà connu et que ses compas sont disposés de la même façon que ceux du navire type.

En général, pour les compas placés sur le pont supérieur ou les passerelles des navires en fer, à peu près au milieu de la longueur du bâtiment et dans son plan diamétral longitudinal, on sait que λ varie entre 0,85 et 0,95 ; en prenant donc, à bord de tels navires et pour des compas ainsi placés, $\lambda = 990$ on sait qu'on ne peut commettre qu'une très faible erreur. Quant au coefficient D, il est facile, si on s'occupe de recueillir les données nécessaires, de fixer sa valeur à 2 ou 3 degrés près.

Supposons donc que λ et D soient ainsi, approximativement connus. Nous allons montrer qu'on peut alors, d'une manière très simple, corriger approximativement le compas de façon à n'avoir plus qu'à terminer la compensation à l'aide du déflecteur, et cela très rapidement. Voici alors comment il faudra opérer :

1° On portera à terre la rose et la cuve du compas. On rendra la glace de cette dernière horizontale, et on ajustera le déflecteur de façon qu'il dévie la rose de 67 degrés quand son pointeur est sur le point E. q. N. ou N. 79° E., de la rose déviée. On lit la division de l'échelle du déflecteur qui correspond à cet écart et on la note;

2° On remet la cuve et la rose à leur place à bord, et on met les sphères à la distance fixée par la valeur approximative de D que l'on a. On prend alors un relèvement de façon à avoir la déviation du compas, au cap actuel du bâtiment. Cela donne le cap magnétique du bâtiment. On place alors les aimants de façon à faire marquer ce même cap à la rose.

Voici comment il convient de manœuvrer les aimants.

Quand le cap magnétique du navire est très près du Nord ou du Sud magnétique, à 15 ou 20 degrés près, c'est avec les aimants transversaux qu'on rectifie la position de la rose. Quand ce cap est à 15 ou 20 degrés de l'E. ou de l'ouest magnétique, on emploie les aimants longitudinaux.

Si le cap du navire est à peu près sur un cap quadrantal magnétique, on corrige la déviation du compas, moitié avec les aimants transversaux, moitié avec les aimants longitudinaux.

Quand le cap est dans les positions de l'horizon magnétique non comprises entre celles que nous venons d'indiquer, on emploiera aussi les deux systèmes d'aimants, mais le cap même du bâtiment indiquera auquel des deux systèmes on doit demander la plus grande compensation.

Si le cap magnétique du bâtiment est plus près de l'Est ou de l'Ouest que du Nord ou du Sud, on corrigera surtout avec les aimants longitudinaux. Au contraire, on emploie surtout les aimants transversaux, si le cap est plus près du Nord ou du Sud que de l'Est ou de l'Ouest.

La rose ayant été ainsi amenée à indiquer le cap magnétique, on place le déflecteur sur la cuve, l'index d'écartement de ses aimants étant sur la division notée à terre; on voit alors, en plaçant le pointeur sur l'Est q. Nord de la rose, quel écart on peut imprimer à celle-ci. Supposons que nous trouvions que le déflecteur est trop fort pour donner un écart de la rose de 90 degrés: alors il faudra augmenter la force directrice de l'aiguille avec les aimants, de façon que, la rose indiquant toujours le même cap, le déflecteur arrive à donner l'écart voulu de 90 degrés.

Pour augmenter convenablement cette force directrice, on doit opérer de la manière suivante :

Imaginons, pour fixer les idées, que l'on trace par le centre de la rose deux droites horizontales dirigées, l'une suivant l'axe longitudinal du navire, l'autre suivant la perpendiculaire à cette droite, et supposons que la rose indique le cap N. 20° E. qui est en même temps le cap magnétique exact. L'observation faite avec le déflecteur nous indique que la valeur absolue de la force directrice de l'aiguille était trop faible. Supposons que les correcteurs aimantés soient placés actuellement de façon que leurs extrémités bleues soient situées, pour les barreaux longitudinaux vers l'avant, pour les barreaux transversaux vers bâbord.

Nous augmenterons évidemment notre force directrice, en lui ajoutant une composante dirigée vers l'avant, et une dirigée vers bâbord ; ce que l'on opère en rapprochant du compas les extrémités bleues des deux systèmes d'aimants, c'est-à-dire en les élevant.

Mais, pour que l'aiguille conserve une direction invariable, il faut que ces deux nouvelles composantes aient entre elles le même rapport qu'avaient entre elles les deux composantes de la force directrice suivant les mêmes directions. Et puisque le cap magnétique est le N. 20° E., il en résulte que la composante vers l'avant était la plus considérable, il faudra donc élever davantage les aimants longitudinaux que les aimants transversaux.

Il faudrait, au contraire, élever davantage les aimants transversaux que les aimants longitudinaux, si le cap magnétique du bâtiment était le N. 70° E, par exemple.

Pour chaque cap du bâtiment et suivant la position du pôle des aimants correcteurs, il y aura lieu de faire une discussion semblable, pour savoir comment il convient d'augmenter la force directrice de l'aiguille, discussion qui n'offrira jamais aucune difficulté et demandera deux minutes à peine, si on a soin de faire un croquis sommaire donnant la position du cap du bâtiment et de se rappeler que les aimants correcteurs donnent une composante dirigée toujours suivant leur propre direction, mais dont le sens varie suivant la position de leurs pôles.

Si, en faisant l'observation précédente avec le déflecteur, nous avions trouvé que, mis à la division notée à terre, et avec son pointeur sur le point E. q. N. de la rose déviée, il ne pouvait pas donner à la rose l'écart de 90 degrés demandé, il aurait fallu diminuer, au moyen des aimants et suivant les principes précédents, la force directrice de l'aiguille du compas.

Si on a bien compris ce qui précède, l'emploi du déflecteur sera des plus faciles, et il nous semble qu'on y arrivera aisément si on se rend bien compte des principes qui ont servi à nous guider dans les opérations précédentes, et que nous allons, encore une fois, présenter sous une forme un peu différente.

De la valeur de λ prise égale à 0, 90 et de ce principe, que la compensation a pour but d'égaliser la force directrice de l'aiguille à tous les caps, et de la rendre égale à λ H, il résulte que si le déflecteur produit sur la rose, à terre, une déviation de 67 degrés tandis que son index d'écartement est sur une division donnée de l'échelle et son pointeur sur la division E. q. N. de la rose déviée, le même instrument doit à bord, avec les mêmes positions respectives de l'index et du pointeur, donner à tous les caps une déviation de la rose égale à 90 degrés.

D'ailleurs, ayant la valeur du coefficient D et ayant placé les sphères d'après cette valeur, nous avons voulu donner à λ la valeur 0, 90. Si le déflecteur nous montre qu'il n'en est pas ainsi et qu'au cap d'observation, la force directrice de l'aiguille est plus grande ou plus petite que λ H, nous devons en conclure que cette différence tient à la seule action des composantes P et Q du magnétisme sous-permanent, que l'on modifie respectivement comme on sait, au moyen de nos deux systèmes d'aimants.

Si, dans l'exemple que nous avons choisi, le cap du bâtiment avait été mis à la route magnétique diamétralement opposée, c'est-à-dire au S. 20°O, le déflecteur nous aurait révélé des différences de force directrice en sens inverse de celles qui se sont manifestées, et on les aurait corrigées en conséquence.

Les corrections ayant été ainsi faites, le compas est très approximativement compensé, et, pour rendre la compensation parfaite, on opérera comme il suit :

Mettons le cap du navire à celui des caps cardinaux magnétiques qui nous conviendra le mieux, soit le N, par exemple.

A ce cap, nous ajusterons le déflecteur de telle façon, qu'ayant son pointeur sur la division E. q. N. de la rose déviée, il donne à celle-ci un écart de 90 degrés. Supposons que l'index indiquant l'écartement des aimants soit alors à la division 16,2.

Mettons ensuite le cap à l'Est ou à l'Ouest magnétique, prenons l'Est pour fixer les idées et supposons que la division de l'index du déflecteur qui correspond à une déviation de 90 degrés, quand le pointeur est sur l'E. q. N. de la rose déviée, soit 8,4 par exemple. Continuons la rotation et mettons le cap au Sud magnétique, soit 6,8 la division indiquée par l'index du déflecteur, dans les mêmes conditions d'écart et de pointeur déjà dites plus haut.

Avec le cap au Nord, la lecture du déflecteur est. . 16,2

Avec le cap au Sud 6,8

Dont le total est. 23,0

Et dont la moyenne est. 11,5

On mettra l'index du déflecteur à 11,5 et, le cap étant toujours au Sud, on manœuvrera les aimants de façon à avoir à ce cap, avec cette division de l'index et la position ordinaire du pointeur, E. q. N. de la rose déviée, l'écart de 90 degrés que nous avions tout à l'heure à ce même cap avec la division 6, 8. Les lectures du déflecteur 16,2 et 6,8 nous indiquent que la force directrice de l'aiguille était plus grande au cap Nord du bâtiment qu'au cap Sud ; il faudra donc augmenter celle-ci ou, ce qui revient au même, diminuer celle-là au moyen des aimants longitudinaux, de façon à les réduire à la moyenne des deux.

Plaçons maintenant le cap du navire à l'Ouest, soit 20, 8 la lecture du déflecteur correspondant à une déviation de 90 degrés de la rose quand le pointeur est sur l'E. q. N. de la rose déviée :

Avec le cap à l'Est la lecture du déflecteur est 8,4

Avec le cap à l'Ouest 20,8

Dont le total est 29,2

Et la moyenne. 14,6

Un croquis très simple, joint à la connaissance de ces deux lectures, nous montre que la force directrice vers tribord est trop considérable ; on la diminuera de la quantité voulue, tandis que le bâtiment est cap à l'Ouest, en plaçant le déflecteur à la division 14,6 et en manœuvrant les aimants transversaux, conformément aux indications données plus haut. Nous avons ainsi annulé ou réduit à de très petites valeurs les coefficients de la déviation semi-circulaire. Mais la moyenne des lectures faites au Nord et au Sud étant de 11,5, tandis que la moyenne des lectures faites à l'Est et à l'Ouest est de

14,6, cela indique qu'en voulant corriger le coefficient primitif D au moyen de nos sphères compensatrices, nous avons dépassé la limite convenable, et que, par suite, il nous faut, le bâtiment ayant encore le cap à l'Ouest, éloigner les sphères ,ou en prendre de plus petites, de façon que l'index du déflecteur étant à la division 13,05, moyenne des deux lectures 11,5 et 14,6, nous produisions une déviation de 90 degrés avec le pointeur sur l'E. q. N. de la rose déviée.

Lorsque cela sera fait, nous aurons ainsi annulé ou réduit à une faible valeur le coefficient D, et en général la compensation sera terminée. Mais, si on a des raisons de croire que le coefficient E a une valeur notable, il faudra mettre le cap du navire au N.-E. du compas, qui coïncidera, à quelques degrés près, avec le N.-E. magnétique, à cause des compensations déjà faites, et s'assurer que la lecture du déflecteur correspondant à une déviation de la rose de 90 degrés, est bien égale à 13, 05. Si elle diffère de cette valeur de plus d'une unité, qu'elle soit 15,6, par exemple, on corrigera la position des sphères comme on l'a dit plus haut, de manière à obtenir cette déviation de 90 degrés avec une lecture du déflecteur égale à la moyenne de 13,05 et de 15,6 soit 14, 3. Et la compensation du compas sera alors achevée.

De l'utilité de la mesure des forces horizontales. — Nous avons déjà dit quelques mots de cette question (p. 36 et p. 241).On peut à bon droit s'étonner que ce problème important ait été abandonné pendant si longtemps, après que le général sir E. Sabine en eût indiqué une solution restreinte, il est vrai, mais dont le principe est absolument général. En 1862, M. le lieutenant de vaisseau Raphaël fit en France une nouvelle tentative, mais elle fut abandonnée rapidement. La question fut reprise en 1871 par M. le capitaine de frégate Fournier, qui (v. p. 37) publia, en 1873, l'ouvrage dans lequel il développa ses précédentes brochures et donna les formules définitives qu'il propose. C'est pour l'application de sa méthode que M. Fournier fit construire l'appareil auquel il a donné le nom d'alidade déviatrice et qui consiste en une règle de cuivre pouvant tourner autour de l'axe vertical de suspension de la rose et portant à ses deux extrémités, à égale distance du centre de la rose, deux aimants qui se regardent par leurs pôles de noms opposés. Si on fait tourner cette alidade, elle entraîne l'aiguille aimantée de la rose avec elle et l'écarte de sa position d'équilibre, d'un angle qui est maximum quand l'alidade est perpendiculaire à la ligne Nord-Sud de la rose déviée.

Si le couple perturbateur produit sur l'aiguille par l'alidade est

constant, (et il en est ainsi, tant que la distance des aimants à la
rose ne change pas et que la position de l'alidade reste la même
par rapport à celle de l'aiguille déviée), on sait, d'après ce que nous
avons vu (p. 36) que le rapport des forces horizontales qui orientent
l'aiguille du compas est égal au rapport inverse des écarts imprimés à cette même aiguille.

Il s'agit, pour faire de bonnes observations, de fixer les aimants
dans la position la plus convenable pour que les écarts maximums
se maintiennent entre des limites, facilement observables d'abord,
et telles ensuite que les erreurs d'observation inévitables aient le
moins d'influence possible sur les résultats. M. Fournier conseille
de maintenir ces écarts entre 25 et 55 degrés, pour les observations faites dans un lieu donné, et il donne les moyens de déterminer les distances des aimants de façon qu'il en soit ainsi. Il réunit
les données obtenues au point de départ dans une table qui permet
alors d'obtenir le même résultat quand, le navire se déplaçant, la
force horizontale de la terre change, ce qui fait évidemment varier
l'écart maximum observé à un cap déterminé.

Des écarts maximums observés, on passe ensuite aux coefficients
par des formules relativement simples si on songe à la difficulté
du problème, mais d'une application peut-être difficile dans la pratique journalière du service à bord. Nous craignons que ce ne
soient ces formules qui aient empêché de tirer du travail important et considérable de M. Fournier tout ce qu'il pouvait donner
de sécurité à la navigation.

Si nous ne donnons pas ici le résumé des formules de M. Fournier, c'est que, leurs notations différant notablement de celles qui
ont été choisies par M. Archibald Smith et qu'il nous paraît préférable d'adopter, nous craignons qu'elles ne produisent une confusion regrettable dans l'esprit de nos lecteurs.

Peu de temps après, M. Caspari, ingénieur-hydrographe de la
marine, reprit le même problème. Nous résumons rapidement la
solution qu'il propose et dont le principe ne diffère pas de celui
que nous avons déjà indiqué plusieurs fois. D'ailleurs, il a fort clai-
rement exposé cette solution dans une brochure intitulée : *Régulation des compas par des Observations de Force horizontale*, et qui est
délivrée aux Bâtiments de la Marine de Guerre; on pourra donc facilement compléter ce que nos explications auraient de trop succinct. D'après ses propres expression, son but a été de simplifier
encore la méthode de M. Fournier en l'appuyant sur les mêmes

principes, mais en n'introduisant à bord aucun appareil nouveau. Et pour cela il prend comme alidade déviatrice la pinnule du compas de relèvement ordinaire, sur laquelle il place une aiguille aimantée ayant à peu près la même force directrice que l'aiguille du compas. Il conseille même de se servir à cet égard d'une simple rose de rechange qu'on fera tourner autour du même axe vertical que celle du compas, et qu'on pourra au besoin lester à égale distance de son centre de deux petits aimants se regardant par leurs pôles de noms opposés.

M. Caspari n'adopte pas 90 degrés pour l'angle que doivent faire l'aiguille déviée et celle qui la dévie, et qui doit rester constant durant une même série d'expériences. On appelle angle polaire cet angle constant. Le théorème de la page 36 s'applique encore ici, et M. Caspari lui donne la forme suivante qui, en somme, exprime le même principe. Si l'on observe avec le même appareil à différents caps du navire, avec le même angle polaire arbitrairement choisi, l'écart de l'aiguille, les produits des sinus des écarts par les forces directrices sont constants.

M. Caspari conseille, pour les mêmes raisons que M. Fournier, de maintenir les écarts de l'aiguille déviée entre 2 quarts et 6 quarts. On arrive à rester entre ces limites en fixant, par tâtonnements, la distance des aimants entre eux et l'angle polaire. Cela posé, il tire des formules (44) et (45), où il remplace ζ par $\zeta' + \delta$ et où il donne successivement à ζ' les quatre valeurs 0, 90 180 et 270 degrés, huit expressions qui lui donnent le moyen de calculer aisément les coefficients $\mathfrak{B}$, $\mathfrak{C}$, $\mathfrak{D}$. Mais, comme le coefficient $\mathfrak{D}$ est constant et qu'on peut l'obtenir une fois pour toutes dans le port de départ, il s'occupe spécialement de la détermination des coefficients variables $\mathfrak{B}$ et $\mathfrak{C}$ au moyen de trois observations faites à trois caps cardinaux.

Des instruments destinés à la mesure des forces horizontales. — On peut varier à l'infini les dispositions instrumentales de ces appareils, mais tous reposent sur le même principe, celui de la boussole des sinus de Pouillet. Dernièrement encore, M. Hanusse, ingénieur hydrographe, a imaginé un nouveau dispositif. Ce qui rend leur emploi jusqu'à un certain point délicat, ce qui les a empêchés d'être adoptés dans la pratique courante, c'est avant tout la nécessité d'avoir à faire varier, séparément ou simultanément, soit l'angle polaire, soit la position des aimants, quand le navire se déplace à la surface du globe : déplacement qui entraîne les variations de la composante terrestre et des forces perturbatrices qui agissent sur l'aiguille du compas; ce sont ensuite les formules plus ou moins compliquées au moyen desquelles on passe des quantités observées aux coefficients de la déviation.

Avantages du déflecteur. — A nos yeux, la supériorité de l'instrument de sir W. Thomson provient avant tout de son facile ajustement et des limites étendues entre lesquelles sa force perturbatrice peut varier suivant que son index est à l'une ou l'autre des extrémités de sa course. Mais il faut bien ajouter que cet appareil tire un avantage considérable et indirect de la parfaite coordination de tous les organes du compas et du choix de la solution adoptée pour assurer la stabilité mécanique de la rose en même temps que la compensation rigoureuse de la déviation quadrantale. En effet, le faible moment magnétique total donné aux aiguilles de la rose, pour atteindre ce double résultat, assure en même temps au déflecteur une puissance plus considérable sur la rose et permet d'atteindre aisément l'angle d'écart de 90 degrés malgré les variations de la composante terrestre. Cet angle d'écart est lui-même heureusement choisi : d'abord il est constant; ensuite, sa valeur absolue permet de l'observer aisément d'après les marques distinctives des différentes divisions de la rose; enfin, grâce à la faible variation du sinus d'un arc quand cet arc approche de 90 degrés, il en résulte que les quelques degrés d'erreur que peuvent produire une embardée ou une fausse direction du cap pendant l'observation n'auront qu'une influence insensible sur les résultats.

En somme, adapté au compas de sir W. Thomson dont il n'est qu'un organe auxiliaire, le déflecteur est en réalité un instrument de compensation et non de régulation du compas, ce qui supprime du même coup et l'emploi de formules plus ou moins simples et toutes les erreurs de calculs qui en dérivent : tous ceux qui ont dû faire des observations à la mer savent le prix de cet avantage sans qu'il soit nécessaire d'y insister.

La simplicité de cet appareil et la facilité de son emploi sont telles, que nous estimons qu'il remplit toutes les conditions qu'on peut imposer aux instruments destinés aux observations courantes faites à bord : à coup sûr, celles qu'on doit opérer avec cet instrument sont beaucoup plus simples que celles qui sont nécessaires, par exemple, à la rectification du sextant, que tout marin appelé à commander ou à être chargé du service des montres doit pouvoir effectuer.

Nous terminerons en rappelant que tous ces instruments de mesure des forces horizontales et, en particulier, le déflecteur, donnent un contrôle précieux des compas par temps de brume.

Dans le cas, en effet, où l'on est privé d'observations astronomiques, il suffira, pour s'assurer de l'exactitude de ses compas, de placer le déflecteur sur la glace du compas et de produire une déviation de la rose égale à 90 degrés. Si la lecture du déflecteur est notablement différente de celle qu'elle devait avoir à ce cap en tenant compte de la variation de la force terrestre due au déplacement du navire, il faudra, ou procéder, si on le peut, à une nouvelle compensation du compas, ou, si on craint de ne pas avoir l'espace, le temps ou la possibilité nécessaires pour les observations, s'éloigner de terre et remettre l'atterrissage à un moment plus favorable.

CHAPITRE V

COMPAS CORRECTEUR DE M. J. PEICHL.

Il nous reste, pour terminer l'exposé de cette question de la régulation et de la compensation des compas par temps de brume, à parler d'un dernier appareil imaginé par M. le lieutenant de vaisseau J. Peichl, reposant sur un tout autre principe que celui des instruments que nous venons d'examiner.

M. Peichl met à profit les propriétés de l'aiguille d'inclinaison que nous avons indiquées p. 33 et que nous allons rappeler ici. Quand une aiguille aimantée peut tourner autour d'un axe horizontal et que ce dernier décrit le plan entier de l'horizon, on sait que l'angle de l'aiguille avec l'horizon varie pendant le mouvement de son axe de rotation. Minimum quand l'aiguille oscille dans le plan du méridien magnétique, c'est-à-dire quand son axe est perpendiculaire à ce plan, cet angle est droit quand l'aiguille oscille dans le plan Est-Ouest, c'est-à-dire quand l'axe horizontal est dirigé dans le méridien magnétique. Enfin, si on compare les inclinaisons de l'aiguille dans deux plans verticaux quelconques, on trouve qu'elles sont égales toutes les fois que ces plans sont également écartés du méridien magnétique, c'est-à-dire symétriques par rapport à ce dernier plan. On appelle « azimuts correspondants » l'ensemble de deux plans verticaux également écartés du méridien, et il est évident que si on peut déterminer, soit l'azimut où l'inclinaison est minimum, soit deux azimuts correspondants, on aura, immédiatement dans le premier cas, et, en prenant le plan bissecteur des deux azimuts de correspondants, dans le second cas, la position du méridien magnétique. On sait qu'une quantité varie toujours très peu dans les environs d'un de ses maximum ou minimum ; par suite, si on veut déterminer la position de la ligne Nord-Sud magnétique au moyen du minimum de l'inclinaison, on pourra commettre aisément 1 degré d'erreur même avec des instruments très délicats, et davantage encore avec des instruments ordinaires d'observation. Or on préfère donc s'adresser à la méthode des azimuts correspondants. Mais, pour l'appliquer à bord, il fallait résoudre deux difficultés, l'une expérimentale, l'autre théorique.

Pour surmonter la première il fallait imaginer pour l'aiguille d'inclinaison un système de suspension qui fût à la fois pratique et suffisamment sensible ; d'après les rapports faits sur les expériences exécutées à bord de plusieurs navires de guerre autrichiens, M. Peichl a fort heureusement résolu le premier problème. Restait la difficulté théorique, qui consistait à analyser, et à estimer pour pouvoir en tenir compte, l'influence des forces magnétiques émanées du navire qui troublent le libre jeu de l'aiguille d'inclinaison. En effet les composantes horizontales et verticales de la force magnétique exercée par le fer du navire sur le pôle n de l'aiguille aimantée varient avec la direction du cap du bâtiment, et en s'ajoutant, dans un cap donné avec leurs valeurs correspondant à ce cap, aux composantes terrestres de même nom, elles altèrent le rapport qui existe entre ces dernières et par suite la tangente de l'inclinaison. Nous ne pouvons donc pas tirer des variations de cette dernière quantité à bord les conclusions que nous donneraient des observations faites à terre.

Mais il faut bien observer la différence capitale des effets produits par la force émanée du magnétisme sous-permanent et par celle qui provient du magnétisme induit. En effet, la grandeur de la première force est constante et sa direction est fixe par rapport au bâtiment. Quand ce dernier tourne autour de la verticale, cette force se déplace avec lui, la grandeur de ses composantes horizontales et verticales reste constante, et, si, l'axe de rotation de l'aiguille d'inclinaison reste fixe par rapport au navire, il en résulte que cette force constante, faisant toujours le même angle avec le plan d'oscillation de l'aiguille, exercera toujours la même influence sur elle, par suite elle modifiera la valeur absolue de l'inclinaison, mais n'en troublera pas la variation.

Il en est tout autrement de la force provenant du fer doux, qui varie à la fois en grandeur et en direction avec le cap de bâtiment. Par conséquent, si le navire étant à un cap magnétique quelconque ζ, on place l'aiguille d'inclinaison de façon qu'elle oscille dans le plan Nord-Sud magnétique, puis qu'on fasse tourner le navire, alternativement sur bâbord et sur tribord, sans changer par rapport à lui la position de l'axe de rotation de l'aiguille, on trouvera que les inclinaisons de l'aiguille sont égales, non pas pour les caps du bâtiment $\zeta + \omega$ et $\zeta - \omega$, mais bien pour les caps $\zeta + \omega_1$ et $\zeta - \omega_2$.

Par conséquent l'aiguille a été écartée de part et d'autre du méridien magnétique, non pas de deux angles égaux chacun à ω, mais de deux angles inégaux ω_1 et ω_2. Au moyen des formules (8) (9) et (39) (cette dernière légèrement modifiée), M. Peichl a formé l'expression $\omega_1 - \omega_2$, et a montré que, si comme d'ordinaire on néglige le coefficient $\mathfrak{E}$, le paramètre h ainsi que la partie de A qui provient du fer doux dissymétrique, on avait :

$$\omega_1 - \omega_2 = \varepsilon = \mathfrak{A} - \left(\frac{g}{\zeta}\sin\zeta + \mathfrak{D}\sin 2\zeta\right)\sin\omega.$$

où $\mathfrak{A}$ ne renferme plus que les erreurs d'observations qui sont constantes, ε s'appelle l'erreur azimutale correspondant au cap ζ.

On pourrait corriger mécaniquement les différentes parties de cette erreur comme nous avons corrigé les différents coefficients de δ, mais, comme elle n'altère pas la sensibilité de l'appareil, qu'elle est constante pour un même cap dans tous les lieux du globe, (si ω est lui-même constant), on préfère ne pas introduire de correcteurs nouveaux qui compliqueraient l'appareil, et déterminer par l'observation, une fois pour toutes, au port de départ, les valeurs de ε correspondant aux différents caps magnétiques, valeurs qu'on réunit dans une table pour en tenir compte, comme nous le dirons plus loin.

D'ailleurs, plus ω sera petit et plus ε sera faible, mais par contre aussi, plus les variations de l'inclinaison deviendront faibles, difficiles à observer et sujettes par suite à donner des erreurs considérables. Pour éviter cet inconvénient, tout en conservant à ω la valeur constante et faible nécessaire, 20 à 25 degrés environ, M. Peichl a disposé d'une façon fort ingénieuse autour de l'aiguille d'inclinaison des aimants et des barreaux de fer doux qu'il appelle Régu-

lateur d'inclinaison. Ces régulateurs ont pour but d'augmenter, par
un angle ω donné, les variations absolues de l'inclinaison et de les
rendre assez considérables pour pouvoir être observées exactement
sans toutefois altérer les lois de ces variations.

L'axe de rotation de l'aiguille d'inclinaison est d'ailleurs fixé à
une monture qu'on peut faire tourner autour d'un axe vertical, ce
qui permet de pouvoir faire coïncider le plan d'oscillation de
l'aiguille avec le méridien magnétique, quel que soit le cap du
bâtiment. Pour rendre cette orientation aisée, l'instrument est
muni d'un index qui se déplace sur un cercle azimutal. Cela étant,
il nous est facile d'indiquer le principe de l'emploi de cet appareil.

Supposons que le bâtiment étant à un cap ζ donné par un compas exactement ou approximativement compensé, mais dont on
connaisse la table de déviation, on veuille vérifier le compas, c'est-
à-dire savoir le cap magnétique exact qui correspond à ζ. Pour
cela, de cette route ζ on passera à la route magnétique très approchée ζ, au moyen de la table des déviations, et on orientera l'axe
de l'aiguille d'inclinaison de façon qu'elle oscille dans le méridien
magnétique, ce qu'on obtient en plaçant l'index du cercle azimutal
du compas correcteur sur la division $\zeta + $, erreur azimutale de
l'instrument. Cela fait, on sait que le plan d'oscillation de l'aiguille coïncide avec le méridien magnétique ou du moins en est
très voisin. On réduit alors la grandeur de l'inclinaison à une valeur
commode pour l'observation, au moyen des régulateurs, et on fait
abattre successivement le navire sur tribord puis sur bâbord; on
note les azimuts du compas qui correspondent à des valeurs égales
observées pour l'inclinaison de part et d'autre du méridien magnétique. Si la somme des deux arcs décrits sur bâbord et sur tribord,
lus sur le compas, n'excède pas 90, et si la moyenne des deux
azimuts correspondants ne diffère pas de la route magnétique ζ de
plus de 5 degrés, il faudra gouverner au compas sur la route qui
correspond à cette moyenne.

Au contraire, si l'amplitude des deux abattées du bâtiment
dépasse 90 degrés, ou si la moyenne des azimuts correspondants
lus sur le compas compensé diffère de plus de 5 degrés de la
route ζ, cela indique que la déviation du compas compensé a notablement varié, et qu'il faut rectifier sa compensation suivant des
règles fort simples que donne M. Peichl.

On peut d'ailleurs, d'après ce que nous avons dit plus haut sur
l'angle constant que fait la force due au magnétisme permanent

avec le plan d'oscillation de l'aiguille, trouver sans tables de déviations le cap du bâtiment qui pour une position donnée et invariable
de l'axe de rotation de l'aiguille la place à très peu dans le méridien
magnétique. Il suffit pour cela, cet axe de rotation étant dans une
position déterminée, de faire tourner lentement le navire jusqu'à
ce qu'on observe l'inclinaison minima. *A ce moment*, l'aiguille sera
très près du méridien magnétique, et on pourra rectifier le cap correspondant du compas en opérant comme nous venons de le dire.

Quand le compas n'est pas compensé du tout, les azimuts *corres-*
pondants qu'on obtient sur sa rose peuvent encore servir à contrôler et à corriger la table des déviations, mais il faut, pour exposer
la méthode, recourir à une nouvelle théorie que M. Peichl appelle
Théorie de la moyenne déviation; elle sera facilement saisie par tous
ceux qui auront lu ce qui précède; mais nous ne pouvons la reproduire ici, et nous renvoyons, pour les détails, aux brochures mêmes
de l'inventeur, publiées en 1879, 80 et 81, dans les *Mittheilungen*
aus dem Gebiete des Seewesens. Le résultat auquel cette théorie permet de parvenir peut se résumer de la manière suivante : si on
prend la différence entre la route magnétique ζ, obtenue au moyen
du compas correcteur et de l'inclinaison minima, et la moyenne des
azimuts correspondants lus sur le compas qu'on veut vérifier, on
obtient une quantité que M. Peichl appelle la déviation *moyenne* et
qui donne soit la déviation du compas, soit les moyens de rectifier
sa compensation.

Nous voici donc en présence d'une deuxième solution du problème si important de la régulation et de la compensation du
compas en temps de brume. Cette solution fait honneur aux connaissances et à l'habileté de celui qui l'a imaginée et qui a su la
rendre complète et suffisamment pratique. Mais, malgré ses mérites
que nous ne méconnaissons point, nous lui préférons la solution
obtenue au moyen du déflecteur. Avec celui-ci, en effet, les observations préliminaires sont supprimées, les observations principales
sont moins longues, plus aisées, et obtenues d'ailleurs avec un
appareil beaucoup plus simple, plus solide, qui n'a pas à compter
avec toutes les erreurs et toutes les difficultés qu'entraîne toujours,
même à terre, l'emploi de l'aiguille d'inclinaison.

Toutefois si le déflecteur doit, d'après nous, être préféré à cause
de sa grande simplicité et de l'apprentissage fort aisé par lequel on
peut se rendre maître de son maniement, il convient d'insister sur
ce que M. Peichl, lui aussi, est parvenu d'une façon vraiment origi-

nale à résoudre, avec une exactitude bien suffisante pour la pratique, ce redoutable problème d'assurer la sécurité de la navigation en temps de brume, qui a si longtemps fait l'objet légitime des préoccupations et des recherches des marins.

CONCLUSION

Nous avons terminé ici la tâche que nous nous étions imposée d'exposer les différentes méthodes qui, actuellement, permettent de contrôler et de rectifier, avec simplicité et certitude à la fois, les indications des compas à bord des bâtiments en fer. Nous croyons que le lecteur qui aura bien voulu nous suivre, reconnaîtra que ces difficiles problèmes sont aujourd'hui résolus d'une façon aussi complète que pratique par le compas et les appareils auxiliaires de sir W. Thomson.

Mais, de peur que le succès obtenu n'inspire aux marins une confiance trop absolue et par suite dangereuse, nous nous permettrons, en finissant, de mettre sous leurs yeux une dernière règle, à notre avis la plus importante de toutes. Cette règle, adoptée successivement par Archibald Smith, par le capitaine de vaisseau Evans, par sir William Thomson par tous les savants enfin, qui se sont occupés de la question, rappelée avec insistance dans tous leurs ouvrages, emprunte, ce nous semble, un caractère tout particulier de gravité au nom de celui qui l'a formulée pour la première fois, sir G. Airy, l'astronome royal d'Angleterre et une des plus hautes autorités scientifiques de ce siècle. En voici la traduction. ;

Règle de sir G. Airy. — « On ne doit jamais accorder plus de « confiance aux indications d'un compas compensé qu'à celles du « chronomètre à l'aide duquel on détermine les longitudes. On « peut se fier à ce compas même pendant de longues distances, mais « on *doit* contrôler ses indications par l'observation *toutes les fois que* « *cela est possible.* »

TABLE DES PRODUITS DES ARCS

DE QUINZE MINUTES EN QUINZE MINUTES

de 0°0' à 32°45'

PAR LES SINUS DES RUMBS,

OU

$$S_1, S_2, S_3, S_4 S_5, S_6 S_7.$$

$$S_1 = \sin \text{ nat } 11°15' = 0,19509$$
$$S_2 = \sin \text{ nat } 22°30' = 0,38268$$
$$S_3 = \sin \text{ nat } 33°45' = 0,55557$$
$$S_4 = \sin \text{ nat } 45° \ 0' = 0,70719$$
$$S_5 = \sin \text{ nat } 56°15' = 0,83147$$
$$S_6 = \sin \text{ nat } 67°30' = 0,92388$$
$$S_7 = \sin \text{ nat } 78°45' = 0,98078$$

TABLE DES SINUS, TANGENTES... ETC., NATURELS,

Arcs. 0° 0'-8° 45'	S_1 (Sin. 11°15').	S_2 (Sin. 22°30').	S_3 (Sin. 33°45').	S_4 (Sin. 45°).	S_5 (Sin. 56°15').	S_6 (Sin. 67°30').	S_7 (Sin. 78°45').	Arcs 0° 0'-8° 45'
0° 0'	0° 0'	0° 0'	0° 0'	0° 0'	0° 0'	0° 0'	0° 0'	0° 0'
0 15	0 3	0 6	0 8	0 11	0 12	0 14	0 15	0 15
0 30	0 6	0 11	0 17	0 21	0 25	0 28	0 29	0 30
0 45	0 9	0 17	0 25	0 32	0 37	0 42	0 44	0 45
1 0	0 12	0 23	0 33	0 42	0 50	0 55	0 59	1 0
1 15	0 15	0 29	0 42	0 53	1 2	1 9	1 14	1 15
1 30	0 18	0 34	0 50	1 4	1 15	1 23	1 28	1 30
1 45	0 21	0 40	0 58	1 14	1 27	1 37	1 43	1 45
2 0	0 23	0 46	1 7	1 25	1 40	1 51	1 58	2 0
2 15	0 26	0 52	1 15	1 36	1 52	2 5	2 12	2 15
2 30	0 29	0 57	1 23	1 46	2 5	2 19	2 27	2 30
2 45	0 32	1 3	1 32	1 57	2 17	2 32	2 42	2 45
3 0	0 35	1 9	1 40	2 7	2 30	2 46	2 57	3 0
3 15	0 38	1 15	1 48	2 18	2 42	3 0	3 11	3 15
3 30	0 41	1 20	1 57	2 29	2 55	3 14	3 26	3 30
3 45	0 44	1 26	2 5	2 39	3 7	3 28	3 41	3 45
4 0	0 47	1 32	2 13	2 50	3 20	3 42	3 55	4 0
4 15	0 50	1 38	2 22	3 0	3 32	3 56	4 10	4 15
4 30	0 53	1 43	2 30	3 11	3 45	4 10	4 25	4 30
4 45	0 56	1 49	2 38	3 22	3 57	4 23	4 40	4 45
5 0	0 59	1 55	2 47	3 32	4 9	4 37	4 54	5 0
5 15	1 2	2 1	2 55	3 43	4 22	4 51	5 9	5 15
5 30	1 4	2 6	3 3	3 53	4 34	5 5	5 24	5 30
5 45	1 7	2 12	3 12	4 4	4 47	5 19	5 38	5 45
6 0	1 10	2 18	3 20	4 15	4 59	5 33	5 53	6 0
6 15	1 13	2 24	3 28	4 25	5 12	5 46	6 8	6 15
6 30	1 16	2 29	3 37	4 36	5 24	6 0	6 23	6 30
6 45	1 19	2 35	3 45	4 46	5 37	6 14	6 37	6 45
7 0	1 22	2 41	3 53	4 57	5 49	6 28	6 52	7 0
7 15	1 25	2 47	4 2	5 8	6 2	6 42	7 7	7 15
7 30	1 28	2 52	4 10	5 18	6 14	6 56	7 21	7 30
7 45	1 31	2 58	4 18	5 29	6 27	7 10	7 36	7 45
8 0	1 34	3 4	4 27	5 39	6 39	7 24	7 51	8 0
8 15	1 37	3 10	4 35	5 50	6 52	7 37	8 6	8 15
8 30	1 40	3 15	4 43	6 1	7 4	7 51	8 20	8 30
8 45	1 42	3 21	4 52	6 11	7 16	8 5	8 35	8 45

Arcs. 9°0'–17°45'	S_1 (Sin. 11°15'.)	S_2 (Sin. 22°30'.)	S_3 (Sin. 33°45'.)	S_4 (Sin. 45°.)	S_5 (Sin. 56°15'.)	S_6 (Sin. 67°30'.)	S_7 (Sin. 78°45'.)	Arcs. 9°0'–17°45'
9° 0'	1° 45'	3° 27'	5° 0'	6° 22'	7° 29'	8° 19'	8° 30'	9° 0'
9 15	1 48	3 32	5 8	6 32	7 41	8 33	9 4	9 15
9 30	1 51	3 38	5 17	6 43	7 54	8 47	9 19	9 30
9 45	1 54	3 44	5 25	6 54	8 6	9 0	9 31	9 45
10 0	1 57	3 50	5 33	7 4	8 19	9 14	9 48	10 0
10 15	2 0	3 55	5 42	7 13	8 31	9 28	10 3	10 15
10 30	2 3	4 1	5 50	7 23	8 44	9 42	10 18	10 30
10 45	2 6	4 7	5 58	7 36	8 56	9 56	10 33	10 45
11 0	2 9	4 13	6 7	7 47	9 9	10 10	10 47	11 0
11 15	2 12	4 18	6 15	7 57	9 21	10 24	11 2	11 15
11 30	2 15	4 24	6 23	8 8	9 34	10 37	11 17	11 30
11 45	2 18	4 30	6 32	8 19	9 46	10 51	11 32	11 45
12 0	2 20	4 36	6 40	8 29	9 59	11 5	11 46	12 0
12 15	2 23	4 41	6 48	8 40	10 11	11 19	12 1	12 15
12 30	2 26	4 47	6 57	8 50	10 24	11 33	12 16	12 30
12 45	2 29	4 53	7 5	9 1	10 36	11 47	12 30	12 45
13 0	2 32	4 58	7 13	9 12	10 49	12 1	12 45	13 0
13 15	2 35	5 4	7 22	9 22	11 1	12 14	13 0	13 15
13 30	2 38	5 10	7 30	9 33	11 13	12 25	13 14	13 30
13 45	2 41	5 16	7 38	9 43	11 26	12 42	13 29	13 45
14 0	2 44	5 21	7 47	9 54	11 38	12 56	13 44	14 0
14 15	2 47	5 27	7 55	10 5	11 51	13 10	13 59	14 15
14 30	2 50	5 33	8 3	10 15	12 3	13 24	14 13	14 30
14 45	2 53	5 39	8 12	10 26	12 16	13 37	14 28	14 45
15 0	2 56	5 44	8 20	10 36	12 28	13 51	14 43	15 0
15 15	2 59	5 50	8 28	10 47	12 41	14 5	14 58	15 15
15 30	3 1	5 56	8 37	10 58	12 53	14 19	15 12	15 30
15 45	3 4	6 2	8 45	11 8	13 6	14 33	15 27	15 45
16 0	3 7	6 7	8 53	11 19	13 18	14 47	15 42	16 0
16 15	3 10	6 13	9 2	11 29	13 31	15 1	15 56	16 15
16 30	3 13	6 19	9 10	11 40	13 43	15 15	16 11	16 30
16 45	3 16	6 25	9 18	11 51	13 55	15 29	16 26	16 45
17 0	3 19	6 30	9 27	12 1	14 8	15 42	16 40	17 0
17 15	3 22	6 36	9 35	12 12	14 20	15 56	16 55	17 15
17 30	3 25	6 42	9 43	12 22	14 33	16 10	17 10	17 30
17 45	3 28	6 48	9 52	12 33	14 45	16 24	17 25	17 45

Arcs. (18°0'-26°45')	S_1 (Sin. 11°15').	S_7 (Sin. 22°30').	S_2 (Sin. 33°45').	S_4 (Sin. 45°)	S_5 (Sin. 56°15').	S_3 (Sin. 67°30').	S (Sin. 78°45').	Arcs. (18°0'-26°45')
18° 0'	3° 31'	6° 53'	10° 0'	12° 44'	14° 58'	16° 38'	17° 30'	18° 0'
18 15	3 34	6 59	10 8	12 54	15 10	16 52	17 54	18 15
18 30	3 37	7 5	10 17	13 5	15 23	17 6	18 9	18 30
18 45	3 40	7 10	10 25	13 16	15 36	17 20	18 23	18 45
19 0	3 42	7 16	10 33	13 26	15 48	17 33	18 38	19 0
19 15	3 45	7 22	10 44	13 37	16 0	17 47	18 53	19 15
19 30	3 48	7 28	10 50	13 47	16 13	18 1	19 7	19 30
19 45	3 51	7 34	10 58	13 58	16 25	18 15	19 22	19 45
20 0	3 54	7 39	11 7	14 8	16 38	18 29	19 37	20 0
20 15	3 57	7 45	11 15	14 19	16 50	18 42	19 52	20 15
20 30	4 0	7 51	11 23	14 30	17 3	18 56	20 6	20 30
20 45	4 3	7 56	11 32	14 40	17 15	19 10	20 21	20 45
21 0	4 6	8 2	11 40	14 51	17 28	19 24	20 36	21 0
21 15	4 9	8 8	11 48	15 1	17 40	19 38	20 51	21 15
21 30	4 12	8 14	11 57	15 12	17 53	19 52	21 5	21 30
21 45	4 15	8 20	12 5	15 23	18 5	20 6	21 20	21 45
22 0	4 18	8 25	12 13	15 33	18 17	20 20	21 35	22 0
22 15	4 20	8 31	12 22	15 44	18 30	20 33	21 49	22 15
22 30	4 23	8 37	12 30	15 55	18 42	20 47	22 4	22 30
22 45	4 26	8 42	12 38	16 5	18 55	21 1	22 19	22 45
23 0	4 29	8 48	12 47	16 16	19 7	21 15	22 33	23 0
23 15	4 32	8 54	12 55	16 26	19 20	21 29	22 48	23 15
23 30	4 35	9 0	13 3	16 37	19 32	21 43	23 3	23 30
23 45	4 38	9 5	13 12	16 48	19 45	21 56	23 18	23 45
24 0	4 41	9 11	13 20	16 58	19 58	22 10	23 32	24 0
24 15	4 43	9 16	13 29	17 9	20 10	22 24	23 47	24 15
24 30	4 46	9 22	13 36	17 20	20 22	22 38	24 2	24 30
24 45	4 49	9 28	13 45	17 30	20 35	22 52	24 17	24 45
25 0	4 52	9 34	13 54	17 40	20 48	23 6	24 32	25 0
25 15	4 55	9 40	14 2	17 51	21 0	23 20	24 45	25 15
25 30	4 58	9 46	14 10	18 2	21 12	23 34	25 0	25 30
25 45	5 1	9 51	14 18	18 12	21 25	23 47	25 15	25 45
26 0	5 4	9 56	14 26	18 24	21 38	24 2	25 30	26 0
26 15	5 7	10 2	14 35	18 34	21 50	24 15	25 45	26 15
26 30	5 10	10 8	14 44	18 44	22 2	24 28	26 0	26 30
26 45	5 13	10 14	14 51	18 55	22 14	24 43	26 15	26 45

Arcs. 27°0'-32°45'	S₁ (Sin. 11°15').	S₂ (Sin. 22°30').	S₃ (Sin. 33°45').	S₄ (Sin. 45°).	S₅ (Sin. 56°15').	S₆ (Sin. 67°30').	S₇ (Sin. 78°45').	Arcs. 27°0'-32°45'
27° 0'	5°16'	10°20'	15 0	19° 6'	22°26'	24 56	26 28	27° 0'
27 15	5 19	10 26	15 9	19 16	22 40	25 11	26 43	27 15
27 30	5 22	10 32	15 16	19 26	22 52	25 24	26 58	27 30
27 45	5 25	10 38	15 25	19 37	23 4	25 39	27 13	27 45
28 0	5 28	10 42	15 34	19 48	23 16	25 52	27 28	28 0
28 15	5 31	10 48	15 41	19 58	23 29	26 6	27 43	28 15
28 30	5 34	10 54	15 50	20 10	23 42	26 20	27 58	28 30
28 45	5 37	11 0	15 58	20 20	23 54	26 34	28 11	28 45
29 0	5 40	11 6	16 6	20 30	24 6	26 48	28 26	29 0
29 15	5 43	11 12	16 15	20 41	24 18	27 1	28 41	29 15
29 30	5 46	11 18	16 24	20 52	24 32	27 14	28 56	29 30
29 45	5 49	11 23	16 31	21 2	24 44	27 39	29 11	29 45
30 0	5 52	11 28	16 40	21 12	24 56	27 42	29 26	30 0
30 15	5 55	11 34	16 49	21 23	25 9	27 57	29 41	30 15
30 30	5 58	11 40	16 56	21 34	25 22	28 10	29 56	30 30
30 45	5 59	11 46	17 5	21 45	25 34	28 24	30 9	30 45
31 0	6 2	11 52	17 14	21 56	25 46	28 38	30 34	31 0
31 15	6 5	11 58	17 22	22 6	26 0	28 52	30 39	31 15
31 30	6 8	12 4	17 38	22 16	26 12	29 6	30 54	31 30
31 45	6 11	12 10	17 38	22 27	26 24	29 20	31 9	31 45
32 0	6 14	12 14	17 46	22 38	26 36	29 34	31 24	32 0
32 15	6 17	12 20	17 55	22 48	26 48	29 47	31 28	32 15
32 30	6 20	12 26	18 4	22 58	27 2	30 2	31 52	32 30
32 45	6 23	12 32	18 11	23 9	27 14	30 15	32 7	32 45

TABLE

DES LIGNES TRIGONOMÉTRIQUES NATURELLES.

Angle.	Sinus.	Différence pour 10'	Arc.	Tangente.	Cotang.	Sin. vers.	Cosinus.	—
0°	0,0000		0,0000	0,0000	infini.	0,0000	1,0000	90
1	0,0175		0,0175	0,0175	57,290	0,0002	0,9998	89
2	0,0349		0,0349	0,0349	28,636	0,0006	0,9994	88
3	0,0523		0,0524	0,0524	19,081	0,0014	0,9986	87
4	0,0698		0,0698	0,0700	14,301	0,0024	0,9976	86
5	0,0872	0,0029	0,0873	0,0875	11,430	0,0038	0,9962	85
6	0,1045		0,1047	0,1051	9,514	0,0055	0,9945	84
7	0,1219		0,1222	0,1228	8,144	0,0075	0,9925	83
8	0,1392		0,1396	0,1405	7,115	0,0097	0,9903	82
9	0,1564		0,1571	0,1584	6,314	0,0123	0,9877	81
10	0,1736		0,1745	0,1763	5,671	0,0152	0,9848	80
11	0,1908		0,1920	0,1944	5,145	0,0184	0,9816	79
12	0,2079		0,2094	0,2126	4,705	0,0219	0,9781	78
13	0,2250		0,2269	0,2309	4,331	0,0256	0,9744	77
14	0,2419		0,2443	0,2493	4,011	0,0297	0,9703	76
15	0,2588		0,2618	0,2679	3,732	0,0341	0,9659	75
16	0,2756	0,0028	0,2793	0,2867	3,487	0,0387	0,9613	74
17	0,2924		0,2967	0,3057	3,271	0,0437	0,9563	73
18	0,3090		0,3142	0,3249	3,078	0,0489	0,9511	72
19	0,3256		0,3316	0,3443	2,904	0,0545	0,9455	71
20	0,3420		0,3491	0,3640	2,747	0,0603	0,9397	70
21	0,3584		0,3665	0,3839	2,605	0,0664	0,9336	69
22	0,3746	0,0027	0,3840	0,4040	2,475	0,0728	0,9272	68
23	0,3907		0,4014	0,4245	2,356	0,0795	0,9205	67
24	0,4067		0,4189	0,4452	2,246	0,0865	0,9135	66
25	0,4226		0,4363	0,4663	2,145	0,0937	0,9063	65
26	0,4384		0,4538	0,4877	2,050	0,1012	0,8988	64
27	0,4540	0,0026	0,4712	0,5095	1,963	0,1090	0,8910	63
28	0,4695		0,4887	0,5317	1,881	0,1171	0,8829	62
29	0,4848		0,5061	0,5543	1,804	0,1254	0,8746	61
30	0,5000		0,5236	0,5774	1,732	0,1340	0,8660	60
31	0,5150	0,0025	0,5411	0,6009	1,664	0,1428	0,8572	59
32	0,5299		0,5585	0,6249	1,600	0,1520	0,8480	58
33	0,5446		0,5760	0,6494	1,540	0,1613	0,8387	57
34	0,5592	0,0024	0,5934	0,6745	1,483	0,1710	0,8290	56
35	0,5736		0,6109	0,7002	1,428	0,1808	0,8192	55
36	0,5878		0,6283	0,7265	1,376	0,1910	0,8090	54
37	0,6018	0,0023	0,6458	0,7536	1,327	0,2014	0,7986	53
38	0,6157		0,6632	0,7813	1,280	0,2120	0,7880	52
39	0,6293		0,6807	0,8098	1,235	0,2229	0,7771	51
40	0,6428	0,0022	0,6981	0,8391	1,192	0,2340	0,7660	50
41	0,6561		0,7156	0,8693	1,150	0,2453	0,7547	49
42	0,6691		0,7330	0,9004	1,111	0,2569	0,7431	48
43	0,6820	0,0021	0,7505	0,9325	1,072	0,2686	0,7314	47
44	0,6947		0,7679	0,9657	1,036	0,2807	0,7193	46
45	0,7071		0,7854	1,0000	1,000	0,2929	0,7071	45
—	Cosinus.	Différence pour 10'.	—	Cotang.	Tangente.	—	Sinus.	**Angle**

TABLE

POUR CONVERTIR LES RUMBS PRINCIPAUX DU COMPAS
ET LEURS FRACTIONS EN DEGRÉS ET MINUTES

QUARTS	DEGRÉS, ETC.		QUARTS.
Nord.	0°	0′	Sud.
N. $\frac{1}{4}$ E. — N. $\frac{1}{4}$ O.	5	37	S. $\frac{1}{4}$ O. — S. $\frac{1}{4}$ E.
N. q. NE. — N. q. NO.	11	15	S. q. SO. — S. q. SE.
N. NE. $\frac{1}{4}$ N. — N. NO. $\frac{1}{4}$ N.	16	52	S. SO. $\frac{1}{4}$ S. — S. SE. $\frac{1}{4}$ S.
N. NE. — N. NO	22	30	S. SO. — S. SE.
N. NE. $\frac{1}{4}$ E. — N. NO. $\frac{1}{4}$ O.	28	7	S. SO. $\frac{1}{4}$ O. — S. SE. $\frac{1}{4}$ E.
NE. q. N. — NO. q. N.	33	45	SO. q. S. — SE. q. S.
NE. $\frac{1}{2}$ N. — NO. $\frac{1}{2}$ N.	39	22	SO. $\frac{1}{2}$ S. — SE. $\frac{1}{2}$ S.
NE. — NO.	45	0	SO. — SE.
NE. $\frac{1}{2}$ E. — NO. $\frac{1}{2}$ O.	50	37	SO. $\frac{1}{2}$ O. — SE. $\frac{1}{2}$ E.
NE. q. E. — NO. q. O.	56	15	SO. q. O. — SE. q. E.
E. NE. $\frac{1}{2}$ N. — O. NO. $\frac{1}{2}$ N.	61	52	O. SO. $\frac{1}{2}$ S. — E. SE. $\frac{1}{2}$ S.
E. NE. — O. NO.	67	30	O. SO. — E. SE.
E. NE. $\frac{1}{2}$ E. — O. NO. $\frac{1}{2}$ O.	73	7	O. SO. $\frac{1}{2}$ O. — E. SE. $\frac{1}{2}$ E.
E. q. NE. — O. q. NO.	78	45	O. q. SO. — E. q. SE.
E. $\frac{1}{4}$ N. — O. $\frac{1}{4}$ N.	84	22	O. $\frac{1}{4}$ S. — E. $\frac{1}{4}$ S.
Est. — Ouest.	90	0	Ouest. — Est.

ERRATA

Page 33. 7ᵉ ligne, en partant du bas, *lisez :* tang i'', *au lieu de* tang $^2 i''$.

Page 136. En agissant ainsi, on ne corrige l'erreur due à A que pour les indications de route. Si on voulait corriger cette erreur dans les relèvements pris avec le compas, ce serait le zéro même de la rose qu'il faudrait déplacer convenablement par rapport à l'axe magnétique des aiguilles aimantées.

Page 246. Immédiatement avant le paragraphe « Remarque pour les coefficients », *mettez :* Quand les déviations seront supérieures à 20°, deux tours d'horizon suffiront à obtenir la compensation.

Page 247. Avant chapitre III, *ajoutez :* si les lectures du déflecteur ont montré qu'il existait un coefficient E et qu'on l'ait corrigé, il ne faut pas oublier que le coefficient A peut alors atteindre ses valeurs absolues supérieures à 1 degré et que, pour pouvoir se fier entièrement aux indications du compas, il sera nécessaire de déterminer la valeur de ce coefficient.

APPENDICE

Je réunis ici quelques notes théoriques qui n'auraient pas été à
leur place dans l'ouvrage et ne sont pas d'ailleurs indispensables
à l'intelligence du texte.

NOTE I (v. p. 89).

Détermination du moment magnétique et du moment d'inertie
d'une rose de compas.

Nous pensons qu'il peut être utile de savoir déterminer ces deux quantités
dont nous avons montré l'importance pratique. Voici, parmi les diverses
méthodes que l'on peut employer, celle qui nous paraît la plus simple;
nous l'empruntons à l'excellente brochure de M. Caspari, dont nous avons
déjà parlé. (*Considérations sur le compas.*)

1° On suspend la rose à un fil sans torsion, on l'écarte du méridien
magnétique et on la laisse ensuite osciller librement; quand l'amplitude
de l'oscillation, c'est-à-dire la *moitié* de l'arc total parcouru par un point
de la rose, est égale ou inférieure à 30 degrés, on note la valeur α de cette
amplitude et l'heure correspondante. Puis, on compte un certain nombre
d'oscillations de l'aiguille et on note l'heure à laquelle se termine la dernière. La différence des heures, divisée par le nombre des oscillations
observées, donne la durée d'une oscillation, c'est-à-dire la quantité t_1 de la
formule de la page 39. De t_1 on passe facilement à la durée de l'oscillation infiniment petite t qui nous est nécessaire, au moyen des nombres
suivants extraits d'une table de M. Darondeau insérée dans le *Guide du
marin* (tome II, p. 376).

Si $\alpha = 20°$ $t_1 = t \times 1{,}008$

Si $\alpha = 25°$ $t_1 = t \times 1{,}012$

Si $\alpha = 30°$ $t_1 = t \times 1{,}017$.

2° On fait les mêmes observations, et on note la valeur que prennent ces
diverses quantités, après avoir lesté la rose d'une masse additionnelle dont
le moment d'inertie, par rapport à l'axe d'oscillation, soit facile à déterminer. Soit I' le moment d'inertie de la masse additionnelle.

On observe ainsi t'_1 et α'_1, ce qui nous donne une quantité t' analogue à t.

Désignons $2\,m\,l$ par M et reportons-nous à la formule 27, (p. 90), il est évident que la première expérience donne $t^2 = \dfrac{1}{M\,H}$,

et la seconde. . . . . $t'^2 = \dfrac{1 + l'}{M\,H}$.

On tire de ces deux équations, pour la valeur de nos deux inconnues I et M :

$$ 1 = l'\,\frac{t^2}{t'^2 - t^2} \qquad \text{et} \qquad M = \frac{\pi^2\,l'}{H\,(t'^2 - t^2)} $$

Le problème est donc ramené à déterminer l'.

Si la masse additionnelle employée est un cercle de cuivre de rayon R exprimé au moyen du mètre pris pour unité, de poids P exprimé au moyen du kilogramme pris pour unité, on a $l' = \dfrac{P}{g}\,R^2$, g étant l'accélération due à la pesanteur exprimée au moyen du mètre et de la seconde, soit très approximativement 9,81.

Si la masse additionnelle se compose d'une règle de bois, de poids p, de section uniforme et suffisamment petite, de longueur 2λ, on aura une valeur suffisamment approchée de son moment d'inertie, en le prenant égal à $\dfrac{p}{g}\,\dfrac{\lambda^3}{4}$. Soit p' le poids de chacune des masses additionnelles, λ' leur distance commune au centre, le moment d'inertie de ces masses sera $\dfrac{2\,p'}{g}\,\lambda'^2$,

et l'on aura au total $l' = \dfrac{\frac{1}{4}\,p\,\lambda^3 + 2\,p'\,\lambda'^2}{g}$.

NOTE II (v. p. 103).

Sur l'angle de 54°55'

Poisson a donné les formules fondamentales qui expriment les composantes de la force magnétique exercée sur le pôle n ou rouge de l'aiguille aimantée par une masse de fer doux aimantée par l'influence terrestre. Malheureusement, leur intégration offre de telles difficultés, qu'on n'a pu les surmonter que dans le petit nombre de cas où le corps de fer doux a une forme géométrique déterminée et très simple. Ce sont ces formules qui servent de base à cet ouvrage ; mais, en les développant et en les transformant, Archibald Smith avait dégagé de suite des résultats applicables à la pratique (v. *Philosophical transactions of the Royal Society of London*, 1865), par exemple celui-ci, que l'effet de la cuirasse des navires de guerre est de diminuer l'erreur due à la bande, sauf dans le cas où le compas est placé beaucoup plus haut que la partie supérieure des plaques de cuirasse. Il y était arrivé en intégrant les équations qui se rapportent au cas de tiges transversales de fer doux, s'étendant d'un bord à l'autre du navire, comme des baux. De ces expressions, il avait tiré celles des différents paramètres ou coefficients a, b, c.... λ, $\mathfrak{D}$, introduits par des barres de fer doux longitudinales ou transversales. En appelant, conformément aux notations choisies dans cet ouvrage, r la coordonnée de l'extrémité supérieure d'une tige de fer verticale et z la distance de cette même extrémité au centre de la rose, on voit que le terme en k est positif ou négatif, suivant que $\frac{z}{r}$ est plus grand ou plus petit que $\frac{1}{\sqrt{3}}$, c'est-à-dire suivant que le centre de la tige est au dedans ou en dehors du cône droit ayant pour sommet le centre de la rose et pour angle à ce sommet 54°53′ (dont le cosinus est égal à $\frac{1}{\sqrt{3}}$), ce qui explique la cinquième prescription de la page 102.

Voyez encore, au sujet de cet angle, la note sur les *Sphères compensatrices*.

NOTE III (v. p. 200).

Sur les sphères compensatrices.

Le rôle considérable des sphères dans la méthode de compensation adoptée par Sir W. Thomson rendra peut-être intéressante pour nos lecteurs la connaissance des paramètres et coefficients qu'introduit dans les formules un corps de forme semblable.

Prenons d'abord le cas d'une sphère pleine, de rayon p, telle que la distance de son centre à celui de la rose soit r, et que α, β, γ soient les angles que la ligne joignant ces deux centres fait respectivement avec chacun des axes de coordonnés $o\,x$, $o\,y$, $o\,r$, définis p. 54.

En posant :

$$M = \frac{\frac{4\pi}{3}\varkappa}{1 + \frac{4\pi}{3}\varkappa}\,\frac{p^3}{r^3},$$

$\varkappa$ étant un coefficient dont la valeur varie de 10 à 40 pour les différentes sortes de fer doux, on aura pour les différents paramètres introduits par la sphère :

$$a = M\,(3\cos^2\alpha - 1) \qquad\qquad e = M\,(3\cos^2\beta - 1)$$
$$b = d = M\,.\,3\cos\alpha\cos\beta \qquad\qquad f = h = M\,3\cos\beta\cos\gamma$$
$$c = g = M\,.\,3\cos\alpha\cos\gamma \qquad\qquad k = M\,(3\cos^2\gamma - 1)$$

et par conséquent (v. p. 63) :

$$\lambda = 1 + \frac{M}{2}(1 - 3\cos^2\gamma) \qquad\qquad \mathfrak{C} = \frac{M}{\lambda}\,3\cos\beta\cos\gamma\;\text{tang}\,\theta$$

$$\mathfrak{A} = 0 \qquad\qquad \mathfrak{D} = \frac{M}{\lambda}\cdot\frac{3}{2}(\cos^2\alpha - \cos^2\beta)$$

$$\mathfrak{B} = \frac{M}{\lambda}\,3\cos\alpha\cos\gamma\;\text{tang}\,\theta \qquad\qquad \mathfrak{E} = \frac{M}{\lambda}\,3\cos\alpha\cos\beta$$

Ainsi, quelle que soit la place occupée par une sphère, elle augmente le coefficient λ, et donne un $-k$ si $\cos \gamma < \dfrac{1}{\sqrt{3}}$, au contraire, elle diminue λ, et

donne un $+ k$, si $\cos \gamma$ est plus grand que $\dfrac{1}{\sqrt{3}}$ c'est-à-dire si γ est $< 54°45'$;

et on se trouve dans l'un ou l'autre cas, suivant que le centre de cette sphère est en dehors ou en dedans du cône déjà considéré dans la note 2.

$\mathfrak{C}$ est en général négligeable et le seul coefficient de la déviation quadrantale qu'il faille considérer est $\mathfrak{D}$, qui est presque toujours positif. Le $\mathfrak{D}$ introduit par la sphère est positif ou négatif, il augmente ou diminue la déviation quadrantale due au navire suivant que α est plus grand ou plus petit que β. Si on trace, par le centre de la rose, deux droites horizontales inclinées de 45 degrés sur l'axe longitudinal du bâtiment, on voit que $\cos^2 \alpha$ est plus petit que $\cos^2 \beta$ toutes les fois que le centre est dans l'un des quadrants de droite ou de gauche, et qu'il est au contraire plus grand quand le centre se trouve dans un des quadrants contenant l'axe du navire.

Si on place les centres de deux sphères égales, de même intensité magnétique, de part et d'autre du centre du compas à égale distance de ce centre et sur le même niveau, on aura d'après les valeurs de α et β pour l'ensemble de ces deux corps $\lambda = 1 + M$ et $\mathfrak{D} = - \dfrac{3M}{1 + M}$ ou approximativement

$$= \frac{3}{1 + \left(\dfrac{r}{p}\right)^3}.$$

Cette dernière égalité, mise sous la forme $r = p \sqrt[3]{\dfrac{3}{\mathfrak{D}} - 1}$, nous donne la distance à laquelle on doit placer les centres des deux sphères pleines, pour corriger une déviation quadrantale égale à $\mathfrak{D}$.

Quand la sphère est creuse et qu'on appelle q le rayon de la sphère intérieure, si α est grand et $1 - q$ petit, ce que nous avons dit plus haut subsiste à condition de remplacer M par l'expression

$$M \frac{1 - \dfrac{q}{p}}{1 - \dfrac{q}{p} + \dfrac{3}{8 \pi \alpha}}.$$

Il en résulte que si α est égal à 12 et l'épaisseur de la couche sphérique égale au centième de son rayon extérieur, l'effet produit par elle sera environ la moitié de l'effet exercé par la sphère pleine. Il en sera de même si α est égal à 36 et que l'épaisseur de la couche soit réduite au trois-centième du rayon. On peut admettre que l'effet d'une muraille de fer de $1^m,20$ de diamètre et de 10 centimètres et demi d'épaisseur est à peu près le tiers de celui exercé par une masse compacte de fer de même dimension.

L'effet sur le compas d'une tourelle en fer destinée à abriter de la mousqueterie et de 3 mètres de diamètre sur 10 centimètres d'épaisseur, sera approximativement le même que si la tourelle était faite d'un seul bloc de fer, placée sur l'avant du compas elle augmentera λ et $\mathfrak{D}$ en donnant un $+ a$ et un $- e$ (*Ph. Trans.*, 1863, p. 317).

NOTE IV (v. p. 219).

Sur la fraction de l'erreur due à la bande corrigée par la compensation préalable d'un degré de déviation quadrantale.

On peut démontrer ainsi qu'il suit le résultat énoncé p. 219 :

Appelons δa, δe, δk les variations que les correcteurs de fer doux font subir aux paramètres a, e, k; en particulier, si la section des correcteurs est carrée ou circulaire, on a $\delta a = \delta k$.

Soit $\delta \mathrm{D}$ la variation correspondante de D. Il est facile de trouver la variation $\delta \mathrm{J}$ du coefficient J en fonction de $\delta \mathrm{D}$ et de $\dfrac{\delta a}{\delta e}$.

Prenons l'équation (58) de la page 187, elle se met aisément sous la forme :

$$\lambda (\mathrm{J} + 2 \mathrm{D} \operatorname{tang} \theta) + (\mu - 1 - a) \operatorname{tang} \theta \, \theta, =$$

et donne par différentiation :

$$\frac{\delta \mathrm{J} + 2 \operatorname{tang} \theta \cdot \delta \mathrm{D}}{\mathrm{J} + 2 \mathrm{D} \cdot \operatorname{tang} \theta} + \frac{\delta \lambda}{\lambda} = 0.$$

Or $\qquad \lambda \mathrm{D} = \frac{1}{2}(a - e) \qquad$ et $\qquad \lambda = 1 + \frac{1}{2}(a + e);$

et $\qquad \dfrac{\delta . \lambda \mathrm{D}}{\delta \lambda} = \dfrac{\delta \lambda}{\delta \lambda} \cdot \mathrm{D} + \dfrac{\lambda}{\delta \lambda} \cdot \delta \mathrm{D}.$

Ce qui, toutes réductions faites, donne finalement :

$$\delta \mathrm{J} + 2 \operatorname{tang} \theta \cdot \delta \mathrm{D} + \frac{(\mathrm{J} + 2 \mathrm{D} \operatorname{tang} \theta) \delta \mathrm{D}}{\dfrac{\delta a - \delta e}{\delta a + \delta e} - \mathrm{D}} = 0.$$

Si le correcteur est une sphère, on a $\delta e = - 2 \delta a$, et par suite $\dfrac{\delta a - \delta e}{\delta a + \delta e} = 3$.

En tenant compte des valeurs de J et D qui sont toujours faibles.

Car si $\mathrm{D} = 10$ degrés, valeur qu'il dépasse rarement, $\mathrm{D} = \dfrac{10}{57,3}$, on voit qu'on peut négliger le dernier terme de l'équation précédente, par conséquent on aura $d\mathrm{J} + 2 \operatorname{tang} \theta \cdot \delta \mathrm{D} = 0$, ce qui montre que pour $\delta \mathrm{D} = 1$ degrés on a approximativement $d\mathrm{J} = - 2 \operatorname{tang} \theta$.

Pour les côtes Nord-Ouest et Nord de la France $\operatorname{tang} \theta = 2,60$ environ, ce qui justifie l'affirmation de la page 219.

NOTE V (v. p. 228).

Sur le miroir azimutal.

J'ai voulu donner p. 225 l'évaluation des erreurs de relèvement commises avec le miroir azimutal sans introduire une seule formule nouvelle, et j'ai été conduit par cela même à une explication qui ne me satisfait point parce que je la trouve longue et diffuse. Si le lecteur veut bien consentir à employer quelques formules des plus simples voici une théorie très simple et très élégante du miroir azimutal due à M. Moutier, Répétiteur à l'École Polytechnique, l'auteur bien connu du résumé le plus court, mais en même temps le plus précis et le plus clair, qui ait été publié sur la Théorie mécanique de la Chaleur.

Voici sa démonstration :

Deux astres sont à l'horizon à une distance d de l'observateur. Si on appelle l la distance des deux astres, l'observateur voit la droite qui joint les deux astres sous l'angle :

$$\omega = \frac{l}{d}.$$

On regarde les images des deux astres données par un miroir plan, les images des deux astres sont à la distance $l' = l$, à une distance de l'observateur $d' = d$, l'observateur voit donc la droite qui joint les deux images sous l'angle

$$\omega' = \frac{l'}{d'} = \omega.$$

Pour mesurer ω, on vise deux divisions de la rose de façon à faire coïncider les directions des rayons réfléchis pour chaque astre avec la direction des rayons réfractés venant de chaque point de la rose.

Soit λ la distance de deux divisions de la rose, et δ la distance de l'une de ces divisions au centre optique de la rose. L'œil supposé placé au centre optique de la lentille voit l'intervalle λ des deux divisions de la rose sous l'angle $\frac{\lambda}{\delta}$. Cet angle est égal à ω' et par suite à ω.

D'un autre côté, si on appelle r le rayon de la rose, l'angle au centre de la rose qui correspond à l'arc λ a pour valeur $\frac{\lambda}{r}$. Il faut que cet angle soit égal à ω, c'est à dire à $\frac{\lambda}{\delta}$, ce qui exige que $\lambda = \delta$. Il faut donc que le rayon de la rose soit égal à la distance du centre optique de la loupe à un objet placé dans des conditions telles que l'image virtuelle de cet objet soit à la distance de la vision distincte. Cette distance δ n'est pas exactement la distance focale principale des loupes, elle ne lui serait égale que si la distance de la vision distincte était égale à l'infini.

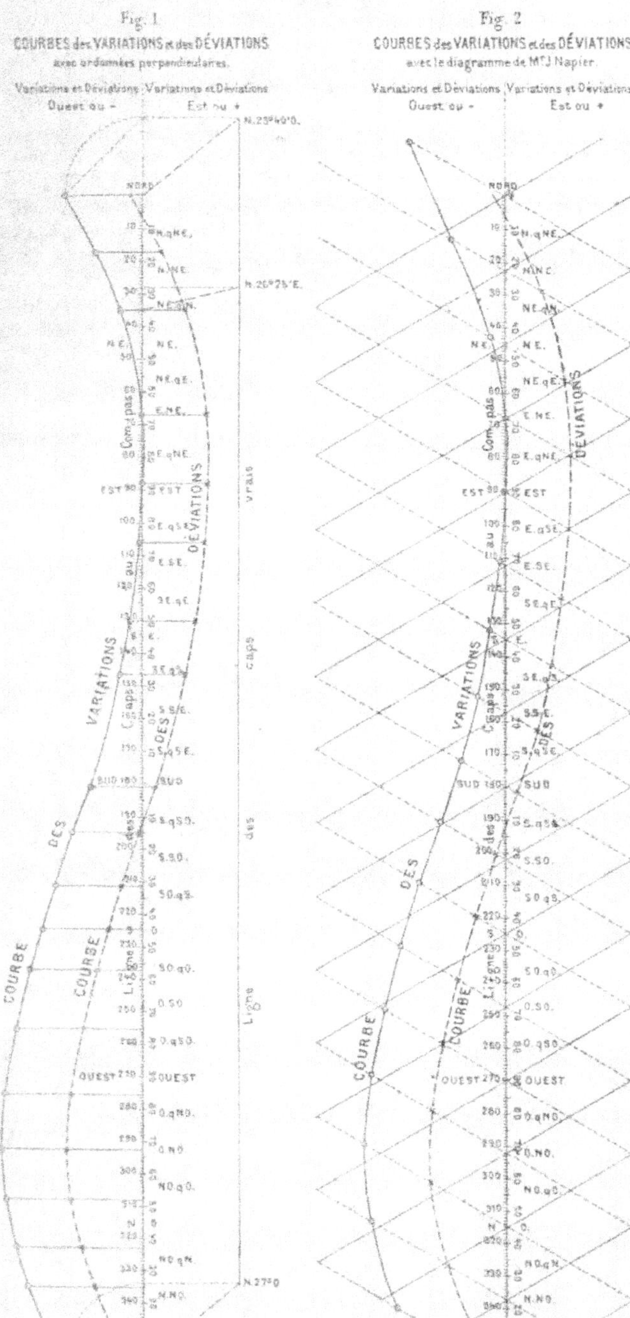

D'après les Diagrammes modifiés de l'Amirauté anglaise.

Voyez texte, pages 116-125.

PLANCHE III

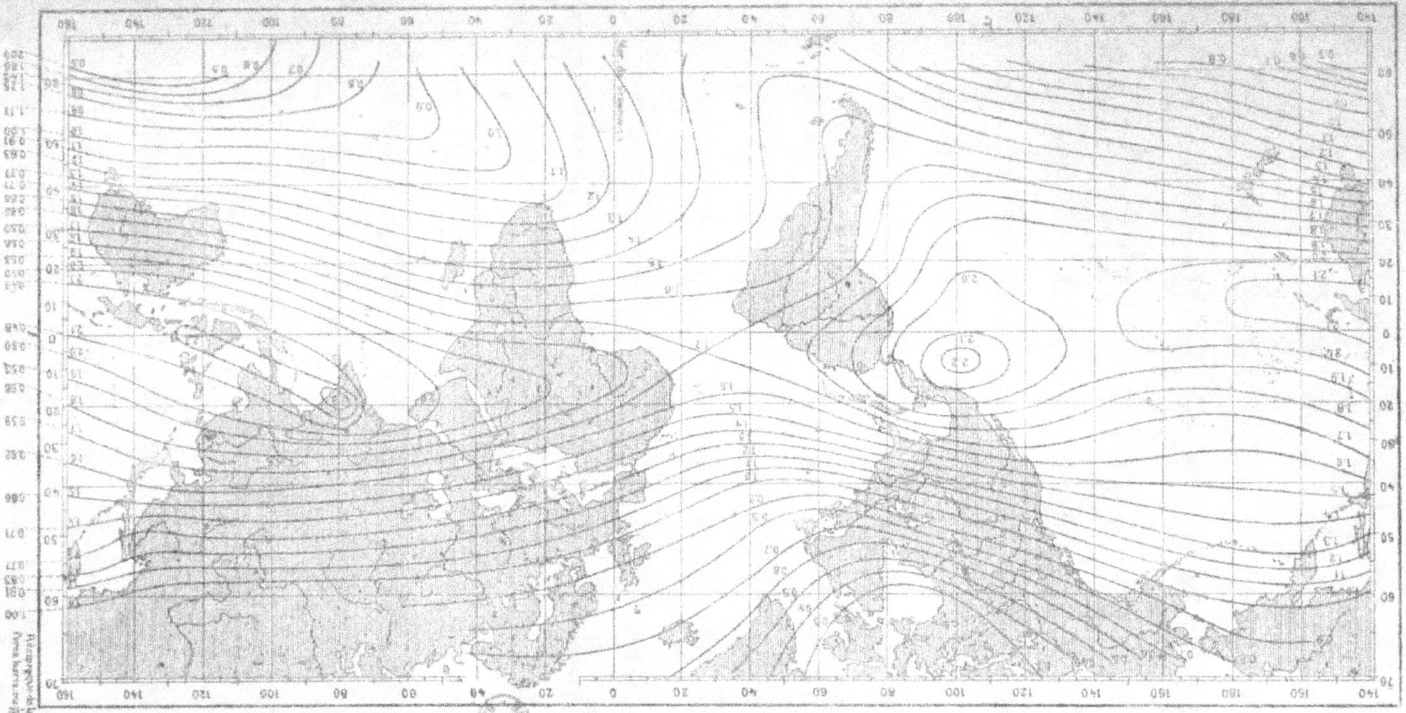

COURBES D'ÉGALE FORCE HORIZONTALE [H], POUR 1874

Carte tirée du Manuel des Déviations des Compas publié par l'Amirauté anglaise en 1874.

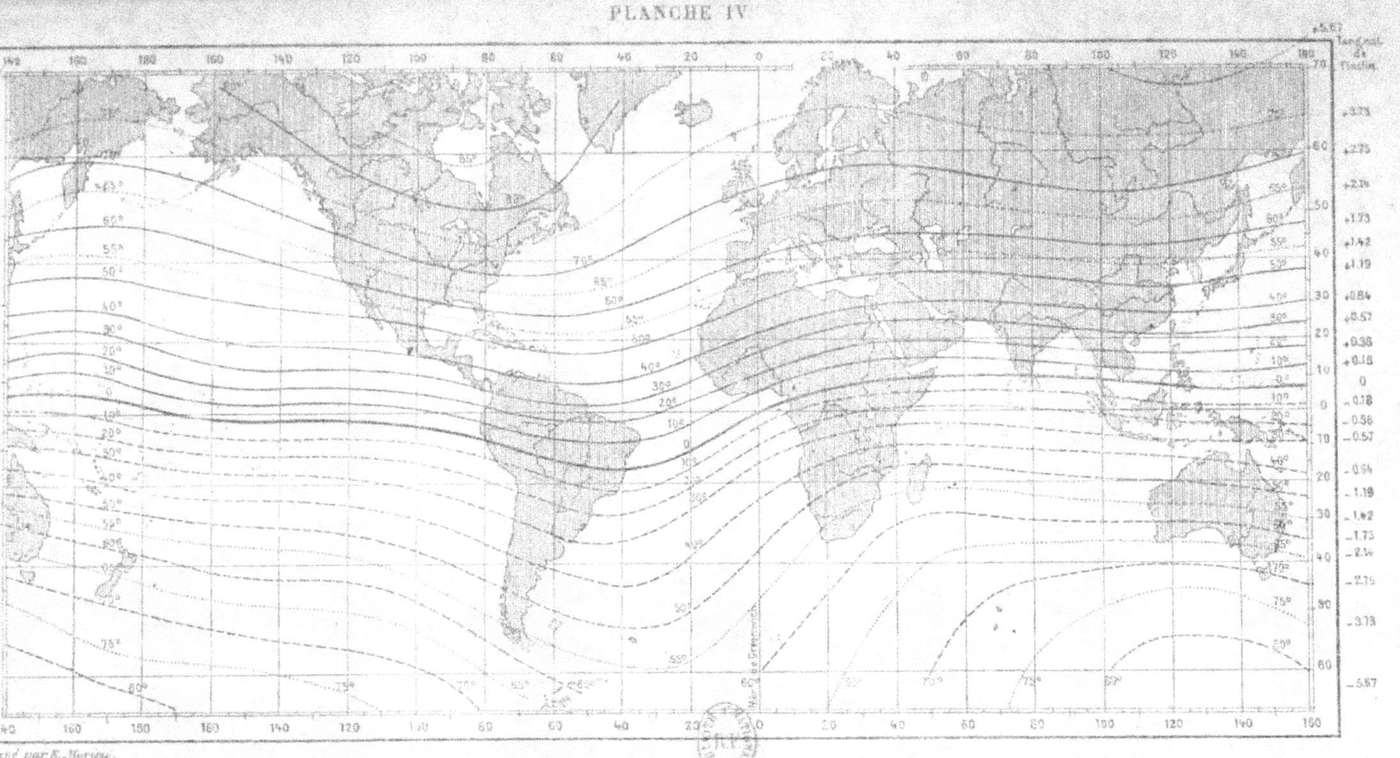

Carte tirée du Manuel des Déviations des Compas publié par l'Amirauté anglaise en 1874.

PLANCHE V

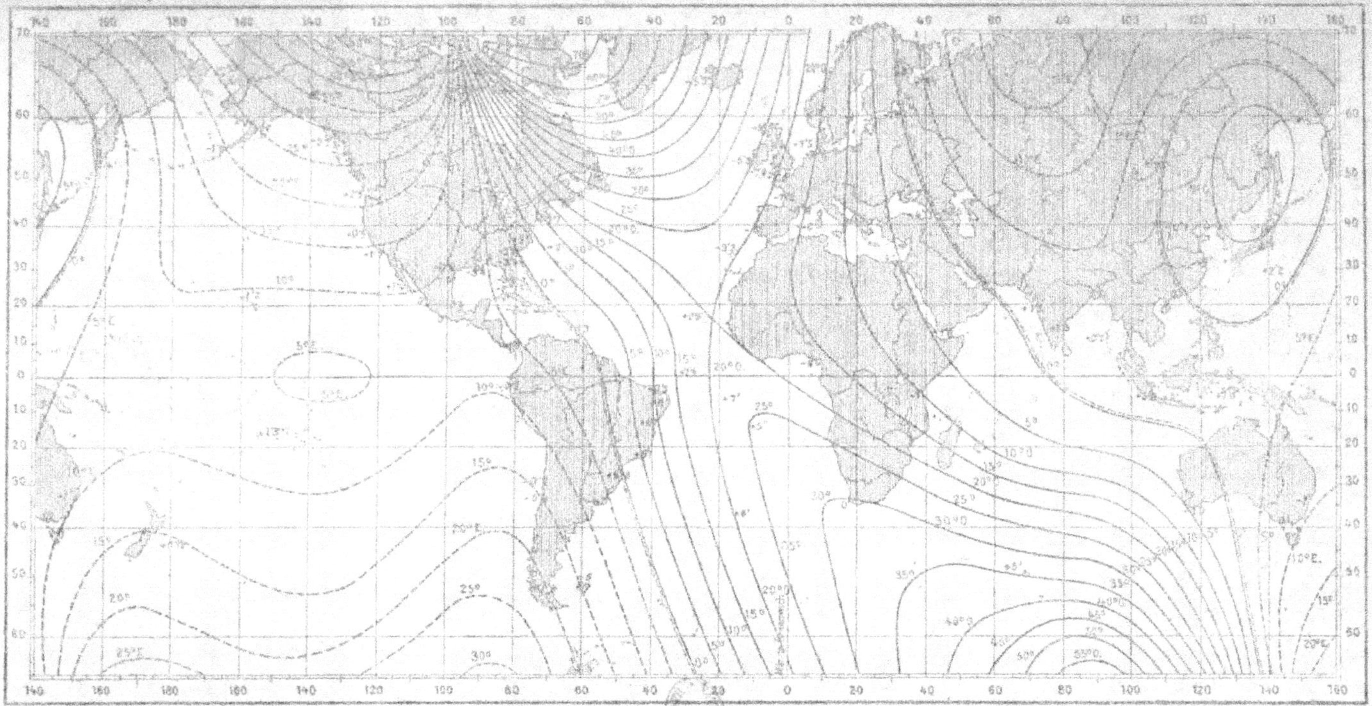

Gravé par E. Morieu

COURBES D'ÉGALE DÉCLINAISON MAGNÉTIQUE, *POUR* 1880

Réduction de la Carte dressée d'après les ordres de l'Amirauté anglaise, par M. le Staff-Commander E. W. Creak.

Les chiffres de cette carte, précédés du signe + ou — et marqués du signe caractéristique des minutes, indiquent les variations *annuelles* de la Déclinaison à l'endroit qu'ils occupent et doivent être appliqués comme correction, avec leurs signes, aux valeurs absolues de la Déclinaison.

TABLE ALPHABÉTIQUE DES MATIÈRES

D

FIN DE LA TABLE ALPHABÉTIQUE DES MATIÈRES.

TABLE ANALYTIQUE DES MATIÈRES

INTRODUCTION PRÉLIMINAIRE

PREMIÈRE SECTION

Rappel des notions élémentaires de mécanique

DEUXIÈME SECTION

Rappel des notions de physique

PREMIÈRE PARTIE

DÉVIATION DES COMPAS

DEUXIÈME PARTIE

RÉGULATION DES COMPAS

Calcul des coefficients approchés au moyen d'observations de déviation seulement

TROISIÈME PARTIE

EXPRESSIONS DES FORCES MAGNÉTIQUES
QUI AGISSENT A BORD

Des Coefficients exacts

QUATRIÈME PARTIE

COMPENSATION DES COMPAS

CINQUIÈME PARTIE

RÉGULATION ET COMPENSATION DES COMPAS

QUAND ON NE PEUT AVOIR AUCUN RELÈVEMENT
NI TERRESTRE NI CÉLESTE

APPENDICE.

FIN DE LA TABLE ANALYTIQUE DES MATIÈRES.

Paris. — Typ. G. Chamerot, 19, rue des Saints-Pères. — 11739.

PARIS

TYPOGRAPHIE GEORGES CHAMEROT

19, RUE DES SAINTS-PÈRES, 19